全国高等院校规划教材·财经管理系列

基础会计

主　编　曾琼芳　罗　焰
副主编　曾　嘉　彭素琴

图书在版编目(CIP)数据

基础会计/曾琼芳,罗焰主编. —北京:北京大学出版社,2015.9
(全国高等院校规划教材·财经管理系列)
ISBN 978-7-301-26232-0

Ⅰ.①基… Ⅱ.①曾… ②罗… Ⅲ.①会计学–高等学校–教材 Ⅳ.①F230

中国版本图书馆 CIP 数据核字(2015)第 197134 号

书　　名	基础会计
著作责任者	曾琼芳　罗　焰　主编
责任编辑	桂　春
标准书号	ISBN 978-7-301-26232-0
出版发行	北京大学出版社
地　　址	北京市海淀区成府路 205 号　100871
网　　址	http://www.pup.cn　新浪微博:@北京大学出版社
电子信箱	zyjy@pupcn
电　　话	邮购部 62752015　发行部 62750672　编辑部 62756923
印刷者	北京富生印刷厂
经销者	新华书店
	787 毫米 × 1092 毫米　16 开本　18.75 印张　445 千字
	2015 年 9 月第 1 版　2017 年 8 月第 2 次印刷
定　　价	42.00 元

未经许可,不得以任何方式复制或抄袭本书之部分或全部内容。
版权所有,侵权必究
举报电话: 010-62752024　电子信箱: fd@pup.pku.edu.cn
图书如有印装质量问题,请与出版部联系,电话: 010-62756370

前　　言

　　培养会计师，塑造卓越会计人才，已经成为我国会计教育的战略选择。为了帮助会计人员以及会计初学者很好地适应此变革，我们特地编写了本书。

　　本书依据2014年以来新增或修订的各项财税法规、制度及其企业会计准则，以现代会计理论为基石编写而成。内容设计上突出对应用型本科专业学生实践能力的培养，遵照由浅入深、由简入繁的教学规律。全书共10章，主要阐述会计学的基本理论、基本技能、基本方法，每章均设有案例导读，思考题及练习题。本书主要特点如下。

　　1. 科学系统。本书使用的凭证、账簿、资产清查及账项处理、报表等数据各章共享，具有很强的关联性和系统性。

　　2. 理论前沿。本书以中华人民共和国财政部颁布的最新财经法规为依据来讲解会计法律法规和政策，具有很强的指导性和操作性。

　　3. 范例丰富。本书以佳骋纺织有限公司发生的各类经济业务为例来阐述会计实务操作，具有很强的示范性和实用性。

　　4. 高效仿真。经济业务所需原始单据均以企业的真实凭证为蓝本进行模拟展示，进而分析各单据所反映的经济内容并讲解会计分录的编制。

　　5. 配套资料全。本书为读者提供了完整的教学资源，包括电子版教案、多媒体课件、教学大纲、章后习题及答案。具体见链接：http://moocl.jgsu.edu.cn/course/86617974.html? edit = true&konwledgeId = 86618027&module = 2&v = 1495199563092#content。

　　本书既可以作为会计学专业本科生教材，也可供企业经济管理人员、尤其是会计人员培训和自学之用。

　　本书由井冈山大学曾琼芳、罗焰任主编，曾嘉、彭素琴任副主编，史进保、周群华、丁依群、李桂莲、薛荣贵、杨春风、周建龙、龚勇华等参与了本书的编写。

　　由于编写时间仓促，书中难免有不妥之处，恳请各位读者批评指正（13576813801@163.com）。

编　者

2015年8月

目 录

第1章 会计学总论 (1)
  1.1 会计的演进与发展 (1)
  1.2 会计的职能与目标 (4)
  1.3 会计、会计学及其分支 (8)
  1.4 会计方法和会计程序 (10)
  1.5 会计工作组织 (13)

第2章 会计要素与会计等式 (21)
  2.1 会计对象 (21)
  2.2 会计要素 (23)
  2.3 会计等式 (34)

第3章 会计核算基础 (46)
  3.1 会计核算的基本前提 (46)
  3.2 会计信息质量要求 (50)
  3.3 会计核算基本程序 (55)

第4章 账户与复式记账 (64)
  4.1 会计科目 (64)
  4.2 会计账户 (68)
  4.3 复式记账原理 (72)
  4.4 借贷记账法 (73)

第5章 会计凭证 (86)
  5.1 会计凭证概述 (86)
  5.2 原始凭证 (88)
  5.3 记账凭证 (110)
  5.4 会计凭证的传递与保管 (115)

第6章 借贷记账法在制造业的主要应用 (124)
  6.1 主要经济业务概述 (124)
  6.2 资金筹集业务的应用 (126)
  6.3 生产准备业务的应用 (132)
  6.4 生产过程业务的应用 (144)
  6.5 销售过程业务的应用 (154)
  6.6 资产清查业务的应用 (160)
  6.7 期末账项调整业务的应用 (168)
  6.8 利润形成与分配业务的应用 (170)

第7章 会计账簿 (185)
  7.1 会计账簿概述 (186)

7.2　会计账簿的格式与登记…………………………………………………（195）
　7.3　与账相关的名词概念……………………………………………………（210）
第8章　成本核算和资产清查……………………………………………………（219）
　8.1　成本核算…………………………………………………………………（219）
　8.2　资产清查概述……………………………………………………………（225）
　8.3　货币资金清查的方法……………………………………………………（231）
　8.4　实物清查…………………………………………………………………（234）
　8.5　债权债务清查……………………………………………………………（237）
第9章　财务会计报告……………………………………………………………（242）
　9.1　财务会计报告概述………………………………………………………（242）
　9.2　资产负债表………………………………………………………………（245）
　9.3　利润表……………………………………………………………………（263）
　9.4　现金流量表………………………………………………………………（266）
　9.5　所有者权益变动表………………………………………………………（272）
　9.6　附注………………………………………………………………………（275）
第10章　会计核算形式……………………………………………………………（281）
　10.1　会计核算形式概述………………………………………………………（281）
　10.2　记账凭证会计核算形式…………………………………………………（286）
　10.3　科目汇总表会计核算形式………………………………………………（288）
　10.4　会计软件核算形式………………………………………………………（289）
参考文献……………………………………………………………………………（293）

第 1 章　会计学总论

【本章导读】

中国著名会计学家郭道扬教授在《会计史教程》第一卷中说：一部会计发展史表明，自有天下之经济，便必有天下之会计，经济世界有多大，会计世界便有多大。一部会计史还表明，自从有了国家，国家便离不开会计，会计工作牵系着国家之兴衰，政权之安危；自从有了企业，企业便离不开会计，会计事关企业经济之起落，经营之成败，乃至企业的发展速度与规模……

美国著名会计史学家迈克尔·查特菲尔德在其名著《会计思想史》的开篇中写道：人类思想的进步在一定条件下可以决定社会的发展，社会的发展同样可以决定人类思想的发展。所以，人类思想与生活环境之间有着明显的关系。通过考察这种关系的演进过程可以看出，会计的发展是反映性的，也就是说，会计主要是反应一定时期的商业需要而发展的，并与经济的发展密切相关。

可见，学习会计对个人、对家庭、对企事业单位、对社会都大有益处，对于从事或将要从事经济管理工作和企事业单位经营管理工作的人员而言，其重要性更是不言而喻的。会计曾经被称为"数豆先生"，意思就是专门处理枯燥的数字。但是，在现在的企业当中，会计被赋予了更具有挑战性的职责，那就是参与企业的经营决策。这就需要财会人员拥有更广阔的视野和更全面的知识体系。

本书主要阐述会计的基本知识、基本核算方法和基本核算技能。本章主要介绍会计发展简史，会计的职能与目标，会计的方法和会计程序以及会计相关概念和会计工作的组织等。

【本章学习目标】

了解会计发展简史，熟悉会计的含义；掌握会计职能、会计方法和程序；熟悉会计工作组织。

1.1　会计的演进与发展

会计是适应社会生产的发展和加强经济管理的要求而产生、发展的，并随着市场经济和科学技术的发展而不断完善、提高。

人类社会的生产活动决定着其他一切活动，它也是人类会计行为产生的根本前提。早在原始社会末期，人类就有了对经济活动进行简单计量和记录的行为。我国原始氏族公社时代出现的"结绳记事"和"刻契记数"以及古巴比伦时代出现的"原始算板"等记录行为便是会计的萌芽，只不过这种简单的记录和计量在当时还只是生产职能的附带部分。

会计最初作为生产职能的附带部分，在生产时间之外附带地把收入、支出等记载下来。随着社会经济的不断发展和生产力水平的不断提高，出现了社会分工和私有制，产生了文字、数字和计量单位等计量和记录的基本手段，会计才逐渐从生产的职能中分离出来，成为一种专职的、独立的管理活动。

会计是基于人类社会的生产活动和经营管理上的需要而产生的，并伴随着生产和经济的发展而发展。会计作为一门古老的科学，它的发展经历了古代、近代和现代三个阶段。

1. 古代会计

在原始社会末期，随着私有制的进一步确立以及社会分工的逐步扩大，会计逐渐从生产职能中分离出来，成为独特的职能，凸显出了会计独有的特征。在以私有制为基础的奴隶社会和封建社会出现后，会计分成了"官厅会计"和"民间会计"。在这一时期，单式簿记产生并发展，在逐步发展中形成了单式簿记方法体系，影响力一直持续到15世纪，并为复式簿记方法的产生奠定了理论和实践基础。13—15世纪，经济在发展，社会在进步，资本主义经济关系开始萌芽。在这种萌芽状态下，金融业、商业、手工业方面所发生的演化，强有力地冲击了传统的单式簿记，造成单式簿记时代的结束，复式簿记时代来临。

我国古代会计的产生可以追溯到上古时代的"结绳记事"。当时，随着剩余物品的出现、私有财产制度的产生、数学的萌芽以及社会生产的发展，会计开始萌芽。到了西周时代（奴隶社会的鼎盛时期），产生了和"会计"一词相近的词，当时称为司会，掌管王朝的财务收支，以后历代王朝都设有会计一职，并逐步发展到民间。清代《孟子正义》一书中，把西周的会计描述为：零星算之为计，总合算之为会，即既有日常的零星核算，又有岁终的综合核算，通过每日到每月，再到岁终的核算，达到正确考核王朝财政收支的目的。实际上，西周王朝建立了较为严格的会计机构，设立了专管钱粮赋税的官员，并建立了所谓"以参互考日成，以月要考月成，以岁会考岁成"的"日成""月要""岁会"等报告文书，初步具有了旬报、月报、年报等会计报表的雏形，形成了文字叙述式的"单式记账法"。

到了唐宋时期，我国会计理论和方法得到进一步推进，出现了四柱结算法。四柱是指旧管、新收、开除、实在，相当于现在的期初结存、本期收入、本期支出、期末结存。四柱之间存在着数量上的平衡关系，旧管（期初结存）+新收（本期收入）=开除（本期支出）+实在（期末结存），按照这种平衡关系编制的报告，就称为"四柱清册"。四柱结算法不仅用于宫廷会计，后来也传入民间，这在当时位于世界会计发展的前列，也是我国会计发展过程中的一个杰出成就。

2. 近代会计

1494年，是会计发展史上具有非凡意义的一年。在这一年的11月10日，意大利数学家、会计学家卢卡·帕乔利所著的《算术、几何、比及比例概要》一书在威尼斯出版发行。该书全面、系统地介绍了复式记账法的内容，它的出版引起了会计界人士的极大关注，也开创了世界会计发展史上的新时代——卢卡·帕乔利时代，他把古代会计推进到近代会计的历史阶段，使得整个会计界的研究方向由实务上升到会计的理论，至此，会计才开始成为一门科学。这一划时代事件的发生被誉为会计发展史上的第一个里程碑，卢卡·帕乔利也因此被尊称为"近代会计学之父"。

随后《算术、几何、以及比例概要》先后被译成英文、法文、荷兰文、西班牙文和德文，开始在欧洲传播。16世纪，意大利的复式簿记已传遍了整个欧洲，而此时由于意大利的经济开始衰退，使得复式簿记的中心由意大利的北部城市先后转移到荷兰、德国、法国和英国，并在这几个国家得到了进一步发展和初步完善，但是其发展却是比较缓慢的，还停留在"簿记学"的阶段。直到19世纪中叶，英国产业革命的爆发，生产力的迅猛发展，企业管理水平的不断提高，冲击了原有的生产组织和经营方式，出现了公司制组织，所有权与经营权分离，资产负债表得到了英国公司法的正式承认。在这样的背景下，英国出现了描述会计循环的论著，出现了以查账为职业的特许会计师或注册会计师，而在此之前，会计还只服务于一个企业，其内容只是记账、算账。1854年在苏格兰成立了第一个会计师协会——爱丁堡会计师协会，它的成立表明了会计人员开始执行一种为社会服务的公证业务，使会计成为一种特殊的行业，同时也极大地促进了会计学理论以及审计理论的发展。因此这一协会的成立被史学家称为会计发展史上的第二个里程碑。

我国会计从单式记账法向复式记账法的过渡一般认为在明代。明末清初，有人在四柱清册记账方法上，设计出一种适合民间商业的会计核算方法——龙门账。龙门账把所有账项划分为"进、缴、存、该"四大类，相当于现在的收入、支出、资产、资本及各项负债，进缴与该存之间的关系为"进－缴＝存－该"，运用这一公式计算盈亏时，分别编制进缴表（相当于损益表）、存该表（相当于资产负债表），两表上计算的盈亏数应当相等，就是"合龙门"。中式会计的各种记账方法的发展充分显示了我国历史上各个时期传统簿记的特点，体现出中国当时的经济发展水平还处于世界领先地位。但是到了清末，随着经济水平的落后，中式会计趋于衰落。

3. 现代会计

自20世纪50年代以后，资本竞争的加剧促使股份公司这一经济组织形式得到了很快的发展。股份公司是以资本的所有权和经营权相分离为特征的，一方面，为保护那些不参与企业管理的所有者的需要，实践中在传统会计的基础上，逐步形成了以对外提供信息为主，接受"公认会计原则"约束的会计，即财务会计。另一方面，由于商品经济有了突破性的发展，企业面临着更为剧烈的市场竞争和瞬息万变的外部市场环境。为了在这种多变的市场竞争中得以生存并发展壮大，就要求建立科学的管理体系与方法，以便其具有灵活的适应能力和预见能力。为此，管理当局对会计信息提出了新的要求。基于管理当局的这一需要，管理会计逐步地同传统会计分离，并形成一个与财务会计相对独立的领域。现代管理会计的出现，是现代会计的主要标志。

从时间上来说，现代会计是从20世纪中叶到21世纪初。在这期间，由于计算机等先进技术手段的普及，运筹学、信息论、控制论、统计学等现代管理学科的发展，会计的技术方法经历了四大转变，即由簿记时代向会计时代的转变、由传统会计分化为财务会计和管理会计的转变，由工业经济时代的会计向信息与知识经济时代的会计转变以及由历史成本会计向公允价值会计的转变。

中华人民共和国成立之后，我国全面引进苏联的会计模式，建立了适应高度计划经济体制的会计制度，成为我国现代会计史上的第一次变革。1978年后，随着我国改革开放政策的实行，现代会计新的理论与方法被引进和利用。1981年我国建立了注册会计师制度，1985年颁布了《中华人民共和国会计法》（1999年10月修订，以下简称《会计法》），我国会计工作从此逐渐进入法治阶段。1993年7月1日为适应社会主义市场经济和扩大对外开放，我国会计实现与国际惯例初步接轨的一次较大改革，财政部公布了新的《企业财务通则》①。2000年12月29日，财政部制定了《企业会计制度》，于2001年1月1日起在股份制企业中施行，继而逐步扩大至其他企业全面执行。2000年后，财政部又陆续发布了《企业会计准则》《金融企业会计制度》《专业核算方法》等制度和方法。2006年2月15日，财政部正式发布了新修订的《企业会计准则》②和38项具体准则③，自2007年1月1日起在上市公司范围内施行，并鼓励其他企业执行。新准则的实施突破了原有的会计核算模式，与国际惯例实现趋同，开始了我国现代会计史上的第二次变革。

会计对于任何社会的经济活动都是必要的，经济愈发展，会计愈重要。会计的发展史表明，它的产生与发展同人们管理经济、讲求经济效益紧密地联系在一起，随着生产力的不断发展、管理水平的提高以及人类对经济效益的追求，相应地会对会计提出新的要求，这是会计发展的原动力。

1.2 会计的职能与目标

1.2.1 会计的职能

所谓会计的职能，就是会计在企业管理中所具有的功能。会计的职能随着经济的发展和会计内容、作用的不断扩大而发展着。传统的会计主要是记账、算账和报账。随着市场经济的发展和会计核算手段的提高，现代会计的职能有了新的发展，具有了新的特点。由此可见，会计的基本职能是核算与管理。

1. 核算职能

会计核算职能也称会计反映职能。会计的反映职能是指会计通过确认、计量和报告程序，主要从价值方面反映企业已经发生的交易或者事项，向财务会计报告使用者提供与企业财务状况、经营成果和现金流量等有关的会计信息的功能。

《中华人民共和国会计法》（以下简称《会计法》）第十条规定下列经济业务事项，应当办理会计手续，进行会计核算：①款项和有价证券的收付；②财物的收发、增减

---

① 2006年12月4日，财政部令第41号：对《企业财务通则》（财政部令第4号）进行了修订，修订后的《企业财务通则》，自2007年1月1日起施行。

② 2014年7月23日，财政部令第76号，对《企业会计准则——基本准则》进行修订后重新发布。

③ 2014年3月14日，制定了《企业会计准则第41号——在其他主体中权益的披露》，自2014年7月1日起在所有执行企业会计准则的企业范围内施行，鼓励在境外上市的企业提前执行。

和使用；③债权债务的发生和结算；④资本、基金的增减；⑤收入、支出、费用、成本的计算；⑥财务成果的计算和处理；⑦需要办理会计手续、进行会计核算的其他事项。

核算职能是会计的基本职能，具有如下特点。

其一，会计是以货币为主要计量单位，从价值方面综合反映企业的交易或者事项。以货币为主要计量单位是会计区别于其他核算形式的主要特点。

其二，会计要反映企业交易或者事项的全过程，不仅要反映过去，还要预测未来。会计不仅要反映企业过去的交易或者事项所形成的财务状况、经营成果以及现金流量，还要对企业未来的交易或者事项进行预测，为企业的发展提供一些有前瞻性的会计信息，并以此作为对企业未来交易或者事项进行规划和控制的依据。

其三，会计核算具有连续性、完整性和系统性。连续性是指会计反映应当按照各项交易或者事项的时间序列依次进行，而不应当间断。完整性是指凡属于会计能够反映的内容都必须予以确认、计量和报告，而不应当遗漏。系统性是指会计反映数据必须是在科学分类的基础上形成相互联系的有序整体，使杂乱无章的会计数据系统化为有用的会计信息。

会计核算贯穿于经济活动的全过程，它是指会计以货币为主要计量单位，通过确认、计量、记录、报告等环节，对特定对象（或称特定主体）的经济活动进行记账、算账、报账，为各有关方面提供会计信息的功能。记账是指对经济活动采用一定的记账方法，在账簿中进行登记。算账是指在记账的基础上，对企业单位一定时期的收入、费用（成本）、利润和一定日期的资产、负债、所有者权益进行计算。报账是指在算账的基础上，对企业单位的财务状况、经营成果和现金流量情况，以表格的形式向有关方面进行报告。

2. 管理职能

会计管理职能是指会计按照一定的目的和要求，主要利用会计核算所提供的信息，对企业的经济活动进行预测、决策、规划、控制、分析、考评和监督，使其达到预期目标的功能。

会计管理职能将在管理会计学、财务管理学、审计学、财务报告分析等课程中进一步学习。

3. 会计核算职能与会计管理职能的关系

（1）会计核算职能与会计管理职能的对象相同。

两者都是社会再生产过程中主要以货币表现的经济活动，也就是再生产过程中的资金（资本）运动。

在会计实务中，把企业在日常活动或非日常活动中发生的，引起会计六要素增减变动的经济活动的具体内容称为经济业务，也称会计事项。经济业务包括交易和事项两类，其中，交易是指企业与其他主体之间发生的经济往来。例如，购进存货、销售商品、借入资金、对外投资等。事项是指企业内部发生的经济活动。例如，生产车间领用材料、支付工资、计提资产减值准备等。本书将"经济业务""会计事项""交易或者事项"不加区别，但依据《企业会计准则》，通常称为"交易或者事项"。

（2）会计核算职能与会计管理职能的侧重点不同。

会计核算职能侧重核算，即确认、计量、记录和报告。

会计管理职能侧重管理，即预测、决策、规划、控制、分析、考评和监督。

会计核算职能与会计管理职能紧密结合，相辅相成。

会计核算更趋向于理性，而会计管理则更多地偏向于实用，两者之间是互为基础的，只有稳健正确的会计核算才能给会计管理打好基础，也只有审慎公允的会计管理才能为下一循环的会计核算提供健康可靠的环境。

会计核算是会计管理的重要依据，而会计管理是会计核算的基本保障。通过科学有效的会计核算工作，可以使一个企业对已经发生或已经完成的各项经济活动及其财务收支情况，转化为价值形态的信息资料，形成供日常经营管理与决策使用的资源信息，从而促进会计的管理职能得以体现。而会计管理规范设置合理能促进会计核算信息质量的提高，二者紧密结合，相辅相成。

1.2.2 会计的目标

会计的目标概括起来讲就是设置会计的目的与要求。会计目标指明了会计实践活动的目的和方向，同时也明确了会计在经济管理活动中的使命，成为会计发展的导向。会计目标分为两个层次：第一层次是会计的基本目标，第二层次是会计的核算目标。

1. 会计的基本目标

会计的基本目标是会计的最终目的，它在会计目标系统中居支配地位和起导向作用、并制约着具体会计目标。会计的基本目标是以提高经济效益作为最终目标。理论界对会计基本目标的认识主要基于两种有代表性的观点，一是受托责任观，二是决策有用观。

受托责任观产生于公司制企业形成时期，是企业所有权与经营权分离在会计目标上的体现。企业所有者将资源委托给经理人员（受托人）经营，在他们之间就形成了一种委托受托责任关系，客观上要求会计系统应当反映受托经营责任，从而产生了以履行受托责任为目标的受托责任观。受托责任观的基本观点是：①会计的目标是以恰当的方式反映受托人的受托责任及其履行情况；②会计人员是委托人和受托人的中介，应当客观中立，不偏不倚；③强调编制财务会计报告依据的会计准则和会计系统的整体有效性，而不是单纯强调财务会计报告本身是否有助于决策。

决策有用观认为会计的目标是为了向现实的投资者和潜在的投资者提供与其决策有关的会计信息。决策有用观是在资本市场日益扩大化和规范化的背景下形成的。企业为了从资本市场筹集资金，必须向资本市场上现实的和潜在的投资者提供大量有用的会计信息，会计系统必须以提供决策有用的会计信息为目标取向。决策有用观的主要观点是：①会计的目标在于向会计信息使用者提供有助于经济决策的数量化信息，会计信息是投资者决策的基础；②强调会计人员与会计信息使用者之间的关系，而不是会计人员与受托者之间的关系；③从会计信息使用者的立场出发，强调财务会计报告本身的有用性，而不是编制财务会计报告依据的会计准则和会计系统整体的有用性。

受托责任观与决策有用观分别从不同的侧面提出了会计的目标，二者之间并不矛盾。明确受托者是提供决策有用会计信息的基础，决定向谁提供信息，提供决策有用信息是明确受托责任的保障。所以，我国《企业会计准则》同时采纳了两种观点，指出：财务会计的目标是向企业的投资者、债权人、政府及其有关部门、社会公众以及企业管理层等会计信息使用者提供与企业财务状况、经营成果和现金流量等有关的会计信息，反映企业管理层受托责任履行情况，有助于财务会计信息使用者做出经济决策。

2. 会计的核算目标

会计的核算目标是会计基本目标的具体化，是在基本目标的约束下，所要达到的具体目的，即为了实现会计的基本目的，会计应当向谁、以什么样的方式、提供什么样的会计信息。会计的核算目标可以划分为三个层次：第一个层次是满足国家宏观调控的需要，第二个层次是满足投资者和债权人等的需要，第三个层次是满足企业自身经营管理的需要。

(1) 会计信息应当满足国家宏观经济管理的需要。

企业是社会再生产的基本单位和市场经济的主体，企业生产经营情况的好坏、经济效益的高低以及行为是否合法，会直接影响着整个国民经济的运行情况和市场经济秩序。因此，在社会主义市场经济条件下，政府及其有关部门通过一定的宏观经济政策和管理措施对国民经济运行情况进行适度的干预和调节是十分必要的。政府及其有关部门进行宏观经济决策所需要的信息是多种多样的，但这些信息主要是会计信息。通过对企业提供的财务会计信息进行汇总和分析，政府及其有关部门可以了解各行业、各地区以及整个国民经济的运行，对国民经济的运行状况做出正确的判断，从而制定出合理而有效的管理措施和调控政策，以确保国民经济健康而有序的发展。

现阶段，虽然市场在我国资源配置中发挥了基础作用，但政府通过采取一定的措施对国民经济情况进行调节，对资源进行了合理配置仍然是十分必要的。市场的管理和调控离不开国家的有关部门，这些部门进行调控和管理时必须充分利用企业提供的会计信息，通过对会计信息的汇总分析，可以了解和掌握国民经济整体运行情况，进而制定正确、合理、有效的调控和管理措施，促进国民经济协调、稳定、有序、健康的发展。没有会计提供的信息，国家的有关部门就很难对国民经济运行情况做出准确的判断。

(2) 会计信息应当满足外部利益相关者的需要。

会计首先是为企业的所有者和债权人等提供信息，如企业的股东、银行等金融机构、供应商的客户（包括潜在的投资者、债权人、供应商和客户）；其次是为那些相关的中介机构、组织和个人提供信息，如证券发行与交易机构、经纪人、会计师事务所及注册会计师、律师、经济报刊、经济研究单位及研究人员等。在社会主义市场经济条件下，企业处于错综复杂的经济关系之中，其生产经营活动除了与投资者和债权人具有密切的联系之外，还与客户、供应商以及社会公众等的利益有关。企业的投资者，包括现实的投资者和潜在的投资者，依据投资决策的需要，出于资本保全和增值的考虑，需要利用会计信息了解企业资产的运用情况和经营成果，以便对企业的获利能力和资本保值和增值程度做出正确的判断。企业的债权人出于自身债权安全的考虑，需要利用会计信息了解企业的财务状况、经营成果和现金流量，以便对企业的偿债能力和财务风险做出正确的判断。企业的客户和供应商出于购销业务和自身经营战略的考虑，需要利用会计信息正确评价企业的产品供应能力和现金支付能力。社会公众也需要利用会计信息正确评价企业对社会责任的履行情况。

（3）会计信息还应当满足企业内部经营管理的需要。

在社会主义市场经济条件下，企业是一个自主经营、自负盈亏的经济实体。企业要想在激烈的市场竞争中生存和发展，必须提高企业内部的经营管理水平，来保证企业管理层做出科学的决策。管理的核心是决策，而决策又离不开相关的会计信息，如企业资金来源与运用、费用消耗水平、资产保值增值率等的支持。企业的目的是实现利益最大化，企业内部管理的好坏直接影响企业的经济效益，影响企业在市场中的竞争能力，进而影响企业的生存和发展。真实、准确的会计信息有利于企业管理者加强内部管理，做出科学、合理的决策，为企业站稳市场提供有力的保证。

1.3 会计、会计学及其分支

1.3.1 会计的含义

什么是会计？或者说会计的内涵是什么？在不同的历史时期和经济发展水平，学者们对会计的定义赋予了不同的内容。

"会计"一词源于《孟子正义》一书，该书称"零星算之为计，总合算之为会"。古代会计，是指采用单式簿记，对某一特定主体的经济活动进行记录，计算和考核收支的工作。其本质是一项计算技术，为特定主体服务的管理工具。

近代会计，是采用复式记账方法，对特定主体的交易或者事项进行连续、系统、全面地核算与监督，为特定主体的内外部经济利益相关者提供以财务信息为主的经济信息系统。其本质是经济信息系统。

管理会计与财务会计分离，被认为是现代会计的开端。现代会计，是以货币为主要计量单位，运用一系列专门方法和技术，对特定主体的经济活动，进行连续、系统、全面地核算，为特定主体内外部经济利益相关者提供以财务信息为主的经济信息系统；并在此基础上对经济活动进行预测、决策、规划、控制、监督、分析和考评的一项经济管理活动。其本质：既是一个信息系统，又是一项管理活动。

会计是一种管理活动，会计本身不仅能提供经济信息，为经济管理服务，同时本身也是一种管理经济、提高经济效益的管理活动，是经济管理的组成部分，这说明了会计的实质。

因此，会计可以定义为：会计是以货币为主要计量手段，利用专门的方法，对各单位的经济活动进行核算和监督，旨在提供经济信息和提高经济效益的一种管理活动。

会计对经济活动的管理是一种价值形式的管理，货币是其主要的计量手段。会计具有连续性、系统性、全面性和综合性。

1.3.2 会计学及其分支

会计学是人们对会计实践进行科学总结而形成的知识体系。

会计学按所在行业和经营性质不同,分为营利组织会计和非营利组织会计。营利组织会计也称企业会计,即指以经营获利为目的的营利组织的会计。如工业企业会计、商品流通企业会计、交通运输企业会计、施工企业会计、房地产企业会计、金融企业会计、保险企业会计、旅游企业会计、饮食企业会计、服务企业会计、通信企业会计、农业企业会计等,统称为企业会计。非营利组织会计也称预算会计,即不是以经营获利为目的的非营利组织的会计。如:政府、行政、事业单位的会计。

会计学按研究的内容不同,分为基础会计学、中级财务会计学、高级财务会计学、电算化会计、成本会计学、管理会计学、财务管理学、财务报告分析、审计学、会计管理信息系统、预算会计、会计史等。基础会计阐明会计的基础知识,以及基本方法和技术。财务会计阐明会计处理资产、负债、所有者权益,确认收入和费用,计算利润的基本理论和方法,研究资金管理来提高经济效益的途径。成本会计阐明成本预测、计划、计量、分析、控制和决策的基本利润和方法。研究成本管理来提高经济效益的途径。管理会计阐明如何结合企业经营管理,综合地利用企业内部会计信息和有关外部信息的基本理论和方法,以求提高经济效益。审计学阐明对经济活动的合法性、合规性、合理性以及效益性进行检查监督的基本理论方法。

1.3.3 会计学的分支学科与会计对象

会计学各分支学科的对象是相同的,都是社会再生产过程中的资金(本)运动,只是侧重点不同。如果说,会计核算是记账、算账、报账,会计管理就是用账,其主要特征是"价值管理"。会计本质、会计职能、会计对象的关系可以概要地归纳为图1-1。

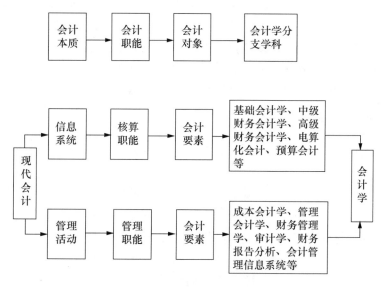

图1-1 会计学及其分支

图 1-1 说明会计发展到现代会计阶段，其本质既是一个会计信息系统，也是一项管理活动。从会计理论和会计方法的角度看，会计是一个信息系统；从会计工作的角度看，会计是一项管理活动。信息系统论决定了会计职能是会计核算，管理活动论决定了会计职能是会计管理，因而会计具有会计核算和会计管理双重职能。会计核算职能直接影响到会计核算的目标，同时也界定了会计核算具体对象是会计六要素。要想实现会计核算目标，完成对会计六要素的核算，就要学习基础会计学、中级财务会计学、高级财务会计学、电算化会计、预算会计等会计学分支学科，掌握会计核算的基本程序和核算方法，按照会计信息的质量要求，完成财务报告。而会计管理职能直接影响到会计管理目标，同时也界定了会计管理对象是会计六要素，而要想实现会计管理目标，完成对会计要素的管理，就要学习成本会计学、管理会计学、财务会计学、审计学、财务报告分析、会计管理信息系统等会计分支学科，掌握会计管理的基本理论和方法，并应用于会计实践。

需要说明的是，上述归纳是站在"大会计论"的立场上来分析问题的，即认为财务管理是会计的一部分。只要分析一下历史就不难看出，财务管理历来都是通过会计工作来完成的，因此，我们将其作为会计管理的一部分。

会计学科体系发展到现在，在我国已经形成了以会计核算为侧重点的会计学专业，以会计管理为侧重点的财务管理专业，以会计监督为侧重点的审计学专业。上述会计学科知识体系的内容，都是这三大专业的共同课，仅仅是侧重点不同。

1.4　会计方法和会计程序

1.4.1　会计方法的概念

会计方法是指用来核算和监督会计对象、完成会计任务的手段。会计对象即会计核算的内容。会计方法是从会计实践中总结出来的，并为经济管理的总目标服务。会计方法包括会计核算、会计分析、会计预测、会计决策等方法。这些方法相互依存，相辅相成，形成一个完整科学的会计方法体系，其中会计核算的方法是一种最基本的方法。会计核算是会计的基本环节是会计分析、会计预测、会计决策等方法的基础，也是会计初学者必须掌握的基础知识。所以，本书只介绍会计的核算方法。

1.4.2　会计核算方法

会计核算方法是对会计对象进行完整、连续和系统地反映和监督所应用的方法，会计核算方法之间存在一定的关系：会计核算的各种方法是相互联系，密切配合的，在会计对经济业务进行记录和反映的过程中，不论是采用手工处理方式，还是使用计算机数据处理系统方法，对于日常所发生的经济业务，首先要取得合法的凭证，按照所设置的账户，进行复式记账，根据账簿的记录，进行成本计算，在资产清查，账实相符的基础上编制财务报告。会计核算的七种方法相互联系，一环套一环，缺一不可，形成一个完整的方法体系。换言之，会计核算方法包括：设置会计科目与账户、复式记账、填制和审核凭证、登记账簿、成本核算、资产清查和编制财务会计报告等程序。

1. 设置会计科目与账户

设置会计科目与账户是对会计核算对象的具体内容进行分类核算并予以连续和系统反映的一种专门方法，目的是反映因交易或者事项而引起的各会计要素的增减变动及变动结果。

2. 复式记账

复式记账是与单式记账相对应的一种记账方法，其特点是对每一项交易或者事项都要以相等的金额，在两个或两个以上有关账户中进行相互联系登记的一种记账方法。通过账户之间的对应关系，可以了解有关交易或者事项的来龙去脉，通过账户的平衡关系，检查有关交易或者事项的记录是否正确。

3. 填制和审核凭证

填制和审核凭证是指对任何交易或者事项都必须填制或取得表明其已经发生的书面证明，并送交会计机构和会计人员审核。只有经过审核并认定无误的书面证明才能据以编制记账凭证和登记账簿。填制和审核凭证不仅可以确保会计数据的真实性和可靠性，同时也是实现会计监督的重要手段。

4. 登记账簿

登记账簿就是将会计凭证所记载的交易或者事项的数据资料，连续、系统地录入有关会计簿籍的专门方法。登记账簿必须以审核无误的会计凭证为依据，它是把分散在会计凭证中的会计数据系统化为有用的会计信息的过程，有助于会计信息使用者了解企业经济活动和资金运动的全貌。

5. 成本核算

成本核算是指企业在生产经营过程中，按照一定的对象归集和分配各种费用，以确定各成本计算对象总成本和单位成本的一种专门方法。通过成本计算可以确定各种材料物资的采购成本、各种产品的生产成本以及已销产品的销售成本等，用来反映和监督生产经营过程中各项生产要素的消耗水平和经营效果，为企业成本管理提供信息。

6. 资产清查

资产清查是指通过盘点实物、核对账目，以查实各项财产物资和债权债务的账存数与实存数是否一致的一种方法。通过资产清查可以查明企业各项财产物资的保管和使用情况以及各项债权债务等往来款项的结算情况。在资产清查中如果发现财产物资和债权债务的账存数与实存数不一致，应及时查明原因，通过一定的审批手续进行处理后，还要及时调整账面记录，使账面数与实存数保持一致，以保证会计核算资料的正确性和真实性。

7. 编制财务会计报告

财务会计报告是指企业对外提供的反映企业某一特定日期的财务状况和某一会计期间的经营成果、现金流量等会计信息的文件。通过财务会计报告，可以使分散在账簿中的会计信息综合为全面反映企业经济活动的财务信息。

上述会计核算的各种专门方法，是一个完整的方法体系，概括起来由以下四个系统构成：①装置系统：为收集、分类、储存会计数据和资料而设置的凭证组织、账户组织、账簿组织和会计报表组织等；②记录系统：在装置系统确定完备后，开始对经济业务进行技术性记录，即把所发生的经济业务记入到有关装置中去，这就需要填制凭证、运用复式记账方法，登记账簿和编制财务报告等记录方法；③计算系统：会计是价值管理，对其记录的对象，要确定价值数量，需要进行综合计算，如资产计价、成本计算、确定财务成果等。计算是记录的前提，但有时又要以记录作为计算的基础；④检查系统：为了使发生的经济业务合理、合法和有效，记录和计算的结果需要进行检查和核对。因此，审核会计凭证，进行资产清查等就是检查系统的主要内容。

1.4.3 会计核算方法的运用程序

会计核算方法，在企业单位中必须按照一定程序进行运用。

1. 会计循环

会计循环，是指会计人员在一定会计期间内，从取得企业发生的交易或者事项的原始凭证开始，到编制出财务报表为止，运用会计核算基本程序、会计核算方法，按一定顺序进行依次继起、周而复始的核算过程。①就其会计核算方法来说，主要包括三个阶段：填制和审核会计凭证、登记账簿、编制会计报告。在一个会计期间所发生的一切交易或者事项，都要通过这三个环节，周而复始地进行会计处理，以提供对决策有用的会计信息。②从会计核算的基本程序理解，主要是四个环节：会计确认、计量、记录和报告，其中：会计记录是通过填制、审核会计凭证，登记账簿来完成的。在一个会计期间，所发生的全部经济业务，都要通过：收集转换阶段→储存计算阶段→资料报出阶段，进行会计处理，将大量的经济业务数据转换为会计信息，提供给信息的使用者。这个过程从分析经济业务开始到会计报表编制，就是循着上述程序逐步进行的，周而复始，形成了会计循环。

上述会计循环，使会计工作能把日常发生的多种多样、数量繁多的经济业务，经过记录、分类和汇总，最终集中反映在几份会计报表上，分别说明会计主体一定期间的财务状况和经营成果，借以分析和评价会计主体的经济活动的管理效果。会计管理工作的经济效能，正是来源于这种记录、分类、汇总经济业务数据和资料的能力。

会计循环，表明经济业务发生后，经办人员要填制或取得原始凭证，经会计人员审核整理后，按照设置的账户，运用复式记账方法，转换（编制）为记账凭证，并据以输入（登记）账簿中，根据凭证和账簿记录（储存）资料对生产经营过程中发生的各项费用进行成本计算，运用资产清查对账簿记录加以核实，在保证账实相符的基础上，定期将储存的数据资料输出，编制会计报表。

2. 会计程序

会计通过确认、计量、记录、报告四个环节进行完整的、系统的、连续的和综合的核算和监督。

（1）会计确认。会计确认是指确定过去的交易或者事项是否涉及会计要素，如果涉及会计要素，应作为何种会计要素加以记录和如何进行报告的过程。

（2）会计计量。会计计量是指将符合确认条件的会计要素登记入账并列报于会计报表（又称财务报表）及其附注而确定其金额的过程。

计量属性：从会计角度是指会计要素金额的确定基础。即能用货币单位计量的方面。

交易或事项因可从多个方面予以货币定量而有不同的计量属性。

（3）会计记录。会计记录就是在对过去的交易或者事项进行确认、计量的基础上，将涉及的全部会计要素，进一步细分为会计科目，按复式记账的要求，填制和审核会计凭证、登记账簿，进行账务处理的过程。

（4）财务报告。财务报告是指企业对外提供的反映企业某一特定日期的财务状况和某一会计期间的经营成果、现金流量等会计信息的文件。财务状况是指企业某一特定日期的资产总额及其构成，负债总额及其构成，所有者权益总额及其构成。经营成果是指企业某一会计期间的利润（亏损）总额及其构成情况。现金流量是指企业某一会计期间现金和现金等价物流入和流出的情况。财务报告包括会计报表和会计报表附注及其他应当披露的相关信息和资料。会计报表至少应当包括资产负债表、利润表、现金流量表等报表。

1.5 会计工作组织

1.5.1 会计工作组织的基本内容

1. 会计工作的含义

会计工作是指运用一整套的会计专门方法，对会计事项进行处理的活动。会计工作是一项综合性、政策性较强的管理工作，也是一项严密细致的工作，它是企业经营管理的重要组成部分，同时又与统计、业务工作及其他各项管理密切相关。会计工作的好坏，直接影响着各个基层企业生产经营的好坏，也关系到国家的政策、法令、法规能否顺利贯彻。因此，为了协调会计工作同其他管理工作的关系，监督财经政策和制度的贯彻执行，加强经济责任制，正确处理各方面的经济关系以及协调会计工作内部各环节之间的关系，就要合理、科学地组织会计工作，以便具体实施对会计工作的有效管理。

2. 会计工作组织的含义及基本内容

会计工作组织就是为了适应会计工作的综合性、政策性、相关性和严密细致性的特点，对会计机构的设置、会计人员的配备、会计制度的制定与执行等项工作所做的统筹安排。会计工作的组织，主要包括会计机构的设置、会计人员的配备与教育、会计法规制度的制定和执行、会计手段的运用等。会计组织工作是完成会计工作任务，发挥会计工作作用的重要保证。科学地组织会计工作，具有十分重要的意义。

3. 组织会计工作的基本要求

①政策性要求：遵守国家的统一规定，是组织和处理会计工作居于首位的要求。②适应性要求：根据各会计主体经营管理的特点组织会计工作，适应各单位行业特点，规模大小，经营特色，做出切合实际的安排并制定具体实施办法。③效益性要求：在保证工作质量的前提下，尽量节约耗用在会计工作上的时间和费用。④内部控制及责任制要求：要遵循内部控制的原则，在保证贯彻整个单位责任制的同时，建立和完善会计工作自身的责任制，从现金出纳、财产物资进出以及各项费用的开支等方面形成彼此相互牵制的机制，防止工作中的失误和弊端。

1.5.2 会计机构与会计人员

1. 会计机构的设置

会计机构是各单位办理会计事务的职能机构，会计人员是直接从事会计工作的人员。建立健全会计机构，配备数量和素质相当的、具备从业资格的会计人员，是各单位做好会计工作，充分发挥会计职能作用的重要保证。

《会计法》规定：各单位应当根据业务的需要设置会计机构，或者在有关机构中设置会计人员并指定主管会计人员；不具备设置条件的，应当委托经批准设立从事会计代理记账业务的中介机构代理记账。财政部关于《会计基础工作规范》规定：各单位应当根据会计业务的需要设置会计机构；不具备单独设置会计机构条件的，应当在有关机构中配备专职的会计人员。《会计基础工作规范》还规定：没有设置会计机构和配备会计人员的应当根据《代理记账管理暂行办法》委托会计师事务所或者持有代理记账许可证书的其他代理机构进行代理账。会计基础工作是会计工作的基本环节，也是经济管理工作的重要基础。1996年财政部制定发布的《会计基础工作规范》，为各企事业单位做好会计基础工作提供了重要的政策依据，对规范和加强我国会计基础工作起到了积极作用。近年来，随着我国市场经济的快速发展，特别是信息技术的广泛应用，单位经营管理模式发生了深刻变革，对会计基础工作提出了新的要求。现行《会计基础工作规范》已不能很好地适应经济社会的发展需要，目前财政部会计司已经在全国范围内组织开展《会计基础工作规范》修订问卷调查工作（财会便〔2014〕47号）。本书成稿时尚未发布新修订规范。

2. 会计人员

会计人员是指在国家机关、社会团体、公司、企业单位、事业单位和其他组织中从事会计工作的工作人员，包括会计机构负责人、会计主管人员、具体从事会计工作的会计师、会计员和出纳员。

根据我国《会计法》和《会计基础工作规范》的规定，会计从业人员必须具备两个条件：①必须取得会计从业资格证书，才能从事会计工作；②必须有必要的知识和专业技能，熟悉国家有关法律、法规、规章和国家统一的会计制度，遵守职业道德。

《会计法》规定，担任会计机构负责人和会计主管人员除了要求其具备一般会计人员应具备的条件外，还应具备会计师以上专业技术职务资格或者从事会计工作3年以上经历。概括起来，会计机构负责人和会计主管人员应具备的条件主要有：①坚持原则、廉洁奉公；②具备会计专业技术资格；③主管一个单位或者一个单位内重要方面的财务会计工作时间不少于二年；④熟悉国家财经法律、法规、规章制度，掌握财务会计理论及本行业业务的管理知识；⑤有较强的组织能力；⑥身体状况能适应和胜任本职工作。

总会计师是在单位负责人领导下，主管经济核算和财务会计工作的负责人。总会计师是单位领导成员，协助单位负责人工作，直接对单位负责人负责。总会计师作为单位财务会计的主要负责人，全面负责本单位的财务会计管理和经济核算，参与本单位的重大经营决策活动，是单位负责人的参谋和助手。按照《总会计师条例》的规定，担任总会计师，应当具备以下条件：①坚持社会主义方向，积极为社会主义市场经济建设和改革开放服务；②坚持原则、廉洁奉公；③取得会计师专业技术资格后，主管一个单位或者单位内部一个重要方面的财务会计工作的时间不少于 3 年；④要有较高的理论政策水平，熟悉国家财经纪律、法规、方针和政策，掌握现代化管理的有关知识；⑤具备本行业的基本业务知识，熟悉行业情况，有较强的组织领导能力；⑥身体健康、胜任本职工作。

1.5.3 会计规范体系

会计法规是组织会计工作的基本规范。建立和完善适应社会主义市场经济需要的会计法规体系，对于充分发挥会计的应有职能，保证其按照一定的目标进行，更好地完成会计工作的任务，推动社会主义市场经济的发展等方面都具有十分重要的意义。我国现行的会计法规（除企业内部会计管理制度以外）可分为以下四个层次。

1. 会计法律

会计法律是指由国家最高权力机关——全国人民代表大会及其常务委员会制定的会计法律规范。在会计领域中，《会计法》属于国家法律层次。它是会计法规体系中权威性最高、最具法律效力的法律规范，是制定其他各层次会计法规的依据，是会计工作的基本法。

现行的《会计法》是 1985 年 1 月 21 日第六届全国人民代表大会常务委员会第九次会议通过，根据 1993 年 12 月 29 日第八届全国人民代表大会常务委员会第五次会议《关于修改＜中华人民共和国会计法＞的决定》修正，1999 年 10 月 31 日第九届全国人民代表大会常务委员会第十二次会议修订的。它共分为七章五十二条，主要对会计核算、会计监督、会计机构和会计人员、法律责任等做出规定，新修订的会计法自 2000 年 7 月 1 日起施行。

会计法是适应经济管理需要和经济体制改革要求的一项重要经济立法，是中华人民共和国成立以来会计工作经验和会计理论研究成果的集中体现，是会计工作的准绳、依据和总章程。制定和修订会计法，对加强会计工作，保障会计人员依法行使职权，充分发挥会计在经济管理中的作用具有十分重要的意义。

2. 会计行政法规

会计行政法规是指由国家最高行政机关——国务院制定的会计法律规范。会计行政法规根据会计法律制定，是对会计法律的具体化或某个方面的补充。在我国现行的会计法规中，属于企业会计行政法规的有《企业财务会计报告条例》《总会计师条例》等。

《企业财务会计报告条例》是国务院于 2000 年 6 月 21 日颁布的，自 2001 年 1 月 1 日起施行。它共分为六章四十六条，主要对企业财务会计报告的构成、编制、对外提供和法律责任等做出了规定；《总会计师条例》是国务院于 1990 年 12 月 31 日颁布并施行的，主要对总会计师的职责、权限、任免与奖励等做出了规定。

3. 会计部门规章

会计部门规章是指国家主管会计工作的行政部门——财政部以及其他相关部委制定的会计方面的法律规范。制定会计部门规章必须依据会计法律和会计行政法规的规定，如会计监督制度、会计机构和会计人员管理制度、会计基础工作规范、会计档案管理办法等。

（1）国家统一的会计核算制度。国家统一的会计核算制度是指企业会计准则，它是规范企业会计确认、计量、报告的会计准则。我国企业会计准则体系包括基本准则与具体准则和应用指南。基本准则为主导，对企业财务会计的一般要求和主要方面做出原则性的规定，为制定具体准则和会计制度提供依据。

企业会计基本准则是有关会计核算的基本要求和原则。目前执行的企业会计基本准则是财政部于2006年2月15日（财会〔2006〕3号）颁布的《企业会计准则——基本准则》。2014年7月29日，财政部做出对《企业会计准则——基本准则》的修改决定，对第四十二条第五项进行了修改，重新颁布了准则。企业会计基本准则作为对会计核算的基本要求，主要规定了会计核算的基本前提、会计核算的一般原则、会计信息质量要求、会计要素和财务会计报告等原则要求。《企业会计准则——基本准则》基本准则是制定会计制度和进一步制定具体准则的前提和依据，是企业会计核算的依据和指导思想，也是进行会计监督的依据。

企业会计具体准则是关于经济业务核算的具体要求，是企业进行会计核算的直接依据。具体准则是在基本准则的指导下，处理会计具体业务标准的规范。其具体内容可分为一般业务准则、特殊行业和特殊业务准则、财务报告准则三大类。一般业务准则是规范普遍适用的一般经济业务的确认、计量要求，如存货、固定资产、无形资产、职工薪酬、所得税等。特殊行业和特殊业务准则是对特殊行业的特定业务的会计问题做出的处理规范，如生物资产、金融资产转移、套期保值、原保险合同、合并会计报表等。财务会计报告准则主要规范各类企业通用的报告类准则，如财务报表列报、现金流量表、合并财务报表、中期财务报告、分部报告等。目前已经发布和实施的企业会计具体准则包括：《企业会计准则第1号——存货》《企业会计准则第2号——长期股权投资》《企业会计准则第3号——投资性房地产》《企业会计准则第4号——固定资产》《企业会计准则第5号——生物资产》《企业会计准则第6号——无形资产》《企业会计准则第7号——非货币性资产交换》《企业会计准则第8号——资产减值》《企业会计准则第9号——职工薪酬》，直至《企业会计准则第41号——在其他主体中权益的披露》41项。

《企业会计准则应用指南》从不同角度对企业具体准则进行强化，解决实务操作，包括具体准则解释部分、会计科目和财务报表部分。

（2）国家统一的会计监督制度。国家统一的会计监督制度是在会计部门规章中有关会计监督的规定，如《会计基础工作规范》中对于会计监督的规定等。

（3）国家统一的会计机构和会计人员管理制度。国家统一的会计机构和会计人员管理制度主要包括《会计从业资格管理办法》（2012年12月5日财政部部务会议对2005年公布的《会计从业资格管理办法》修订通过并重新公布，自2013年7月1日起施行）、《会计人员继续教育暂行规定》等。

（4）国家统一的会计工作管理制度。国家统一的会计工作管理制度主要包括《会计档案管理办法》《会计电算化管理办法》《代理记账管理暂行办法》等。

4. 地方性会计法规

会计法规体系中除了上述三个层次之外，各省、自治区、直辖市也可以根据会计法律、会计行政法规和会计部门规章的规定，结合本地区的实际情况，制定一些在本行政区域之内实施的地方性会计法规。

1.5.4 会计档案管理

为了加强会计档案的科学管理，统一全国会计档案制度，做好会计档案工作，财政部和国家档案局于 1984 年 6 月 1 日联合制定和颁布了《会计档案管理办法》，并于 1998 年重新进行了修订。修订后的《会计档案管理办法》自 1999 年 1 月 1 日起施行。为适应经济社会发展和会计信息化建设需要，规范会计档案，特别是电子会计档案，提升会计档案管理工作水平，有效保护和利用会计档案，根据《中华人民共和国会计法》《中华人民共和国档案法》等有关法律和行政法规，重新修订了会计档案管理办法。2015 年 12 月 11 日，国家财政部和国家档案局联合印发了《会计档案管理办法》，自 2016 年 1 月 1 日起执行。原《会计档案管理办法》（财会字［1998］32 号）同时废止。新旧管理办法过渡期间，有关衔接规定如下。

1. 关于保管期限的衔接规定

（1）新《会计档案管理办法》与原《会计档案管理办法》规定的最低保管期限不一致的，按照新《会计档案管理办法》的规定执行。新《会计档案管理办法》将会计档案的保管期限分为永久、定期两类。定期保管期限一般分为 10 年和 30 年。会计档案的保管期限，从会计年度终了后的第一天算起。

（2）已到原《会计档案管理办法》规定的最低保管期限，并已于 2015 年 12 月 31 日前鉴定可以销毁但尚未进行销毁的会计档案，应按照新《会计档案管理办法》的规定组织销毁；已到原《会计档案管理办法》规定的最低保管期限，并已于 2015 年 12 月 31 日前鉴定予以继续保管的会计档案，应按照新《会计档案管理办法》确定继续保管期限（最低继续保管期限等于新《会计档案管理办法》规定的最低保管期限减去已保管期限）。

（3）单位应当定期对已到保管期限的会计档案进行鉴定，并形成会计档案鉴定意见书。经鉴定，仍需继续保存的会计档案，应当重新划定保管期限；对保管期满，确无保存价值的会计档案，可以销毁。已到原《会计档案管理办法》规定的最低保管期限，但 2015 年 12 月 31 日前尚未进行鉴定的会计档案，应按照新《会计档案管理办法》的规定进行鉴定，确定销毁或继续保管。确定销毁的，应按照新《会计档案管理办法》的规定组织销毁；确定继续保管的，应按照新《会计档案管理办法》确定继续保管期限。

（4）未到原《会计档案管理办法》规定的最低保期限的会计档案，应按照新《会计档案管理办法》的规定重新划定保管期限。

2. 关于电子会计资料归档的衔接规定

（1）单位如在新《会计档案管理办法》施行前已利用现代信息技术手段开展会计核算和会计档案管理，其有关工作符合《企业会计信息化工作规范》（财会［2013］20 号）的要求，所形成的、尚未移交本单位档案机构统一保管的会计资料符合新《会计档案管理办法》第八条、第九条规定的电子会计档案归档条件的，可仅以电子形式归档保管。2014 年以前形成的会计资料一律按照原《管理办法》的规定归档保管。

（2）各单位根据新《会计档案管理办法》仅以电子形式保存会计档案的，原则上应从一个完整会计年度的年初开始执行，以保证其年度会计档案保管形式的一致性。

【复习思考题】

1. 会计是如何产生和发展的？
2. 会计的基本职能是什么？它们各自具有哪些特点？
3. 会计的目标是什么？企业会计的具体目标是什么？
4. 如何完整地理解会计的含义？
5. 会计的核算方法有哪些？它们之间存在什么样的联系？
6. 会计管理的内容包括哪些？
7. 什么是会计循环？什么是会计程序？
8. 会计机构和会计岗位的设置需要遵守哪些规范？会计人员的任职有哪些条件和要求？
9. 什么是会计法规体系？会计法规体系包括哪几个层次？
10. 什么是会计档案？它包括哪些内容？

【练习题】

一、单项选择题

1. 会计的产生是由于（　　）。
   A. 生产管理的需要　　　　　　B. 技术进步的需要
   C. 社会分工的需要　　　　　　D. 生产关系变革的需要
2. 龙门账产生于（　　）。
   A. 汉朝　　　　B. 宋朝　　　　C. 明末清初　　　　D. 唐朝
3. 在宋朝时期，我国会计采用的是下列哪种记账法（　　）。
   A. 复式记账法　B. 单式记账法　C. 四柱结算法　　　D. 增减记账法
4. 会计的基本职能是（　　）。
   A. 预测与决策　B. 核算与管理　C. 管理与控制　　　D. 分析与考核
5. 下列哪项不属于会计核算方法（　　）。
   A. 设置账户　　B. 成本核算　　C. 资产清查　　　　D. 会计分析
6. 会计核算的基本方法包括（　　）。
   A. 设置账户、会计分析、复式记账、会计检查等
   B. 设置账户、会计检查、资产清查、会计预测等
   C. 设置账户、复式记账、登记账簿、成本计算等
   D. 设置账户、会计控制、会计分析、成本计算等
7. 下列属于会计核算方法之一的是（　　）。
   A. 会计分析　　B. 会计检查　　C. 复式记账　　　　D. 会计控制

8. 会计核算不具有（　　）特征。
   A. 连续性　　　B. 复杂性　　　C. 完整性　　　D. 系统性
9. 会计以（　　）为主要计量单位。
   A. 货币　　　B. 实物　　　C. 工时　　　D. 劳动耗费

二、多项选择题

1. 下列属于会计核算特点的是（　　）。
   A. 以货币为主要的计量方法
   B. 具有连续性、系统性和完整性
   C. 仅记录已经发生的经济业务
   D. 除货币计量以外，有时也采用其他的计量指标
2. 下列属于会计管理特点的是（　　）。
   A. 货币计量为主要计量方法　　　B. 其内容主要是合理性、合法性、有效性的监督
   C. 仅记录已经发生的经济业务　　　D. 包括事前、事中、事后管理
3. 下列属于会计核算方法的是（　　）。
   A. 填制和审核会计凭证　　　B. 登记账簿
   C. 资产清查　　　D. 成本计算
   E. 编制会计报表
4. 会计的基本特征是（　　）。
   A. 对企业未来进行预测　　　B. 以原始凭证为依据
   C. 以货币作为主要计量单位　　　D. 连续、系统、全面、综合地监督
5. 下列业务中，属于资金退出的有（　　）。
   A. 购买材料　　　B. 缴纳税金　　　C. 分配利润　　　D. 银行借款
6. 会计方法应包括（　　）。
   A. 会计核算方法　B. 会计分析方法　C. 会计预测的方法　D. 会计决策的方法
   E. 会计考核的方法
7. 下列属于会计核算方法的有（　　）。
   A. 会计分析　　　B. 成本计算　　　C. 资产清查　　　D. 复式记账

三、判断题

1. 会计从业人员必须取得会计从业资格证书，才能从事会计工作。（　　）
2. 会计从业人员必须有必要的知识和专业技能，熟悉国家有关法律、法规、规章和国家统一的会计制度，遵守职业道德。（　　）
3. 会计对任何单位的经济活动都是必要的，经济越发展，会计越重要。（　　）
4. 会计的基本职能既反映过去，又控制现在，还要预测未来。（　　）
5. 会计的职能并不是一成不变的，而是随着社会经济的发展，会计内容和方法也就有所变化。（　　）
6. 会计主要特点之一就是只以货币计量。（　　）
7. 会计的一般对象是社会再生产过程中的资金运动。（　　）

8. 会计核算的各种专门方法在会计核算过程中应单独运用，不得混用。　　（　　）

9. 会计核算的七种方法之间相互联系，是密切结合的有机整体。　　　（　　）

10. 复式记账特点是对每一项交易或者事项都要以相等的金额，在两个或两个以上账户中进行相互联系登记的一种记账方法。　　　　　　　　　　　　（　　）

第 2 章　会计要素与会计等式

【本章导读】

邓元、刘丽、余文、徐飞四位大学生分别是会计、信息管理、财务管理、经济管理专业在校生，大家合伙注册成立了"青原乐淘有限公司"，那么这四位同学就是该公司的所有者，共同买卖校园二手商品。注册之初，每人出资500元，交由徐飞同学保管。那么徐飞同学就是公司出纳，这时候公司有库存现金2 000元，这2 000元是公司的资产，属于四位同学的共同权益，称之为所有者权益。此时，资产＝所有者权益；因为毕业班的同学要卖的东西特别多，这四位同学感觉需要一辆车，可是手里的钱不够，就向导师借了3 000元买了一辆车。此时，公司的资产＝车（3 000元）＋库存现金（2 000元），即有资产＝负债（欠导师的钱，也称债权人权益）＋所有者权益，简称资产＝权益。在经营过程中，同学们把旧货买进来时，库存现金减少了，但库存的旧货增加了，其资产总额不会发生变化，其权益总额也不会发生变化。如果同学还钱给老师了，那么库存现金减少了，负债减少了，其资产的减少数与负债的减少数相等。此等式依然相等。因此，这个等式永远成立。另外，从权益的角度来看，任何公司的资金来源，除了自有资金，只有借入资金。这就是本章要讲的会计等式之一。会计要核算的就是公司资金周而复始的运动，我们把运动中的资金按照经济特征进行分类，就是会计要素。制造业公司比上述公司的经济业务要复杂些，但原理是一样的，本章将以佳骋纺织有限公司为例来讲解经济业务的发生对会计等式的影响。

【本章学习目标】

熟悉会计对象，掌握会计六大要素及其构成，掌握三个基本会计等式。

2.1　会 计 对 象

会计的对象是指会计核算和管理的内容，即会计的客体。也就是说，企事业单位在日常经营活动或业务活动中所表现出的资金运动，即资金运动构成了会计核算和会计监督的内容。

2.1.1　会计的一般对象

从表面上看，各经济主体在社会再生产过程中的工作性质和任务有所不同，但是它们的经济活动都不同程度地与社会产品的生产交换分配和消费有关，都是社会再生产过程的组成部分。

会计主要是利用货币计量，对社会再生产过程中的经济活动进行核算和管理的一种经济管理工作，因此，社会再生产过程中发生的能够用货币表现的经济活动，就构成了会计的一般对象。

可见，会计的对象不是社会再生产过程中发生的全部经济活动，而是其中能够用货币表现的方面。

2.1.2 会计的具体对象

由于不同类型的经济主体在社会再生产过程中所担负的任务不同，经济活动的内容不同，所以，其资金运动的具体形式和内容也有所不同，即会计的具体对象是不同的。社会再生产过程中以货币表现的总体经济活动，是在宏观经济领域里体现的，是社会会计的对象；社会再生产过程中个别的以货币表现的经济活动，发生在各个企业、行政、事业单位以及非营利组织内部，是企业、行政、事业单位以及非营利组织会计的对象。

企业单位所拥有的资金不是闲置不动的，而是随着物资流的变化而不断地运动、变化的。制造业的资金要陆续经过供应过程、生产过程和销售过程。资金的形态也在发生变化，用货币购买材料物质的时候，货币资金转化为储备资金（材料物质等所占用的资金）；车间生产产品领用材料物质时，储备资金又转化为生产资金（生产过程中各种在产品所占用的资金）；将车间加工完毕的产品验收入到产成品库后，此时，生产资金又转化为产成品资金（待售产成品或自制半成品占用的资金，简称成品资金）；将产成品出售又收回货币资金时，成品资金又转化为货币资金。

我们把资金从货币形态开始，依次经过储备资金，生产资金，成品资金，最后又回到货币资金这一运动过程叫作资金循环，周而复始的资金循环叫作资金周转。

制造业因资金的投入、循环周转和资金的退出等经济活动而引起各项资源的增减变化，各项成本费用的形成和支出，各项收入的取得以及损益的发生、实现和分配，共同构成了会计对象的内容，具体为资产、负债、所有者权益、收入、费用和利润六大要素。资金的投入包括所有者的资金投入和债权人的资金投入，分别构成所有者权益和债权人权益（即负债）。投入企业的资金一部分形成流动资产，一部分形成非流动资产。资金的退出包括按照法定程序返回给投资者的投资、偿还各项债务以及向投资者分配利润等内容。

制造业的资金运动按其运动的次序可分为资金投入、资金周转和资金退出三个基本环节，与此对应，制造业的生产经营过程可以划分为供应过程、生产过程和销售过程。随着企业供、产、销过程的不断进行，企业的资金也在周而复始地循环和周转着，由货币资金开始，依次转化为储备资金、生产资金、成品资金，最后又回到货币资金状态。制造业的资金是不断地循环周转的，具体情况如图2-1所示。

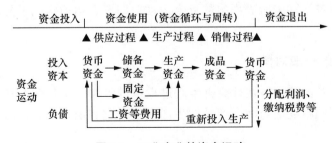

图2-1 工业企业的资金运动

商品流通企业的经营过程分为商品购进和商品销售两个过程。其中,购进主要是采购商品,此时货币资金转换为商品资金。而销售过程中,商品资金转换为货币资金。在整个经营过程中,也要消耗一定的人力、物力和财力,它们表现为商品流通费用。在销售过程中,也会获得销售收入和实现经营成果。因此,其运动的会计对象也具体为资产、负债、所有者权益、收入、费用和利润六大要素。具体如图2-2 商品流通企业的资金运动所示。

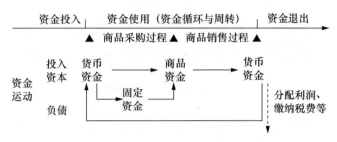

图2-2　商品流通企业的资金运动

非营利组织主要包括政府、事业单位、机关团体等。非营利组织如行政、事业单位为完成国家赋予的任务,同样需要一定数量的资金,但其来源主要是国家财政拨款。行政、事业单位在正常业务活动过程中所消耗的人力、物力和财力的货币表现,即为行政费用和业务费用。一般来说,行政、事业单位没有或只有很少一部分业务收入。行政、事业单位的经济活动,一方面按预算向国家财政取得拨入资金;另一方面又按预算以货币资金支付各项费用,其资金的运动就是:资金拨入—资金付出。其会计对象的内容就是预算资金及其收支。如图2-3 非营利组织的资金运动所示。

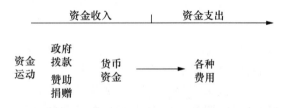

图2-3　非营利组织的资金运动

鉴于制造业的资金运动相对比较完整,典型的现代会计是在企业范围内进行的,故这里只阐述制造业的会计的具体对象。有必要说明的是,本书对会计理论相关概念和原理的阐述都是建立在制造业基础上的。

2.2　会 计 要 素

会计工作的对象是资金运动,而资金运动所牵涉的具体内容不但十分广泛,而且性质与作用相差也很大。为了有条理地对会计的对象进行核算与管理,就必须按经济内容的特点对会计对象进行分类,以便在会计工作中根据不同的类别进行确认、计量、记录和报告。在实践中,将会计对象进一步细分,就形成了会计要素。即会计要素是对会计对象进行的基本分类,是会计对象的具体化,是反映会计主体的财务状况和经营成果的基本单位。

我国《企业会计准则》严格定义了资产、负债、所有者权益、收入、费用和利润共六大要素。其分类如图 2-4 会计要素的分类所示。

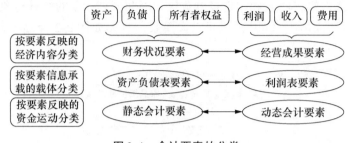

图 2-4　会计要素的分类

将会计的对象分解成若干个会计要素，是对会计内容的第一步分类，其作用有如下三个方面。

（1）会计要素分类能够分类提供会计数据和会计信息，这就使得利用会计信息进行投资和经营决策、加强经济管理变得切实可行。

（2）会计要素分类使会计确认和计量有了具体的对象，为分类核算提供了基础。

（3）会计要素为会计报表搭建了基本框架，根据会计要素组成的会计报表可以很好地反映各个会计要素的基本数据，并科学地反映各会计要素间的关系，从而为相关方面提供更有价值的经济信息。

下面，我们将详细介绍各会计要素的具体内容。

2.2.1　资产

1. 资产的定义

《企业会计准则》第二十条规定：资产是指企业过去的交易或者事项形成的、由企业拥有或者控制的、预期会给企业带来经济利益的资源。

企业过去的交易或者事项包括购买、生产、建造行为或其他交易或者事项。预期在未来发生的交易或者事项不形成资产；由企业拥有或者控制是指企业享有某项资源的所有权，或者虽然不享有某项资源的所有权，但该资源能被企业所控制；预期会给企业带来经济利益是指直接或者间接导致现金和现金等价物流入企业的潜力。

一家企业要从事生产经营活动，必须具备一定数量的物质条件。在市场经济条件下，这些物质条件可以表现为货币资金、房屋场地、原材料、机器设备等，也可以是不具有实物形态的各种款项，比如以债权形态出现的各种应收款项，还可以是以特殊权利形态出现的专利权、商标权等无形资产，以上这些物质条件统称为资产。资产是企业从事生产经营活动的物质基础。

根据资产的定义，资产具有以下特征。

（1）资产是过去的交易或事项形成的。过去的交易或事项包括购买、生产、建造行为或其他交易。强调资产是过去的交易或事项形成的，是说明资产必须是现时的资产，是过去已经发生交易而产生的结果，而不能是未来的交易或事项及未发生的交易或事项可能发生的结果。也就是说，资产一定是现时的资产，而不能是预期的资产。只有过去发生的交易或事项的结果才能增加或减少企业的资产，未来的、还未发生的或尚处于计划中的事项的可能后果不能确认为资产。比如某企业在某年的 1 月份与另一企业签订了一项购买设备的合同，实际购入设备的时间在 3 月份，则该企业不能在 1 月份将该设备确认为自己的资产，因为交易并没有完成。

（2）资产必须由企业拥有或者控制。由企业拥有或者控制，是指企业享有某项资源的所有权，或者虽然不享有某项资源的所有权，但该项资源能被企业所控制，即企业已掌握某项资产的实际未来利益和风险。享有某项资源的所有权是指企业有权占有此项资源，完全可以按照自己的意愿使用或处置该资源并享有使用或处置该资源所带来的经济利益，其他单位或个人未经企业许可不得擅自使用。被企业所控制是指企业对某些资产虽不拥有所有权，但能够按照自己的意愿使用该资源并享有使用该资源所带来的经济利益。按照实质重于形式的原则，假如企业能够控制某项资源，则该资源也应确认为企业的资产。例如，某企业以融资租赁方式租入一项固定资产，尽管企业并不拥有其所有权，但是如果租赁合同规定的租赁期相当长，接近于该资产的使用寿命，表明企业控制了该资产的使用及其所能带来的经济利益，应当将其作为企业资产予以确认、计量和报告。

（3）资产的本质是一种能为企业提供经济利益的资源。即通过对它的有效使用，能够为企业提供未来的经济利益。资产预期会给企业带来经济利益，是指资产直接或间接导致现金或现金等价物流入企业的潜力。这种潜力可能来自于企业日常的生产经营活动，也可能是非日常的生产经营活动；带来的经济利益可以是现金或现金等价物的形式，也可以是转化为现金或现金等价物的形式，还可以是减少现金或现金等价物流出的形式。

资产预期是否会为企业带来经济利益是资产的重要特征。比如企业采购的原材料可以用于生产经营过程，制造商品提供劳务，对外出售产品后收回货款，货款就是企业所获得的经济利益。假如某一项目预期不能给企业带来经济利益，那么这一预期就不能确认为企业的资产。前期已经确认为资产的项目，假如不能再为企业带来经济利益，那么也不能再确认为企业的资产。

2. 资产的确认

资产的确认首先需符合资产的定义并满足以下条件：①与该资源有关的经济利益很可能流入企业；②该资源的成本或者价值能够可靠地计量。

符合资产定义和资产确认条件的项目，应当列入资产负债表；符合资产定义、但不符合资产确认条件的项目，不应当列入资产负债表。

3. 资产的构成

资产按其流动性的强弱，可分为流动资产、非流动资产两大类，如图 2-5 所示。

（1）流动资产。《企业会计准则第 30 号——财务报表列报》第十三条规定：资产满足下列条件之一的，应当归类为流动资产：①预计在一个正常营业周期中变现、出售或耗用；②主要为交易目的而持有；③预计在资产负债表日起一年内（含一年，下同）变现。④自资产负债表日起一年内，交换其他资产或清偿负债的能力不受限制的现金或现金等价物。主要包括库存现金、银行存款、交易性金融资产、应收票据、应收账款、预付账款、其他应收款、原材料、在产品、库存商品等。

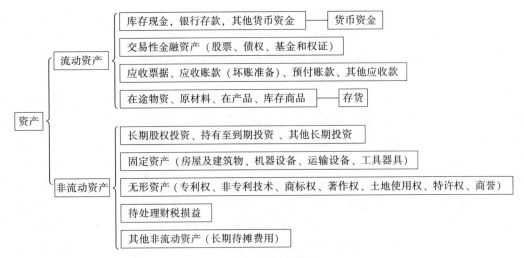

图 2-5 资产的构成

其中，库存现金是指存放于企业财会部门、由出纳人员经管的现款，即各种纸币、硬币。库存现金主要用于支付企业日常发生的小额、零星的费用或支出；银行存款是指企业存入银行或其他金融机构的各种款项。银行存款主要用于偿还债务、支付购买财产物质所需款项、交纳税款、支付各种费用等。我们将"库存现金、银行存款、其他货币资金"统称为"货币资金"。

交易性金融资产是指企业购入的以赚取差价为主要目的、能够随时变现并且持有时间不准备超过一年的各种有价证券，包括股票、债券、基金和权证等。

应收票据是指在采用商业汇票结算方式下，企业因销售商品、提供劳务而收到的商业汇票，包括银行承兑汇票和商业承兑汇票。其中：银行承兑汇票是以购货单位或接受劳务单位的开户银行为承兑人（即承诺到期兑付欠款）的一种商业汇票；商业承兑汇票是以购货单位或接受劳务单位为承兑人的一种商业汇票，商业汇票必须经承兑后方可生效。

应收账款是指企业因销售商品、提供劳务等经营活动应向购货单位或接受劳务单位收取的款项，主要包括企业销售商品、提供劳务等应向债务人收取的价款、增值税销项税额及代购货单位垫付的包装费、运杂费等。

坏账准备是指企业对未来可能发生坏账而给企业带来坏账损失所做的准备。是采用备抵法核算坏账损失时设置的一个会计科目，按期估计坏账损失，形成坏账准备；发生坏账损失时，冲减坏账准备。

预付账款是指企业按照合同规定预付的款项。如预付的购货款、在建工程预付的工程价款、预付财产保险费等。

其他应收款是指企业除应收票据、应收账款、预付账款、应收股利、应收利息、长期应收款等以外的各种应收暂付款项。如应收取各种赔款和罚款、为企业职工垫付的各种款项等。

在途物资是指企业购入的尚未运达企业或者已经运达企业但尚未验收入库的企业已经拥有所有权的各种物质。

原材料是指企业库存的为生产产品或一般耗用的各种物质。包括原料及主要材料、辅助材料、外购半成品（外购件）、修理用备件（备品备件）、包装材料、燃料等。

库存商品是指企业库存的用于销售，以获得收入的各种商品，包括库存产成品、外购商品、存放在门市部准备出售的商品、发出展览的商品以及寄存在外的商品等。

在途物资、原材料、在产品、库存商品等统称为"存货"。

（2）非流动资产。《企业会计准则第30号——财务报表列报》第十四条规定：流动资产以外的资产应当归类为非流动资产。主要包括长期股权投资、持有至到期投资、固定资产、无形资产、其他非流动资产等。

长期股权投资通常为长期持有，不准备随时出售，投资企业作为被投资单位的股东，按所持股份比例享有权益并承担责任；持有至到期投资是指到期日固定、回收金额固定或可确定，且企业有明确意图和能力持有至到期的非衍生金融资产。

固定资产是指使用寿命超过1个会计年度，为生产商品、提供劳务、出租或经营管理而持有的有形资产，如使用期限超过1年的房屋、建筑物、机器、机械、运输工具及其他与生产、经营有关的设备、器具、工具等；固定资产由于损耗而减少的价值就是固定资产折旧。累计折旧是指固定资产逐期计提折旧的累计。企业为进行固定资产基建、安装、技术改造以及大修理等工程称为在建工程。而企业为在建工程准备的按成本计价的各种物质，包括工程用材料，尚未安装的设备以及为生产准备的工器具等则称为工程物资。

无形资产是指企业拥有或者控制的没有实物形态的可辨认非货币性资产，包括专利权、非专利技术、商标权、著作权、土地使用权等。

待处理财产损益是指企业在资产清查中发现的等待处理的各种盘盈、盘亏的资产给企业带来的收益和损失。

其他非流动资产是指除上述资产以外的其他资产。

2.2.2　负债

1. 负债的定义

《企业会计准则》第二十三条规定：负债是指企业过去的交易或者事项形成的、预期会导致经济利益流出企业的现时义务。

根据负债的定义，负债具有如下特征：

（1）负债是由过去的交易或者事项形成的。比如，企业从银行借入资金，就具有还本付息的义务；从供应商处购材料或商品的同时，应对其负有偿还货款的义务。对于还没有履行的合同或者是在将来才发生的交易意向，则并不构成企业当前的负债。企业与供应商签订的购货合同（或订单），约定在3个月后进行交易，这仅仅是未来交易的意向，并不能作为企业的负债。

（2）负债是企业承担的现时义务。负债是指由于过去的交易或事项而使企业现时承担的对其他经济实体的经济责任和义务，只有企业承担经济义务或事项确实发生时才给予确认。负债不能够无条件地取消。

（3）负债预期会导致经济利益流出企业。不管是哪种原因产生的负债，企业在偿还负债时都将使企业经济利益流出企业。在履行现时义务清偿负债时，导致经济利益流出企业的形式有很多种，可以是用现金偿还或用实物资产形式清偿，还可以是举借新债偿还旧债，可以用提供劳务的形式偿还，还可以将债务转为资本等。

2. 负债的确认

将一项现时义务确认为负债,除符合负债的定义之外,还应当同时满足以下两个条件:①与该义务有关的经济利益很可能流出企业;②未来流出经济利益的金额能够可靠地计量。

因此,关于负债的确认,除了应当符合定义外,还必须满足上述两个条件,才能将其确认为一项负债。只符合定义不符合确认条件的,不能确认为一项负债。现时义务是指企业在现行条件下已承担的义务。未来发生的交易或者事项形成的义务,不属于现时义务,不应当确认为负债。

符合负债定义和负债确认条件的项目,应当列入资产负债表;符合负债定义,但不符合负债确认条件的项目,不应当列入资产负债表。

3. 负债的构成

负债按其偿还性的先后,可分为流动负债、非流动负债两大类。

《企业会计准则第 30 号——财务报表列报》第十五条规定:负债满足下列条件之一的,应当归类为流动负债:①预计在一个正常营业周期中清偿;②主要为交易目的而持有;③自资产负债表日起一年内到期应予以清偿;④企业无权自主地将清偿推迟至资产负债表日后一年以上。主要包括短期借款、应付票据、应付账款、预收账款、应付职工薪酬、应付股利、应交税费、其他应付款和一年内到期的非流动负债等。非流动负债包括长期借款、应付债券、长期应付款等。负债的构成如图 2-6 所示。

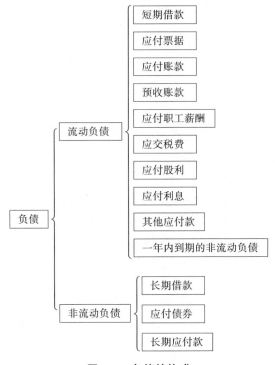

图 2-6 负债的构成

其中,短期借款是指企业向银行或其他金融机构等借入的期限在一年以下(含一年)的各种借款。

应付票据是指企业因购买材料、商品和接受劳务供应等开出、承兑的商业汇票，包括银行承兑汇票和商业承兑汇票。

应付账款是指企业因购买材料、商品和接受劳务供应等经营活动应支付的款项，包括购买材料、商品的买价、增值税进项税额和供应单位代垫的运杂费。

预收账款是指企业按照合同规定预收的款项。如企业销售商品预先向购货方收取的款项、预收出租包装物以及固定资产的租金、预收工程款等。

应付职工薪酬是指企业根据有关规定应付给职工的各种薪酬。包括职工工资、奖金、津贴和补贴、职工福利费、医疗、养老、失业、工伤、生育等社会保险费，住房公积金，工会经费，职工教育经费，非货币性福利等因职工提供服务而产生的义务。

应交税费是指企业按照税法规定应交纳的除印花税以外的各种税费，包括增值税、消费税、营业税、所得税、资源税、土地增值税、城市维护建设税、房产税、土地使用税、车船使用税、教育费附加、矿产资源补偿费等。

应付股利是指企业根据董事会或股东大会，或类似机构决议确定应分配给投资者的投资报酬，包括现金股利或利润。

应付利息是指企业按照合同约定应支付的期限不超过一年的利息，包括吸收存款、分期付息到期还本的长期借款、企业债券等应支付的利息。

其他应付款是指企业除应付票据、应付账款、预收账款、应付职工薪酬、应付股利、应交税费以外的其他各项应付、暂收款项。如应付租入包装物租金、存入保证金等。

一年内到期的非流动负债是反映企业各种非流动负债在一年之内到期的金额，包括一年内到期的长期借款、长期应付款和应付债券。

长期借款是指企业向银行或其他金融机构等借入的期限在 1 年以上的各项借款；长期借款具有借款数额大、借款期限长等特点。《企业会计准则第 30 号——财务报表列报》第十八条规定：企业在资产负债表日或之前违反了长期借款协议，导致贷款人可随时要求清偿的负债，应当归类为流动负债。

应付债券是指企业按照法定程序发行的，约定在一定期限内还本付息的，具有一定价值的证券。发行债券是企业筹集长期资金的主要方式之一。

长期应付款是企业对其他单位发生的付款期限在一年以上的长期负债，如采用分期付款方式购入固定资产和无形资产发生的应付账款、应付融资租入固定资产的租赁费等。

2.2.3 所有者权益

1. 所有者权益的定义

《企业会计准则》第二十六条规定：所有者权益是指企业资产扣除负债后由所有者享有的剩余权益。

公司的所有者权益又称股东权益。在独资企业中被称为业主权益。所有者权益的来源包括所有者投入的资本、直接计入所有者权益的利得和损失、留存收益等。

根据所有者权益的定义，所有者权益具有如下特征。

（1）除非发生减资、结算，企业不需要偿还所有者权益。投资者的原始投资行为采取的无论是货币形式还是实物形式，所有者权益与企业的具体资产项目并没有直接的对应关系，所有者权益只是在整体上、抽象意义上与企业资产保持数量上的关系。

(2) 所有者权益是企业的投资人对企业净资产的要求权，这种要求权是受企业资产总额和负债总额变动的影响而增减变动的。企业清算时，负债往往优先清偿，而所有者权益只有在清偿所有的负债后才偿还给所有者。

(3) 所有者权益能够分享利润，权益的所有者凭借所有者权益能够参与企业的生产经营管理，并参加利润的分配，同时承担企业的经营风险。

2. 所有者权益的确认

所有者权益金额取决于资产和负债的计量。因为所有者权益金额为资产减去负债的余额。企业全部资产减去负债后的余额可以称为净资产，它应该归属于所有者。

所有者权益的来源包括所有者投入的资本（实收资本）、直接计入所有者权益的利得和损失（资本公积）、留存收益（盈余公积和未分配利润）等。直接计入所有者权益的利得和损失，是指不应计入当期损益、会导致所有者权益发生增减变动的、与所有者投入资本或者向所有者分配利润无关的利得或者损失。利得是指由企业非日常活动所形成的、会导致所有者权益增加的、与所有者投入资本无关的经济利益的流入。损失是指由企业非日常活动所发生的、会导致所有者权益减少的、与向所有者分配利润无关的经济利益的流出。所有者权益金额取决于资产和负债的计量。所有者权益项目应当列入资产负债表。

3. 所有者权益的构成

所有者权益的构成包括实收资本（或者股本）、资本公积、盈余公积和未分配利润等。其中，实收资本是指投资者按照企业章程或合同协议的约定，实际投入企业的资本，可以是货币资金投资，也可以是非货币资金如固定资产、无形资产等投资；资本公积是指企业由于资本价值增值而形成的积累资金，包括股本溢价、接受捐赠、外汇资本折算差额等；盈余公积是指企业从净利润中提取形成的积累资金，包括法定盈余公积、任意盈余公积和法定公益金等；未分配利润是指企业税后利润按照规定进行分配后的剩余部分。所有者权益构成如图2-7所示。

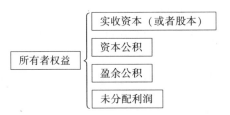

图2-7 所有者权益的构成

通常将盈余公积和未分配利润合称为留存收益。

对所有者权益作以上分类，不仅可以准确反映所有者权益总额，清晰地反映所有者权益的构成，有利于保障企业投资人的权益，而且对企业利润的分配、投资人按照规定动用产权的能力和作投资决策都是有用的。

2.2.4 收入

1. 收入的定义

《企业会计准则》第三十条规定：收入是指企业在日常活动中形成的、会导致所有者权益增加的、与所有者投入资本无关的经济利益的总流入。

根据收入的定义，收入具有如下特征。

（1）收入是企业在日常交易活动中形成的经济利益流入。日常交易活动，是指企业为完成其经营目标而从事的所有活动以及与其相关的其他活动，比如企业销售商品、提供服务或劳务等活动。日常交易活动取得的收入，是指企业在销售商品、提供劳务等主营业务活动中获得的收入，以及因他人使用本单位资产而取得的让渡资产使用权的收入。

（2）收入会导致企业所有者权益的增加。与收入相关的经济利益的流入会导致所有者权益的增加，不会导致所有者权益增加的经济利益流入不符合收入的定义，不能确认为收入。比如企业向银行借入款项，虽然导致企业经济利益的流入，然而该流入并不导致所有者权益的增加，反而使企业承担了一项现时义务，因此，企业对于因借入款项所导致的经济利益的增加，不应当确认为收入，而应当确认为一项负债。

（3）收入只包括本企业经济利益的流入，不包括为客户或第三者代收的款项和从偶发的交易或事项中产生的经济利益的流入。代收的款项一方面增加企业的资产，另一方面也增加企业的负债，因此，不属于本企业的经济利益，不能作为企业的收入。偶发的交易或事项产生的经济利益的流入属于非日常活动所形成的利润，不符合收入的定义，也不能确认为企业的收入。

2. 收入的确认

收入只有在经济利益很可能流入从而导致企业资产增加或者负债减少且经济利益的流入额能够可靠计量时才能予以确认。

符合收入定义和收入确认条件的项目，应当列入利润表。

3. 收入的构成

收入主要包括主营业务收入、其他业务收入、投资收益和公允价值变动收益等。

主营业务收入是指经常性的、主要业务活动中所获得的收入；其他业务收入是指非主要业务活动所获得的收入，如销售多余材料、出租包装物取得的收入等；投资收益是指对外投资取得的收益减去投资损失后的净额。公允价值变动收益是指交易性金融资产、交易性金融负债等在资产负债表日，由于公允价值变动形成的应记入当期损益的日常活动的利得。收入的构成如图2-8所示。

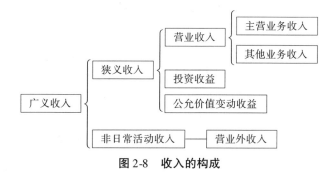

图2-8　收入的构成

收入还可按照性质的不同，分为商品销售收入、劳务收入和让渡资产使用权等取得的收入。

广义的收入还包括营业外收入。营业外收入是指与日常经营活动无关的经济利益流入，如处置固定资产的净收益、接受捐赠收入等。

2.2.5 费用

1. 费用的定义

《企业会计准则》第三十三条规定：费用是指企业在日常活动中发生的、会导致所有者权益减少的、与向所有者分配利润无关的经济利益的总流出。

按照费用的定义，费用具有以下特征。

（1）费用是在企业日常活动中发生的。以制造业为例，日常活动中所发生费用指的是为取得收入而发生的相应的成本、费用、税金等。将费用界定为日常活动所形成的经济利益流出，目的是将费用与损失进行区分。非日常活动所形成的经济利益流出不能确认为费用，而应该确认为损失，如处置固定资产、无形资产的损失，因违法经营被处罚而支付的罚款等。

（2）费用会引起所有者权益的减少。费用会导致经济利益流出企业，表现为企业资产的减少或负债的增加，最终将引起企业所有者权益的减少。在日常活动中发生的经济利益流出，是指企业为取得收入而发生的所有活动以及与之相关的其他活动产生的经济利益流出，比如物资采购过程中发生的采购费用，为生产商品所消耗的直接材料费、直接人工费和制造费用，商品销售过程中发生的销售成本以及销售费用，为管理和组织生产发生的管理费用，因使用其他单位资产而支付的租赁费、财务费用等。有些交易或事项虽然也能使经济利益流出企业，比如对外捐赠、存货盘亏、固定资产报废损失等，但因其不属于企业的日常经营活动中发生的，故不属于费用而属于支出或者损失。

2. 费用的确认

费用只有在经济利益很可能流出从而导致企业资产减少或者负债增加且经济利益的流出额能够可靠计量时才能予以确认。

企业应合理划分成本和期间费用的界限。成本是指企业为生产产品、提供劳务而发生的各种耗费。期间费用应当直接计入当期的损益；成本应当计入所生产的产品、提供劳务的成本。企业为生产产品、提供劳务等发生的可归属于产品成本、劳务成本等的费用，应当在确认产品销售收入、劳务收入等时，将已销售产品、已提供劳务的成本等计入当期损益。

企业发生的支出不产生经济利益的，或者即使能够产生经济利益但不符合或者不再符合资产确认条件的，应当在发生时确认为费用，计入当期损益。

企业发生的交易或者事项导致其承担了一项负债而又不确认为一项资产的，应当在发生时确认为费用，计入当期损益。

符合费用定义和费用确认条件的项目，应当列入利润表。

3. 费用的构成

费用可以分为营业成本、期间费用（销售费用、管理费用、财务费用）、营业税金及附加、资产减值损失。广义的费用还包括营业外支出和所得税费用等，如图2-9所示。

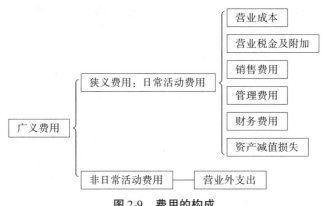

图 2-9　费用的构成

营业成本是指销售商品、提供劳务或销售材料等业务的成本。营业成本按照其与主营业务收入和其他业务收入的关系，可以分为主营业务成本和其他业务成本。主营业务成本是企业在销售商品和提供劳务等日常活动中发生的成本，即为取得主营业务收入而发生的直接相关的经济利益的流出。其他业务成本是除主营业务成本以外的其他销售或其他业务所发生的支出和相关费用，如销售材料成本、出租包装物成本等。根据配比性原则，发生的营业成本必须与其对应的收入项目在同一会计期间确认。

期间费用是指企业不能计入当期营业成本，而应直接计入当期损益的各种费用，包括销售费用、管理费用和财务费用。

销售费用是指企业在销售商品过程中发生的费用；管理费用是指企业为组织和管理企业生产经营所发生的管理费用；财务费用是指企业为筹集生产经营所需资金等而发生的费用。

管理费用是指企业行政管理部门为组织和管理生产经营活动而发生的各项费用。包括企业筹建期间发生的开办费、董事会和行政管理部门在企业的经营管理中发生的或者应由企业统一负担的公司经费、工会经费、董事会费、诉讼费、业务招待费、房产税、车船税、土地使用税、印花税、技术转让费等。

财务费用指企业在生产经营过程中为筹集资金而发生的筹资费用。包括企业生产经营期间发生的利息支出（减利息收入）、汇兑损益（有的企业如商品流通企业，保险企业进行单独核算，不包括在财务费用中）、金融机构手续费、企业发生的现金折扣或收到的现金折扣等。但在企业筹建期间发生的利息支出，应计入开办费；为购建或生产满足资本化条件的资产发生的应予以资本化的借款费用，在"在建工程""制造费用"等账户核算。

营业税金及附加指的是企业日常活动中取得的销售收入或劳务收入而相应承担的税费，如消费税、城建税和教育费附加等。

资产减值损失，是指企业的各项非货币性资产因为发生贬值而给企业带来的损失。

所得税费用，是指企业因实现利润需要向国家缴纳所得税而形成的一项费用。

营业外支出，是指企业发生的与日常活动无关的经济利益的流出。如固定资产处置净损失、罚款支出、自然灾害造成的损失等。

2.2.6　利润

1. 利润的定义

《企业会计准则》第三十七条规定：利润是指企业在一定会计期间的经营成果。利润包括收入减去费用后的净额、直接计入当期利润的利得和损失等。

根据利润的定义，可知利润具有如下特征。

(1) 利润是指企业在一定会计期间的经营成果，在金额上等于一定会计期间内实现的全部收入和利得减去全部费用和损失后的差额。

利得是指由企业非日常活动形成的、会导致所有者权益增加的、与所有者投入资本无关的经济利益的流入，包括直接记入所有者权益的利得和直接记入当期利润的利得。直接记入所有者权益的利得是指应当记入资本公积、会导致所有者权益增加的、与所有者投入资本无关的利得，例如：可供出售金融资产公允价值变动利得等；直接记入当期利润的利得是指应当记入营业外收入、会导致所有者权益增加的、与所有者投入资本无关的利得，例如：处置非流动资产利得、罚没利得等。

损失是指由企业非日常活动中发生的、会导致所有者权益减少的、与向所有者分配利润无关的经济利益的流出。包括直接记入所有者权益的损失和直接记入当期利润的损失。其中：直接记入所有者权益的损失是指应当记入资本公积、会导致所有者权益减少的、与向投资者分配利润无关的损失。例如：可供出售金融资产公允价值变动损失等。直接记入当期利润的损失是指应当记入营业外支出、会导致所有者权益减少的、与向投资者分配利润无关的损失。例如：固定资产盘亏净损失等。

(2) 利润金额取决于收入和费用、直接计入当期利润的利得和损失金额的计量。影响企业利润的因素有营业活动和非营业活动，其中营业活动是主要因素。利润不仅是企业经营的目的和动力，也是考核和比较企业经济效益高低的一个重要经济指标。

利润项目应当列入利润表。

2. 利润的构成

利润可分为营业利润、利润总额、净利润和每股收益四个层次。利润是企业一定期间经营成果在财务上的集中表现，是衡量企业经济效益的重要指标。

利润总额，是指营业利润加上营业外收入，减去营业外支出后的金额，如公式 2-1 所示。营业利润，是指营业收入减营业成本减营业税金及附加减销售费用减管理费用减财务费用减资产减值损失，再加上公允价值变动收益和投资收益，如公式 2-2 所示。净利润，是指利润总额减去所得税费用后的金额，如公式 2-3 所示。

$$利润总额 = 营业利润 + 营业外收入 - 营业外支出 \tag{2-1}$$

$$营业利润 = 营业收入 - 营业成本 - 营业税金及附加 - 销售费用 - 管理费用 - 财务费用 - 资产减值损失 + 公允价值变动损益 + 投资收益 \tag{2-2}$$

$$净利润 = 利润总额 - 所得税费用 \tag{2-3}$$

2.3 会计等式

2.3.1 会计等式的定义

会计要素中所包括的资产、负债、所有者权益、收入、费用和利润是相互联系、相互依存的。这种关系在数量上可以用数学等式加以描述。这种用来解释会计要素之间增减变化及其结果，并保持相互平衡关系的数学表达式，称之为会计平衡等式，也称为会计等式。

会计等式是我们从事会计核算的基础和提供会计信息的出发点，所以，会计等式又是进行复式记账、试算平衡以及编制财务报表的理论依据，也是复式记账的前提和基础。表明各会计要素之间内在联系的数学表达式，又称会计平衡公式或会计恒等式。

1. 静态等式（基本会计等式，存量会计等式）

对于一家企业而言，要进行生产经营活动并且获取利润，就一定要拥有相当数额可供支配的资产，而企业的资产最初进入企业的来源渠道主要有两种：一种由债权人提供，另一种由所有者提供。既然企业的债权人和所有者为企业提供了全部资产，就必定对企业的资产享有要求权，在会计上这种对企业资产的要求权被总称为权益。其中，属于债权人的部分，叫债权人权益，通称为负债；属于所有者的部分，叫所有者权益。由此可见，资产表示企业拥有经济资源的种类和拥有经济资源的数量；权益则表示是谁提供了这些经济资源，并对这些经济资源拥有要求权。资产与权益相辅相成，二者是不可分割的。从数量上看，有一定数额的资产，就一定有对该资产的权益；反之，有一定权益，就一定有体现其权益的资产。世界上不存在无资产的权益，也没有无权益的资产，一家企业的资产总额与权益（负债和所有者权益）总额一定是彼此相等的。如公式2-4、公式2-5所示。

$$资产 = 权益 \qquad (2-4)$$

$$资产 = 债权人权益 + 所有者权益，即资产 = 负债 + 所有者权益 \qquad (2-5)$$

静态会计等式说明了企业在某一时点上的财务状况，反映了资金运动中有关会计要素之间的数量平衡关系，同时也体现了资金在运动过程中存在分布形态和资金形成渠道两个方面之间的相互依存及相互制约的关系。会计等式贯穿于财务会计的始终，在以货币计量时，会计等式双方数额相等资产会随负债、所有者权益增减而增减。

静态会计等式，也是基本会计等式，其作用体现在：其一，表明了某一会计主体在某一特定时点所拥有的各种资产，同时也表明了这些资产的归属关系；其二，是设置账户、复式记账以及编制资产负债表的理论基础。

2. 动态等式（增量会计等式）

所有者权益不但会因企业所有者向企业投资或抽资而变动，更主要的是还会随着企业的经营成果（利润或亏损）的变化而变动。企业发生费用，标志资产的减少；企业获得收入，则标志企业资产的增加。若收入大于费用，就会产生利润；若收入小于费用，就会产生亏损。所以，费用的发生，收入的取得，利润的形成，使收入、费用、利润这三个会计要素之间产生了以下的相互关系：

$$利润 = 收入 - 费用 \qquad (2-6)$$

利润是收入与费用进行配比后的结果，收入大于费用的差额为企业实现的利润，反之为亏损。换言之，利润随收入的增减发生同向变化，随费用的增减发生相反方向的变化。

企业的利润由企业所有者所有，企业的亏损也归所有者承担。企业一定时期得到的收入、支出的费用、形成的利润，是在一段时间内一天天积累起来的，在会计期间的起点与终点之间慢慢形成了一个时间跨度。所以，"利润 = 收入 - 费用"这一会计等式是企业资金运动状态的动态表现形式，因此，这一等式又被称为动态会计等式。

这一等式说明，企业在经营过程中取得的利润或发生的亏损，对静态会计等式中的所有者权益数额一定会有部分增加或冲抵。

动态会计等式是编制利润表的理论基础。

3. 扩展的会计等式

上述两个会计等式（公式2-5、公式2-6）从不同的角度反映了企业资金运动的方式及结果。从资金运动的动态角度来看，随着企业生产经营活动开展过程中，不断地取得收入和发生支出，经过一定时间后，资金表现为"收入－费用＝利润"的数量关系，它表明资金在企业生产经营过程中发生的耗费、取得的收入和形成的利润，反映了企业在一定时期实现的经营成果。从资金运动的静态角度来看，在特定时点上表现为"资产＝负债＋所有者权益"的平衡关系，它反映了资金在企业生产经营活动过程中所拥有和控制的经济资源及其来源渠道，同时也反映了企业在一定时点上的财务状况。这两个会计等式只是分别反映了企业资金运动的动态和静态，不具备全面性和综合性。因为企业的资金运动实际上是连续不断的，是动态运动与静态运动相互交替的统一体，这两个会计等式必然存在有机的内在联系。

把上述两个基本会计等式中的会计要素结合起来，就可以得到会计要素间的综合关系等式：

$$资产 = 负债 + 所有者权益 + （收入 - 费用） \quad (2\text{-}7)$$

或是：

$$资产 = 负债 + 所有者权益 + 利润 \quad (2\text{-}8)$$

将等式右边的费用移到与它具有相同性质的资产一侧，就得到了会计要素间的综合关系等式：

$$资产 + 费用 = 负债 + 所有者权益 + 收入 \quad (2\text{-}9)$$

公式2-9中的费用是资产的使用与耗费所造成的资产的减少；收入是使利润增加的要素，在性质上等于企业资金来源。这一会计等式体现了企业在某个会计期间内净资产的变动状况，是将企业的静态财务状况和动态的经营成果联系在一起的综合成果，它描述了各会计要素之间的内在关系。

企业在每个会计期末结算时，收入与支出项目构成计算利润的项目，利润经过分配后，上述综合等式又回复到起始形式，即：

$$资产 = 负债 + 所有者权益 \quad (2\text{-}10)$$

2.3.2 会计事项对会计等式的影响

会计主体的资产占用形态、分布状态及其来源构成都不是固定不变的，随着会计主体生产经营活动的连续进行，各种会计要素也随之不断发生数量上的变化，那么这些变化是否影响上述恒等关系呢？以下结合企业典型的会计事项举例说明。

1. 经济活动与会计事项

企业的经济活动种类多样，而且彼此之间差别较大，但总的来说，可以归纳为两类：其一，应该办理会计手续，并且可以用货币表示的经济活动，即经济事项（经济业务），比如企业采购原材料、缴纳税金等，本书主要介绍的就是这类经济活动；其二，不需要办理会计手续，或是不能用货币表示的经济活动，即非会计事项，比如签订购销经济合同等。

所谓会计事项，也称经济业务，就是企业在生产经营过程中从事的各种经营管理活动。这些经营管理活动能够用货币加以表现，并引起会计要素增减变化的事项。

经济业务包括交易和事项两类。其中，交易是指企业与其他主体之间发生的经济往来。例如，购进存货、销售商品、借入资金、对外投资等；事项是指企业内部发生的经济活动。

例如,生产车间领用材料、支付工资、计提资产减值准备等。本书将"经济业务""会计事项""交易或者事项"不加区别。

2. 会计事项的类型

尽管企业的经济活动种类多样,而且彼此之间差别较大,但经济业务发生后都会引起会计要素的增减变化。然而,不管怎样变化,都不会使会计等式的平衡关系发生变化。

按照各项经济活动对资产、负债与所有者权益的影响不同,可将其归纳为9种基本情况。

(1) 资产和负债同时等额增加经济业务的发生,引起资产项目和负债项目同时增加,双方增加的金额相等;

(2) 资产和所有者权益同时等额增加经济业务的发生,引起资产项目和所有者权益项目同时增加,双方增加的金额相等;

(3) 资产和负债同时等额减少经济业务的发生,引起资产项目和负债项目同时减少,双方减少的金额相等;

(4) 资产和所有者权益同时等额减少的经济业务的发生,使得资产项目和所有者权益项目同时减少,双方减少的金额相等;

(5) 一项资产增加,另一项资产减少,经济业务的发生,引起资产项目之间此增彼减,增减的金额相等;

(6) 一项负债增加,另一项负债减少,经济业务的发生,使得负债项目之间此增彼减,增减的金额相等;

(7) 一项所有者权益增加,另一项所有者权益减少,经济业务的发生,使得所有者权益项目之间此增彼减,增减的金额相等;

(8) 负债减少,所有者权益等额增加经济业务的发生,使得负债项目减少和所有者权益增加,双方增减的金额相等;

(9) 负债增加,所有者权益等额减少,经济业务的发生,使得负债项目增加和所有者权益减少,双方增减的金额相等。

上述经济业务活动,如图2-10所示。

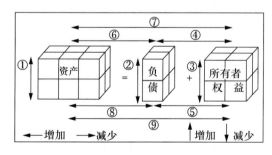

图2-10 经济业务影响基本会计等式的类型

3. 会计事项对会计等式的影响

接下来本书将结合佳骋纺织有限公司20××年9月发生的经济业务来阐释经济业务对会计等式的影响。

假设佳骋纺织有限公司20××年8月底的资产、负债和所有者权益的状况如表2-1所示。

表 2-1　资产、负债和所有者权益简表

20××年9月1日　　　　　　　　　　　　　　　　单位：元

资产	金额	负债及所有者权益	金额
现金	10 000	短期借款	50 000
银行存款	55 000	应付账款	20 000
应收账款	25 000	负债合计	70 000
原材料	25 000	实收资本	175 000
库存商品	80 000	盈余公积	25 000
固定资产	75 000	所有者权益合计	200 000
资产总计	270 000	负债及所有者权益总计	270 000

（1）资产和负债同时等额增加经济业务的发生，引起资产项目和负债项目同时增加，双方增加的金额相等。

【例2-1】　9月4日，佳骋纺织有限公司向中印公司购入原材料双面绒一批，价款计25 000元，材料已验收入库，货款尚未支付。

该项经济业务的发生，使公司的原材料增加了25 000元，同时使应付账款增加了25 000元，原材料属于资产类项目，应付账款属于负债类项目。因此，该项经济业务的发生使得一个资产项目和一个负债项目同时增加了25 000元，从而使会计等式的左边即资产类总额由270 000元增加到295 000元，会计恒等式的右边负债类的总额由原来的70 000元增加到95 000元，负债和所有者权益的总额由原来的270 000元增加到295 000元，会计等式两边仍然保持平衡关系，如表2-2所示。

表 2-2　资产、负债和所有者权益简表

20××年9月4日　　　　　　　　　　　　　　　　单位：元

资产	金额	负债及所有者权益	金额
现金	10 000	短期借款	50 000
银行存款	55 000	应付账款	45 000
应收账款	25 000	负债合计	95 000
原材料	50 000	实收资本	175 000
库存商品	80 000	盈余公积	25 000
固定资产	75 000	所有者权益合计	200 000
资产总计	295 000	负债及所有者权益总计	295 000

（2）资产和所有者权益同时等额增加经济业务的发生，引起资产项目和所有者权益项目同时增加，双方增加的金额相等。

【例2-2】　9月7日，佳骋纺织有限公司接受富宇公司投入资本金125 000元，存入银行。

该项经济业务的发生，使佳骋纺织有限公司的9月7日的银行存款增加了125 000元，同时使其实收资本增加了125 000元。银行存款属于资产类项目，实收资本属于所有者权益类项目。所以，该项经济业务的发生使得一个资产项目和一个所有者权益项目同时增加了125 000元，从而使得会计等式的左边即资产类总额由295 000元增加到

420 000 元,而会计等式的右边所有者权益类的总额由原来的 200 000 元增加到 325 000 元,负债和所有者权益的总额由原来的 295 000 元增加到 420 000 元,会计等式两边仍然保持平衡关系,如表 2-3 所示。

表 2-3　资产、负债和所有者权益简表

20××年 9 月 7 日　　　　　　　　　　　　　　　　单位:元

资产	金额	负债及所有者权益	金额
现金	10 000	短期借款	50 000
银行存款	180 000	应付账款	45 000
应收账款	25 000	负债合计	95 000
原材料	50 000	实收资本	300 000
库存商品	80 000	盈余公积	25 000
固定资产	75 000	所有者权益合计	325 000
资产总计	420 000	负债及所有者权益总计	420 000

(3) 资产和负债同时等额减少经济业务的发生,引起资产项目和负债项目同时减少,双方减少的金额相等。

【例 2-3】　9 月 8 日,佳骋纺织有限公司用银行存款 12 500 元,归还短期借款。

该项经济业务的发生,使佳骋纺织有限公司的银行存款减少了 12 500 元,同时使短期借款减少了 12 500 元。银行存款属于资产类项目,短期借款属于负债类项目。因此,该项经济业务的发生使得一个资产项目和一个负债项目同时减少了 12 500 元,从而使会计等式的左边即资产类总额由 420 000 元减少到 407 500 元,会计等式的右边负债类的总额由原来的 95 000 元减少到 82 500 元,负债和所有者权益的总额由原来的 420 000 元减少到 407 500 元,会计等式的两边仍然保持平衡关系,如表 2-4 所示。

表 2-4　资产、负债和所有者权益简表

20××年 9 月 8 日　　　　　　　　　　　　　　　　单位:元

资产	金额	负债及所有者权益	金额
现金	10 000	短期借款	37 500
银行存款	167 500	应付账款	45 000
应收账款	25 000	负债合计	82 500
原材料	50 000	实收资本	300 000
库存商品	80 000	盈余公积	25 000
固定资产	75 000	所有者权益合计	325 000
资产总计	407 500	负债及所有者权益总计	407 500

(4) 资产和所有者权益同时等额减少经济业务的发生,使得资产项目和所有者权益项目同时减少,双方减少的金额相等。

【例 2-4】　9 月 10 日,由于佳骋纺织有限公司缩小生产经营规模,按法定程序报经批准减少注册资本 50 000 元,并将这笔注册资本以银行存款的方式归还给投资人。

该项经济业务的发生，使得佳骋纺织有限公司的银行存款减少了 50 000 元，同时使实收资本减少了 50 000 元。银行存款属于资产类项目，实收资本属于所有者权益类项目。因此，该项经济业务的发生使得一个资产项目和一个所有者权益项目同时减少了 50 000 元，因此使会计等式的左边即资产总额由 407 500 元减少至 357 500 元，会计等式的右边所有者权益类的总额由原来的 325 000 元减少到 275 000 元，负债和所有者权益的总额由原来的 407 500 元减少到 357 500 元，会计等式两边仍然保持平衡关系，如表 2-5 所示。

表 2-5　资产、负债和所有者权益简表

20××年 9 月 10 日　　　　　　　　　　　　　　　单位：元

资产	金额	负债及所有者权益	金额
现金	10 000	短期借款	37 500
银行存款	117 500	应付账款	45 000
应收账款	25 000	负债合计	82 500
原材料	50 000	实收资本	250 000
库存商品	80 000	盈余公积	25 000
固定资产	75 000	所有者权益合计	275 000
资产总计	357 500	负债及所有者权益总计	357 500

（5）一项资产增加，另一项资产减少经济业务的发生，引起资产项目之间此增彼减，增减的金额相等。

【例 2-5】　9 月 15 日，佳骋纺织有限公司从银行提取现金 1 250 元备用。这项经济业务的发生，使企业的银行存款减少了 1 250 元，同时使现金增加了 1 250 元。银行存款和现金都属于资产类项目。现金和银行存款以相等的金额一增一减，只是资产类项目之间的增减变动，表明资产从银行存款占用状态转变为现金占用状态，这种转变不会使得资产总额发生变动。此外，这项经济业务没有涉及负债和所有者权益类项目，也不会引起负债和所有者权益总额发生变动。所以，这项经济业务的发生虽然使得资产项目内部发生了改变，但其总额保持不变，仍然是 357 500 元，会计等式两边仍然保持平衡关系，如表 2-6 所示。

表 2-6　资产、负债和所有者权益简表

20××年 9 月 15 日　　　　　　　　　　　　　　　单位：元

资产	金额	负债及所有者权益	金额
现金	11 250	短期借款	37 500
银行存款	116 250	应付账款	45 000
应收账款	25 000	负债合计	82 500
原材料	50 000	实收资本	250 000
库存商品	80 000	盈余公积	25 000
固定资产	75 000	所有者权益合计	275 000
资产总计	357 500	负债及所有者权益总计	357 500

（6）一项负债增加，另一项负债减少经济业务的发生，使得负债项目之间此增彼减，增减的金额相等。

【例2-6】 9月18日，佳骋纺织有限公司从银行借入短期借款2 500元，直接偿还欠中印公司货款。

这项经济业务的发生，使佳骋纺织有限公司的短期借款增加了2 500元，短期借款由37 500元增加为40 000元；同时使应付账款减少了2 500元，由45 000元减少为42 500元。短期借款和应付账款都属于负债类项目。短期借款和应付账款以相等的金额一增一减，但只属于负债类项目之间的增减变动，并不会引起资产和所有者权益项目的变动。所以，这项经济业务的发生只是使得负债项目内部发生了变化，其总额依旧是82 500元，负债与所有者权益总额不变，会计等式依然平衡，如表2-7所示。

表 2-7　产、负债和所有者权益简表

20××年9月18日　　　　　　　　　　　　　　　　　　单位：元

资产	金额	负债及所有者权益	金额
现金	11 250	短期借款	40 000
银行存款	116 250	应付账款	42 500
应收账款	25 000	负债合计	82 500
原材料	50 000	实收资本	250 000
库存商品	80 000	盈余公积	25 000
固定资产	75 000	所有者权益合计	275 000
资产总计	357 500	负债及所有者权益总计	357 500

（7）一项所有者权益增加，另一项所有者权益减少经济业务的发生，使得所有者权益项目之间此增彼减，增减的金额相等。

【例2-7】 9月22日，经批准，佳骋纺织有限公司将盈余公积7 500元转增为资本。

该项经济业务的发生，使佳骋纺织有限公司的实收资本增加了7 500元，由250 000元增加为257 500元；同时使盈余公积减少了7 500元，由25 000元减少为17 500元。实收资本和盈余公积都属于所有者权益类项目。实收资本和盈余公积以相等的金额一增一减，只是所有者权益类项目之间的增减变动，并没有引起资产和负债项目发生变动。因此，这项经济业务的发生，并没有改变所有者权益总额，其总额依旧是275 000元，所以，所有者权益与负债的总额仍为357 500元，会计等式仍然保持着平衡，如表2-8所示。

表 2-8　资产、负债和所有者权益简表

20××年9月22日　　　　　　　　　　　　　　　　　　单位：元

资产	金额	负债及所有者权益	金额
现金	11 250	短期借款	40 000
银行存款	116 250	应付账款	42 500
应收账款	25 000	负债合计	82 500
原材料	50 000	实收资本	257 500
库存商品	80 000	盈余公积	17 500
固定资产	75 000	所有者权益合计	275 000
资产总计	357 500	负债及所有者权益总计	357 500

(8) 负债减少，所有者权益等额增加经济业务的发生，使得负债项目减少和所有者权益增加，双方增减的金额相等。

【例 2-8】 9 月 26 日，佳骋纺织有限公司收到投资者投入资本额 20 000 元，直接用于归还应付账款。

该项经济业务的发生，使企业的实收资本增加了 20 000 元，由原来的 257 500 元增加为 277 500 元；同时使应付账款减少了 20 000 元，由原来的 42 500 元减少为 22 500 元。实收资本属于所有者权益类项目，应付账款属于负债类项目。实收资本和应付账款以相等的金额一增一减，只是会计等式的右边即负债与所有者权益类项目之间的增减变动，并不会引起资产类总额发生变动。因此，该项经济业务的发生使负债类总额由原来的 82 500 元减少到 62 500 元，所有者权益类总额由原来的 275 000 元增加到 295 000 元，负债与所有者权益总额仍为 357 500 元，会计等式仍然保持平衡，如表 2-9 所示。

表 2-9　资产、负债和所有者权益简表

20××年 9 月 26 日　　　　　　　　　　　单位：元

资产	金额	负债及所有者权益	金额
现金	11 250	短期借款	40 000
银行存款	116 250	应付账款	22 500
应收账款	25 000	负债合计	62 500
原材料	50 000	实收资本	277 500
库存商品	80 000	盈余公积	17 500
固定资产	75 000	所有者权益合计	295 000
资产总计	357 500	负债及所有者权益总计	357 500

(9) 负债增加，所有者权益等额减少经济业务的发生，使得负债项目增加和所有者权益减少，双方增减的金额相等。

【例 2-9】 9 月 27 日，佳骋纺织有限公司投资者章明减少投资 25 000 元，公司准备以银行存款予以支付，但 27 日尚未支付该笔款项。

该项经济业务的发生，使佳骋纺织有限公司的实收资本减少了 25 000 元，由原来的 277 500 元减少为 252 500 元；同时使应付账款增加了 25 000 元，由原来的 22 500 元增加为 47 500 元。实收资本属于所有者权益类项目，应付账款属于负债类项目。实收资本和应付账款以相等的金额一减一增，只是会计等式的右边即负债与所有者权益类项目之间的增减变动，并不会引起资产类总额发生变动。所以，该项经济业务的发生使负债类总额由原来的 62 500 元增加到 87 500 元，所有者权益类总额由原来的 295 000 元减少到 270 000 元，负债与所有者权益总额仍为 357 500 元，会计等式依旧保持平衡，如表 2-10 所示。

表 2-10　资产、负债和所有者权益简表

20××年9月27日　　　　　　　　　　　　　　　　　单位：元

资产	金额	负债及所有者权益	金额
现金	11 250	短期借款	40 000
银行存款	116 250	应付账款	47 500
应收账款	25 000	负债合计	87 500
原材料	50 000	实收资本	252 500
库存商品	80 000	盈余公积	17 500
固定资产	75 000	所有者权益合计	270 000
资产总计	357 500	负债及所有者权益总计	357 500

从以上分析我们可知，只要发生只涉及资产类或负债和所有者权益类内部项目之间增减变动的经济业务，就不会影响会计等式两边总额的平衡，而且原来的总额也不会发生变化；只要发生涉及资产与负债、所有者权益项目同增或同减的经济业务，就会使等式两边的总额发生同增同减变动，但变动的最终结果是等式两边的总额仍然相等。因此，可以说任何一项经济业务的发生，不论引起资产、负债、所有者权益如何发生增减变动，都不会破坏资产总额与负债和所有者权益总额的平衡关系。

【复习思考题】

1. 什么是资金？制造业的资金是如何循环周转的？
2. 什么是资产？资产的确认性需要满足哪些条件？
3. 资产按流动性不同可以划分为哪些种类？包括哪些内容？
4. 什么是负债？负债有哪些特征？
5. 负债按流动性不同可以划分为哪些种类？各包括哪些内容？
6. 所有者权益包括哪些内容？它与负债有何不同？
7. 收入、费用各有哪些特点？
8. 什么是利润？它由哪些内容构成？如何计算？
9. 为什么说无论发生什么会计事项都不会破坏会计等式的恒等关系？
10. 会计对象具体内容之间的关系如何？

【练习题】

一、单项选择题

1. （　　）反映会计基本要素之间的基本数量关系。
   A. 会计科目　　B. 货币计量　　C. 会计基本等式　　D. 复式记账法
2. 预付供应单位材料货款，可将其视为一种（　　）。
   A. 负债　　　　B. 所有者权益　　C. 收益　　　　　D. 资产
3. 每一项经济业务的发生，都会影响（　　）项目发生增减变动。

A. 一个 B. 两个 C. 两个或两个以上 D. 全部
4. 会计要素是对（ ）的基本分类，是会计核算内容的具体化。
A. 会计科目 B. 会计对象 C. 会计账户 D. 经济业务
5. 反映企业所有者权益的账户有（ ）。
A. 利润分配 B. 短期借款 C. 累计折旧 D. 主营业务收入
6. 下列经济业务中，会引起一项负债减少，另一项负债增加的经济业务是（ ）。
A. 用银行存款购买材料 B. 以银行存款偿还银行贷款
C. 以银行借款偿还应付账款 D. 将银行借款存入银行
7. 下列项目中，引起资产和负债同时增加的经济业务是（ ）。
A. 以银行存款购买材料 B. 向银行借款存入银行存款户
C. 以无形资产向外单位投资 D. 以银行存款偿还应付账款
8. 会计等式是反映（ ）之间在数量上必然相等的关系。
A. 会计要素 B. 会计对象 C. 会计科目 D. 会计内容
9. 负债是指企业由于过去交易或事项形成的（ ）。
A. 过去义务 B. 现时义务 C. 将来义务 D. 永久义务
10. 下列不属于收入范畴的是（ ）。
A. 他人使用无形资产而获得的使用费 B. 提供劳务获得的收入
C. 处理固定资产的净收益 D. 销售商品取得的收入

二、多项选择题

1. 下列经济业务中，（ ）会引起会计等式两边同时发生增减变动。
A. 用银行存款偿还前欠应付货款 B. 购进材料未付款
C. 从银行提取现金 D. 向银行借款存入银行
E. 将收到的外单位前欠的货款存入银行
2. 下列经济业务中，引起资产一增一减的有（ ）。
A. 以银行存款购买设备 B. 从银行提取现金
C. 以银行存款购买材料 D. 以银行存款偿还前欠货款
E. 按法定程序，将盈余公积转增资本金
3. 下列各项目中，正确的经济业务类型有（ ）。
A. 一项资产增加，一项所有者权益减少
B. 资产与负债同时增加
C. 一项负债减少，一项所有者权益增加
D. 负债与所有者权益同时增加
E. 一项资产增加，另一项资产减少
4. 经济业务的发生引起资产和权益的增减变动不外乎以下几种类型（ ）。
A. 资产项目之间以相等金额一增一减
B. 权益项目之间以相等金额一增一减
C. 资产项目与权益项目以相等金额一增一减
D. 资产项目与权益项目以相等金额同时增加和减少

E. 资产项目与权益项目一增一减

5. 下列项目中，属于企业流动资产的有（   ）。
   A. 库存现金和银行存款　　　　B. 预收账款
   C. 应收账款　　　　　　　　　D. 存货
   E. 预付账款

6. 下列项目中，属于长期负债的有（   ）。
   A. 固定资产　　B. 应付利润　　C. 长期借款
   D. 应付债券　　E. 应交税金

7. 下列经济业务中，会引起一项负债增加，另一项负债减少的经济业务有（   ）。
   A. 向银行取得借款偿还前欠款　　B. 计提职工福利费
   C. 向银行借款存入银行　　　　　D. 签发商业汇票偿还应付未付货款

8. 所有者权益包括（   ）。
   A. 实收资本　　B. 盈余公积　　C. 未分配利润　　D. 资本公积

9. 下列经济业务中，（   ）会引起会计恒等式两边同时发生增减变动。
   A. 用银行存款偿还前欠应付货款　　B. 购进材料未付款
   C. 从银行提取现金　　　　　　　　D. 向银行借款存入银行

10. 费用的发生可导致（   ）。
    A. 资产的减少　　B. 资产的增加　　C. 负债的减少　　D. 负债的增加

三、判断题

1. 资产按其流动性，可分为流动资产和非流动资产。（   ）
2. 企业对其资产享有所有权。（   ）
3. 负债是债权人权益，与所有者权益一起构成企业的权益。（   ）
4. 任何经济业务的发生都不会破坏会计基本等式的平衡关系。（   ）
5. 经济业务发生可使一个资产项目增加的同时，使一个负债项目减少。（   ）
6. 预收账款和预付账款均属于负债。（   ）
7. 收入和费用的发生，实质上都是所有者权益的增加。（   ）
8. 负债是企业过去的交易或事项所形成的现时义务。（   ）
9. 某一财产物资要成为企业的资产，其所有权必属于企业。（   ）
10. 从数量上看，所有者权益等于企业全部资产减去全部负债后的余额。（   ）

第 3 章　会计核算基础

【本章导读】

假期结束了，家长给了刘丽 5 000 元钱生活费，刘丽把钱存在银行。承第 2 章例，刘丽等人是青原乐淘有限公司的所有者。思考问题之一：这 5 000 元是资产、负债还是所有者权益？思考问题之二：银行会计是否要登记这 5 000 元，如果登记，是资产还是负债？思考问题之三：青原乐淘有限公司是否要登记这笔款项？要正确回答上述三个问题，我们就该认真学习会计核算基础。例如，会计核算的基本前提之一是会计主体的限定，上例中，假如你是刘丽的个人会计，那么这 5 000 元是计入其个人资产；假如你是银行会计，那么刘丽的这 5 000 元将构成银行的负债。这当中，我们除了要明确主体的限定，还要明确各会计要素的具体定义，也就是说，回答思考问题一，我们需要补充其空间限定，即究竟是谁的资产谁的负债，而回答问题三，我们需要明白会计要素的具体定义，即对青原乐淘有限公司而言，是否符合资产、负债、所有者权益或者收入、费用、利润中的任一要素的定义，如果符合要素定义，我们需要关注的问题则是什么时候登记入账，如何登记入账；如果不符合要素定义，那么这就是不相关因素，我们不必对其入账。本章将学习会计核算前提、会计信息的质量要求以及会计要素的确认与计量。

【本章学习目标】

明确会计主体、持续经营、会计分期、货币计量等会计核算基本前提的相关含义；熟练掌握权责发生制对收入、费用要素的确认时间，熟练掌握对会计六大要素的确认、计量，熟悉会计信息质量要求。

3.1　会计核算的基本前提

会计核算的基本前提是指所有企业会计人员在进行会计核算工作时，都必须遵循的先决条件，是在进行会计核算工作之前，对会计核算的已经明确或不明确的不确定情况所作的限定或姑且认定。例如，企业是否能持续经营，这是一种不明确情况，而我们在进行核算之前需要对其进行限定。而会计为谁服务，即会计的核算主体是谁，这是一种明确的情况。

3.1.1　会计主体

会计主体是指会计为之服务的特定单位。它指明了企业会计确认、计量和报告的空间范围。为了向财务报告使用者反映企业财务状况、经营成果和现金流量，提供与其决策有用的信息，会计核算和财务报告的编制应当反映特定对象的经济活动，才能实现财务报告的目标。

在会计主体假设下，企业应当对其本身发生的交易或者事项进行会计确认、计量和报告，反映企业本身所从事的各项生产经营活动。明确界定会计主体是开展会计确认、计量和报告工作的重要前提。

首先，明确会计主体，才能划定会计所要处理的各项交易或事项的范围。在会计实务中，只有那些影响企业本身经济利益的各项交易或事项才能加以确认、计量和报告，那些不影响企业本身经济利益的各项交易或事项则不能加以确认、计量和报告。通常所讲的资产、负债的确认，收入的实现，费用的发生等，都是针对特定会计主体而言的。

其次，明确会计主体，才能将会计主体的交易或者事项与会计主体所有者的交易或者事项以及其他会计主体的交易或者事项区分开来。例如，企业所有者或者管理者的经济交易或者事项是属于企业所有者个人所发生的，不应纳入企业会计核算的范围，但是企业所有者投入到企业的资本或者企业向所有者分配的利润，则属于该特定单位所发生的交易或者事项，应当纳入企业会计确认、计量和报告的内容。

会计主体不同于法律主体。一般而言，法律主体必然是一个会计主体。例如，一个企业作为一个法律主体，应当建立财务会计系统，独立反映其财务状况、经营成果和现金流量。但是，会计主体不一定是法律主体。例如，企业集团中的母公司拥有若干子公司，母公司与子公司虽然是不同的法律主体，但是母公司对子公司拥有控制权，为了全面反映企业集团的财务状况、经营成果和现金流量，将企业集团作为一个会计主体，编制合并财务报表，在这种情况下，尽管企业集团不属于法律主体，但它却是会计主体。再如，由企业管理的证券投资基金、企业年金基金等，尽管不属于法律主体，但属于会计主体，应当对每项基金进行会计确认、计量和报告。

会计主体假设是持续经营、会计分期假设和全部会计原则的基础，因为，如果不划定会计的空间范围，会计核算工作就无法进行，指导会计核算工作的原则也就失去了存在的意义。

3.1.2 持续经营

持续经营是指会计主体的经营活动将无限期地延续下去，在可以预见的将来不会因破产、清算、解散等而不复存在。在持续经营前提下，会计确认、计量和报告应当以企业持续、正常的生产经营活动为前提。会计准则体系是以企业持续经营为前提加以制定和规范的，涵盖了从企业成立到清算（包括破产）的整个期间的交易或者事项的会计处理。一个企业在不能持续经营时就应当停止使用这个假设，否则如仍按持续经营基本假设选择会计确认、计量和报告原则与方法，就不能客观地反映企业的财务状况、经营成果和现金流量，会误导会计信息使用者的经济决策。

在市场经济条件下，面对激烈的市场竞争，任何企业都存在破产清算的风险，也就是说，企业不能持续经营的可能性总是存在的。企业应定期对持续经营的基本前提作出分析和判断，如果能够判断企业不会持续经营下去，就应当改变会计核算原则和方法，并在财务会计报告中披露相关的信息。

3.1.3 会计分期

会计分期是指把企业持续不断的经营过程划分为较短的、相对等距的会计期间。会计分期的目的，在于通过会计期间的划分，将持续经营的生产经营活动划分成连续、相等的期间，据以结算盈亏，按期编报财务报告，从而及时向财务报告使用者提供有关企业财务状况、经营成果和现金流量的信息。

根据持续经营假设，一个企业将按当前的规模和状态持续经营下去。但是，无论是企业的生产经营决策还是投资者、债权人等的决策都需要及时的信息，需要将企业持续的生产经营活动划分为若干连续的、长短相同的期间，分期确认、计量和报告企业的财务状况、经营成果和现金流量。

在会计分期假设下，企业应当划分会计期间，分期结算账目和编制财务报告。会计期间通常分为年度和中期。中期，是指短于一个完整的会计年度的报告期间。

会计期间是指分期结算账目和编制财务会计报告所规定的起止日期。通常将会计期间的起始日期，称为会计期初，终止日期称为会计期末。我国《会计法》第十一条规定：会计年度自公历元月的1月1日至12月31日止。中外各国所采用的会计年度一般都与本国的财政年度是一致的。例如：日本、加拿大等国是从4月1日到第二年的3月31日，称为4月制会计年度；美国是从10月1日到第二年的9月30日。

明确会计分期基本前提对会计核算有着重要影响。只有正确地划分会计期间，企业才能定期地确认收入、成本费用和利润，可以定期地编制财务报表，可以采用一系列会计程序和方法；由于有了会计分期，才产生了本期与其他期间的差别，从而出现了应收、应付、预收、预付等会计处理方法。

3.1.4 货币计量

货币计量是指会计主体在进行会计核算时，应以货币作为计量单位，反映会计主体的经营活动。

在会计的确认、计量和报告过程中之所以选择货币为基础进行计量，是由货币的本身属性决定的。货币是商品的一般等价物，是衡量一般商品价值的共同尺度，具有价值尺度、流通手段、贮藏手段和支付手段等特点。其他计量单位，如重量、长度、容积、体积、数量等，只能从一个侧面反映企业的生产经营情况，无法在量上进行汇总和比较；不便于会计计量和经营管理。只有选择货币这一共同尺度进行计量，才能全面反映企业的生产经营情况，所以，基本准则规定，会计确认、计量和报告选择货币作为计量单位。

在有些情况下，统一采用货币计量也有缺陷，某些影响企业财务状况和经营成果的因素，如企业经营战略、研发能力、市场竞争力等，往往难以用货币来计量，但这些信息对于使用者决策来讲也很重要，为此，企业可以在财务报告中补充披露有关非财务信息来弥补上述缺陷。

货币计量是以货币价值不变，币值稳定为条件的。当然，在市场经济条件下，货币的价值也在发生变动，币值很不稳定，甚至有些国家出现比较恶劣的通货膨胀，对货币计量提出了挑战。因此，一方面，我们在确定货币计量假设时，必须同时确立币值稳定假设，假设币值是稳定的，不会有大的波动，或前后波动能够被抵销。另一方面，如果发生恶性通货膨胀，就需要考虑币值变动的影响，对会计信息作出必要的修正，这是会计的另一个特殊问题，即物价变动会计问题，需采用特殊的会计原则来处理相关的经济业务。

会计核算的基本前提除了"会计主体、持续经营、会计分期和货币计量"被人们公认之外，颇具争议的还有"权责发生制、会计六要素和借贷记账法"。

3.1.5 权责发生制

《企业会计准则》第九条指出：企业应当以权责发生制为基础进行会计确认、计量和报告。

权责发生制基础要求，凡是当期已经实现的收入和已经发生或应当负担的费用，无论款项是否收付，都应当作为当期的收入和费用，计入利润表；凡是不属于当期的收入和费用，即使款项已在当期收付，也不应当作为当期的收入和费用。

在实务中，企业交易或者事项的发生时间与相关货币收支时间有时并不完全一致。例如，款项已经收到，但销售并未实现；或者款项已经支付，但并不是为本期生产经营活动而发生的。为了更加真实、公允地反映特定会计期间的财务状况和经营成果，基本准则明确规定，企业在会计确认、计量和报告中应当以权责发生制为基础。

在真实、公允地反映会计期末的财务状况和会计期间的经营成果方面，权责发生制较之收付实现制适合于企业会计，收付实现制则适合政府与非营利组织会计。

收付实现制是与权责发生制相对应的一种会计基础，它是以收到或支付的现金作为确认收入和费用等的依据。目前，我国的行政单位会计采用收付实现制，事业单位会计除经营业务可以采用权责发生制外，其他大部分业务采用收付实现制。

3.1.6 会计六要素

《企业会计准则》第十条指出：企业应当按照交易或者事项的经济特征确定会计要素。

会计要素包括资产、负债、所有者权益、收入、费用和利润。其中，资产、负债和所有者权益要素侧重于反映企业的财务状况，收入、费用和利润要素侧重于反映企业的经营成果。会计要素的界定和分类可以使财务会计系统更加科学严密，合理建立会计科目体系、设计财务会计报表提供依据和基本框架结构，便于会计信息的汇总、对比，为投资者、债权人等会计信息使用者提供更加有用的信息。

3.1.7 借贷记账法

《企业会计准则》第十一条指出：企业应当采用借贷记账法记账。

借贷记账法是指以借贷为记账符号，对发生的每一笔交易或者事项，都要以借贷相等的金额，在两个或两个以上的相关账户中进行登记的一种复式记账法。

经过会计工作者长期反复的实践和研究，借贷记账法被证明是复式记账法中最科学、最完善的记账方法。限定采用借贷记账法记账，不仅规范了各行业企业的会计核算工作，更好地发挥会计作用，同时也便于同其他国家进行经济交往。

需要说明的是，本书认为，从定义上来看，会计核算前提不等于会计假设，会计核算前提是对已经明确或不明确或不确定情况所作的限定或规范，是进行会计确认、计量和报告的先决条件。而会计假设只是对不明确的、不确定的情况作出姑且认定，或用来解释某种有待证明的说明。会计假设是会计核算的前提，但会计核算前提不一定是假设。在上述四个公认的会计核算基本前提中，只有持续经营是会计假设，因为只有持续经营是不明确的，只能根据正常情况姑且认定企业是持续经营的，而其他三个都不是会计假设，而是对已经明确的不确定情况所作的限定或规范。

3.2　会计信息质量要求

会计信息质量关系到投资者决策、完善资本市场以及市场经济秩序等重大问题，何为高质量会计信息以及如何提高会计信息质量，《企业会计准则》对其进行了明确规定。会计信息质量要求包括可靠性、相关性、可理解性、可比性、实质重于形式、重要性、谨慎性和及时性等。其中，可靠性、相关性、可理解性和可比性是会计信息质量的首要要求，是企业财务报告中所提供会计信息应具备的基本质量特征；实质重于形式、重要性、谨慎性和及时性是会计信息的次级质量要求，是对可靠性、相关性、可理解性和可比性等首要质量要求的补充和完善，尤其是在对某些特殊交易或者事项进行处理时，需要根据这些质量要求来把握其会计处理原则，另外，及时性还是会计信息相关性和可靠性的制约因素，企业需要在相关性和可靠性之间寻求一种平衡，以确定信息披露的时间。

3.2.1　信息要真实可靠，简称"可靠性"

《企业会计准则》第十二条指出：企业应当以实际发生的交易或者事项为依据进行会计确认、计量和报告，如实反映符合确认和计量要求的各项会计要素及其他相关信息，保证会计信息真实可靠、内容完整。

可靠性是对会计信息质量的首要的、核心的要求。根据这一要求，会计核算的各个阶段，包括会计确认、计量、记录和报告，必须符合会计真实客观的要求，真实反映企业的财务状况、经营成果和现金流量，以保证会计核算提供的会计资料真实可靠；会计工作应当正确运用会计原则、程序和方法，准确反映企业的实际情况；会计核算的结果应当经得起审核和验证。可靠性是高质量会计信息的重要基础和关键所在，如果企业以虚假的经济业务进行确认、计量、报告，属于违法行为，不仅会严重损害会计信息质量，而且会误导投资者，干扰资本市场，导致会计秩序混乱。

会计信息是否真实可靠，至少需要具备三个质量特征，即反映的真实性、可验证性和中立性。

（1）反映的真实性是指会计信息与其所要表达的财务状况或经营成果等是一致的或吻合的。反映的真实性之目的是为了避免会计在确认、计量和报告过程中所出现的偏差，使会计核算建立在真实可靠的基础上。

（2）可验证性是指不同的会计人员对同一交易或者事项如果采用相同的会计确认、计量和报告的标准和方法，则会得出一致的会计信息结果。可验证性是会计信息应当具备的能够避免人为偏差的品质。

(3) 中立性是指会计确认、计量和报告标准和方法的选择不应当存有成见，不为特定利益集团的利益所左右，不追求预定的结果，而应当不偏不倚、客观公允。如果企业在财务报告中为了达到事先设定的结果或效果，通过选择或列示有关会计信息以影响决策和判断的，这样的财务报告信息就不是中立的。

3.2.2 信息要有助于经济预测和决策，简称"相关性"

《企业会计准则》第十三条指出：企业提供的会计信息应当与财务会计报告使用者的经济决策需要相关，有助于财务会计报告使用者对企业过去、现在或者未来的情况作出评价或者预测。

会计信息相关性又称有用性原则，是指会计信息应当符合国家宏观经济管理的要求，满足有关各方面了解企业财务状况和经营成果的需要，满足企业加强内部管理的需要。提供的会计信息应当与会计信息使用者的需要相关，应有助于会计信息使用者进行决策，即应当是有用的，应按有关信息使用者的要求提供会计信息，在相关规定的范围内，会计信息使用者需要什么信息就要提供什么信息。如投资者要了解企业盈利能力的信息，以决定是否投资或继续投资；银行等金融机构要了解企业的偿债能力，以决定是否对企业贷款；税务部门要了解企业的盈利及生产经营情况，以决定企业的纳税情况是否合理等。

此项规定要求企业提供的会计信息应当能够反映企业的财务状况、经营成果和现金流量，以满足会计信息使用者的需要。根据该项要求，会计工作在搜集、处理、传递信息的过程中，应充分考虑有关各方对会计信息的不同要求，要能够满足各方面具有共性的信息需求。对于特定用途的信息，不一定都通过财务会计报告来提供，可以采取其他形式加以提供。

会计信息质量的相关性要求，是以可靠性为基础的，两者之间是统一的，并不矛盾，不应将两者对立起来。也就是说，会计信息在可靠性前提下，尽可能地做到相关性，以满足投资者等财务报告使用者的决策需要。

会计信息是否与决策相关，主要取决于其是否拥有预测价值和反馈价值。

(1) 预测价值。预测价值是指会计信息所具有的根据过去预测未来交易或者事项可能结果的功能，影响或改变决策者决策的能力和品质。

(2) 反馈价值。反馈价值是指会计信息所具有的能够使决策者证实过去决策结果或修正未来预期决策结果的功能。会计信息应当有能力把过去决策的结果反馈给决策者，以便于决策者将其与当初的决策进行比较，以影响或改变对未来的决策。

3.2.3 信息应当清晰易懂，简称"可理解性"

《企业会计准则》第十四条指出：企业提供的会计信息应当清晰明了，便于财务会计报告使用者理解和使用。

企业编制财务报告、提供会计信息的目的在于使用，要使信息使用者有效使用会计信息，应当能让其了解会计信息的内涵，弄懂会计信息的内容，这就要求会计资料通俗易懂。对于某些复杂的信息，如交易本身较为复杂或者会计处理较为复杂，但其与使用者的经济决策相关,企业就应当在财务报告中予以充分披露。因此,该项要求不仅是衡量信息的一个质量标准,也是一个与信息使用者有关的质量标准。

投资者等财务报告使用者通过阅读、分析、使用财务报告信息,能够了解企业的过去和现状,以及企业净资产或企业价值的变化过程,预测未来发展趋势,从而作出科学决策。财务报告使用者是否能正确理解和使用信息,除了取决于报告使用者本身的素质,也取决于财务报告编制者的编制质量。因此,编制时要求做到以下几点。

(1) 语言规范。文字要规范用语,表达要准确、清楚,不能含糊其词。

(2) 数据要统一口径、一目了然,不能前后矛盾。

(3) 对于某些复杂的信息,要充分披露。

3.2.4 信息要规范可比,简称"可比性"

《企业会计准则》第十五条指出:企业提供的会计信息应当具有可比性。

同一企业不同时期发生的相同或者相似的交易或者事项,应当采用一致的会计政策,不得随意变更。确需变更的,应当在附注中说明。

不同企业发生的相同或者相似的交易或者事项,应当采用规定的会计政策,确保会计信息口径一致、相互可比。

可比性要求企业的会计核算都应当按照国家统一会计制度的规定进行,使所有企业的会计核算都建立在相互可比的基础上。只要是相同的交易或事项,就应当采取相同的会计处理方法。会计处理方法的统一是保证会计信息可比的基础。比如,要求各个企业的会计报表应按照规定的程序和方法编制,以便在不同的企业之间进行横向比较。同时,也便于国家综合管理部门对各个企业提供的会计信息进行比较、分析和汇总,以利于国家的宏观调控。

3.2.5 实质重于形式

《企业会计准则》第十六条指出:企业应当按照交易或者事项的经济实质进行会计确认、计量和报告,不应仅以交易或者事项的法律形式为依据。

实质重于形式这一概念最早出现在美国会计准则委员会(APB)于 1970 年发布的第四号公告《基本概念与会计原则》中。APB 认为,财务会计应该强调交易或事项的经济实质,而不论该交易或事项的法律形式是否不同于其经济实质。国际会计准则委员会(IASC)1989 年 7 月公布的《编制和呈报财务报表的结构》中也采纳了实质重于形式原则。《国际会计准则》关于"实质重于形式"在第 35 条规定:"如果信息要想忠实反映它所拟反映的交易或其他事项,那就必须根据它们的法律形式进行核算和反映。交易或其他事项的实质,不总是与它们外在的法律或设计形式相一致。"可见,这里的"形式"是指交易或事项的外在表现,既指其法律形式,又指法律形式之外的其他形式。实质重于形式的英文表达(substance over form)已经很好地说明了这一点。

"实质重于形式"强调当交易或事项的经济实质与其外在表现不相一致时会计人员应当具备更好的专业判断能力,注重经济实质进行会计核算,以保证会计信息的可靠性。

企业发生的交易或事项在多数情况下其经济实质和法律形式是一致的,但在有些情况下也会出现不一致。

例如，在企业合并中，经常会涉及"控制"的判断，有些合并，从投资比例来看，虽然投资者拥有被投资企业少于或等于50%的股份，但是投资企业通过章程、协议等有权决定被投资企业财务和经营政策的，就不应当简单地以持股比例来判断控制权，而应当根据实质重于形式的原则来判断投资企业对被投资单位的控制程度。

又如，关联交易中，通常情况下，关联交易只要交易价格是公允的，关联交易属于正常交易，按照准则规定进行确认、计量、报告；但是，某些情况下，关联交易有可能会出现不公允，虽然这个交易的法律形式没有问题，但从交易的实质来看，可能会出现关联方之间转移利益或操纵利润的行为，损害会计信息质量；由此可见，在会计职业判断中，正确贯彻实质重于形式原则至关重要。

实质重于形式在会计上的应用相当广泛。可以说，它涉及财务会计运行的每一环节。

1. 会计确认

经济事项或交易的发生要进入会计系统，首先要经过会计确认。会计确认就是把经济事项或交易正式作为会计要素予以认可的一种会计行为。

(1) 资产要素确认。企业融资租入一项设备，虽然从法律形式来讲企业并不拥有其所有权，但是由于租赁合同中规定的租赁期相当长，接近于该资产的使用寿命；租赁期结束时承租企业有优先购买该资产的选择权；在租赁期内承租企业有权支配资产并从中受益等，因此，从其经济实质来看，企业能够控制融资租入资产所创造的未来经济利益，在会计确认、计量和报告上就应当将以融资租赁方式租入的资产视为企业的资产，应该列入企业的资产负债表。

(2) 负债要素确认。对产品的售后服务，企业能否在销售产品时确认一项负债？以企业提供售后一定时期免费修理所售产品为例，企业并没有在销售时发生一笔修理费（形式上），但根据企业以往经验，所售产品总有一部分需返修，也就是说，企业在销售产品时实质上已承担着一项经济责任。遵循实质重于形式原则，企业应在此条件下确认一项负债。值得一提的是，这项负债并不是或有负债。或有负债是指未来不确定性引起企业可能承担的经济责任，不符合"负债"严格定义，因而不属于负债要素的范围。而上述售后免费修理所形成的这项负债并不是由未来不确定性引起的，它是由现实交易而产生的。

(3) 费用要素确认。企业若对上述售后服务事项进行账务处理，则应为：借记产品销售费用（或营业费用），贷记应计销货负债（会计实务上可专设一账户核算此类业务）。可见企业在确认一项负债时，同时确认了一项费用。

(4) 收入要素确认。例如，企业根据销货合同，将产品送达客户指定的地点，但未及时收取货款，能否确认一项收入？形式上，企业未收取货款，但是实质上企业取得了收款权利，实质重于形式，应确认一项收入。再如，企业按照销售合同销售商品但又签订了售后回购协议，虽然从法律形式上看实现了收入，但如果企业没有将商品所有权上的主要风险和报酬转移给购货方，没有满足收入确认的各项条件，即使签订了商品销售合同或者已将商品交付给购货方，也不应当确认销售收入。

2. 会计计量

会计计量是会计人员运用一定的计量模式，对会计对象的内在数量关系所做的货币定量，并产生货币定量信息为主的会计信息的处理过程。通货膨胀条件下会计计量模式由名义货币单位转向一般购买力货币单位，体现了"实质重于形式"的精神。另一个例子，企业拥有另一公司的股权不足20%，但实际上可以控制该公司（比如根据协议掌握该公司的人事权），这时股权计量应采用成本法还是权益法？会计操作上遵循了实质重于形式原则，而采用权益法。

3. 会计记录

会计记录就是根据一定的账务处理程序，将已经确认、计量的经济事项或交易正式记入簿记系统，并进行分类整理，加工和转换的会计行为，其目的是为会计处理进入到会计报告环节奠定基础。企业为了充分利用闲置的资金而购入一批有价证券，原来并不准备长期持有，后来因某种原因（如预期该证券市价上扬），而实际持有的时间超过了12个月，会计记录是否应由短期投资账户调整为长期投资账户？从形式上看，这一事项符合长期投资区别于短期投资的时间界定：持有时间在一年以上；但从经济实质看，它仍保持原来的短期投资的目的：为了获取现实的经济收益。这里，投资目的标准与投资时间标准有矛盾，实质与形式不一致。实质重于形式，企业没必要对此进行账户调整。

4. 会计报告

会计报告是以簿记系统加工生成的信息为基础，并按照会计信息使用者的要求进一步予以变换，形成一组既可靠又相关的会计信息。未达账项的主要信息要不要在期末会计报告中披露？比如，企业在期末收到银行对账单对账时才发现，前期应收账款100万元已经进账，如果企业因某种原因暂未收到原始收款凭证，是不是要等到下一会计报告期才披露？如果这样，本期的会计信息就严重失真了，100万元的银行存款与100万元的应收账款是重大的信息差别。此时，应遵循实质重于形式原则在本期末披露它。

总之，实质重于形式原则在会计确认、会计计量、会计记录、会计报告诸环节均有应用。此外，实质重于形式还运用于会计主体界定上，母公司编制合并会计报表也体现了这一原则。

3.2.6 信息要包括所有重要交易或者事项，简称"重要性"

《企业会计准则》第十七条指出：企业提供的会计信息应当反映与企业财务状况、经营成果和现金流量等有关的所有重要交易或者事项。

财务报告中，假如省略或者错报某会计信息会影响投资者等使用者据此做出决策，那么该信息就具有重要性。重要性的应用需要依赖职业判断，企业应当根据其所处环境和实际情况，从项目的性质和金额大小两方面加以判断。

例如，企业发生的某些支出，金额较小的，从支出受益期来看，可能需要在若干会计期间进行分摊，但根据重要性要求，可以一次计入当期损益。

又如，当实际利率与名义利率差别不大时，可以直接以名义利率反映利息。

再如，我国要求上市公司对外提供季度财务报告，考虑到季度财务报告披露的时间较短，从成本效益原则考虑，季度财务报告没有必要像年度财务报告那样披露详细的附注信息。因此，《中期财务报告准则》规定，公司季度财务报告附注应当以年初至本中期末为基础编制，披露自上年度资产负债表日之后发生的、有助于理解企业财务状况、经营成果和现金流量变化情况的重要交易或者事项。这种附注披露就体现了会计信息质量的重要性要求。

3.2.7 账务处理要保持谨慎，简称"谨慎性"

《企业会计准则》第十八条指出：企业对交易或者事项进行会计确认、计量和报告应当保持应有的谨慎，不应高估资产或者收益、低估负债或者费用。

在市场经济环境下，企业的生产经营活动面临着许多风险和不确定性，如应收款项的可收回性、固定资产的使用寿命、无形资产的使用寿命、售出存货可能发生的退货或者返修等。会计信息质量的谨慎性要求，需要企业在面临不确定性因素的情况下做出职业判断时，应当保持应有的谨慎，充分估计到各种风险和损失，既不高估资产或者收益，也不低估负债或者费用。

例如，对于企业发生的或有事项，通常不能确认或有资产，只有当相关经济利益基本确定能够流入企业时，才能作为资产予以确认；相反，相关的经济利益很可能流出企业而且构成现时义务时，应当及时确认为预计负债，这体现了会计信息质量的谨慎性要求。

再如，企业在进行所得税会计处理时，只有在有确凿证据表明未来期间很可能获得足够的应纳税所得额用来抵扣暂时性差异时，才应当确认相关的递延所得税资产；而对于发生的相关应纳税暂时性差异，则应当及时足额确认递延所得税负债，这也是会计信息质量谨慎性要求的具体体现。

谨慎性的应用不允许企业设置秘密准备，如果企业故意低估资产或者收入，或者故意高估负债或者费用，将不符合会计信息的可靠性和相关性要求，损害会计信息质量，扭曲企业实际的财务状况和经营成果，从而对使用者的决策产生误导，这是不符合会计准则要求的。

3.2.8 信息披露要及时，简称"及时性"

《企业会计准则》第十九条指出：企业对于已经发生的交易或者事项，应当及时进行会计确认、计量和报告，不得提前或者延后。

会计信息的价值在于帮助信息使用者做出经济决策，具有时效性。即使是可靠的、相关的会计信息，如果不及时提供，就失去了时效性，对于使用者的效用就大大降低，甚至不再具有实际意义。在会计确认、计量和报告过程中贯彻及时性，一是要求及时收集会计信息，即在经济交易或者事项发生后，及时收集整理各种原始单据或者凭证；二是要求及时处理会计信息，即按照会计准则的规定，及时对经济交易或者事项进行确认或者计量，并编制财务报告；三是要求及时传递会计信息，即按照国家规定的有关时限，及时地将编制的财务报告传递给财务报告使用者，便于其及时使用和决策。

3.3 会计核算基本程序

所谓会计核算的基本程序，是指会计数据处理与会计信息加工的程序，也就是对会计要素进行确认、计量、记录和报告的过程。

3.3.1 会计确认

著名会计学家葛家澍教授在其著名的《会计学导论》中对会计确认所下的定义是："所谓会计确认，是指通过一定的标准，辨认应予输入会计信息系统的经济数据，确定这些数据应加以记录的会计对象的要素，进一步还要确定已记录和加工的信息是否全部列入会计报表和如何列入会计报表。美国财务会计准则委员会在第五号财务会计概念公告中将'确认'定义为：把一个事项作为一项资产、负债、收入和费用等正式加以记录和列入财务报表的过程。"

1. 应否确认

从上述定义可知，会计确认包括初始确认（辨认数据，确定加以记录的要素）和最终确认（是否全部列入和如何列入报表）。

初始确认是指对已经发生的交易或者事项，按照资产、负债、所有者权益、收入、费用、利润的定义和确认条件进行的确认。初始确认应满足下列条件：①必须符合会计要素定义；②有关经济利益很可能流入或流出企业。这里的"很可能"表示经济利益流入或流出的可能性在50%以上；③经济利益的流入、流出额或成本、价值额能够可靠地计量。同时满足上述三个条件的，确认为某一要素，否则不予确认。

最终确认是指对已经记入会计账簿的交易或者事项，在编制财务会计报告前，通过期末账项调整、资产清查、对账、结账等一系列会计手段，对如何进行会计报告的确认。最终确认除了对资产、负债、所有者权益、收入、费用、利润的重新确认，也包括对其金额的确认，以便作为编制会计报告的依据。

2. 何时确认

确认会计要素的时间基础分为以下两种情况。

（1）以交易或者事项实际发生的会计期间为确认的时间基础。资产、负债和所有者权益一般都是以此为确认的时间基础。

（2）以收取款项的权利或支付款项的责任应当发生的会计期间为确认的时间基础，通常称为权责发生制。收入、费用和利润就是以权责发生制为确认的时间基础。

在会计实务中，企业交易或者事项的发生时间与相关货币收支时间有时并不完全一致。例如，款项已经收到，但销售并未实现；或者款项已经支付，但并不是为本期生产经营活动而发生的。为了更加真实、公允地反映特定会计期间的财务状况和经营成果，基本准则明确规定，企业在会计核算中应当以权责发生制为基础。与权责发生制相对应的是收付实现制，它是以实际收到现金或支付现金作为确认收入和费用的依据。我国的行政单位会计采用收付实现制，事业单位会计除经营业务可以采用权责发生制外，其他大部分业务采用收付实现制。

3. 案例分析

下面以佳骋纺织有限公司20××年9月份发生的几笔业务为例来说明这两种确认基础的不同结果。

【例3-1】 佳骋纺织有限公司20××年9月份发生下列部分交易或者事项：

（1）佳骋纺织有限公司于9月2日销售商品一批，款项1 170元，于9月7日收到，存入银行。

(2) 佳骋纺织有限公司于 9 月 8 日销售商品一批，款项 5 850 元将于 12 月 8 日收回。

(3) 佳骋纺织有限公司于 9 月 9 日预收 A 单位购货款 100 000 元，存入银行，按合同规定 10 月份交付商品。

(4) 佳骋纺织有限公司上月销售商品 70 200 元，于 9 月 10 日收到存入银行。

(5) 佳骋纺织有限公司于 9 月 11 日以银行存款 48 000 元预付全年财产保险费。

(6) 佳骋纺织有限公司于 9 月 13 日购办公用品 6 200 元，已交付使用，款项将于 10 月支付。

(7) 佳骋纺织有限公司于 9 月 15 日用银行存款 8 000 元支付本月水电费。

(8) 佳骋纺织有限公司于 9 月 16 日以银行存款 36 000 元支付今年 7～9 月份短期借款利息。

要求：分别按权责发生制和收付实现制确认 9 月份的收入和费用。

【解析思路】

业务（1）分析：佳骋纺织有限公司 9 月份将商品销售出去，无论当月是否取得货款，都影响当月的经营成果，因此根据权责发生制的定义，当月应该确认收入。而在收付实现制下，以实际收到或付出款项的日期确定其归属期。佳骋纺织有限公司于 9 月 7 日收到款项，因此，9 月应当确认收入。

该笔业务，在两种确认前提下，确认收入时间相同。

业务（2）分析：佳骋纺织有限公司 9 月份将商品销售出去，尽管当月未取得货款，但是当月取得了收款权，商品的收入影响当月的经营成果，应当归属于 9 月会计期间，因此根据权责发生制的定义，当月应该确认收入。而在收付实现制下，以实际收到或付出款项的日期确定其归属期。佳骋纺织有限公司于 12 月 8 日收到款项，因此，应当在 12 月确认收入。

该笔业务，在两种确认前提下，确认收入的时间不同。

业务（3）分析：佳骋纺织有限公司 9 月份预收货款，钱虽然是收到了，可是形成的是负债，并不影响当期的经营成果。负债终究是要偿还的，即到了 10 月份必然交付商品或货款给 A 单位，因此，9 月份不确认收入，要等到 10 月份才确认收入。而在收付实现制下，以实际收到或付出款项的日期确定其归属期。佳骋纺织有限公司于 9 月 9 日收到款项，因此，应当在 9 月份确认收入。

该笔业务，在两种确认前提下，确认收入的时间不同。

业务（4）分析：佳骋纺织有限公司上月销售商品，影响上月的经营成果，同时取得应收权限，本月收回货款，只是以后对该笔货款不再享有收款权，并不影响当月经营成果，因此当月不确认收入。而在收付实现制下，以实际收到或付出款项的日期确定其归属期。佳骋纺织有限公司于 9 月 10 日收到款项，因此，应当在 9 月份确认收入。

该笔业务，在两种确认前提下，确认收入的时间不同。

业务（5）分析：佳骋纺织有限公司 9 月份支付全年保险费，当月的应付义务是 4 000，影响当月经营成果的金额 = 4 000，其余部分是其他月份应当承担的费用，因此，当月确认费用为 4 000。而在收付实现制下，以实际收到或付出款项的日期确定其归属期。佳骋纺织有限公司于 9 月 10 日付出保险费，因此，应当在 9 月份确认费用。

在两种确认前提下，确认费用的时间不同。

业务（6）分析：佳骋纺织有限公司9月份购买的办公用品，尽管没有支付货款，但办公用品已经交付使用，意味着管理费用已经发生，对当期的经营成果产生了影响，因此，应付义务也就发生了。而在收付实现制下，以实际收到或付出款项的日期确定其归属期。佳骋纺织有限公司于10月份支付办公用品款，因此，应当在10月份确认费用。

该笔业务，在两种确认前提下，确认费用的时间不同。

业务（7）分析：9月份，佳骋纺织有限公司本月水电费的发生影响本月的经营成果，因此，根据权责发生制的定义，应确认费用。9月份支付水电费，根据收付实现制的定义，也应确认费用。

该笔业务，在两种确认前提下，确认费用的时间相同。

业务（8）分析：短期借款利息为7～9月份的应付利息，应付义务分别在7、8、9三个月，影响9月份的经营成果，根据权责发生制的定义，应分别确认为7～9月的费用，因此，9月份的费用为12 000元。在收付实现制下，以实际收到或付出款项的日期确定其归属期。因此，9月份付出款项，应在9月份确认费用。

该笔业务，在两种确认前提下，确认费用的时间不同。

上述分析结果，如表3-1所示。

表3-1　佳骋纺织有限公司9月份在不同基础下的收入费用确认情况

单位：元

业务序号	权责发生制		收付实现制	
	收入	费用	收入	费用
（1）	1 170		1 170	
（2）	5 850		—	
（3）	—		100 000	
（4）	—		70 200	
（5）		4 000		48 000
（6）		6 200		—
（7）		8 000		8 000
（8）		12 000		36 000
合计	7 020	30 200	171 370	92 000

3.3.2　会计计量

会计计量是指将符合确认条件的会计要素登记入账并列报于会计报表（又称财务报表）及其附注而确定其金额的过程。

计量属性：从会计角度，是指会计要素金额的确定基础。即能用货币单位计量的方面。所有者权益的计量取决于资产和负债的计量，交易或事项因可从多个方面予以货币定量而有不同的计量属性。

1. 会计计量属性的主要内容

（1）历史成本，又称实际成本。在历史成本计量下，资产按照其购置时支付的现金或者现金等价物的金额，或者按照购置资产时所付出的对价的公允价值计量。负债按照其因承担现时义务而实际收到的款项或者资产的金额，或者承担现时义务的合同金额，或者按照日常活动中为偿还负债预期需要支付的现金或者现金等价物的金额计量。

（2）重置成本，又称现时成本，是指按照当前市场条件，重新取得同样一项资产所需支付的现金或现金等价物金额。在重置成本计量下，资产按照现在购买相同或者相似资产所需支付的现金或者现金等价物的金额计量。负债按照现在偿付该项债务所需支付的现金或者现金等价物的金额计量。

（3）可变现净值，是指在正常生产经营过程中，以预计售价减去进一步加工成本和预计销售费用以及相关税费后的净值。在可变现净值计量下，资产按照其正常对外销售所能收到现金或者现金等价物的金额扣减该资产至完工时估计将要发生的成本、估计的销售费用以及相关税费后的金额计量。可变现净值通常应用于存货资产减值情况下的后续计量。

（4）现值，是指对未来现金流量以恰当的折现率进行折现后的价值，是考虑货币时间的一种属性；在现值计量下，资产按照预计从其持续使用和最终处置中所取得的未来净现金流入量的折现金额计量。负债按照预计期限内需要偿还的未来净现金流出量的折现金额计量。

（5）公允价值，在公允价值计量下，资产和负债按照市场参与者在计量日发生的有序交易中，出售资产所能收到或者转移负债所需支付的价格计量。[①] 企业以公允价值计量相关资产或负债，应当考虑该资产或负债的特征。相关资产或负债的特征，是指市场参与者在计量日对该资产或负债进行定价时考虑的特征，包括资产状况及所在位置、对资产出售或者使用的限制等。以公允价值计量的相关资产或负债可以是单项资产或负债（如一项金融工具、一项非金融资产等），也可以是资产组合、负债组合或者资产和负债的组合。企业是以单项还是以组合的方式对相关资产或负债进行公允价值计量，取决于该资产或负债的计量单元。

企业以公允价值计量相关资产或负债，应当假定出售资产或者转移负债的有序交易在相关资产或负债的主要市场进行。不存在主要市场的，企业应当假定该交易在相关资产或负债的最有利市场进行。

2. 会计计量属性的应用原则

《企业会计准则》第四十三条规定：企业在对会计要素进行计量时，一般应当采用历史成本，采用重置成本、可变现净值、现值、公允价值计量的，应当保证所确定的会计要素金额能够取得并可靠计量。

3.3.3 会计记录

会计记录就是在对过去的交易或者事项进行确认、计量的基础上，将涉及的全部会计要素，进一步细分为会计科目，按复式记账的要求，填制和审核会计凭证、登记账簿，进行账务处理的过程。

会计记录是在确认和计量基础上对经济业务事项运用会计科目进行账务处理的方法，

[①] 关于公允价值计量问题，2014年7月23日财政部重新公布《企业会计准则》，作出此项调整决定。

我国以前的会计制度主要是以会计科目和会计报表形式加以规定的，其中涵盖了会计确认和计量的内容，将会计确认、计量、记录和报告融为一体。2006 年发布的《企业会计准则》改变了这种传统做法，明确了会计确认、计量和报告构成准则体系的正文，从而实现了国际趋同；同时以《企业会计准则》为依据，规定了 156 个会计科目及其主要账务处理，并将其作为准则应用指南的附录，附录中的会计科目和主要账务处理不再涉及会计确认、计量和报告的内容。《国际财务报告准则》不涉及会计记录，主要是规范会计确认、计量和报告，会计科目由企业自行设计并进行账务处理。我国目前乃至相当长的时期内，还不能缺少对会计记录的规范，这样设计和安排，能够使会计准则更具操作性，便于会计准则体系全面准确地贯彻实施。企业在不违反会计准则中确认、计量和报告规定的前提下，可以根据本单位的实际情况，自行增设、拆分、合并会计科目。

《会计法》第二十二条规定："会计记录的文字应当使用中文，在民族自治地方，会计记录可以同时使用当地通用的一种民族文字。在中华人民共和国境内的外商投资企业、外国企业和其他外国组织的会计记录可以同时使用一种外国文字。"对于外商投资企业、外国企业的会计记录不使用中文的违规现象，按照《中华人民共和国税收征收管理法》第六十条第二款"未按照规定设置、保管账簿或者保管记账凭证和有关资料"的规定处理。

3.3.4 财务报告

财务报告，是指企业对外提供的反映企业某一特定日期的财务状况和某一会计期间的经营成果、现金流量等会计信息的文件，包括会计报表及其附注。

财务状况是指企业某一特定日期的资产总额及其构成，负债总额及其构成，所有者权益总额及其构成。经营成果是指企业某一会计期间的利润（亏损）总额及其构成情况。现金流量是指企业某一会计期间现金和现金等价物流入和流出的情况。

1. 会计报表至少应当包括资产负债表、利润表、现金流量表等报表

（1）资产负债表是反映企业在某一特定日期的财务状况的会计报表。

（2）利润表是反映企业在一定会计期间的经营成果的会计报表。

（3）现金流量表是反映企业在一定会计期间的现金和现金等价物流入和流出的会计报表。

2. 会计报表附注

会计报表附注应当提供关于会计报表的编制基础和企业针对重要经济业务采用的会计政策和会计估计的说明、对会计报表中重要项目的进一步解释，以及未在会计报表中列示，但国家统一的会计制度要求披露，或有助于准确、完整地理解会计报表的信息。

会计报表附注应当按照一定的方式披露，会计报表中的项目应当与会计报表附注中的相关信息相互参照。会计报表附注应当按照下列顺序披露：①遵循国家统一的会计制度的声明；②会计报表的编制基础；③采用的会计政策和会计估计；④会计报表重要项目的详细信息；⑤有助于理解企业财务状况和经营成果的其他信息，如对或有事项和承诺事项的说明等。

会计报表附注至少应当包括以下内容：①会计政策和会计估计及其变更情况的说明；企业应当披露在选择对会计报表重要项目具有重大影响的会计政策时所做的判断、会计政策和会计估计，以及会计政策和会计估计变更的情况、变更原因及其对企业财务状况

和经营成果的影响；②重大会计差错更正的说明；③关键计量假设的说明；企业应当披露可能会在下一个会计年度导致资产或负债的账面金额产生重大调整的不确定因素和关键计量假设，包括这些不确定因素或假设的性质、可能受到影响的资产或负债在资产负债表日的账面金额及其可能发生的调整金额等；④或有事项和承诺事项的说明；⑤资产负债表日后事项的说明；⑥关联方关系及其交易的说明；⑦重要资产转让及其出售的说明；⑧企业合并、分立的说明；⑨重大投资、融资活动的说明；⑩会计报表重要项目的说明；⑪有助于理解和分析会计报表需要说明的其他事项。

【复习思考题】

1. 什么是会计假设？什么是会计核算前提？
2. 会计主体与法律主体是一回事吗？为什么？
3. 世界各国对会计期间的划分是统一规定吗？我国如何划分会计期间？
4. 货币计量以什么为假定前提？
5. 什么是会计信息质量特征？它包括哪些内容？
6. 各项会计信息特征之间有何关系？如何权衡它们之间的关系？
7. 相关性和可靠性受到哪些质量特征的制约？
8. 会计要素确认与计量的含义是什么？
9. 在进行确认与计量时，应追寻哪些要求？
10. 权责发生制在收入与费用的确认与计量方面有何区别？

【练习题】

一、单项选择题

1. 会计主体假设规定了会计工作的（　　　）。
   A. 空间范围　　　B. 时间范围　　　C. 主管单位　　　D. 具体内容
2. 建立持续经营假设的目的是（　　　）。
   A. 为了保证企业生产经营活动的正常进行
   B. 解决财产估价和有关费用的问题
   C. 是货币计量与实物计量的需要
   D. 能够分段核算企业的经营成果
3. 在会计核算中，充分估计风险和损失，对预计发生的损失，可以计算入账。但对可能发生的收益、收入则不能计算入账，体现了下列哪条要求。（　　　）
   A. 配比性　　　B. 谨慎性　　　C. 权责发生制　　　D. 客观性
4. 会计主体是（　　　）。
   A. 对其进行核算的特定单位　　　B. 一个企业
   C. 企业法人　　　D. 法人主体
5. 用来解决同一企业在不同会计期间的纵向可比问题的要求是（　　　）。
   A. 一贯性　　　B. 可比性　　　C. 相关性　　　D. 可靠性

6. 7月28日确认销售产品90 000元，8月10日收到货款并存入银行，按照收付实现制核算时，该项收入应属于（　　）。
   A. 7月　　　　　B. 8月　　　　　C. 本年　　　　　D. 视业务内容而定
7. 会计核算时，将融资租入的固定资产作为自有的固定资产来进行管理和核算，体现了会计核算的（　　）要求。
   A. 重要性　　　B. 实质重于形式　　C. 谨慎性　　　D. 明晰性
8. 在会计核算过程中，会计处理方法前后各期（　　）。
   A. 应当一致，不得随意变更　　　　B. 可以变动，但须经过批准
   C. 可以任意变动　　　　　　　　　D. 应当一致，不得变动
9. 会计核算的基础权责发生制依据的会计假设是（　　）。
   A. 会计主体　　B. 持续经营　　C. 会计分期　　　D. 货币计量
10. 实质重于形式在下列哪个环节没有影响？（　　）
    A. 会计主体　　　　　　　　　　B. 资产的初始计量
    C. 会计分期　　　　　　　　　　D. 负债和费用的初始确认

二、多项选择题

1. 会计确认的基础有（　　）。
   A. 单式记账　　B. 复式记账　　C. 权责发生制
   D. 收付实现制　E. 永续盘存制
2. 会计计量属性包括（　　）。
   A. 历史成本　　B. 重置成本　　C. 现值
   D. 可变现价值　E. 公允价值
3. 下列属于谨慎性原则要求的是（　　）。
   A. 资产计价时从低　　　　　　　B. 负债估计时从高
   C. 不预计任何可能发生的收益　　D. 利润估计时从高
4. 下列属于会计核算基本前提的是（　　）。
   A. 会计主体　　B. 持续经营　　C. 会计分期　　　D. 货币计量
5. 下列属于会计信息质量要求的是（　　）。
   A. 可靠性　　　B. 明晰性　　　C. 实质重于形式　D. 谨慎性
6. 下列对可比性要求说法正确的是（　　）。
   A. 可比性和一致性实质上是一个问题的两个方面
   B. 可比性要求解决的是不同企业的横向可比
   C. 可比性要求解决的是同一企业的纵向可比
   D. 可比性不排斥实际工作中的会计处理方法的变更，但要加以披露
7. 下列可以是一个会计主体的是（　　）。
   A. 个体经营者经营的商店　　　　B. 某公司下属的独立核算的后勤部门
   C. 医院　　　　　　　　　　　　D. 母公司下属的分公司
8. 会计信息的使用者有（　　）。
   A. 企业投资者　　　　　　　　　B. 企业债权人

C. 财政工商　　　　　　　　　D. 与企业有利益关系的团体或个人

9. 根据谨慎性要求，对企业可能发生的损失和费用，作出合理预计，通常做法是（　　）。

　A. 对应收账款提坏账

　B. 计提资产的减值准备

　C. 对财产物资按历史成本计价

　D. 在物价上涨的情况下，对存货的计价采用后进先出法

10. 按照权责发生制的要求，下列不应作为本期收入的是（　　）。

　A. 收到国家投资 100 000 元，存入银行

　B. 销售商品一批计价 20 000 元，款项尚未收到

　C. 收到外单位偿还上月欠款

　D. 预收某单位的销货款 50 000 元，存入银行，但根据合同规定下月发货

三、判断题

1. 所有的法律主体都是会计主体，但会计主体不一定都是法律主体。（　　）
2. 会计主体假设规定了会计核算的空间范围。（　　）
3. 持续经营假设是会计分期假设的前提，它规定了会计核算的时间范围。（　　）
4. 会计主体所核算的生产经营活动也包括其他企业或投资者个人的其他生产经营活动。（　　）
5. 会计期间假设为会计核算规定了空间范围。（　　）
6. 我国法律规定，在我国境内的所有企业都必须采用人民币为记账本位币。（　　）
7. 企业按规定计提了坏账准备，体现了会计核算的谨慎性要求。（　　）
8. 会计记录不一定要求连续记录，对于不重要的经济业务可以不记录。（　　）
9. 企业的会计处理应满足可比性要求，前后期应保持一致，不得变更。（　　）
10. 相关性要求企业的会计信息应能满足企业相关各方面的所有需要。（　　）

第4章 账户与复式记账

【本章导读】

　　15世纪是世界史发生重大转变的一个世纪，文艺复兴冲破了中世纪的黑暗统治，带来了科学的发展，艺术的繁荣，以及社会经济的深刻变化。在这科学创造艺术、艺术激发新思潮的时代，出现了不少文艺复兴时代的旗手，他们的思想、论著及科学技术成就对人类社会的发展产生了极其深刻的影响。在这些伟大人物中，意大利著名数学家卢卡·帕乔利（Luca Pacioli, 1445—1515）举起了数学、文艺与经济革新的旗帜，他的巨著《数学大全》开创了世界会计发展史上的新时代——卢卡·帕乔利时代，从而把古代会计推进到近代会计的历史阶段。卢卡·帕乔利是当今世界各国公认的"近代会计之父"。他在1494年11月10日发表的《算术、几何、比及比例概要》（Summa de Arithmetica, Geometria, Proportioni et Proportionalita）中的第三篇"计算和记录的详论"（Particularis de Cpmputis et Scripturis）（通称《簿记论》），是第一本系统论述借贷复式簿记原理及其适用方法的经典名著，该书对现代会计及其理论的发展做出了奠基性的卓越贡献。《簿记论》问世至今已经五百余年，虽然现代会计理论和方法已经有了根本性的发展与进步，但其理论内涵仍然显示着强大的生命力。

　　复式记账的前提之一是要设置会计科目与账户，本章主要介绍会计科目与账户，复式记账及其中的借贷记账法。

【本章学习目标】

　　了解会计科目的含义，了解会计账户的含义，熟悉账户的结构，掌握账户的账务处理，了解记账方法的历史沿革，掌握借贷记账法的基本内容。

4.1 会 计 科 目

4.1.1 会计科目的定义

　　会计科目，是对会计对象的具体内容进行分类核算的项目。如前所述，会计对象具体内容表现为会计要素，而每一个会计要素又包括若干具体项目，例如资产要素中包括了库存现金、银行存款、材料等项目，负债要素中包括了短期借款、长期借款、应付账款等项目。为了全面、连续、系统地核算、监督经济活动引起的各会计要素的增减变化，就有必要对会计对象的具体内容按其不同特点和经营管理的要求进行科学分类，并事先确定进行分类核算的项目名称，规定其核算内容并按一定规律赋予其编号，这便是会计科目的设置。

4.1.2 设置会计科目的意义

第一,设置会计科目可以系统、全面、分门别类地反映各项经济业务的发生情况。科学地设置会计科目是会计方法体系中非常重要的内容,对会计核算具有重要意义。例如,工业企业的各种厂房、机器设备及其他建筑物等的共性就是劳动资料,我们将之归为一类,根据其特点取名为"固定资产"。为了体现和监督负债和所有者权益的增减变化,设置了短期借款、应付账款、长期借款和实收资本、资本公积、盈余公积等科目。为了反映和监督收入、费用和利润的增减变动而设置了主营业务收入、生产成本、本年利润和利润分配等科目。

第二,设置会计科目是设置账户的依据。通过设置会计科目,不仅可以对会计要素具体项目进行分类,更为重要的是它规范了相同类别业务的核算范围、核算内容、核算方法和核算要求。会计科目是账户的名称,设置会计科目是进行会计核算的一个必需环节,也是设置账户、处理账务所必须遵守的依据和规则,是正确组织会计核算的一个重要条件。

显而易见,假如不对经济业务进行科学的分类,并确定其归属,会计核算将无法进行。

4.1.3 会计科目的设置原则

要科学地设置会计科目,就必须要按照以下的原则进行。

第一,必须全面客观地反映会计对象的内容。设置会计科目时,一定要结合会计对象的特点,全面反映会计对象的内容。会计科目作为对会计工作对象具体内容进行分类核算的项目,其设置一定要结合会计对象的特点,以便分类反映经济业务的发生情况,及其引起的某一会计要素的增减变动和产生的结果,从而更好地为会计信息使用者和管理者提供所需要的会计信息。同时,会计科目的设置要能够系统、全面地反映会计对象的全部内容,不能有一点儿遗漏。除了设置各行业的共性会计科目以外,还要根据各单位业务特点和会计对象的具体内容设置相应的会计科目。例如,工业企业的经营活动主要是制造工业产品,因此必须设置反映生产耗费、成本计算和生产成果的"生产成本""制造费用""库存商品"等会计科目;零售商业企业采用售价金额核算,因此一定要设置反映商品进价与售价之间差额的"商品进销差价"会计科目;而行政、事业单位则应设置反映经费收支情况的会计科目。

第二,既要保持相对的稳定性,又要有适度的灵活性。会计科目的相对稳定,能使核算资料上下衔接,指标前后可比,便于对比分析和会计检查。但是,相对稳定并非一成不变,而要有适当的灵活性。这里所说的灵活性有两方面的含义:①要根据客观经济发展的需要,适时调整会计科目;②要根据企业经济业务繁简的实际,适度增设或合并某些会计科目。比如用实际成本进行材料日常核算的企业,可以不设"材料采购"这一科目,而另外设置"在途物资"科目;低值易耗品、包装物较少的企业,可以将其并入"原材料"科目,以便于简化核算。对于灵活性的这个"度",要以不影响报表的编报、汇总,也不会影响企业内部管理的需求为前提。

第三,既要符合企业内部经济管理的需要,又要符合对外报告、满足宏观经济管理的要求。会计科目的设置，要满足企业内部财务管理的要求，既要提供资金运动的全部资料，又要根据不同行业或不同环节的特殊性，提供对应的资料。如工业企业要设置反映、监督生产过程的一些会计科目，比如"生产成本""制造费用"等。利润的实现和分配，牵扯到国家相关政策的执行和投资者的经济利益，所以，在设置"本年利润"科目以反映利润实现情况时，还要设置"利润分配""应付股利"和其他相关科目，从而反映利润的分配、提留等情况。

设置会计科目除了要满足企业财务管理的要求外，还必须符合国家宏观管理的要求以保持统一性，要与财务计划、统计等相关报表指标进行衔接。企业会计核算汇总的数据是企业进行经营预测和作出决策的重要根据，是编制有关报表的基础和前提，应该能从中直接取得数据和有关资料，从而保证提高工作效率和保证报表质量。只有统一的会计科目和报表，才能满足管理层汇总的方便和决策的要求。

第四，既要适应经济业务发展的需要，又要保持相对稳定。会计科目的设置要适应社会主义经济的发展变化和本单位业务发展的需要。比如，随着《知识产权法》的实施，为核算企业拥有的专有技术、专利权、商标权等无形资产的价值及其变动情况，就有必要专门设置"无形资产"科目。再比如，随着社会主义市场经济体制的不断发展和完善，商品交易中因为商业信用而形成债权债务关系的现象越来越普遍，与此相适应，就应该设置反映该类经济业务的会计科目。为了在不同时期对比分析会计核算所提供的核算指标和在一定范围内综合汇总，会计科目的设置要保持相对稳定，同时还要使核算指标具有可行性。

第五，既要保持会计科目总体上的完整性，又要保持会计科目之间的互斥性。会计科目的完整性是指设置的一套会计科目，应该能反映企业所有的经济业务，所有的经济业务都有相应的会计科目来反映，不能有遗漏。会计科目的互斥性是指每个科目核算的内容相互排斥，不同的会计科目不能有相同的核算内容，不然，就会造成会计核算上的不统一。保持会计科目的互斥性是保证会计核算的准确性、统一性以及会计信息可比性的重要前提。

4.1.4 会计科目的级次

各单位设置的会计科目并不是彼此独立的，而应相互联系、相互补充，从而组成一个完整的会计科目体系，用来系统、全面、分门别类地核算和监督会计要素，为经济管理提供一系列的核算指标。

会计科目按提供指标的详细程度可分为总分类科目和明细分类科目。

（1）总分类科目又称为总账科目或一级科目，主要是对会计对象的具体经济内容进行总括分类核算的科目。"固定资产""原材料""实收资本""应付账款"等就是总分类科目。现将制造业企业的常用会计科目列示见表4-1。

（2）明细分类科目是对总分类科目核算内容作的进一步分类，它反映着核算指标详细、具体的科目。比如"应付账款"总分类科目下按照具体单位分设明细科目，具体体现应付某个单位的款项。

表 4-1　会计科目表

编号	科目名称	编号	科目名称
	一、资产类	2241	其他应付款
1001	库存现金	2501	长期借款
1002	银行存款		三、所有者权益
1101	交易性金融资产	4001	实收资本
1121	应收票据	4002	资本公积
1122	应收账款	4101	盈余公积
1123	预付账款	4103	本年利润
1221	其他应收款	4104	利润分配
1231	坏账准备		四、成本类
1402	在途物资	5001	生产成本
1403	原材料	5101	制造费用
1405	库存商品		五、损益类
1601	固定资产	6001	主营业务收入
1602	累计折旧	6051	其他业务收入
1604	在建工程	6111	投资收益
1701	无形资产	6301	营业外收入
1901	待处理财产损益	6401	主营业务成本
	二、负债类	6402	其他业务成本
2001	短期借款	6403	营业税金及附加
2201	应付票据	6601	销售费用
2202	应付账款	6602	管理费用
2203	预收账款	6603	财务费用
2211	应付职工薪酬	6701	资产减值损失
2221	应交税费	6711	营业外支出
2231	应付利息	6801	所得税费用
2232	应付股利	6901	以前年度损益调整

在实际工作中，总分类科目一般由《企业会计准则应用指南》和国家统一会计制度规定，明细分类科目则由各单位根据经济管理的实际需要自行规定。假如某一总分类科目所统驭的明细分类科目较多，可以增设二级科目（也称为子目），再在每个二级科目下设置多个明细科目（细目）。二级科目是介于总分类科目和明细分类科目之间的科目。比如，在原材料总分类科目下面按材料的类别设置的"原料及主要材料""燃料""辅助材料"等科目，就是二级科目。现以"原材料"为例，用表4-2表示总分类科目与明细分类科目之间的关系。

表 4-2　总分类科目与明细分类科目的关系

总分类科目		明细分类科目
一级科目	二级科目（子目）	明细科目（细目、三级科目）
原材料	原料及主要材料	圆钢
		方钢
	辅助材料	润滑油
		防锈剂
	燃料	汽油
		柴油
生产成本	一车间	甲产品
	二车间	乙产品

4.2　会计账户

4.2.1　会计账户的定义

所谓会计账户，就是指根据会计科目开设的，用来分类记录经济业务内容的具有一定格式和结构的记账实体。

会计科目只是对会计要素具体内容进行分类的项目，在进行会计核算的时候，不能用来直接记录经济业务的内容。假如要把企业发生的经济业务全面、系统、连续地反映并记录下来，提供各种会计信息，就必须要有一个记录的载体。这个载体就是按照会计科目所规范的内容而设置的会计账户。通过会计账户中所记录的各种分类数据，就能够生成各种有用的财务信息。

4.2.2　会计账户的设置

设置并登记会计账户是对会计对象的具体内容进行科学分类、反映、监督的一种方法。企业的每一项经济业务发生都会引起会计要素数量上的增减变化，为了分别反映经济业务引起的会计要素的增减变化，便于为日常管理提供核算资料，就一定要设置账户。比如"原材料"账户，就是用来核算企业材料的收入、发出和结存的数量和金额。通过这个账户，我们就可以很方便地了解企业原材料购入、发出和结存的情况。

设置会计账户的基本原则与设置会计科目的基本原则是完全相同的。通过设置账户，有助于科学合理地组织会计核算，从而提供管理所必需的会计信息资料，设置账户可以把实物核算与金额核算有机地结合起来，从而有效地控制财产资源。设置科学的账户体系可以全面、系统、综合地核算，反映企业生产经营的全貌。另外，科学地设置账户还便于会计检查和会计分析。

设置会计科目只是对会计对象的具体内容进行分类，规定每一类的名称。为了提供企业内部经营管理和外部有关方面所需要的各种会计核算资料，还必须根据规定的会计科目开设相应的账户，以便对各项经济业务进行分类、系统、连续的记录。

由于会计账户是根据会计科目设置的，所以账户的分类应当与会计科目的分类一致。例如，账户按其经济内容分类，也分为六类账户，即据资产类会计科目设置的账户就称为资产类账户，据负债会计科目设置的账户称为负债类账户，以此类推。

账户是根据规定的会计科目开设的，用以记录各个会计科目所反映的经济业务内容的工具。会计科目是会计账户的名称。会计科目规定的经济内容，也就是会计账户核算的经济内容。例如，为了反映企业固定资产的增减变动情况及其结果，需要根据"固定资产"科目开设"固定资产"账户，一切有关固定资产增减变动的经济业务都在该账户中登记。又如，为了反映现金的收入和支出情况，以及现金在一定日期的实有数额，需要根据"库存现金"科目开设"库存现金"账户，一切有关现金收支的经济业务都记入该账户。

由于会计科目又可以按照它所提供的核算资料的详略程度不同分为总分类科目和明细分类科目，因此，账户也应该相应地设置总分类账户和明细分类账户。根据总分类科目设置的账户称为总分类账户，又称总账账户或一级账户。根据明细分类科目设置的账户称为明细分类账户，也称明细账户，其中按二级科目设置的账户又称为二级账户。总分类账户是所属明细分类账户的统制账户，它以货币作为统一的计量单位，总括地反映各项会计要素的增减变化情况；明细分类账户是总分类账户的辅助账户，它是总分类账户的补充和具体化。明细分类账户除了应用货币计量单位外，有时还需要应用实物计量单位和劳动计量单位。例如，为了具体地了解掌握各种原材料的收入、发出和结存情况，需要在"原材料"总分类账户下面，按照原材料的品种、规格设置原材料明细分类账户。在原材料明细分类账户中，既要使用货币度量，又要使用实物度量，同时进行登记，以便加强对实物和资金的管理。二级账户是介于总分类账户和明细分类账户之间的账户。它所提供的资料比明细分类账户概括，比总分类账户详细。二级账户可以设账，也可以不设账。在设账的情况下，要像明细分类账户一样开设账页进行登记；如果不设置账页，平时则不必登记二级账户，只是在需要时，将有关明细分类账户中的资料，按照二级账户所应包括的内容，加以归类并汇总，从而取得所需要的指标。

4.2.3 会计账户的基本结构

要想记录好会计要素的变化情况，就一定要设置好账户的结构。所谓账户结构是指账户应由哪几部分组成以及如何在账户上记录会计要素的增加、减少及其结余情况等。简略地说就是指组成账户的各个部分及其结合方式。经济业务多种多样，但是它引起会计要素数量的变化只有增加和减少两种情况，所以，账户应设置增加栏、减少栏，还要设置体现增减变化结果的余额栏。为了全面反映经济业务的时间、内容、记录依据等情况，还一定要相应地设置日期、摘要、凭证号数等栏次。

账户的结构是由它所反映的经济内容决定的（账户的基本结构是由会计要素的金额变化情况决定的）。经济业务的发生，必然引起相关的会计要素发生增减变动，尽管表现形式复杂多样，但从数量上看，不外乎增加和减少两种情况。因此，用来分类记录经济业务的账户在结构上也应分为两个基本部分，即：左、右两方，以一方登记增加，另一方登记减少。这一基本结构，不会因企业在实际中所使用的账户具体格式不同而发生变化。

1. 账户的基本内容及一般格式

账户的格式取决于它所反映指标的具体内容，在会计实务中，账户的具体格式可根据实际需要来设计，并不完全相同，可以多种多样。但一般来说，任何一种账户格式的设计，都应包括以下基本内容：①账户的名称（会计科目）；②"登账"的日期（说明经济业务发生的时间）；③记账凭证号数（作为登记账户的来源和依据的记账凭证的编号）；④摘要（概括地说明经济业务的内容）；⑤增加额、减少额和余额。

上列账户格式所包括的内容是账户的基本结构，这种账户格式是手工记账经常采用的格式。在采用计算机记账的情况下，尽管会计数据是存储在磁盘或磁带等介质中，账户的格式不明显，但仍要按上列格式的内容提供核算资料。

2. T型账户

为了更加直观地说明问题，也为了学习的方便，我们可以以一种简化的形式给出账户的基本格式，这种账户的结构可简化为"T型账"，或者称之为"丁字账"。在教科书和实务的手工对账工作中，通常用简化的格式"T型账"来说明账户的结构。这时账户省略了若干栏次。T型账户的左、右两方分别用来记录增加金额和减少金额，增加金额和减少金额相抵后的差额，称为账户余额。余额按其表现的时间，分为期初余额和期末余额。会计期间内的增加额、减少额称为发生额。因此通过账户记录，可以提供期初余额、本期增加额、本期减少额和期末余额四个核算指标。

（1）期初余额，上期的期末余额就是本期的期初余额，因此其数字来源于相同账户上期期末余额的结转。

（2）本期增加额，指一定会计期间内账户所登记的增加金额的合计数。

（3）本期减少额，指一定会计期间内账户所登记的减少金额的合计数。

（4）期末余额，在没有期初余额的情况下，期末余额是本期增加额和本期减少额相抵后的差额；在有期初余额的情况下，期末余额＝期初余额＋本期增加发生额－本期减少发生额（本期增加发生额和本期减少发生额）属于动态核算指标，它们反映会计要素在一定时期内的增减变动情况；余额（期初余额和期末余额）属于静态核算指标，它们反映会计要素在一定时期内的增减变动的结果，各项会计要素在一定时期的状态。

每个账户的本期增加额和本期减少额都应分别记入该账户左、右两方的金额栏，以便分别计算增减发生额和余额。如果在左方记增加额，则在右方记减少额，余额反映在左方；如果在右方记增加额，则在左方记减少额，余额反映在右方。账户的左、右两方叫什么名称，哪一方登记增加额，哪一方登记减少额，则取决于所采用的记账方法和账户的性质。

实际工作中，账户的结构、格式也千差万别，表4-3列示的账户的一般结构与格式。

借贷记账法下账户的结构如表4-3所示。

表4-3 账户名称（会计科目）

年		凭证号数	摘　要	增加额	减少额	余额方向	余　额
月	日						

为简化起见，教学实践和教材中多采用"丁"字账或"T"字账来代替实际的账户。常用的"T"字账格式如图 4-1 所示。

资产类、费用类 账户名称		负债类、所有者权益类、收入类 账户名称	
期初余额			期初余额
本期增加额	本期减少额	本期减少额	本期增加额
本期增加发生额合计	本期减少发生额合计	本期减少发生额合计	本期增加发生额合计
期末余额			期末余额

图 4-1 "T"字账示意图

4.2.4 会计科目与账户的关系

会计科目与账户是两个既有联系又相互区别的概念。会计科目仅仅是对会计要素按经济内容所作分类的名称或标志，要对经济业务产生的原始数据加工成有用的会计信息，尚需按照一定结构（增加、减少、余额等）登记经济业务引起的会计要素增减变动及其结果。这个按照会计科目设置的具有一定格式与结构的工具就叫做账户。账户是按照规定的会计科目，在账簿中对各项经济业务进行分类及系统、连续记录的形式，或者说是分类核算的工具。设置账户的作用在于，它能够经常提供有关会计要素增减变动情况和结果的数据。

会计科目是账户的名称，账户是按照会计科目设置的。会计科目和账户在会计学中是两个既有联系又有区别的不同概念，科目是账户的名称，也是各单位设立账户的一个重要依据，账户是科目的内容。

1. 会计科目与账户的共同点

会计科目和账户都是对会计对象的具体内容所进行的科学分类，都说明一定的经济业务内容；会计科目和账户反映的经济内容是一致的，并且会计科目是账户的名称（账户以会计科目作为它的名称）；会计科目是开设会计账户的依据，有一个会计科目就应设置一个相同名称的会计账户。

2. 会计科目与账户的不同点

（1）会计科目是在实际经济业务发生之前，根据经济管理的需要而制定的，账户是会计科目在记账过程中的应用，是经济业务发生之后所进行的分类记录。

（2）会计科目仅是分类的名称或标志，它只能表明某项经济内容，它没有结构，而账户则都具有相应的格式与结构，可以记录经济业务，加工会计信息。会计科目只是把会计具体对象按经济内容进行了归类，规定其核算内容与相关科目之间的对应关系，本身没有结构；账户作为分类记录经济业务的一种形式，则必须有特定的结构和格式，以便提供具体的数据资料。

在实际工作中，会计科目和账户常被作为同义语来理解，互相通用，不加严格区分，这主要是针对它们之间的共同点而言的。

4.3 复式记账原理

4.3.1 记账方法概述

根据会计科目设置账户,仅仅为记录经济业务,生成会计信息提供了加工的场所,然而采用什么方式,怎样在账户中记录经济业务的数据,就需要运用一定的记账方法来进行。

记账方法是指会计核算工作中在簿记系统中登记经济业务的方法。在会计的发展过程中,曾经采用过单式记账法与复式记账法,而复式记账法已成为现代会计工作普遍采用的记账方法。本节将主要从单式记账法与复式记账法的比较来说明复式记账法的科学性。

1. 单式记账法

单式记账法是会计工作中最早采用的一种记账方法。它的主要特点是对经济业务只作单方面的登记,而不反映经济业务的来龙去脉,它一般只记录库存现金和银行存款的收支业务和债权债务的结算业务。例如,以库存现金 5 000 元购入生产用原材料,只在"库存现金"账户中登记减少库存现金 2 000 元,而不登记原材料的增加;再如,赊销产品一批 6 000 元,只在"应收账款"账户中登记增加应收账款 6 000 元,而不登记销售收入的增加。这种记账方法下,既不能反映库存现金减少的原因,又不能反映应收账款增加的原因,各账户之间的记录没有直接的联系,形不成相互对应的关系,没有一套完整的账户体系,所以不能全面、系统地反映经济业务的来龙去脉,不能提供完整、客观的会计信息。也不便于检查账户记录的正确性,是一种简单而不严密的记账方法,由于无法适应现代管理的要求而被淘汰。

2. 复式记账法

复式记账法是在单式记账法的基础上逐步发展起来的一种比较完善的记账方法。其基本内容是,对于任何一笔经济业务都必须同时在两个或两个以上相互联系的账户中,以相等的金额进行全面、连续、系统的登记。这种记账方法可以系统地反映经济活动的过程和结果。如上文,以现金 5 000 元购入生产用原材料,在复式记账法下,不仅要在"库存现金"账户中登记减少 5 000 元,而且还要在"原材料"账户中登记增加 5 000 元,这就说明库存现金减少的原因是用于购买了原材料;又如赊销产品一批 6 000 元,则既在"应收账款"账户中登记增加 6 000 元,同时又在销售收入账户中登记增加 6 000 元,说明应收账款增加的原因是由于销售产品,货款尚未收到形成了债权。还有一些经济业务,需要在两个以上的账户中进行登记。例如,企业用银行存款 7 000 元,归还某厂应付账款 5 000 元,又购买该厂原材料 2 000 元,对这项经济业务就需要在三个账户中登记,一是在"银行存款"账户中登记减少 7 000 元,二是在"应付账款"账户中登记减少 5 000 元,三是在"原材料"账户中 登记增加 2 000 元,这样就全面反映出银行存款减少 8 000 元的原因:一是偿还了欠款,二是购买了原材料。由此,可以看出复式记账法能全面、系统地反映资金运动的来龙去脉和客观实际,满足会计信息输出的需要,复式记账法是一种科学的记账方法,它已成为现代企业会计工作普遍采用的记账方法。

4.3.2 复式记账法的特点

复式记账法是以会计等式为依据建立的一种记账方法,其特点如下。

(1) 复式记账法需要设置完整的账户体系。复式记账法作为一种科学的记账方法,它不仅要对每一笔经济业务进行全面反映,而且对发生的全部经济业务都要进行记录。因此,就必须设置一整套账户用于反映各种各样的经济业务。

(2) 复式记账法必须对每笔经济业务都要进行反映和记录,这有必要,又有可能。其必要性在于复式记账法要求全面反映各单位的经济活动;其可能性在于复式记账法法具有完整的账户体系,能够全面反映记录每一经济业务的内容。

(3) 复式记账法对每笔经济业务都要反映其来龙去脉,这就是复式记账法的基本特点。只有这样,才能全面了解每一笔经济业务的内容。

(4) 采用复式记账法可以对一定时期所发生的全部经济业务的会计记录,进行全面的综合试算。因为所有经济业务在各个账户中都有反映,而每笔经济业务金额又是相当的,所以,对一定时期全部经济业务必然能进行全面地试算平衡。

采用复式记账法,对每一项经济业务都在相互联系的两个账户或两个以上的账户中作双重记录,这不仅可以了解每一项经济业务的来龙去脉,而且在把全部的经济业务都相互联系地登记到账簿以后,可以通过账户记录,完整、系统地反映经济活动的过程和结果。同时,由于对每一项经济业务都以相等的金额进行分类登记,因而对记录的结果可以进行试算平衡以检查账户记录是否正确。复式记账法是在市场经济长期发展的过程中,通过会计实践逐步形成和发展起来的。因为复式记账具有上述特点,所以复式记账法逐步取代了单式记账法。

4.3.3 复式记账法的分类

根据记账符号、记账规则等的不同,复式记账法又可分为借贷记账法、收付记账法和增减记账法。目前,世界各国广泛采用的复式记账法是借贷记账法。这是因为借贷记账法经过数百年的实践,已被全世界的会计工作者普遍接受,是一种比较成熟、完善的记账方法。另外,从实务角度看,企业间记账方法不统一,会给企业间横向经济联系和国际经济交往带来诸多不便;不同行业、企业记账方法不统一,也必然会加大跨行业的公司和企业集团会计工作的难度,使经济活动信息和经营成果不能及时、准确地反映。因此,统一全国各个行业企业和行政事业单位的记账方法,对会计核算工作的规范和更好地发挥会计的作用具有重要意义。

《企业会计准则》第十一条规定:企业应当采用借贷记账法记账。

4.4 借贷记账法

4.4.1 借贷记账法的历史沿革

借贷记账法是以会计等式作为记账原理,以"借""贷"作为记账符号,来反映经济业务的增减变化的一种复式记账方法。

1. 11世纪末至14世纪

借贷记账法大致起源于12世纪，在资本主义经济关系萌芽及生长阶段，产生了佛罗伦萨式簿记、热那亚式簿记与威尼斯式簿记，称之为"三式簿记"。"三式簿记"的光辉照亮了未来西欧乃至世界会计的发展里程，它实现了由古代会计发展阶段向近代会计发展阶段的转变。这一时期，"借出贷入"是银行业主在记账时的一个基本准则，"借"反映"现金流出"，即债权增加或债务减少；"贷"反映"现金流入"，即债权减少或债务增加。因为早期银行业主的业务主要是现金业务，即现金流入和现金流出。银行业主按人名设置账户，当银行业主"借出款项"或"归还存款"时，即银行业主"现金流出"，在账户中记为"借"，分别表示银行业主的债权增加和债务的减少；当银行业主"收回借款"或"收取存款"时，即银行业主"现金流入"，在账户中记为"贷"，分别表示银行业主债权减少和债务增加。

2. 15世纪以后

1494年意大利数学家，卢卡·帕乔利在威尼斯黄金出版社出版了《算术、几何、比及比例概要》（即《数学大全》）一书。该书中的《簿记论》把复式簿记传播到世界各地，并揭开了近代会计发展史的崭新篇章。在16世纪至17世纪，德国、荷兰、法国等先后继承与发展了意大利的复式簿记实务与理论，最终在欧洲造就了"帕乔利时代。"

当"借""贷"被普遍应用于所有的会计记录时，"借""贷"两个字，就从原来只是特指"借主（债务人）""贷主（债权人）"，表示债权、债务的增加与减少等具体的特定的含义，上升为反映会计要素增减变动的记账符号，抽象为会计事项发生，所引起的金额变动，应分别记入相关账户的左方或右方的指示符号，即账户的左方为借方，账户的右方为贷方的标记。也就是说，当簿记方法发展、演进到一笔交易的发生，一方面要记入一个账户的左方，同时又要记入另一账户的右方时，"借""贷"两个字，就超越"现金收付""人欠欠人"交易事项的"借出贷入"等原来的特定含义，演变成为只是代表账户的左方与右方的一对"对立统一"的指示符号而已。

"借""贷"的现实含义：借贷作为一种记账符号，在资产、费用、成本类账户中"借方"登记增加数，"贷方"登记减少数，即"借增贷减"；在负债、所有者权益、收入类账户中"借方"登记减少数，"贷方"登记增加数，即"借减贷增"。

3. 借贷记账法在我国的运用

我国最早介绍借贷记账法的书籍是1905年蔡锡勇所著的《连环账谱》。

20世纪50年代以后，我国开始改革记账方法，先后出现了一些新的记账方法，如收付记账法和增减记账法等。一段时间，还出现过各种记账方法并存的局面。为了统一记账方法，促进国际经济往来，规范会计核算工作，1993年7月1日，我国《企业会计准则》中明确规定：各经济单位会计核算应采用借贷记账法。目前，我国企业和行政事业单位所采用的记账方法都属于借贷记账法。

4.4.2 借贷记账法的基本内容

本部分主要从记账符号、账户结构、记账规则、会计分录、试算平衡五个方面介绍借贷记账法。

1. 记账符号

借贷记账法以"借""贷"为记账符号。这既是借贷记账法命名的由来,也是借贷记账法区别于其他记账方法的标志。

记账符号是为了使会计记录简明扼要地表达其基本经济内容而使用的一对既简单明了,又固定划一的记录符号。在借贷记账法的历史沿革中,我们已经介绍过,"借""贷"作为记账符号,最早见于13世纪初的意大利沿海城市,借贷的含义最初是从借贷资本家的角度来解释的,用来记录债权(应收款)和债务(应付款)的增减变动,即在账户中分为两方来登记资本家与债权人和债务人的关系。账户的一方登记收进的存款,记在贷主名下,表示债务;另一方登记付出的存款,记在借主名下,表示债权。这是借贷记账法的由来。后来随着商品经济的发展,经济活动的范围日益扩大、内容日益复杂,记账对象也随之扩大,在账簿中不仅要登记债权、债务的借贷关系,而且要登记财产物资和经营损益的增减变化。这样,"借""贷"就失去了原来的含义,变为单纯的记账符号。

2. 账户结构

在借贷记账法下,账户的左方称为"借方",右方称为"贷方"。记账时,账户的借贷两方必须作相反方向的记录,即对于每一个账户来说,如果借方用来登记增加额,则贷方用来登记减少额;如果贷方用来登记增加额,则借方就用来登记减少额。在一个会计期间内,借方登记的合计数称为借方发生额,贷方登记的合计数称为贷方发生额,那么哪一方登记增加额,哪一方登记减少额呢?这要根据各个账户所反映的经济内容,也就是它的性质来决定。

一般来说,资产类账户,增加数记入借方,减少数记入贷方,余额在借方;负债及所有者权益账户,则减少数记入借方,增加数记入贷方,余额在贷方。反映生产过程中的支出类账户(即费用、成本账户),在记账方向上与资产类账户相同;收入类账户(即收入、成果账户)在记账方向上与负责类账户相同。账户的简化结构如图4-2和图4-3所示。

图4-2 资产、费用和成本类账户　　图4-3 负债、所有者权益和收入类账户

资产(费用)类账户期末余额计算公式如下:

$$资产类账户期末借方余额 = 期初借方余额 + 本期借方发生额 - 本期贷方发生额 \quad (4-1)$$

负债及所有者权益类(收入)类账户期末余额计算公式如下:

$$负债及所有者权益类账户期末贷方余额 = 期初贷方余额 + 本期贷方发生额 - 本期借方发生额 \quad (4-2)$$

3. 记账规则

记账规则是指在一定的记账方法之下对经济业务记录所遵循的规律。记账方法不同，所遵循的记账规则也不同。借贷记账法的记账规则是建立在复式记账原理的基础之上的。其记账规则可概括为"有借必有贷，借贷必相等"。

这一规则可理解为三个要点：①任何经济业务都要在两个或两个以上的相关账户中进行登记。经济业务涉及几个账户，就在几个相关账户中同时进行登记。而任何一项经济业务至少涉及两个账户，也即在借贷记账法下任何一项经济业务都要在两个或两个以上的相关账户中登记，这样就可以清楚地反映经济业务的来龙去脉，全面、系统地了解经济业务发生的过程及结果；②任何经济业务在两个或两个以上的账户中进行登记时，必然既有借方又有贷方。任何经济业务都分别登记在借贷两方，这是借贷记账法特有的规则，避免了增加记账法出现同增同减和收付记账法出现同收同付的情况，更加科学，为将来的试算平衡奠定了基础；③记入借方账户的金额合计数与记入贷方账户的金额合计数必定相等。

借贷记账法的理论基础是"资产 = 负债 + 所有者权益"，在记录经济业务时只有以相等的金额进行登记，才能保证此会计恒等式的成立以及以后各种平衡关系的建立。

借贷记账法的账户结构要求对发生的任何经济事项都要按借贷相反的方向进行记录，如果在一个账户中记借方，必然在另一账户中记贷方，即有借必有贷。复式记账法要求对发生的任何经济事项要等额地在相关账户中进行登记，如果采用"借"和"贷"作为记账符号时，借贷的金额一定是相等的。遇有复杂的经济业务，需要登记在一个账户的借方和几个账户的贷方，即一借多贷或相反即一贷多借，则借贷双方的金额也相等。在具体的经济业务中，体现为图4-4所示的借贷记账法的记账规则。

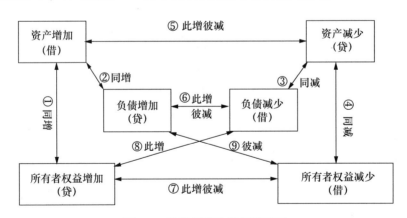

图4-4 借贷记账法的记账规则

4. 会计分录

（1）会计分录定义。

在借贷记账法下，会计分录是指标明某项经济业务应借应贷方向、科目名称和金额的记录。通过编制会计分录，有利于保证账户记录的正确性，并便于事后检查，会计分录是在记账凭证上编制的，并据以登记有关账户。

会计分录是指对企业发生的每一项经济业务在记录时，都要确定该笔业务所涉及账户的名称、应借应贷方向、应登记金额的一种记录方式。一笔会计分录主要包括三个方面的内容：账户名称、借贷方向、金额。

根据借贷记账法"有借必有贷、借贷必相等"的记账规则的要求，经济业务在发生时都要以相等的金额在两个或两个以上相互联系的账户中进行登记，因此这两个或两个以上的账户之间就形成了有借有贷、借贷相等的相互关系，这种关系称为账户的对应关系，发生对应关系的账户成为对应账户。例如，用银行存款购买固定资产这项业务，要分别在"银行存款"账户的贷方和"固定资产"账户的借方进行登记。"银行存款"和"固定资产"这两个账户之间就发生了相互对应关系，这两个账户就互为对应账户。通过对应账户可了解经济业务的来龙去脉，而账户的对应关系则体现在每一笔会计分录之中。

（2）会计分录的分类。

将经济业务数据登记在账簿中的有关账户以前，必须先将经济业务带来的双重财务影响完整地记录下来。如果直接将有关数据记入有关账户中，则无法完整地反映一项经济业务的全貌，也无法反映账户之间的对应关系，更无法检查和审核会计处理是否正确。因此，在将数据记入账户以前，应先编制会计分录。需要说明的是：实践中，编制会计分录是通过编制记账凭证来体现的。换一句话来说，编制会计分录是编制记账凭证的实质，记账凭证是会计分录的载体。会计分录的分类主要按照每一笔会计分录所涉及对应账户的数量来进行，一般分为简单会计分录和复合会计分录两种。

简单会计分录所涉及的账户只有两个，即对应关系只有一个账户的借方与另一个账户的贷方之间发生的会计分录。通常称为一借一贷的会计分录。

复合会计分录所涉及的账户在两个以上（不含两个），其对应关系有三种：一个账户的借方与另外几个账户的贷方发生对应关系；一个账户的贷方与另外几个账户的借方发生对应关系；几个账户的借方与另外几个账户的贷方发生对应关系。通常把它们称为一借多贷、一贷多借、多借多贷的会计分录。

简单会计分录与复合会计分录有着密切的关系，复合会计分录由若干个反映同类经济业务的简单会计分录合并而成的，因此任何一个复合会计分录都可分解为若干个简单会计分录。

（3）会计分录的编制程序。

根据经济业务编制会计分录时一般按以下程序进行。

第一步：确定账户名称。根据所发生的经济业务来判断具体涉及哪些账户，这些账户属于哪种类别。如销售产品时取得收入并存入银行，主要涉及"银行存款""主营业务收入""应交税费"账户，分别属于资产类账户，收入类账户和负债类账户。

第二步：确定借贷方向。根据所发生的经济业务，判断所涉及的账户哪个是增加，哪个是减少，再根据第一步所判断的每一个账户所属类别及第一类账户的结构，最后确定每一个账户应借应贷的方向。资产类、成本类、费用类账户的借方登记增加数，贷方登记减少数；负债类、所有者权益类、收入类账户的借方登记减少数，贷方登记增加数。如账户结构所述，"银行存款"属于资产类账户，增加记入借方；"主营业务收入"属于收入类账户，增加记入贷方；"应交税费"属于负债类账户，增加记入贷方。

第三步：确定记录金额。在第一步、第二步中已确定账户名称和应借应贷方向的基础上，根据经济业务确定每一账户应记入的金额，并检查其借方金额合计数和贷方金额合计数是否相等。

（4）会计分录的书写格式要求：先借后贷，贷要错格；金额最后，不写单位；多借多贷，分别对齐；明细账户，划杠标明，如图4-5所示。

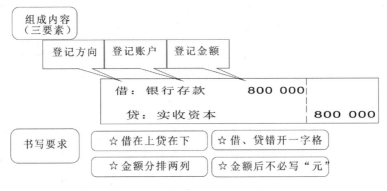

图4-5　会计分录格式要求

（5）各类会计分录应用举例。

① 简单会计分录（一借一贷）。

【例4-1】　佳骋纺织有限公司购入一台机器设备（无须安装），价值30 000元，价款以银行支票付讫。

这项经济业务的发生，一方面使企业的固定资产增加了30 000元，另一方面使企业的银行存款减少了30 000元，而"固定资产"账户和"银行存款"账户同属于资产类账户，固定资产增加应记入"固定资产"账户借方，银行存款减少应记入"银行存款"账户贷方。编制会计分录如下。

借：固定资产　　　30 000
　　贷：银行存款　　　30 000

② 复合会计分录。

a. 一借多贷。

【例4-2】　企业（小规模纳税人）购买80 000元材料，其中55 000元已经用银行存款支付，25 000元尚未支付，材料已验收入库。

这项经济业务的发生，一方面使企业的原材料增加了80 000元，而"原材料"账户属于资产类账户，因此，应记入"原材料"账户的借方；另一方面使企业的银行存款减少了55 000元，而"银行存款"账户属于资产类账户，减少应记入"银行存款"账户贷方，同时，引起企业的应付账款增加25 000元，而"应付账款"账户属于负债类账户，增加应记入"应付账款"账户贷方。编制会计分录如下。

借：原材料　　　　80 000
　　贷：银行存款　　　55 000
　　　　应付账款　　　25 000

b. 多借一贷。

【例 4-3】 佳骋纺织有限公司以银行存款 60 000 元缴纳所得税 32 000 元和分配利润 28 000 元。

这项经济业务的发生，一方面使企业的银行存款减少了 60 000 元，而"银行存款"账户属于资产类账户，因此，减少应记入"银行存款"账户的贷方；另一方面使企业的应交税费减少了 32 000 元，而"应交税费"账户属于负债类账户，减少应记入"应交税费"账户的借方；同时，引起企业的应付利润减少 28 000 元，而"应付股利"账户属于负债类账户，减少应记入"应付股利"账户的借方。编制会计分录如下。

借：应交税费　　　　32 000
　　应付股利　　　　28 000
　　贷：银行存款　　　　　　60 000

c. 多借多贷。

【例 4-4】 佳骋纺织有限公司仓库本月发出材料情况，如表 4-4 所示。

表 4-4　发出材料汇总表

金额单位：元

用途	甲材料		乙材料		材料耗用合计
	数量（kg）	金额	数量（kg）	金额	
制造产品					
A 产品	500	5 000	250	5 000	10 000
B 产品	400	4 000	50	1 000	5 000
小计	900	9 000	300	6 000	15 000
车间一般耗用	300	3 000	25	500	3 500
合计	1 200	12 000	325	6 500	18 500

从表 4-4 所列资料可以看出，该企业的材料费用可以分为两个部分。一部分为 A、B 两种产品直接耗用原材料，其中 A 产品耗用 10 000 元，B 产品耗用 5 000 元。另一部分为车间一般性消耗的材料 3 500 元。

这项经济业务的发生，一方面使得公司生产产品的直接材料费增加 15 000 元，间接材料费增加 3 500 元；另一方面使得公司库存材料减少 18 500 元，其中甲材料 12 000 元，乙材料 6 500 元。因此，该项经济业务涉及："生产成本""制造费用""原材料"三个账户。生产产品的直接材料费和间接材料费的增加是费用的增加，应该分别计入"生产成本""制造费用"的借方，库存材料的减少是资产的减少，应记入"原材料"的贷方。会计分录编制如下。

借：生产成本——A 产品　　10 000
　　　　　　——B 产品　　 5 000
　　制造费用　　　　　　　 3 500
　　贷：原材料——甲材料　　　　12 000
　　　　　　　——乙材料　　　　 6 500

通过以上介绍可以看出，及时准确地编制会计分录，可以保证账户记录的准确性，以便于日后查证。应该指出的是，在借贷记账法下，应尽量避免编制多借多贷的会计分录，因为这种会计分录不能体现账户之间的对应关系，因此不同类型的经济业务不允许编制多借多贷的会计分录。

5. 试算平衡

所谓借贷记账法的试算平衡，是指根据会计等式的平衡原理，按照记账规则的要求，通过汇总计算和比较，来检查账户记录的正确性、完整性。

采用借贷记账法，由于对任何经济业务都是按照"有借必有贷，借贷必相等"的记账规律记入各有关账户的，所以不仅每一笔会计分录借贷发生额相等，而且当一定会计期间的全部经济业务都记入相关账户后，所有账户的借方发生额合计数必然等于贷方发生额合计数；同时，期末结账后，全部账户借方余额合计数也必然等于贷方余额合计数。因此，对所有账户借贷两方本期发生额和期末余额进行试算，如果借贷两方金额相等，则可以认为账户记录基本正确；如果借贷两方金额不相等，则表明账户记录已发生错误。借贷记账法下，账户发生额及余额的试算平衡计算公式分别为：

全部账户借方发生额合计 = 全部账户贷方发生额合计

全部账户借方余额合计 = 全部账户贷方余额合计

试算平衡工作，通常分两步完成。第一步：月末通过 T 字账户结出各个账户的本月发生额和月末余额；第二步：编制总分类账户发生额试算平衡表和总分类账户余额试算平衡表。现以佳骋纺织有限公司发生的经济业务（例 4-1 至例 4-4）为例介绍试算平衡工作。月末登记有关总分类账户，并结出各账户本期发生额和期末余额（如图 4-6 至图 4-13 所示），然后分别编制总分类账户发生额试算平衡表（见表 4-5）和总分类账户余额试算平衡表（见表 4-6）。

银行存款			
期初余额	600 000	(1)	30 000
		(2)	55 000
		(3)	60 000
本期发生额	0	本期发生额	145 000
期末余额	455 000		

图 4-6　银行存款 T 字账

原材料			
(2)	80 000	(4)	18 500
本期发生额	80 000	本期发生额	18 500
期末余额	61 500		

图 4-7　原材料 T 字账

固定资产			
期初余额	100 000		
(1)	30 000		
本期发生额	30 000	本期发生额	0
期末余额	130 000		

图 4-8　固定资产 T 字账

应付账款			
		期初余额	75 000
		(2)	25 000
本期发生额	0	本期发生额	25 000
		期末余额	100 000

图 4-9　应付账款 T 字账

应交税费			
		期初余额	45 000
(3)	32 000		
本期发生额	32 000	本期发生额	0
		期末余额	13 000

图 4-10　应交税费 T 字账

应付利润			
		期初余额	30 000
(3)	28 000		
本期发生额	28 000	本期发生额	0
		期末余额	2 000

图 4-11　应付利润 T 字账

生产成本			
期初余额	15 000		
(4)	15 000		
本期发生额	15 000	本期发生额	0
期末余额	30 000		

图 4-12　生产成本 T 字账

制造费用			
(4)	3 500		
本期发生额	3 500	本期发生额	0
期末余额	3 500		

图 4-13　制造费用 T 字账

表 4-5　总分类账户发生额试算平衡表

201×年 11 月 30 日　　　　　　　　　　　　　　　　　　单位：元

账户名称	本期发生额	
	借方	贷方
银行存款		145 000
原材料	80 000	18 500
固定资产	30 000	
应付账款		25 000
应交税费	32 000	
应付利润	28 000	
生产成本	15 000	
制造费用	3 500	
实收资本		
资本公积		
合计	188 500	188 500

在实际工作中，为了方便起见，还可将总分类账户发生额试算平衡表和总分类账户余额试算平衡表合并在一起，并结合各账户的期初余额数，编制总分类账户发生额及余额试算平衡表，如表 4-7 所示。这样，在一张表上既可进行总分类账户借贷发生额平衡的试算，又能进行总分类账户借贷余额平衡的试算。

表4-6　总分类账户余额试算平衡表

201×年11月30日　　　　　　　　　　　　　　　　　单位：元

账户名称	期末余额	
	借方	贷方
银行存款	455 000	
原材料	61 500	
固定资产	130 000	
应付账款		100 000
应交税费		13 000
应付利润		2 000
生产成本	30 000	
制造费用	3 500	
实收资本		500 000
资本公积		65 000
合计	680 000	680 000

表4-7　总分类账户发生额及余额试算平衡表

201×年11月30日　　　　　　　　　　　　　　　　　单位：元

账户名称	期初余额		本期发生额		期末余额	
	借方	贷方	借方	贷方	借方	贷方
银行存款	600 000			145 000	455 000	
原材料			80 000	18 500	61 500	
固定资产	100 000		30 000		130 000	
应付账款		75 000		25 000		100 000
应交税费		45 000	32 000			13 000
应付利润		30 000	28 000			2 000
生产成本	15 000		15 000		30 000	
制造费用			3 500		3 500	
实收资本		500 000				500 000
资本公积		65 000				65 000
合计	715 000	715 000	188 500	188 500	680 000	680 000

必须指出，即使试算平衡表中借贷金额相等，也不足以说明账户记录完全没有错误。因为有些错误并不影响借贷双方的平衡，通过试算也就无法发现，如漏记或重记某项经济业务、借贷记账方向颠倒或方向正确但记错了账户等。因此，根据试算平衡的结果，只能确认账户记录是否基本正确。

【复习思考题】

1. 什么是账户？设置账户应遵循哪些原则？
2. 账户的基本结构如何？账户中各项金额要素之间的关系是怎样的？
3. 什么是会计科目？会计科目与账户有何异同？
4. 什么是复式记账？其理论依据是什么？
5. 何谓借贷记账法？如何理解"借""贷"二字的含义？
6. 借贷记账法下各类账户的结构是怎样的？
7. 什么是借贷记账法的记账规则？它包括哪几层含义？
8. 什么是会计分录？其一般表达形式是怎样的？
9. 如何计算某一资产、负债账户的期末余额？
10. 举例说明账户对应关系及对应账户。

【练习题】

一、单项选择题

1. 复式记账的理论依据是（　　）。
   A. 会计目标　　B. 会计要素　　C. 会计假设　　D. 会计等式
2. 账户的"借方"表示增加，还是"贷方"表示增加，取决于账户的（　　）。
   A. 性质和需要　B. 结构和格式　C. 性质和结构　D. 结构和需要
3. 在借贷记账法下，账户的借方表示（　　）。
   A. 资产的增加和负债的减少　　B. 负债的增加和资产的减少
   C. 收入的增加和负债的减少　　D. 利润和所有者权益的增加
4. 借贷记账法下的"借"表示（　　）。
   A. 费用增加　B. 负债增加　C. 所有者权益增加　D. 收入增加
5. 下列会计分录中，属于简单分录的有（　　）的会计分录。
   A. 一贷一借　B. 一借多贷　C. 一贷多借　D. 多借多贷
6. 用来记录收入的账户期末一般（　　）。
   A. 无余额　　B. 余额在借方　C. 余额在贷方　D. 余额不固定
7. 账户贷方登记增加额的有（　　）。
   A. 资产　　　B. 负债　　　　C. 成本　　　　D. 费用
8. 关于借贷记账法，下述各种观点正确的是（　　）。
   A. 账户的借方登记增加额，贷方登记减少额
   B. 从每个账户看，其借方发生额等于贷方发生额
   C. 从每个企业看，其借方账户与贷方账户之间互为对应账户
   D. 以"有借必有贷，借贷必相等"作为记账规则
9. "银行存款"账户的期初余额为 8 000 元，本期借方发生额为 12 000 元，期末余额为 6 000 元，则该账户的本期贷方发生额为（　　）。

A. 2 000   B. 10 000   C. 14 000   D. 4 000

10. "实收资本"账户期初贷方余额为 100 万元，本期增加发生额 110 万元，本期减少发生额 20 万元，该账户期末余额为（   ）。

　　A. 贷方余额 10 万元　　　　　　B. 借方余额 10 万元

　　C. 贷方余额 190 万元　　　　　　D. 借方余额 190 万元

二、多项选择题

1. 在借贷记账法下，账户借方登记的内容有（   ）。

　　A. 资产的增加　　　　　　　　　B. 负债及所有者权益的增加

　　C. 收入的增加和费用的减少　　　D. 负债及所有者权益的减少

2. 在下列项目中，属于损益类账户的是（   ）。

　　A. 主营业务收入　B. 所得税费用　C. 应交税费　　D. 本年利润

3. 在借贷记账法下，账户贷方记录的内容有（   ）。

　　A. 资产的增加　　　　　　　　　B. 资产的减少

　　C. 负债及所有者权益的增加　　　D. 负债及所有者权益的减少

　　E. 收入的减少及费用的增加

4. 会计分录的基本内容有（   ）。

　　A. 应记账户的名称　　　　　　　B. 应记账户的方向

　　C. 应记账户的金额　　　　　　　D. 应记账户的人员

　　E. 应记账户的时间

5. 下列账户中，期末结转后无余额的账户有（   ）。

　　A. 实收资本　B. 主营业务成本　C. 库存商品　　D. 营业费用

6. 关于借贷记账法，下列说法正确的是（   ）。

　　A. 经济业务所引起的资产增加和权益减少应记入账户的借方

　　B. 借贷记账法下，不能设置双重性质的账户

　　C. 记账规则是：有借必有贷，借贷必相等

　　D. 所有账户的借方余额之和等于所有账户的贷方余额之和

　　E. 所有账户的借方发生额之和等于所有账户的贷方发生额之和

7. 费用类账户一般是（   ）。

　　A. 借方记增加　B. 贷方记增加　C. 期末无余额　D. 期末余额在借方

8. 在借贷记账法下，对于发生的每笔经济业务可以编制的会计分录有（   ）。

　　A. 一借一贷的会计分录　　　　　B. 一借多贷的会计分录

　　C. 一贷多借的会计分录　　　　　D. 多借多贷的会计分录

9. 在借贷记账法下，账户贷方登记的内容有（   ）。

　　A. 资产的减少　　　　　　　　　B. 负债及所有者权益的增加

　　C. 收入的增加和费用的减少　　　D. 负债及所有者权益的减少

10. 借贷记账法的基本内容包括（   ）。

　　A. "借""贷"记账符号　　　　　B. "有借必有贷，借贷必相等"的记账规则

　　C. 账户设置和结构　　　　　　　D. 账户的试算平衡

三、判断题

1. 会计分录是标明某项经济业务应借、应贷账户的名称及其金额的记录。（ ）
2. 在借贷记账法下，账户的借方登记增加数，贷方登记减少数。（ ）
3. 负债类账户的借方用来记录增加额，其贷方用来记录减少额。（ ）
4. 借贷记账法账户的基本结构是：左边为借方，右边为贷方。（ ）
5. 一般地说，各类账户的期末余额与记录增加额的一方在同一方向。（ ）
6. 借贷记账法下账户的借方记录资产的增加或权益的减少，贷方记录资产的减少或权益的增加。（ ）
7. 不管是一贷多借，还是一借一贷，借贷方的金额肯定是相等的。（ ）
8. 在借贷记账法下，可以开设双重性质的账户。（ ）
9. "库存现金"账户只能与"银行存款"账户形成账户对应关系。（ ）
10. 一个账户的借方如果用来登记增加额，其贷方一定用来登记减少额。（ ）

第 5 章　会 计 凭 证

【本章导读】

2015年7月10日，刘明前往东莞市佳骋纺织有限公司应聘，财务经理让刘明代替张炜开出销售发票，图5-1是刘明开出的销售发票。看图思考，问题一：此发票是有效原始会计凭证吗？问题二：您能指出此发票存在哪些问题吗？问题三：原始凭证的基本内容包括哪些？问题四：开票人填张炜还是刘明？延伸思考，问题一：此发票一式几联，各具什么作用？问题二：发票该如何传递？问题三：发票的职能是什么？问题四：根据原始凭证，会计该如何登记入账？

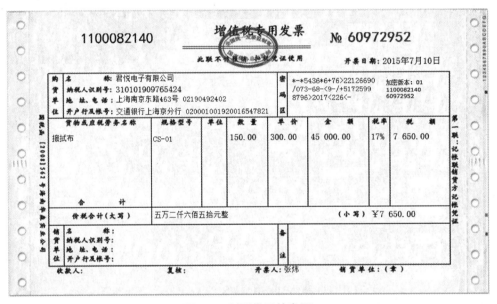

图 5-1　刘明代开的发票

【本章学习目标】

熟悉会计凭证的含义和分类，掌握原始凭证的填制和审核，掌握记账凭证的填制和审核，熟悉会计凭证的传递与保管。

5.1　会计凭证概述

5.1.1　会计凭证的定义

会计凭证是记录经济业务、明确经济责任的书面证明，也是登记账簿的依据。《企业会计准则》第十二条明确规定：会计核算应当以实际发生的交易或者事项为依据进行会计确认、计量和报告，如实反映符合确认和计量要求的各项会计要素及其他相关信息，保证会计信息真实可靠、内容完整。填制和审核会计凭证是进行会计核算的一种专门方法，也是会计核算工作的起始环节。

在实际工作中，企业会发生购买材料、用转账支票支付货款、材料入库和领用材料等经济业务，为证明这一系列经济业务的发生和完成，就会产生一系列单据，如：供货方开出的发票、转账支票的存根联、银行进账单的回单、收料单、领料单等以及财务部门据以填制的付款凭证、转账凭证等，这些都称作会计凭证。企业在处理任何一项经济业务时，都必须及时取得或填制真实准确的书面证明。通过书面形式明确记载经济业务发生或完成时的时间、内容、涉及的有关单位和经办人员的签章，以此来保证账簿记录的真实性和正确性，并确定对此所承担的法律上和经济上的责任。

5.1.2 会计凭证的意义

及时、准确地填制和审核会计凭证，对于保证会计核算的客观性、正确性和会计信息的质量，以及对企业经济活动进行有效的会计监督，提高管理水平，都具有重要意义。

（1）及时、准确、真实地填制和审核会计凭证，是会计核算的基础，是确保会计核算资料的客观性、正确性的前提条件。

填制与审核会计凭证是进行会计核算的第一步。会计凭证的真实与否，直接影响到会计核算资料的质量。为保证会计核算资料的客观性、正确性，防止弄虚作假，杜绝经济犯罪，企业每发生一项经济业务，都必须按照经济业务发生或完成时的时间、地点及有关内容，及时、真实地反映到会计凭证上，并由经办该项经济业务的部门和人员签章具结，同时必须经有关人员对取得或填制的会计凭证进行认真、缜密的审核。会计人员必须依据审核无误的会计凭证进行登账。没有会计凭证或会计凭证不符合规定的，不得以其作为登记账簿、进行会计核算的依据。

（2）通过会计凭证的填制和审核，监督、检查企业发生的每项经济业务的合法性、真实性。

审核检查会计凭证是进行常规会计核算的前提。企业每发生一项经济业务，都必须通过会计凭证记录反映出来，会计人员在入账之前，必须严格、认真地对会计凭证进行逐项的审查、核对，检查经济业务内容以及填制手续是否符合国家法律、法令的有关规定，是否在预算、计划的开列范围之内，有无违背财经纪律的内容。通过检查还可以及时发现企业在资金、人员等管理上存在的问题，便于采取有效措施，堵塞漏洞，严肃财经纪律、法规，保证资本的完整和有效利用，使企业的经济活动按正常秩序进行。

（3）通过填制和审核会计凭证，明确经办经济业务的部门和个人的经济责任，促使企业加强岗位责任制，提高管理水平。

企业每发生一项经济业务均须由经办部门和人员按一定程序取得或填制会计凭证，并按照规定手续，严格认真地在会计凭证上进行签章，表明其应承担的法律责任和经济责任。促使经办部门和有关人员加强法律意识，照章办事，确保经济业务的记载真实可靠、准确无误；促使企业提高管理水平，加强内部控制，提高工作效率；便于分清责任，防止弄虚作假，避免可能给企业造成的损失。

5.1.3 会计凭证的种类

在实际经济活动中,会计凭证是多种多样的,为便于区分使用,一般按照会计凭证的填制程序和用途的不同,将其划分为两类:原始凭证和记账凭证。

1. 原始凭证

原始凭证是企业在经济业务发生或完成时取得或填制的,是进行会计核算、具有法律效力的原始书面证明。原始凭证在企业的经济活动中起着重要的作用。原始凭证可以证明经济业务的真实性、正确性,监督经济活动的合法性、合规性,反映资金的循环周转,并依此确定经办业务的部门和人员的法律、经济责任,为进一步的会计核算提供原始资料。

一般而言,在会计核算过程中,凡是能够证明某项经济业务已经发生或完成情况的书面单据都可以作为原始凭证,如有关的发票、收据、银行结算凭证、收料单、发料单,等等;不能证明该项经济业务已经发生或完成情况的书面文件就不能作为原始凭证,如生产计划、购销合同、银行对账单、材料等。

原始凭证不仅是一切会计事项的入账根据,而且也是企业单位加强内部控制经常使用的手段之一。

2. 记账凭证

由于原始凭证数量大、格式不一,且没有标明经济业务的会计分录,若直接根据原始凭证记账,很容易发生记账差错。因此,为了便于登记账簿,会计人员应先根据原始凭证或原始凭证汇总表填制记账凭证,将原始凭证中的一般数据转化为会计语言,然后再根据记账凭证登记账簿,并把原始凭证作为记账凭证的填制依据,附在记账凭证的后面。

记账凭证,又称记账凭单或传票,它是由会计人员根据审核无误的原始凭证或原始凭证汇总表填制的,反映经济业务的内容、应借应贷会计科目及金额,并作为记账直接依据的会计凭证。记账凭证是用来记录经济业务的简要内容和确定会计分录,并直接作为记账依据的会计凭证。记账凭证是原始凭证与账簿之间的中间环节,是登记明细分类账户和总分类账户的直接依据。

原始凭证和记账凭证之间存在密切的联系,原始凭证是记账凭证的基础,记账凭证是根据原始凭证编制的;原始凭证附在记账凭证后面作为记账凭证的附件,记账凭证是对原始凭证内容的概括和说明。记账凭证与原始凭证的本质区别就在于,原始凭证是对经济业务是否发生或完成起证明作用,而记账凭证仅是为了履行记账手续而编制的会计分录凭证。

5.2 原始凭证

5.2.1 原始凭证的分类

企业的经济活动是多种多样的,为了更好地认识和利用原始凭证,必须按照一定标准对原始凭证进行分类。

原始凭证按照不同的分类标准，可以分成不同的种类。

1. 按凭证所反映的经济业务内容不同来划分

（1）与资金筹集有关的原始凭证。包括银行业务回单，银行进账单，转账支票，固定资产验收单，专利权授权书，借款借据，存贷款利息单等。

企业收到个人投入资金，需把款项缴存银行，银行开出业务回单（如图 5-2 所示），依此单据借记银行存款。需要说明的是：投资者投资协议（如图 5-3 所示）作为业务原始单据，是用以明确投资者与受资者的权利义务关系及与投资相关的事项的原始凭证，会计并不以此入账，因此，投资者投资协议，属于法律意义上的原始凭证，但并不属于会计意义上的原始凭证。

银行业务回单

2014年 12月 01日　　　　凭证编号：1201001

付款人	全　称	吕琳	收款人	全　称	东莞市佳骋纺织有限公司
	账　号			账　号	441900L219419
	开户行			开户行	中国交通银行樟木头支行
大写金额	人民币（大写）壹拾伍万元整			亿千百十万千百十元角分	¥150000000
用途	投资款				
备注	业务种类				
	原凭证种类				
	原凭证号码				
	原凭证金额			开户行盖章	2014 年 12 月 01日

中国交通银行 樟木头支行 ★ 20141201 转讫

图 5-2　银行业务回单

投资协议

甲方：　东莞市佳骋纺织有限公司

乙方：　吕琳

甲乙双方经友好协商，本着利益共享的原则，根据中华人民共和国有关法律法规的相关规定，就乙方投资甲方事宜达成如下协议：

第一条，乙方自愿以货币方式投资15万元到甲方。

第二条，甲方以乙方投资金额确定其所占注册资本的比例。

未尽事宜由甲乙双方按照有关法律法规协商解决。

此协议一式三份，甲乙双方各执一份，公证机关存档一份。

此协议自签定之日起生效。

甲方（盖章）：　东莞市佳骋纺织有限公司　　乙方（签字）：印吕章琳

（441900L219429600 财务专用章）

法人代表（签字）：印曾章好　　签订日期：2014年12月1日

签订日期：2014年12月1日

图 5-3　投资协议书

企业收到外来单位投资，通常由投资单位开出转账支票（转账支票正联如图 5-4 所示），转账支票存根由开出支票企业保管，并作为原始凭证贷记银行存款。正联写明收款人等信息，交由接受投资企业。接受投资企业收到转账支票，由出纳持转账支票交由银行办理进账，银行收到支票，办理进账单，进账单一式三联：第一联回单是银行交给持票人的回单，第二联贷方凭证是收款人开户银行作贷方凭证，第三联借方联是收款人开户行交给收款人的收账通知（如图5-5所示）。

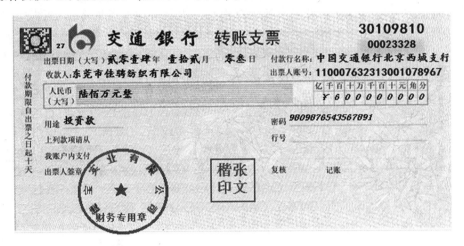

图5-4　转账支票正联

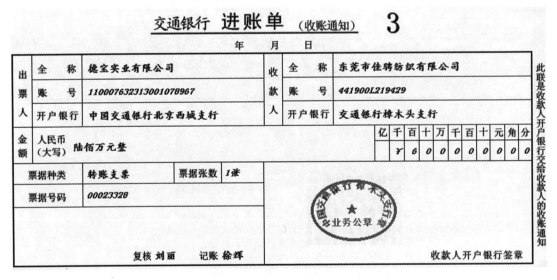

图5-5　银行进账单

企业收到投资者投入实物（也需要入股协议），验收该项固定资产时表明经济业务已经发生，企业的固定资产增加了，其增加价值通常以双方公允价值为入账价值，通常企业会根据固定资产的原始发票（如图5-6所示）、固定资产的折旧程度及其同类资产的市场成本来确认其价值，同时编制固定资产卡片，登记该资产的明细资料，并注明相关折旧计算方式。固定资产验收单如图5-7所示。

专利权授权书等无形资产授权使用书属于原始凭证，该项凭证可以表明经济业务已经实际发生，会计根据此凭证入账。

增值税专用发票

No 1100082140　　No 60972952

此联不作报销、抵扣凭证使用

开票日期：2014年11月20日

| 购货单位 | 名称：江丰实业有限公司
纳税人识别号：440106193378770
地址、电话：广州天河区体育东路六运五街78号 02080549118
开户行及帐号：交通银行广州分行 410872000400078522232 | 密码区 | *-*5436*6+76>22126690
/073-68-<9-/+5172599
8796>2017<226<- | 加密版本：01
1100082140
60972952 |

货物或应税劳务名称	规格型号	单位	数量	单价	金额	税率	税额
真空吸气台板印花机	LF-JIN1000	台	1	400 000	400 000	17%	68 000
合计							

价税合计（大写）　肆拾陆万捌仟元整　　（小写）￥468,000.00

| 销货单位 | 名称：瑞丰机械工业有限公司
纳税人识别号：110101349070432
地址、电话：东城区和平里东街22号 0106562289
开户行及帐号：中国银行北京分行 178909070708091001 | 备注 | |

收款人：余艳　　复核：王美恒　　开票人：黄海滨

图 5-6　增值税专用发票

固定资产验收单

2014年 12月 02日　　编号：120201

名称	规格型号	来源	数量	购（造）价	使用年限	预计残值
真空吸气台板印花机	LF-JIN1000	江丰投资	1套	400.000元	20	4000
安装费	月折旧率	建造单位		交工日期		附件
无需安装费	0.467%			年　月　日		增值税专用发票1张
验收部门	设备处	验收人员	王芙	管理部门	生产部	管理人员	刘明
备注	有江丰实业游侠公司投入						

审核：王立　　制单：邓元

图 5-7　固定资产验收单

借款借据是用以反映企业从银行借入长期资金或短期借款业务的凭证。企业从银行借入资金，需要填写借款合同（如图 5-8 所示）和借款借据（如图 5-9 所示）。企业在银行除了基本存款账户外，还可以有放贷款账户。所谓放贷款账户是指企业在向其指定商业银行申请贷款业务时，服务银行所指定的在借款合同期限内向申请贷款企业发放贷款金额的银行账户。各银行借款借据的样式各不相同，通常情况下，借款借据一式三联，第一联为借方传票，第二联为贷方传票，第三联为收账通知（退还给借款单位）。

企业归还银行存款或者还贷款利息时，通常开出转账支票，把足额款项存入基本存款账户，再转入还贷款账户，银行可以开出进账单，企业根据转账支票存根和进账单登记还款业务，银行也可以开出还款凭证（所示图 5-10 所示），企业根据还款凭证登记入账。

借款合同

借款单位：（以下简称借款方）佳骋纺织有限公司

贷款单位：（以下简称贷款方）中国交通银行樟木头支行

借款方为流动资金需要，特向贷款方申请借款，经贷款方审核同意发放。为明确双方责任，恪守信用，特签订本合同，共同遵守。

第一、借款方向贷款方借款人民币（大写）陆万元整，期限三个月，从2014年10月1日起到2014年12月31日，年利率为6%。自支用贷款之日起，按月计算利息，按季结息，到期归还本金。

第二、贷款方应如期向借款方发放贷款，否则，按违约数额和延期天数，付给借款方违约金。违约金数额的计算，与逾期贷款罚息相同，即为10%。

第三、借款方应按协议使用贷款，不得转移用途。否则，贷款方有权提前终止协议。

第四、借款方保证按借款合同所订期限归还贷款本息。如需延期，借款方应在贷款到期前3天，提出延期申请，经贷款方同意，办理延期手续。但延期最长不得超过原订合同期限的一半。贷款方未同意延期或未办理延期手续的逾期贷款，加收罚息。

第五、借款方以房产，价值500万元，作为借款抵押，产权证件由贷款方保管（或公证机关保管）。公证费由借款方负担。

第六、贷款到期，借款方未归还贷款，又未办理延期手续，贷款方有权依照法律程序处理借款方作为贷款抵押的物资和财产，抵还借款本息。

第七、本合同书正本2份，借、贷方各执1份。

第八、本合同自签订之日起生效，贷款本息全部偿清后失效。

借款单位（人）佳骋纺织有限公司（签章）　　贷款单位：中国交通银行樟木头支行（签章）

负责人：刘雪峰　　　　　　　　　　　　　　审批组长：黄河海

签约日期：2014年10月01日　　　　　　　　　签约日期：2014年10月01日

图5-8　借款合同

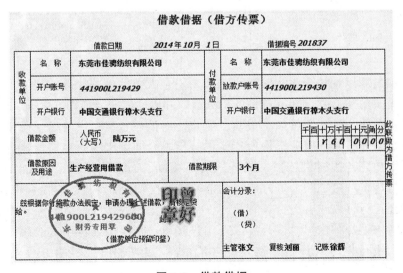

图5-9　借款借据

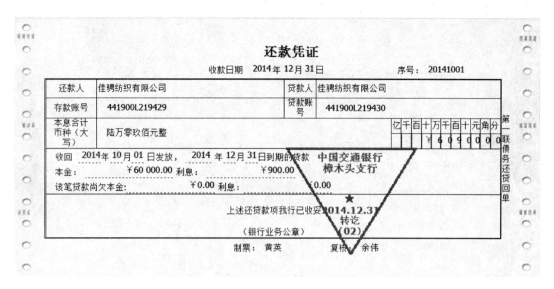

图 5-10 还款凭证

（2）与生产准备及生产过程有关的原始凭证。包括固定资产验收单，固定资产卡片，增值税专用发票，材料入库单，收料单，领料单，限额领料单，产品入库单，制造费用分配表，产品成本计算表等。

企业进行生产经营前，必然要购置设备，收到设备需要填制固定资产验收单（如图5-7所示），支付设备款，可以开出转账支票结算，也可以通过信汇（信汇凭证如图 5-11 所示）或电汇方式结算。各结算票据都属于原始凭证，企业可以据此登记入账。设备采购回来后，有些需要支付安装费，安装公司收到安装费，可以开具通用机打发票（如图5-12 所示）给购置设备企业，安装费也构成固定资产原始价值项目之一。验收合格后填制固定资产卡片，根据固定资产原始增值税发票，安装费发票等票据合计登记入账。

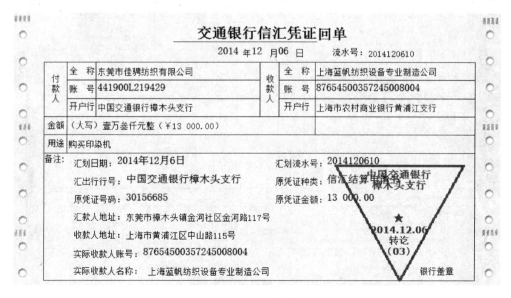

图 5-11 信汇凭证

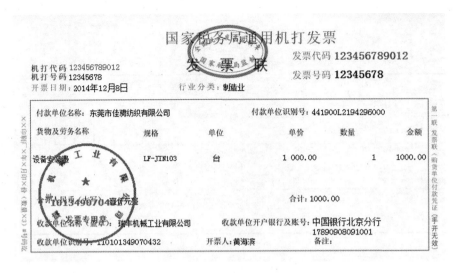

图 5-12　通用机打发票

企业采购原材料时，销货方开具增值税发票，增值税发票分为普通发票和专用发票。目前通用的增值税专用发票一式三联（红、绿、黑），第一联：记账联，是销货方的记账凭证，即是开票方作为销货的原始凭证，在票面上的"税额"指的是"销项税额"，"金额"指的是销售货物的"不含税金额收入"。第二联：抵扣联，是购货方扣税凭证，即是购货方可以进行抵扣的进项发票。第三联：发票联，是销货方的记账凭证，即是购货方作为购进货物的原始凭证。发票三联是具有复写功能的，一次开具，三联的内容一致。一般纳税人开具专用增值税发票，小规模纳税人开具增值税普通发票，普通发票没有抵扣联，小规模纳税人获得增值税专用发票，也不可以进行抵扣。专用发票票样如图 5-13 所示。

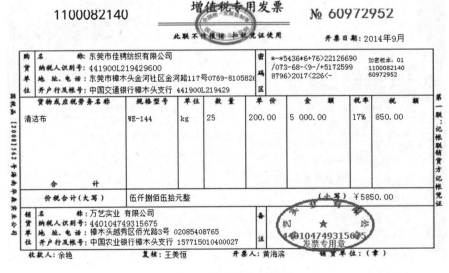

图 5-13　增值税专用发票

企业开出转账支票（转账支票存根如图 5-14 所示）支付货款，款项转入销售方，银行会开具银行进账单（如图 5-15 所示），银行进账单一式三联，第一联给采购企业，第二联银行凭证，第三联收款方凭证。

图 5-14　转账支票存根

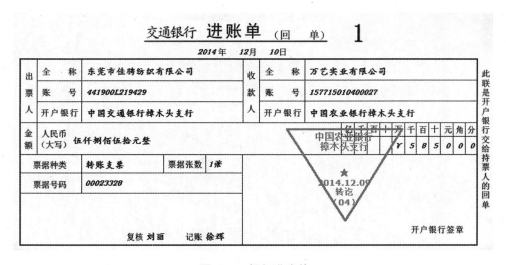

图 5-15　银行进账单

企业采购也可以开出商业汇票，商业汇票包括商业（企业）承兑汇票（如图 5-16 所示）和银行承兑汇票两种（此处只介绍商业承兑汇票，销售业务时再介绍银行承兑汇票）。商业承兑汇票可以由采购方开出，也可以由销售方开出，任何一方开出，都需获取银行开户许可证（如图 5-17 所示），但只能由付款方承兑。商业承兑汇票一式三联。第一联卡片联，由承兑人留存。第二联正联，收款人开户行随托收凭证寄付款行作借方凭证附件。第三联存根联，由出票人查存。

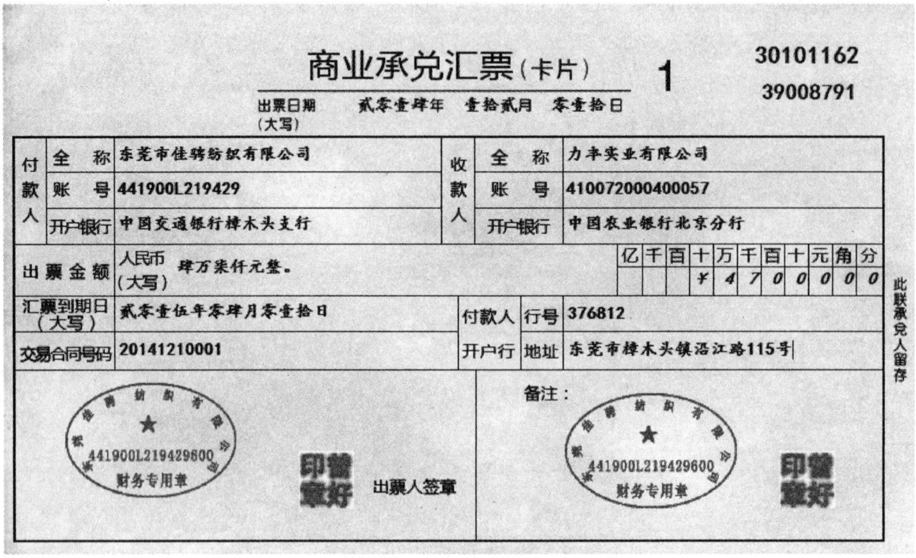

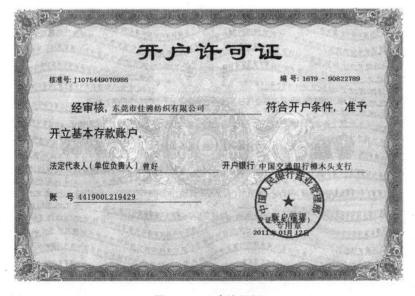

商业承兑汇票（卡片） 1

30101162
39008791

出票日期（大写） 贰零壹肆年 壹拾贰月 零壹拾日

付款人	全称	东莞市佳骋纺织有限公司	收款人	全称	力丰实业有限公司
	账号	441900L219429		账号	410072000400057
	开户银行	中国交通银行樟木头支行		开户银行	中国农业银行北京分行
出票金额	人民币（大写）	肆万柒仟元整。			¥47000000
汇票到期日（大写）		贰零壹伍年零肆月零壹拾日	付款人开户行	行号	376812
交易合同号码		20141210001		地址	东莞市樟木头镇沿江路115号

出票人签章 备注：

此联承兑人留存

图 5-16 商业承兑汇票

开户许可证

核准号：J1075449070986 编号：1679 - 90822789

经审核，东莞市佳骋纺织有限公司 符合开户条件，准予开立基本存款账户。

法定代表人（单位负责人）曾好 开户银行 中国交通银行樟木头支行

账 号 441900L219429

2011年01月12日

图 5-17 开户许可证

市内零星采购时支付运杂费，收款方可以开出收款收据（如图 5-18 所示）给购货方。大宗采购或异地采购或销售方代垫运杂费等情况，收款方需开出运输业专业增值税发票。

材料到达企业，办理入库手续，需填制入库单（如图 5-19 所示）。各生产车间每次领用原材料，需填制领料单（如图 5-20 所示），期末汇总各次领料时填制材料领用汇总表（如图 5-21 所示）。生产车间也可以使用限额领料单，只要当期不超出请领数，当期领料单可以重复使用，期末直接合计实领数即可。

收款收据

2014年12月12日 NO.

今 收 到东莞市娃骋纺织有限公司

交 来：现金支付运费等采购费用600元

金额（大写）　零拾　零万　零仟　陆佰　零拾　零元　零角　零分

¥ 600.00　☑现金　☐支票　☐信用卡　☐其他　收款单位（盖章）财务专用章

核准　　　　会计　　　　记帐　　　　出纳 李丽　　　经手人 何明

图 5-18　收款收据

入 库 单

2014 年 12 月 14 日　　　　单号 20141214001

交来单位及部门	采购部		发票号码或生产单号码	略（各例增值税复印件）		验收仓库		入库日期	2014年12月14日
编号	名称及规格		单位	数　量		单价	金 额		备注
				交库	实收				
01	清洁布		kg	200	200	25.00	¥5 000.00		运费 ¥117.40
02	胶袋		kg	550	550	11.00	¥6 050.00		运费 ¥372.60
03	双面绒		米	3200	3200	12.50	¥40 000.00		运费 ¥200.00
04	纸箱		个	20 000	20 000	1.00	¥20 000.00		运费 ¥600.00

部门经理：江黛　　　会计：刘明　　　仓库：肖军　　　经办人：肖辉

图 5-19　材料入库单

领 料 单

（四联式）

领料部门：　　　　　　　　　　　　　　字第　　　号
用　途：　　　　　　　　年　月　日

材料			单位	数量		成本		材料账页
编号	名称	规格		请领	实发	单价	总价（百十万千百十元角分）	

主管：　　　会计：　　　记账：　　　保管：　　　发料：　　　领料：

图 5-20　领料单

材料领用汇总表

序号	物料代码	品名	规格型号	单位	单价	车间产品耗用		车间一般耗用		管理部门耗用		合计	
						数量	金额	数量	金额	数量	金额	数量	金额
01	QJ	清洁布	QJ-002	KG	25.00	80	¥2000.00			37.6	¥940.00	117.6	¥2 940.00
02	JD	胶垫	JD-101	KG	11.00	400	¥4400.00	60	¥660.00			460.00	¥5 060.00
											合计		¥8 000.00

图 5-21　材料领用汇总表

企业日常零星现金不足时或者以现金发放工资的企业，需要现金备用时，可以开出现金支票，出纳持现金支票到银行提取现金，如图 5-22 所示。

图 5-22　现金支票

发放工人的工资需要分配计入相关的成本费用中，编制工资汇总表。各部门工人报销的福利费也需要计入相关的成本费用中，可以同时汇总在工资计算表中。工人报销福利费时，根据实际支出的医药费发票等原始单据填制报销单，如图 5-23 所示。

报　销　单

填报日期 2014 年 12 月 31 日

姓名	李福生	所属部门	生产车间	报销形式：支票	
				支票号码	30103315
报销项目		金额	报销项目		金额
医药用品		¥1815.60	困难补助金		300.00
			以上单据共 5 张 金额小计		¥2115.60
总金额（大写）	零拾零万贰仟壹佰拾伍元陆角零分			预支备用金	应缴备用金额
总经理 张文		财务经理 邓援	出纳 徐辉	部门经理 钟世权	报销人 李福生

图 5-23　报销单

计提机器折旧时需要根据各固定资产卡片的具体信息（如图 5-24 和图 5-25 所示），编制折旧费计提表，如图 5-26 所示。

固定资产卡片

类别：

名称		资产编号	
型号(结构)		规格(m^2)	
制(建)造厂		出厂时间	
使用单位		出厂编号	
资金来源		资产原值	
列账凭证		启用年月	
附件或附属物		验收日期	
		折旧年限	
调拨转移记录		预计残值	
报废清理记录		预计清理费	
中间停用记录		原安装费	

审核：　　　　　制单：

图 5-24　固定资产卡片正面图

原值及折旧记录					调出记录		报废清理记录	
年度	摘要	原值	折旧	净值	调出日期	_____	报废清理日期	_____
					记账凭证号码	_____	记账凭证号码	_____
					调入单位	_____	原　值	_____
					原　值	_____	已提折旧	_____
					已提折旧	_____	变价收入	_____
					调拨价	_____	清理费用	_____
					调出原因	_____	报废清理原因	_____
					停用记录		备注	
年度	是否保险	年度	是否保险	年度	是否保险			

图 5-25　固定资产卡片背面图

折旧费计提表

2014 年 12 月　　　　　　　　单位：元

使用部门	固定资产类别					金额
	建筑物	办公设备	机器设备	其他设备	运输工具	
生产车间						22 000.00
管理部门						8 000.00
合计						30 000.00

审核：王立　　　制单：邓媛

图 5-26　折旧费计提表

生产费用的归集除了直接耗用材料和人力以外，通常还会有些间接的费用，例如，生产车间发生的劳动保护费，保险费，办公费等费用。这些间接费用可以根据实际发生的金额，填制报销单，列入制造费用中给予报销，如图5-27所示。

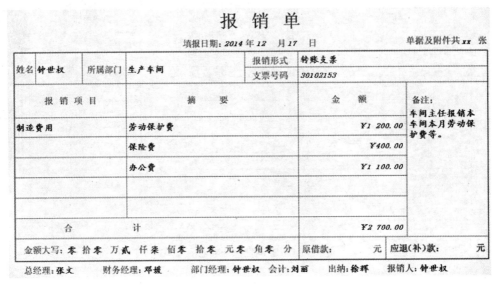

图5-27　生产车间报销单

（3）与销售有关的原始凭证。包括销售发票（增值税发票：增值税普通发票，增值税专用发票，机打统一发票），销售单，出库单，银行承兑汇票等。

根据购货合同开具销售单，根据销售单及对方付款凭证开具增值税发票（如图5-28所示），根据销售单（如图5-29所示），填制产品出库单（如图5-30所示）。

图5-28　增值税专用发票

销售单

购货单位：君悦电子有限公司	地址和电话：上海南京东路463号 02190492402					单据编号：121001	
纳税识别号：310101909765424	开户行及账号：中国交通银行上海京分行 02000100192001654782					制单日期：12月20日	
编码	产品名称	规格	单位	单价	数量	金额	备注
01	擦拭布	CS01	件	300.00	150	45 000.00	不含税价
合计	人民币（大写）：肆万伍仟元整						
总经理：张文	销售经理：田颖		经手人：王弘			会计：刘丽	

图 5-29 销售单

出 库 单

出货单位：东莞市佳骋纺织有限公司			2014 年 12 月 20 日			单号：121001	
提货单位或领货部门	君悦电子有限公司		销售单号	66759123	发出仓库	一号仓库	出库日期	2014.12.20
编号	名称及规格		单位	数量 应发	数量 实发	单价	金额
01	擦拭布		件	150	150	30.00	45000.00
	合 计						
部门经理：张文	会计：李建		仓库：何军			经办人：程雪	

图 5-30 出库单

销售单一式四联，财务一联，仓库一联，开单部门（销售部门）一联，客户签收一联，有时会出现缺货现象，造成出库单实发数与销售单开单数不一致，最后财务应根据实发数确认应收款及结转成本。

出库单一式四联。多数企业无论增值税发票开出与否，均根据实发数确认收入和应收账款，收到收款凭证时冲平应收账款。

购货方可能采取现金付讫或票据结算的方式，其中，包括开出商业汇票（商业承兑汇票和银行承兑汇票）。银行承兑汇票的出票人具备的条件是：①在承兑银行开立存款账户的法人以及其他组织；②与承兑银行具有真实的委托付款关系；③能提供具有法律效力的购销合同及其增值税发票；④有足够的支付能力，良好的结算记录和结算信誉；⑤与银行信贷关系良好，无贷款逾期记录；⑥能提供相应的担保，或按要求存入一定比例的保证金。银行承兑汇票由付款方向银行申请，填制银行承兑汇票申请书，签署银行承兑协议，由银行承兑后给收款方。

银行承兑汇票一式三联，第一联为卡片，由承兑银行支付票款时作付出传票；第二联由收款人开户行向承兑银行收取票款时作联行往来账款付出传票；第三联为存根联。付款方按照双方签订的合同的规定，填制银行承兑汇票时，应当逐项填写银行承兑汇票中的签发日期，收款人和承兑申请人（即付款单位）的单位全称、账号、开户银行、汇票金额（大、小写），汇票到期日等内容，并在银行承兑汇票的第一联、第二联、第三联的"汇票签发人盖章”处加盖预留银行印鉴及负责人和经办人印章。银行承兑汇票及申请书如图 5-31 和图 5-32 所示。

银行承兑汇票（卡片） 1 GE 02 68791083

出票日期（大写） 贰零壹肆年壹拾贰月月 贰拾壹日

出票人全称	君悦电子有限公司	收款人	全 称	东莞市佳骋纺织有限公司
出票人账号	02000100192001654782l		账 号	4419000L219429
付款行全称	交通银行上海京分行		开户银行	中国交通银行樟木头支行
出票金额	人民币（大写） 壹万柒仟伍佰伍拾元整			亿 千 百 十 万 千 百 十 元 角 分：¥ 1 7 5 5 0 0 0
汇票到期日（大写）	贰零壹伍年零贰月零壹拾日	付款行	行号 020319	
承兑协议编号	2014122101		地址 上海浦东开发区黄浦江路101号	

本汇票请你行承兑，此项汇票款我单位按承兑协议于到期前足额交存你行，到期请予支付。

财务专用章　印王章湘

出票人签章　备注：　复核 王恒 经办 余艳

此联承兑行留存备查 到期支付票款时作借方凭证附件

图 5-31 银行承兑汇票

交通银行　　　分行
承兑汇票申请书

编号：

我单位遵守中国人民银行《商业汇票办法》的一切规定，向贵行申请承兑。票据内容如下：

申请单位全称		开户银行全称		账号	
汇票号码					
汇票金额(大写)					
出票日期(大写)					
汇票到期日(大写)					
承兑单位或承兑银行					
收款人资料 收款人全称					
收款人资料 收款人开户行					
收款人资料 收款人账户					
申请承兑合计金额					

申请承兑的原因和用途：

申请单位（公章）　　法人代表 签 章：

年 月 日

第一联：人民银行留存

注：本申请书一式叁份，两份提交银行，壹份由申请单位自留。

图 5-32 银行承兑汇票申请书

（4）与期末资产清查及账项调整有关的原始凭证包括库存现金盘点表、存货盘点表、存货盘盈盘亏报告表、固定资产盘点表、固定资产盘盈盘亏报告表。

① 库存现金盘点表。分为含处理意见的表和不含处理意见的表两类，如果使用不含处理意见的表，当出现长款或短款时通常需要单独报告处理意见，各责任人在处理意见书上写明处理意见。含处理意见的库存现金盘点表如图5-33所示。

库存现金盘点表
2014年12月31日　　　　　　　　　　单位：财务部

票面额	张数	金额	票面额	张数	金额
壹佰元	64	￥6400.00	伍角	0	￥0.00
伍拾元	1	￥50.00	贰角	0	￥0.00
贰拾元	0	￥0.00	壹角	0	￥0.00
拾元	1	￥10.00	伍分	0	￥0.00
伍元	0	￥0.00	贰分	0	￥0.00
贰元	0	￥0.00	壹分	0	￥0.00
壹元	0	￥0.00	合计	66	￥6460.00

现金日记账账面余额：￥5660.00
差额：￥800.00
处理意见：盘盈800转入营业外收入

审批人（签章）：　　　监盘人（签章）：　　　盘点人（签章）：

图5-33　库存现金盘点表

② 存货盘点表。用于盘点之前，将需要盘点的存货列示出来，以便到实地进行盘点核查而准备的表单。

③ 存货盘盈盘亏报告表。用于盘点之后，发现盈亏（实存账存不符合），将盘点情况列示出来以便进行处理，如图5-34所示。

存货盘盈盘亏处理报告表
2014年12月31日

企业名称：　　　　　　　　　　　　　　　　　　　　　　　单位：元

存货名称	计量单位	单价	数量		盘盈		盘亏		差异原因
			账存	实存	数量	金额	数量	金额	
原材料	KG	25.00	10 971.6	10 891.6			80	￥2000.00	仓库保管人员失职
库存商品	件	略	略	略				￥4100.00	计量不准确

财务部门建议处理意见：原材料由保管员赔偿，库存商品损失计入管理费用

单位主管部门批复处理意见：同意上述处理意见

批准人：张文　　审批人：江黛　　部门负责人：肖军　　制单：肖辉

图5-34　存货盘盈盘亏处理报告表

④ 固定资产盘点表。用于盘点之前，按照账存固定资产数将需要盘点的固定资产列示出来，以便到实地核对资产。

⑤ 固定资产盘盈盘亏报告表。用于盘点之后，将盘点结果列示出来，并请求各相关责任人给出处理意见，如图 5-35 所示。

固定资产编号	固定资产名称	盘盈				盘亏			
		数量	原价	估计折旧额	估计净值	数量	原价	已提折旧额	已提减值准备	净值
001	印染机	1			50 000.00					
	合 计	1			50 000.00					
差异原因	不明原因									
资产管理部门建议处理意见	调整以前年度损益									
单位主管部门批复处理意见	同意上述意见									

固定资产盘盈盘亏报告表
2014年12月31日　　　　　　　　　　　　单位：元

单位主管：肖军　　财务经理：刘丽　　资产管理部门：王立　　制单：邓元

图 5-35　固定资产盘盈盘亏报告表

2. 按凭证与支付关系不同来划分

（1）与收支有关的原始凭证。包括现金支票、转账支票、商业承兑汇票、银行承兑汇票、银行汇（本）票、电汇凭证、信汇凭证、托收凭证、银行进账单、收款收据、借款单等。

例如，企业员工出差预借差旅费，需填制借款单，借款单一式三联，第一联为付款凭证；第二联为借款人留存；第三联为记账凭证，如图 5-36 所示。

图 5-36　借款单

出差人员回来报销时，交回多余现金或者根据审核无误的差旅发票补报不足资金，并且填制差旅费报销单，如图 5-37 所示。

差旅费报销单
2014年12月30日

所属部门	销售部		姓名	张明		出差天数	自12月27至12月29日共		3天
出差事由	采购					借旅支费	日期 2014年12月21日		金额¥3000.00
							结算金额：¥2500.00		

出发		到达		起止地点	交通费	行李费	住宿费	途中伙食费	餐饮费
月	日	月	日						
12	27	12	27	东莞—上海	400	80	420	30	
12	27	12	29	上海	200		420		550
12	29	12	29	上海—东莞	400				
合计					零拾 零万 贰仟 伍佰 零拾 零元 零角 零分 ¥2500.00				
出纳 徐辉			总经理 张文		财务经理 刘丽		部门经理 田颖		报销人 张明

图 5-37　差旅费报销单

（2）与收支无关的经济活动有关的原始凭证。除了领料单、出库单、工资福利计算表等，常见的与收支无关的经济活动相关的原始凭证还有盘盈盘亏处理意见、坏账准备计算表、坏账处理意见、营业税金计算表、损益类账户结账前余额汇总表、企业所得税计算表、股东大会关于发放股利的决议书等。其中，企业所得税计算表，如图 5-38 所示。

企业所得税计算表

填写日期：2014年12月31日
所属日期：自 2014年12月01日至 2014年12月31日

项目	行次	金额
收入总额	1	263232.50
利润总额	2	90000.00
应纳税所得额	3	90000.00
适用税率	4	25%
应纳所得税额（5=3×4）	5	22500.00

制表：徐慧　审：刘丽　核：邓媛

图 5-38　企业所得税计算表

3. 按来源不同来划分

原始凭证按照其来源不同可划分为外来原始凭证和自制原始凭证两种。

（1）外来原始凭证。外来原始凭证，是指在经济业务发生或完成时从其他单位或个人直接取得的原始凭证。外来原始凭证的种类很多，其结构和格式也各式各样。例如，从供应单位取得的购货发票、银行存款的收付款结算凭证、对外单位支付款项时取得的收据、职工出差的车票等。

（2）自制原始凭证。自制原始凭证，是指由本单位内部经办业务的部门或人员，在办理某项经济业务时自行填制的凭证。例如，领料单、制造费用分配表、产品入库单、产品出库单、报销单、差旅费报销单等，都是自制原始凭证。

4. 按填制手续及内容不同划分

（1）一次凭证。是指只反映一项经济业务或同时记录若干项同类性质经济业务的原始凭证，其填制手续是一次完成的。各种外来原始凭证都是一次凭证，例如，前述增值税专用发票等；大部分自制原始凭证也是一次凭证，例如，前述领料单、制造费用分配表以及职工借款单、购进材料入库单等。

（2）累计凭证。是指在一定时期内（一般以一月为限）连续记录发生的同类经济业务的自制原始凭证，其填制手续是随着经济业务事项的发生而分次进行的，例如，限额领料单，其一般格式如表 5-1 所示。

表 5-1　限额领料单

领料部门：　　　　　　　　　　　　　　　　　　　　　　领料编号：
领料用途：　　　　　　　　　年　月　日　　　　　　　　发料仓库：

材料类别	材料编号	材料名称规格	计量单位	领用限额	实际领用	计划单价	金　额	备　注

供应部门负责人：　　　　　　　　　生产计划部门负责人：

日期	领料				退料			限额结余
	请领数量	实发数量	发料人	领料人	退料数量	退料人	收料人	
合计								

（3）汇总原始凭证。是指根据一定时期内反映相同经济业务的多张原始凭证汇总编制而成的自制原始凭证，以集中反映某项经济业务总括发生情况，也称原始凭证汇总表。原始凭证汇总表既可以简化会计核算工作，又便于进行经济业务的分析比较。例如，工资汇总表、现金收入汇总表、发料凭证汇总表等都是原始凭证汇总表。

5.2.2　原始凭证的基本内容

各经济单位日常发生的经济业务是多种多样的，由于各项经济业务的内容和经济管理的要求不同，各个原始凭证的名称、格式和内容也是多种多样的。但是，所有的原始凭证（包括自制和外来的凭证），都是作为经济业务的原始证据，必须详细载明有关经济业务的发生或完成情况，必须明确经办单位和人员的经济责任。因此，各种原始凭证都应具备一些共同的基本内容，如图 5-39 所示。

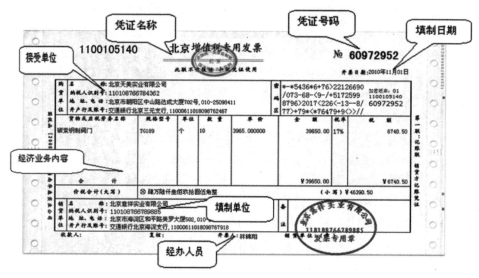

图 5-39 原始凭证基本内容图

（1）单位的名称。例如，"××公司""××学院""某某商场"等。

（2）原始凭证的名称。例如，"收料单""领料单""发票"等。

（3）原始凭证的号码，如图 5-39 所示。

（4）原始凭证的日期。例如，在领料单上要写明填制日期（一般也就是领料的日期）以备查考。

（5）对外凭证要有接受单位的名称，俗称抬头。例如，发票上要写明购货单位的名称，单位名称要写全称，不得省略。

（6）经济业务的内容摘要。例如，在领料单上要有领用材料的用途、名称、规格等；经济业务所涉及的财物数量、单价和金额。如领料单上要有计量单位、数量、单价和金额等，这不仅是记账必需的资料，也是检查业务的真实性、合理性和合法性所必需的。

（7）经办人员的签名或盖章。例如，领料单上，应有主管人员、记账人员、领料单位负责人、领料人和发料人的签名或盖章。

此外，有的原始凭证为了满足计划、业务、统计等职能部门管理的需要，还需列入计划、定额、合同号码的项目，这样可以更加充分地发挥原始凭证的作用。对于国民经济一定范围内经常发生的同类经济业务，应由主管部门制定统一的凭证格式。

5.2.3 原始凭证的填制要求

原始凭证是编制记账凭证的依据，是会计核算最基础的原始资料。要保证会计核算工作的质量，必须要正确填制原始凭证，保证原始凭证的质量。正确填制原始凭证必须符合下列具体要求。

（1）记录要真实。原始凭证所填列的经济业务内容必须真实可靠，符合实际情况，不得弄虚作假，不得随意填写。经办人员应对所取得或填制的原始凭证的真实性负责。

（2）内容要完整。原始凭证所列的项目必须逐项填写齐全，不得遗漏和省略。需要注意的是，年、月、日要按照原始凭证填制的实际日期填写；名称要齐全，不能简化；

品名或用途要填写明确，不能含糊不清；有关人员的签章必须齐全。

（3）手续要完备。不论是自制的原始凭证还是外来的原始凭证，都必须履行相关的手续，由经办人和有关部门的负责人在原始凭证上签字或盖章，以明确经济责任，保证凭证的合法性和真实性。例如，自制的原始凭证应有经办业务的部门和人员签名盖章；对外开出的原始凭证必须加盖本单位公章及经办人员签章；从外部取得的原始凭证必须有填制单位的公章及经办人员签章。

（4）书写要清楚、规范。填制原始凭证只能用蓝色或黑色笔，不得使用铅笔或圆珠笔填写；文字要简明，字迹要清楚，易于辨认，不得使用未经国务院公布的简化汉字。阿拉伯数字要逐个填写，不得连写；文字数字书写应紧靠行格底线，上面应留有适当空白，以防写错字时有更正的空间，不得满格或顶格书写；大小写金额必须相符且填写规范。原始凭证在填制过程中对数字的书写有规范的要求，具体归纳如下：①小写金额用阿拉伯数字逐个书写，不得写连笔字，在金额前要填写人民币符号"￥"，人民币符号"￥"与阿拉伯数字之间不得留有空白；金额一律填写到角分，无角分的，写"00"或"—"，有角无分的，分位写"0"，不得用符号"—"代替；在阿拉伯数字的整数部分，可以从个位起向左每三位数字点一个分位点。②大写数字金额一律用正楷或行书的汉字书写，例如，"壹、贰、叁、肆、伍、陆、柒、捌、玖、拾、佰、仟、万、亿、元、角、分、零、整（或正）"等。大写金额前应写有"人民币"三个字，"人民币"字样和大写数字金额之间不得留有空白；大写数字金额到元或角为止的，后面要写"整"或"正"字，如15.80元，应写成"壹拾伍元捌角整"；大写数字金额有分的，后面不写"整"或"正"字，如41.56元，应写成"肆拾壹元伍角陆分"。③小写阿拉伯数字金额中间有一个或几个"0"时，大写数字金额应只写一个"零"字，如100 407元，应写成"壹拾万零肆佰零柒元整"；小写阿拉伯数字金额角位是"0"，而分位不是"0"，大写数字金额元后应写"零"字，如4 256.03元，应写成"肆仟贰佰伍拾陆元零叁分"；小写阿拉伯数字金额元位是"0"，但角位不是"0"时，大写数字金额可以写"零"字，也可以不写"零"字，如750.34元，应写成"柒佰伍拾元零叁角肆分"，或写成"柒佰伍拾元叁角肆分"；小写阿拉伯数字金额最高位是"1"时，大写数字金额应加写"壹"字，如18.20元，应写成"壹拾捌元贰角整"。④支票签发的特殊要求。填写出票日期，出票日期必须使用中文大写（存根除外），不得更改。月为壹、贰和壹拾的，应在其前加"零"。日为壹至玖和壹拾、贰拾和叁拾的，应在其前加"零"；日为拾壹至拾玖的，应在其前加"壹"；如，2007年1月3日，应写成"贰零零柒年零壹月零叁日"；2007年2月16日，应写成"贰零零柒年零贰月壹拾陆日"；2007年10月30日，应写成"贰零零柒年壹拾月零叁拾日"；2007年11月24日，应写成"贰零零柒年壹拾壹月贰拾肆日"。支票上的收款人、付款行名称、签发行账号应写单位全称，不得简写。支票应在签发人处加盖预留银行的印鉴方能使用。支票上的大小写金额和收款人填写错误时不得修改，必须重新填制。

（5）编号要连续。各种凭证要连续编号，以便查找。如果凭证已预先印好并编号，例如，支票、发票等重要凭证在写坏作废时，应加盖"作废"戳记，妥善保管，不得撕毁。

（6）更正错账要规范。原始凭证在填制过程中出现错误，不得随意涂改、刮擦、挖补,要用正确的更正方法更正。外部取得的原始凭证出错时,应当由出具单位重开或更正,并在更正处加盖单位印章。需要注意的是,原始凭证金额有错时,不得更正,必须重新填写;自制的原始凭证出错时,应由经办人员更正并盖章。

(7) 填制要及时。各种原始凭证一定要及时填写,并按规定的程序及时送交会计机构、会计人员进行审核。

5.2.4 原始凭证的审核要点

对原始凭证的审核,从一般意义上来讲,主要从以下三个方面进行。

(1) 真实性审核。主要是审核凭证所反映的内容是否符合所发生的实际情况,数字、文字有无伪造、涂改、重复使用和大头小尾、各联之间数字不符等情况。特别要注意的是:①内容记载是否清晰,有无掩盖事情真相的现象;②凭证抬头是不是本单位;③数量、单价与金额是否相符;④认真核对笔迹,有无模仿领导笔迹签字冒领现象;⑤有无涂改,有无添加内容和金额;⑥有无移花接木的凭证。

(2) 完整性审核。主要是审核原始凭证各个项目是否填写齐全,数字是否正确;名称、商品规格、计量单位、数量、单价、金额和填制日期的填写是否清晰,计算是否正确。对要求统一使用的发票,应检查是否存在伪造、挪用或用作废的发票代替等现象,凭证中应有的印章、签名是否齐全、审批手续是否健全等。特别应注意的是:①外来的发票、收据等是否用复写纸套写、是否为"报销"联,不属此列的一般不予受理,对于剪裁发票要认真核对剪裁金额大小写是否一致;②购买商品、实物的各种原始凭证,必须附有保管人的验单或其他领用者签名才能受理;③对外支付款项的凭证应附有收款人的收款手续方能转账注销;④自制的原始凭证附有原始单据的,要审核金额是否相符;无原始单据的是否有部门负责人的批准和签章。

(3) 合法性审核。审核原始凭证的合法性,这是对原始凭证进行实质性的审核,也是重要的审核,具体说来:①审核凭证内容是否符合国家的方针、政策、法令制度和计划;②审核凭证本身是否具有"合法性"。

5.2.5 原始凭证审核后的处理

(1) 经审核无误的原始凭证,就是真实、完整、合法的凭证,会计人员应及时办理各种必要的会计手续。

(2) 对不真实、不合法的原始凭证,会计人员有权不予接受,并向有关单位主管报告。

(3) 对记载不准确、不完整的原始凭证予以退回,并要求按照国家统一的会计制度的规定更正补充。这里要特别注意,原始凭证记载的各项内容均不得涂改。原始凭证有错误的,应当由出具单位重开或者更正并在更正处加盖出具单位印章。

(4) 对伪造或涂改等弄虚作假、严重违法的原始凭证,会计人员在拒绝办理的同时,应当予以扣留,并及时向单位或上级主管部门报告,请求查明原因,追究当事人责任。

5.3 记账凭证

5.3.1 记账凭证的分类

由于原始凭证来自不同的单位，种类繁多，数量庞大，格式不一，不能清楚地表明应记入的会计科目的名称和方向。为了便于登记账簿，需要根据原始凭证反映的不同经济业务，加以归类和整理，填制具有统一格式的记账凭证，确定会计分录，并将相关的原始凭证附在后面。这样不仅可以简化记账工作、减少差错，而且有利于原始凭证的保管，便于对账和查账，提高会计工作的质量。

记账凭证按照不同的标志可以分为不同类别。

（1）记账凭证按其核算工具分为手工凭证和机打凭证（如图5-40所示）。

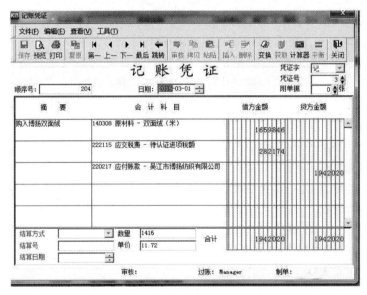

图 5-40　记账凭证

（2）记账凭证按其适用的经济业务不同，分为专用记账凭证和通用记账凭证。

① 专用记账凭证是专门用来记录某一特定种类经济业务的记账凭证。按其所记录的经济业务是否与货币资金收付有关又可以进一步分为收款凭证、付款凭证和转账凭证三种。

● 收款凭证。是用来记录现金和银行存款收款业务的记账凭证，其一般格式如图5-41所示。

● 付款凭证。是用来记录现金和银行存付款业务的记账凭证，其一般格式如图5-42所示。收款、付款凭证既是登记现金日记账、银行存款日记账和有关明细账的依据，也是出纳办理收、付款项的依据。

● 转账凭证。是用来记录与现金或银行存款收付业务无关的经济业务。其格式如图5-43所示。

如果企业收付款业务较多，还可以按现金和银行存款的不同，将收款凭证、付款凭证进一步分为现金收款凭证、现金付款凭证、银行存款收款凭证、银行存款付款凭证。

图 5-41 收款凭证

图 5-42 付款凭证

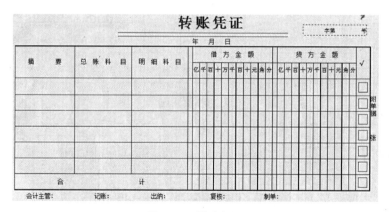

图 5-43 转账凭证

② 通用记账凭证。是不分收款、付款和转账业务的，所有经济业务都使用统一格式的记账凭证。其凭证格式与转账凭证相似，通称为记账凭证。其格式如图 5-44 所示。

(3) 记账凭证按其是否经过汇总，可以分为汇总记账凭证和非汇总记账凭证。

① 汇总记账凭证。是根据同类记账凭证定期加以汇总而重新编制的记账凭证，目的是为了简化登记总分类账的手续。汇总的记账凭证根据汇总方法的不同，可分为分类汇

总和全部汇总两种。

分类汇总凭证是根据一定期间的记账凭证按其种类分别汇总填制的，如图 5-45 所示。

图 5-44 通用记账凭证

汇总收款凭证

借方：库存现金（或银行存款）　　　　　　　　　　　年　月　日

贷方科目	金额				总账页数	
	1—10 日 收款凭证__号	11—20 日 收款凭证__号	21—30 日 收款凭证__号	合计	借方	贷方
其他业务收入						
其他应收款						
……						
合计						

汇总收款凭证

借方：库存现金（或银行存款）　　　　　　　　　　　年　月　日

贷方科目	金额				总账页数	
	1—10 日 收款凭证__号	11—20 日 收款凭证__号	21—30 日 收款凭证__号	合计	借方	贷方
原材料						
应交税费						
……						
合计						

汇总收款凭证

贷方科目：＊＊＊＊　　　　　　　　　　　　　　　　年　月　日

借方科目	金额				总账页数	
	1—10 日 收款凭证__号	11—20 日 收款凭证__号	21—30 日 收款凭证__号	合计	借方	贷方
生产费用						
管理费用						
……						
合计						

图 5-45 分类汇总凭证

全部汇总凭证是根据一定期间的记账凭证全部汇总填制的，也称记账凭证汇总表。汇总记账凭证一般适用于规模较大、业务量较多的单位。

② 非汇总记账凭证。是没有经过汇总的记账凭证，前面介绍的收款凭证、付款凭证

和转账凭证以及通用记账凭证都是非汇总记账凭证。

（4）记账凭证按其包括的会计科目是否单一，分为复式记账凭证和单式记账凭证两类。

① 复式记账凭证。将每一笔经济业务事项所涉及的全部会计科目及其发生额均在同一张记账凭证中反映的一种凭证，它是在实际工作中应用最普遍的记账凭证。如上述收款凭证、付款凭证、转账凭证和通用记账凭证都是复式凭证。

优点：可以集中反映一项经济业务的科目对应关系，便于了解有关经济业务的全貌，减少凭证数量节约纸张等。缺点：不便于汇总计算每一个会计科目的发生额。

② 单式记账凭证。每一张记账凭证只填列经济业务事项所涉及的一个会计科目及其金额的记账凭证。

优点：内容单一，便于汇总计算每一会计科目的发生额，便于分工记账。缺点：制证工作量大，且不能在一张凭证上反映经济业务的全貌，内容分散，也不便于查账。如图5-46所示。

借项凭证

年 月 日			凭证编号字 号	
摘要	总账科目	明细科目	账页	金额
对应总账科目：		合计		
会计主管：	记账：	审核：	制单：	

贷项凭证

年 月 日			凭证编号字 号	
摘要	总账科目	明细科目	账页	金额
对应总账科目：		合计		
会计主管：	记账：	审核：	制单：	

图 5-46 单式凭证

综上所述可知，根据不同的标志可以将原始凭证和记账凭证细分成若干类，如图5-47所示。

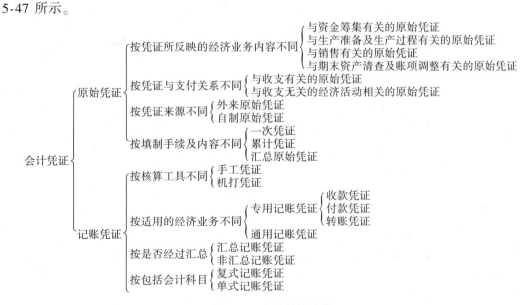

图 5-47 会计凭证分类

5.3.2 记账凭证的基本内容

记账凭证种类甚多，格式不一，但其主要作用在于对原始凭证进行分类、整理，按照复式记账的要求，运用会计科目，编制会计分录，据以登记账簿。因此，记账凭证必须具备以下基本要素：①记账凭证的名称；②凭证的填制日期和编号；③经济业务的内容摘要；④应贷账户名称、记账方向和金额（包括一级账户、二级账户或明细账户）；⑤所附原始凭证的张数；⑥会计主管、复核人员、记账人员、制证人员的签名或盖章，收付款凭证还要有出纳人员的签名或盖章，如图5-48所示。

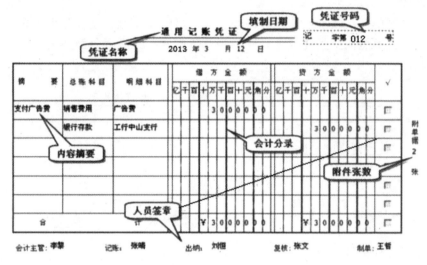

图5-48 记账凭证的基本内容

5.3.3 记账凭证的填制要求

记账凭证是登记账簿的直接依据，记账凭证填制得正确与否，直接关系到账簿记录的真实和正确。正确填制记账凭证是保证账簿记录质量的基础。填制记账凭证的具体要求如下。

（1）填制记账凭证必须以审核无误的原始凭证及有关资料为依据。记账凭证上应注明所附的原始凭证张数，以便检查经济业务的内容和已编会计分录的正确与否。如果根据同一原始凭证填制数张记账凭证，则应在未附原始凭证的记账凭证上注明"附件××张，见第××号记账凭证"。如果原始凭证需要另行保管，则应在附件栏目内加以注明，以便查阅。但更正错账和结账的记账凭证可以不附原始凭证。

（2）正确填写摘要。摘要应简明扼要地说明每项经济业务的内容。

（3）正确编制会计分录。必须按照会计制度统一规定的会计科目，根据经济业务的性质编制会计分录；不得自造或简化会计分录；应用借贷记账法编制分录时，一般只编制一借一贷、一借多贷和一贷多借的会计分录，不编制多借多贷的会计分录。

（4）记账凭证的日期。收付款业务因为要登入当天的日记账，记账凭证的日期应是货币资金收付的实际日期，但是与原始凭证所记的日期不一定一致。转账凭证以收到原始凭证的日期为准，但在摘要栏要注明经济业务发生的实际日期。

（5）记账凭证的编号。要根据不同的情况采用不同的编号方法。通常有三种情况：如果采用统一的一种格式（通用格式），凭证的编号可采用顺序编号法，即按月编顺序号。业务极少的单位可按年编顺序号。如果采用三种格式（收款凭证、付款凭证、转账凭证）或五种格式（现金收款凭证、现金付款凭证、银行收款凭证、银行付款凭证、转账凭证）的记账凭证，记账凭证的编号应采用字号编号法，即把不同类型的记账凭证用字加以区别，再把同类记账凭证按顺序连续编号。例如，三种格式的记账凭证，采用字号编号法时，具体地编为"收字第××号""付字第××号""转字第××号"。如果某笔经济业务需要填制一张以上的记账凭证时，记账凭证的编号可采用分数编号法。例如，第 10 笔转账业务需填制两张凭证，则其编号为"转字 $10\frac{1}{2}$ 号（第 1 张）"和"转字 $10\frac{2}{2}$ 号（第 2 张）"。

（6）记账凭证必须有签章，以明确经济责任。制单人员、复核人员、记账人员和会计主管必须在记账凭证上签章。出纳人员根据收款凭证收款或根据付款凭证付款时，均要在凭证上加盖"收讫""付讫"的戳记，以免重收重付、防止差错。

5.3.4　记账凭证的审核要点

（1）审核记账凭证是否附有原始凭证，原始凭证是否齐全，内容是否合法，记账凭证所记录的经济业务与所附原始凭证所反映的经济业务是否相符等。

（2）审核记账凭证的会计分录是否正确，账户对应关系是否清晰，金额计算是否准确，会计处理是否符合会计制度的规定等。

（3）审核记账凭证的摘要是否填写清楚、项目填写是否齐全等，例如，日期、凭证编号、二级和明细会计科目、附件张数以及有关人员签章等是否清楚、齐全。

对会计凭证进行审核是保证会计信息质量，发挥会计监督的重要手段。在审核过程中，如果发现凭证填制错误，应查明原因，按规定办法及时处理和更正。只有经过审核无误的记账凭证，才能作为登记账簿的依据。

5.4　会计凭证的传递与保管

5.4.1　会计凭证的传递

《会计基础工作规范》第五十四条规定：各单位会计凭证的传递程序应当科学、合理，具体办法由各单位根据会计业务需要自行规定。

1. 会计凭证传递的定义

会计凭证的传递程序是指从会计凭证的取得或填制时起至归档保管的过程中，在单位内部有关部门和人员之间的传递程序。会计凭证的传递主要包括凭证的传递路线、传递时间和传递手续三个方面的内容。

2. 会计凭证传递的意义

(1) 有利于及时提供对经济业务核算和监督的信息。例如，对材料收入业务的凭证传递，应明确规定：材料运达企业后，需多长时间验收入库，由谁负责填制收料单，由谁在何时将收料单送交会计及其他有关部门；会计部门由谁负责审核收料单，由谁在何时编制记账凭证和登记账簿，又由谁负责整理或保管凭证，等等。这样，既可以把材料收入业务从验收入库到登记入账的全部工作在本单位内部进行分工，并通过各部门的协作来共同完成，同时也便于考核经办业务的有关部门和人员是否按照规定的会计手续办理业务。

(2) 有利于经济责任制的建立和完善。正确、合理地组织会计凭证的传递，对于及时处理和登记经济业务，协调单位内部各部门、各环节的工作，加强经营管理的岗位责任制，实行会计监督，具有重要作用。会计凭证传递程序作为会计制度的一部分，可以通过会计凭证在组织内部的有序流动，有效考核经办业务的有关部门和人员是否按章办事，从而相互牵制、相互制约，及时正确地完成各项经济业务，加强经营管理上的责任制。

3. 会计凭证传递的要求

会计凭证的传递要求程序科学、合理有效，能够满足内部控制制度的要求，同时要尽量节约传递时间，减少传递的工作量。综上所述可知，建立科学合理的会计凭证传递制度是企业会计管理的重要工作，应由会计部门会同有关部门在调查研究的基础上，协同制定。在制定会计凭证传递程序时，应当注意考虑以下三个问题。

(1) 传递路线要合理。应当根据经济业务的特点，结合企业内部机构的设置和人员分工的情况以及管理上的需要，规定各种会计凭证的联次及其传递程序。使各有关部门和人员能够按照规定程序处理和审核会计凭证，提高凭证传递速度。

(2) 传递时间要科学。会计凭证应当及时传递，不得积压。应当根据有关部门和人员办理经济业务的必要时间确定凭证在各个环节的时间，既要保证业务手续的顺利完成，又要尽可能使会计凭证以最快速度传递。

(3) 传递程序要完整。应当加强会计凭证传递过程中的衔接，建立凭证交接的签收制度，确保手续的完备、严密和简便易行，这样不仅保证会计凭证的安全和完整，而且在各个环节中能够做到责任明确。

5.4.2 会计凭证的保管

《会计基础工作规范》第五十五条规定：会计机构、会计人员要妥善保管会计凭证。

会计凭证的保管是指会计凭证记账后的整理、装订、归档和存查工作。会计凭证应当及时传递，不得积压。会计凭证作为记账的依据，是重要的会计档案和经济资料，可以满足相关部门及人员查阅的需要，特别是在查处经济案件时还可以作为有效证据。为此，各单位应妥善保管，防止丢失，不得任意销毁，便于日后随时查阅。具体要求如下。

1. 会计凭证登记完毕后，应当按照分类和编号顺序保管，不得散乱丢失

对于数量过多的原始凭证，可以单独装订保管，在封面上注明记账凭证日期、编号、种类，同时在记账凭证上注明"附件另订"和原始凭证名称及编号。记账凭证应当连同所附的原始凭证或者原始凭证汇总表，按照编号顺序折叠整齐，按期装订成册，并加具

封面，注明单位名称、年度、月份和起讫日期、凭证种类、起讫号码，由装订人在装订线封签外签名或者盖章。

各种经济合同、存出保证金收据以及涉外文件等重要原始凭证，应当另编目录，单独登记保管，并在有关的记账凭证和原始凭证上相互注明日期和编号。

2. 原始凭证的特殊事项

从外单位取得的原始凭证如有遗失，应当取得原开出单位盖有公章的证明，并注明原来凭证的号码、金额和内容等，由经办单位会计机构负责人、会计主管人员和单位领导批准后，才能代作原始凭证。如果确实无法取得证明的，如火车、轮船、飞机票等凭证，应由当事人写出详细情况，由经办单位会计机构负责人、会计主管人员和单位领导批准后，代作原始凭证。原始凭证不得外借，其他单位如因特殊原因需要使用原始凭证时，经本单位会计机构负责人、会计主管人员批准，可以复制。向外单位提供的原始凭证复制件，应当在专设的登记簿上登记，并由提供人员和收取人员共同签名或者盖章。

3. 归档后的凭证管理

装订成册的会计凭证，按年月顺序排列，并编制会计档案案卷目录（如图 5-49 所示），应指定专人负责保管，年度终了时可暂由单位会计机构保管一年，期满后应当移交本单位档案机构统一保管，移交时应填制移交清册，如图 5-50 所示。各单位应建立会计凭证的保管、调阅制度，以防止丢失、毁损或泄密。会计凭证不得外借，如有特殊原因需要调阅会计凭证时，必须办理相关的审批调阅手续。

会计档案案卷目录

案卷号	题名	保管期限	卷内材料起止时间	备注

图 5-49　会计档案案卷目录

会计档案移交清册

序号	案卷题名	档号	年度	保管期限	移交原因	备注

监交人（签名）　　　　　　接收人（签名）　　　　　　送交人（签名）

交接日期：　　年　月　日

图 5-50　会计档案移交清册

4. 定期保管和销毁

会计档案的保管期限，从会计年度终了后的第一天算起。会计档案的保管必须严格执行国家《会计档案管理办法》的规定。会计档案的保管期限分为定期保管和永久保管两类，其中定期保管分为 5 年、10 年、15 年和 25 年四类，涉外凭证和一些重要凭证应永久保存。

《会计档案管理办法》（2014 年征求意见稿）第十六条规定：单位确定可以销毁的会计档案，应当按照以下程序进行销毁：①单位档案机构编制会计档案销毁清册，列明销毁会计档案的名称、卷号、册数、起止年度和档案编号、应保管期限、已保管期限、销毁时间等内容。②单位负责人、档案机构负责人、会计机构负责人、档案机构经办人、会计机构经办人在会计档案销毁清册上签署意见。③单位档案机构、会计机构、审计机构共同负责组织销毁工作，并共同派员监销。电子会计档案销毁时，还应当由信息系统管理机构派员监销。④监销人在会计档案销毁前，应当按照会计档案销毁清册所列内容进行清点核对；在会计档案销毁后，应当在会计档案销毁清册上签名或盖章。

电子会计档案的鉴定销毁应当符合国家有关规定。

第十七条规定：保管期满但未结清的债权债务会计凭证和涉及其他未了事项的会计凭证不得销毁，纸质会计档案应当单独抽出立卷，电子会计档案单独转存，保管到未了事项完结时为止。单独抽出立卷或转存的会计档案，应当在会计档案销毁清册和会计档案保管清册中列明。

总之，未到期限，任何人不得随意销毁凭证。保存期满之后，也必须按规定手续报经批准，方能销毁。

【复习思考题】

1. 什么是会计凭证？它是如何分类的？
2. 什么是原始凭证？其基本内容有哪些？
3. 什么是记账凭证？其基本内容有哪些？
4. 原始凭证的填制要求有哪些？
5. 原始凭证审核的主要内容是什么？
6. 什么是记账凭证？记账凭证应具备哪些内容？
7. 涉及现金、银行存款之间的收付业务，应填制什么记账凭证？为什么？
8. 如何填制收款凭证、付款凭证和转账凭证？
9. 审核记账凭证的主要内容是什么？
10. 组织会计凭证传递的意义是什么？

【练习题】

一、单项选择题

1. 下列凭证不属于原始凭证的是（　　）。
   A. 收料单　　　　B. 领料单　　　　C. 购货发票　　　　D. 购销合同
2. 下列原始凭证属于外来原始凭证的有（　　）。
   A. 入库单　　　　B. 购货发票　　　　C. 工资单　　　　D. 购销合同
3. 将现金送存银行，一般应根据有关原始凭证填制（　　）。
   A. 现金收款凭证　　　　　　　　　B. 银行存款收款凭证
   C. 现金付款凭证　　　　　　　　　D. 转账凭证
4. 下列单据中，不能作为记账用的原始凭证是（　　）。
   A. 购销合同　　　　　　　　　　　B. 产品制造费用分配表
   C. 现金支票存根　　　　　　　　　D. 出差车票
5. 企业外购材料一批，货款尚未支付，根据有关原始凭证，应填制的记账凭证是（　　）。
   A. 收款凭证　　　B. 付款凭证　　　C. 转账凭证　　　D. 累计凭证
6. 材料入库单属于（　　）。
   A. 记账凭证　　　B. 自制原始凭证　　　C. 外来原始凭证　　　D. 累计凭证
7. 原始凭证按其取得的来源不同，可分为（　　）。
   A. 外来原始凭证和自制原始凭证　　　B. 单式记账凭证和复式记账凭证
   C. 一次凭证和累计凭证　　　　　　　D. 收款凭证、付款凭证、转记账凭证
8. 借记"生产成本"，贷记"应付职工薪酬"的会计分录，应填制（　　）。
   A. 收款凭证　　　　　　　　　　　B. 付款凭证
   C. 转账凭证　　　　　　　　　　　D. 付款凭证和转账凭证

9. 企业购入原材料一批，用银行存款支付部分款项，其余款项暂欠，会计人员应填制的专用凭证是（　　）。
   A. 收款凭证和转账凭证　　　　　　B. 付款凭证和转账凭证
   C. 收款凭证和记账凭证　　　　　　D. 收款凭证和付款凭证
10. 下列记账凭证，只用于记录不涉及现金和银行存款业务的是（　　）。
   A. 收款凭证　　B. 付款凭证　　C. 转账凭证　　D. 通用记账凭证

二、多项选择题

1. 会计凭证按其填制的程序与用途不同可以分为（　　）。
   A. 付款凭证　　B. 转账凭证　　C. 原始凭证　　D. 记账凭证
2. 下列各项中，属于外来原始凭证的有（　　）
   A. 购货发票　　　　　　　　　　　B. 差旅费报销单
   C. 销售发票　　　　　　　　　　　D. 银行进账单
3. 限额领料单属于（　　）。
   A. 自制原始凭证　　　　　　　　　B. 累计凭证
   C. 汇总原始凭证　　　　　　　　　D. 记账编制凭证
4. 原始凭证的审核内容主要有（　　）。
   A. 合法性　　B. 正确性　　C. 合理性　　D. 完整性
5. 用以办理业务手续、记载业务发生或完成情况、明确经济责任的会计凭证是（　　）。
   A. 原始凭证　　B. 记账凭证　　C. 收款凭证　　D. 付款凭证
6. 下列文件中，属于外来原始凭证的有（　　）。
   A. 领料单　　　　B. 购货发票　　　　C. 银行对账单
   D. 银行存款通知　　E. 银行存款余额调节表
7. 专用记账凭证按其所记录经济业务是否与货币资金的收付有关又分为（　　）。
   A. 收款凭证　　B. 付款凭证　　C. 转账凭证　　D. 记账凭证
8. 在编制转账凭证时，凭证中不可能出现的会计科目有（　　）。
   A. 应付账款　　B. 库存现金　　C. 应收账款　　D. 银行存款
9. 在原始凭证上书写阿拉伯数字、正确的是（　　）。
   A. 金额数字一律填写到角、分
   B. 无角分的，角位和分位可写"00"或者符号"—"
   C. 有角无分的，分位应当写"0"
   D. 有角无分的，分位也可以用符号"—"代替
10. 以下业务哪些应该填制转账凭证？（　　）
   A. 材料入库　　　　　　　　　　　B. 生产领用原材料
   C. 购料付款　　　　　　　　　　　D. 偿还货款
11. 企业销售一批产品价值10 000元，增值税1 700元，用银行存款支付了8 000元，其余款项暂欠。对于该项经济业务会计人员应填制的专用记账凭证是（　　）。
   A. 收款凭证　　　　　　　　　　　B. 付款凭证

C. 转账凭证   D. 两张转账凭证

12. 会计凭证的定期保管期限为（　　）。

    A. 3年   B. 5年   C. 10年   D. 15年   E. 25年

三、判断题

1. 各种原始凭证的填制，都应由会计人员填写，非会计人员不得填写，以保证原始凭证填制的正确。（　　）

2. 外来原始凭证都是一次凭证。（　　）

3. 发料凭证汇总表属于累计凭证。（　　）

4. 将现金存入银行的业务，可以既编制现金付款凭证，又编制银行存款收款凭证，然后分别据以登记入账。（　　）

5. 会计凭证按其来源不同可分为外来会计凭证和自制会计凭证两种。（　　）

6. 记账凭证只能根据一张原始凭证填制。（　　）

7. 凭证编号的 $10\frac{1}{3}$ 表示第10笔业务需要填制三张记账凭证，共有三张原始凭证，该记账凭证是根据其中的第一张原始凭证编制的。（　　）

8. 在实际工作中，对于规模小、经济业务较少的单位，可以使用格式单一的通用记账凭证。（　　）

9. 各种凭证不得随意涂改，若填写错误，应该用红字更正法进行更正。（　　）

10. 增值税发票属于外来原始凭证。（　　）

四、业务题

（一）业务一

2015年8月10日，北京南方股份有限公司开出一张1 000.00元的现金支票，从银行提取备用金，请填写图5-51所示的现金支票。

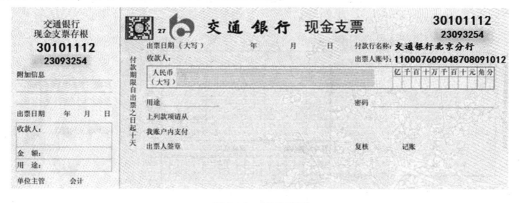

图5-51　现金支票

（二）业务二

2015年8月15日，恒通商贸有限公司因公司发展需要，急需购买办公场所，向开户银行交通银行北京分行取得长期贷款200万元，请填制图5-52所示借款借据。

图5-52 借款借据

(三)业务三

2015年8月21日,北京明朗经贸发展有限公司销售给上海市龙光贸易公司一批商品,请开具增值税专用发票,如图5-53所示。(本公司发票专用章由财务经理保管)(税率17%)

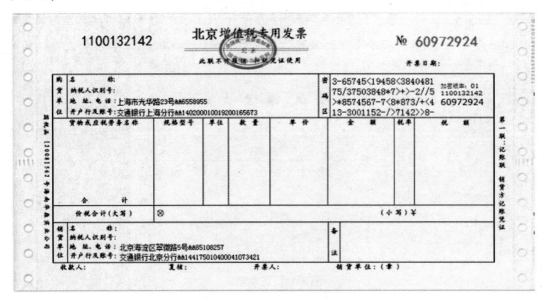

图5-53 增值税专用发票

(四)业务四

2015年8月份,瑞成纸品有限公司第四生产车间共领用了三次红麻纤维纸浆(规格是 A 级），原材料编号为 A001，用于生产精品纸张。（8 月 8 日领用了 50 吨，8 月 11 日领用了 40 吨，8 月 21 日领用了 10 吨，领料人均是赵学猛，发料人均是梁立韵。）此原材料当月限额领料数量为 120 吨。请根据相关信息填写如图 5-54 所示限额领料单。（发料仓库是第四仓库，请领与实发数量一致，无代用数量和退料数量，限额结余需填写。）

限额领料单

领料部门：　　　　　　　　　　　　　　　　凭证编号：

用途：　　　　　　　年　月　日　　　　　　发料仓库：

材料类别	材料编号	材料名称及规格	计量单位	领用限额	实际领用	单价	金额	备注

供应部门负责人：　　　　　　　　　　生产计划部门负责人：

日期	数量		领料人签章	发料人签章	扣除代用数量	退料			限额结余
	请领	实发				数量	收料人	发料人	

第一联会计联

图 5-54　限额领料单

（五）业务五

1. 目的：练习通用记账凭证的填制。
2. 要求：根据业务一至业务四的资料，编制通用记账凭证。

第 6 章 借贷记账法在制造业的主要应用

【本章导读】

诗人歌德赞美借贷记账法是"人类智慧的绝妙创造",列宁认为借贷记账法是"人类最好的发明之一"。我国最早介绍借贷记账法的会计大师是谢霖先生和蔡锡勇先生。我国第一位注册会计师谢霖先生的《银行簿记学》一书,是继清末外交官吏蔡锡勇著《连环账谱》之后,由国人用中文介绍西方借贷复式记账法的第二部会计著作,融会计方法介绍与会计理论阐述于一体。该书的出版问世,给沉寂几千年的中国会计之海荡起层层漪涟,为1930年中国掀起的中式簿记改良与改革运动奠定了思想和理论基础。对于《银行簿记学》的历史地位与学术价值,正如杨时展教授所言:"它和《连环账谱》并辔联镳,带动了中国会计学术的发展。……作为商品经济的灵魂的会计,其著作终于也在封建的中国实现了'零的突破',登上中国的历史舞台了。……如果说,帕乔利的书使帕乔利成为目前世界公认的会计学的鼻祖,则蔡、谢两位的书当然也使他们成为我国会计学术的鼻祖。"

众所周知,借贷复式记账法是会计核算方法的核心技术之一,可以说没有借贷记账法也就没有会计核算。学习会计不懂得借贷记账法,就永远游离于会计大门之外,无法得到会计的真谛。

本章主要讲述了制造业主要经济业务发生时,如何利用借贷记账法来编制会计分录。

【本章学习目标】

了解制造业的主要经济业务,掌握制造业资金筹集业务会计分录的编制,掌握制造业生产准备业务会计分录的编制,掌握制造业生产过程会计分录的编制,掌握制造业销售过程会计分录的编制,掌握制造业利润形成与利润分配会计分录的编制,掌握制造业期末资产清查业务会计分录的编制以及学会调整期末账项。

6.1 主要经济业务概述

制造业是从事工业产品生产和销售的营利性经济组织。它的主要任务是为社会提供合格产品,满足各方面的需要。为了从事产品的生产与销售活动,企业必须拥有一定数量的资金,用于建造厂房、购买机器设备、购买材料、支付职工工资、支付经营管理中必要的开支等,生产出的产品经过销售后,回收的货款还要补偿生产中的垫付资金、偿还有关债务、上交有关税金等。由此可见,制造业的资金运动包括资金的筹集、资金的循环以及资金的退出三部分。

资金的筹集包括企业向所有者筹集资金和向债权人筹集资金两部分。企业向所有者筹集的资金形成企业的所有者权益，向债权人筹集的资金形成企业债权人权益，即企业负债。

资金的循环包括产品生产准备过程、产品生产过程和产品销售过程三个阶段，并最终形成企业的财务成果。在生产准备过程中，企业要购买材料等劳动对象，发生材料买价、运输费、装卸费等材料采购成本，与供应单位发生货款结算关系。在生产过程中，劳动者借助于劳动手段将劳动对象加工成各种适合社会需要的产品，还发生各种材料消耗、固定资产折旧费、工资费用以及其他费用等形成生产费用。同时，还将发生企业与工人之间的工资结算关系、与有关单位之间的劳务结算关系等。在销售过程中，企业将产品销售出去，收回货币资金，同时要发生有关销售费用、收回货款、缴纳税金等业务活动，并与产品的购买单位发生货款结算关系等、同税务机关发生税务结算关系等。为了及时总结一个企业在一定时期内的财务成果，必须计算企业所实现的利润或发生的亏损。如为利润，应按照国家的规定上缴所得税，提取留存等；如为亏损，还要进行弥补。

资金的退出包括偿还各种债务、上缴各种税金、向所有者分配利润等，这部分资金便离开本企业，退出本企业的循环和周转。

会计怎样对资金的运动进行核算？即会计的核算方法——设置会计科目和账户，复式记账、填制和审核会计凭证、登记账簿，编制财务会计报告，并按照会计的核算程序——确认、计量、记录、报告，进行会计核算。从会计核算的程序来看，就是对会计六要素进行初始（会计）确认、会计计量和会计记录的过程，到了会计期末，还要对会计六要素进行最终（会计）确认和会计记录，即进行资产清查和期末账项调整。

会计期末，为了保证会计信息的真实性，就要进行账证核对、账账核对和账实核对，而这里的账实核对就是资产清查的主要内容。所谓资产清查，顾名思义是企业对其资产进行清理和清查，确保账存数与实存数相符，以便真实、完整地反映单位的资产和财务状况，保证对各要素确认、计量的准确，为加强资产监督管理奠定基础。通过资产清查，为企业资产管理信息数据库提供初始信息，以便实现资产动态管理，为加强资产管理提供信息支撑，促使资金循环顺畅、高效。资产清查的具体方法，本书将在第8章进行讲解。

在实务中，企业交易或者事项的发生时间与相关货币的收支时间有时并不完全一致。例如，款项已经收到，但销售并未实现；或者款项已经支付，但并不是为本期生产经营活动而支付的。为了更加真实、公允地反映特定会计期间的财务状况和经营成果，《企业会计准则》明确规定，企业在会计确认、计量和报告中应当以权责发生制为基础。因此，会计期末，企业应该按照应收应付这一标准合理地反映各会计期间应得的收入和应负担的费用，使各期的收入和费用能在相互对应的基础上进行配比，从而比较正确地计算出各期的损益，值得注意的是，虽然期末进行账项调整主要是为了在利润表中正确地反映本期的经营成果，但在收入和费用的调整过程中必然会影响到资产负债表有关项的增减变动。因此，期末账项调整也有助于正确地反映企业期末的财务状况。所谓期末账项调整就是按照权责发生制的原则在会计期末对部分会计事项予以调整的会计行为。一般来说，企业期末账项调整通常包括期末产品成本的调整、应计项目（应计收入、应计费用）的调整、递延项目（预收收入、预付费用）的调整以及期末损益的账项调整等。

综上所述，我们把企业的主要经济业务分为以下几个环节：资金筹集，生产准备，生产过程，生产销售，利润形成与利润分配，资产清查和期末账项调整。

为了全面、连续、系统地核算和管理由企业上述主要交易或者事项所形成的生产经营活动过程和结果，企业必须根据各项交易或者事项的具体内容和管理要求，相应地设置不同的账户，并运用借贷记账法，对各项交易或者事项的发生进行账务处理，以提供管理上所需要的各种会计信息。

6.2 资金筹集业务的应用

6.2.1 投入资本的会计记录

1. 设置的主要账户

企业投入资本的核算主要涉及"银行存款""实收资本""资本公积""固定资产"等账户。

（1）"银行存款"账户。

本账户核算企业存入银行或其他金融机构的各种款项（银行本票存款、银行汇票存款、信用卡存款、信用证保证金存款、存出投资款等，在"其他货币资金"账户核算）。

企业应当按照开户银行和其他金融机构、存款种类、币种等，分别设置"银行存款日记账"，由出纳人员根据收付款凭证，按照业务的发生顺序逐笔登记。每日终了，应结出余额。"银行存款日记账"应定期与"银行对账单"核对，至少每月核对一次。月末，企业银行存款账面余额与银行对账单余额之间如有差额，应按月编制"银行存款余额调节表"，使之调节相符。有多币种存款的企业，应当按照币种分别设置"银行存款日记账"进行明细核算。

企业将款项存入银行或其他金融机构，借记本账户，贷记"库存现金"等有关账户；提取现金和支出款项，借记"库存现金"等有关账户，贷记本账户。

企业应当加强对银行存款的管理，定期对银行存款进行检查，对于存在银行或其他金融机构的款项已经部分不能收回或者全部不能收回的，应当查明原因进行处理，有确凿证据表明无法收回的，应当根据企业管理权限报经批准后，借记"营业外支出"账户，贷记本账户。

本账户期末借方余额，反映企业存在银行或其他金融机构的各种款项的余额。

（2）"实收资本"账户。

本账户核算企业接受投资者投入企业的实收资本。实收资本是指企业的投资者按照企业章程或合同、协议的约定，实际投入企业的资本金以及按照有关规定由资本公积、盈余公积转为资本的资金。股份有限公司应将本账户改为"股本"账户进行核算。企业收到投资者超过其在注册资本或股本中所占份额的部分，作为资本溢价或股本溢价，在"资本公积"账户核算，不在本账户核算。

本账户应当按照投资者进行明细核算。

企业收到投资者投入的资本，借记"银行存款""其他应收款""固定资产""无形资产"等账户，按其在注册资本或股本中所占份额，贷记本账户，按其差额，贷记"资本公积——资本溢价或股本溢价"账户。

股东大会批准的利润分配方案中分配的股票股利，应在办理增资手续后，借记"利润分配——转作资本（或股本）的股利"账户，贷记本账户。

公司发行的可转换公司债券按规定转为股本时，应按"应付债券——可转换公司债券"账户余额，借记"应付债券——可转换公司债券"账户，按"其他权益工具"账户中属于该项可转换公司债券的权益成分的金额，借记"其他权益工具"账户，按股票面值和转换的股数计算股票面值总额，贷记本账户，按实际用现金支付的不可转换为股票的部分，贷记"库存现金"等账户，按其差额，贷记"资本公积——股本溢价"账户。

企业按法定程序报经批准减少注册资本的，借记本账户，贷记"库存现金""银行存款"等账户。

本账户期末贷方余额，反映企业实收资本或股本总额。

（3）"资本公积"账户。

本账户是用来核算企业收到投资者出资超出其在注册资本或股本中所占的份额以及直接记入所有者权益的利得和损失等，属于所有者权益类账户。

本账户应当分别"资本溢价"或"股本溢价""其他资本公积"进行明细分类核算。

企业收到投资者投入的资本，借记"银行存款""其他应收款""固定资产""无形资产"等账户，按其在注册资本或股本中所占份额，贷记"实收资本"或"股本"账户，按其差额，贷记本账户（资本溢价或股本溢价）。

与发行权益性证券直接相关的手续费、佣金等交易费用，借记本账户（股本溢价），贷记"银行存款"等账户。

发行的可转换公司债券按规定转为股本时，应按"应付债券——可转换公司债券"账户余额，借记"应付债券——可转换公司债券"，按本账户（其他权益工具）中属于该项可转换公司债券的权益成分的金额，借记本账户（其他权益工具），按股票面值和转换的股数计算的股票面值总额，贷记"股本"账户，按实际用现金支付的不可转换为股票的部分，贷记"库存现金"等账户，按其差额，贷记本账户（股本溢价）账户。

经股东大会或类似机构决议，用资本公积转增资本，借记本账户（资本溢价或股本溢价），贷记"实收资本"或"股本"账户。

本账户期末贷方余额，反映企业资本公积的余额。

（4）"固定资产"账户。

本账户核算企业持有固定资产的原价。下列各项满足固定资产确认条件的，也在本账户核算：企业（航空）的高价周转件；企业（建造承包商）为保证施工和管理的正常进行而购建的各种临时设施；企业购置计算机硬件所附带的、未单独计价的软件，与所购置的计算机硬件一并作为固定资产；企业为开发新产品、新技术购置的符合固定资产定义和确认条件的设备。

采用成本模式计量的已出租的建筑物，在"投资性房地产"账户核算，不在本账户核算。未作为固定资产管理的工具、器具等，在"包装物及低值易耗品"账户核算。

本账户应当按照固定资产类别和项目进行明细核算。

企业融资租入的固定资产，应在本账户设置"融资租入固定资产"明细账户进行核算。

企业购入不需要安装的固定资产，按应记入固定资产成本的金额，借记本账户，贷记"银行存款""其他应付款""应付票据"等账户。

购入需要安装的固定资产，先记入"在建工程"账户，安装完毕交付使用时再转入本账户。购入固定资产超过正常信用条件延期支付价款（如分期付款购买固定资产），实质上具有融资性质的，应按所购固定资产购买价款的现值，借记本账户或"在建工程"账户，按应支付的金额，贷记"长期应付款"账户，按其差额，借记"未确认融资费用"账户。

自行建造完成的固定资产，借记本账户，贷记"在建工程"账户。

已达到预定可使用状态但尚未办理竣工决算手续的固定资产，可先按估计价值记账，待确定实际价值后再进行调整。

融资租入的固定资产，在租赁期开始日，应按租赁准则确定的应记入固定资产成本的金额，借记本账户或"在建工程"账户，按最低租赁付款额，贷记"长期应付款"账户，按发生的初始直接费用，贷记"银行存款"等账户，按其差额，借记"未确认融资费用"账户。

租赁期届满，企业取得该项固定资产所有权的，应将该项固定资产从"融资租入固定资产"明细账户转入有关明细账户。

以其他方式取得的固定资产，按不同方式下确定的应记入固定资产成本的金额，借记本账户，贷记有关账户。

固定资产存在弃置义务的，应在取得固定资产时，按预计弃置费用的现值，借记本账户，贷记"预计负债"账户。在该项固定资产的使用寿命内，按弃置费用计算确定各期应负担的利息费用，借记"财务费用"账户，贷记"预计负债"账户。

固定资产装修发生的装修费用满足固定资产准则规定的固定资产确认条件的，借记本账户，贷记"银行存款"等账户。

处置固定资产应通过"固定资产清理"账户核算，应按该项固定资产账面净额，借记"固定资产清理"账户，按已提的累计折旧，借记"累计折旧"账户，已计提减值准备的，借记"固定资产减值准备"账户，按其账面余额，贷记本账户。

本账户期末借方余额，反映企业固定资产的账面原价。

（5）"无形资产"账户。

本账户是用来核算企业拥有或者控制的没有实物形态的可辨认非货币性资产成本，包括专利权、非专利技术、商标权、著作权、土地使用权等，属于资产类账户。

本账户应按无形资产项目设置明细账，进行明细分类核算。

2. 主要经济业务的会计记录

（1）收到投资者投入货币资金的会计记录。

【例6-1】 业务原始单据：投资协议（如图5-3所示），银行业务回单（如图5-2所示），吕琳个人身份证复印件（略）。

业务描述：2014年12月1日佳骋纺织有限公司收到吕琳个人投入企业的资本150 000元，款项存入银行。

业务分析：这项经济业务的发生，一方面使企业银行存款增加150 000元，另一方面使企业收到的投资也相应增加150 000元，因此，这项业务的发生涉及"银行存款""实收资本"两个账户。银行存款增加是资产的增加，应当记入"银行存款"账户的借方；

企业实际收到的投资增加是所有者权益的增加，应当记入"实收资本"账户的贷方。

该项业务编制的会计分录如下：

借：银行存款　　　　　　　　　　　　　　　150 000
　　贷：实收资本　　　　　　　　　　　　　　　　　　　150 000

【例6-2】　业务原始单据：转账支票（据图5-4填写进账单），银行进账单（如图5-5所示），投资协议（略）。

业务描述：2014年12月3日佳骋纺织有限公司收到投资者投入企业的货币资金6 000 000元，其中5 000 000元作为企业的股本，另外的1 000 000元作为企业的资本公积，投资款项已存入银行，相关手续已办妥。

业务分析：这项经济业务的发生，一方面使企业的银行存款增加6 000 000元，另一方面使企业收到的注册资本也相应增加5 000 000元，超过注册资本的1 000 000元作为企业的资本公积。因而，这项业务的发生涉及"银行存款""实收资本""资本公积"三个账户。银行存款增加是资产的增加，应当记入"银行存款"账户的借方；企业的注册资本和资本公积的增加是所有者权益的增加，应当记入"实收资本"和"资本公积"账户的贷方。

该项业务编制的会计分录如下：

借：银行存款　　　　　　　　　　　　　　　6 000 000
　　贷：实收资本　　　　　　　　　　　　　　　　　　　5 000 000
　　　　资本公积——资本溢价　　　　　　　　　　　　　1 000 000

（2）收到投资者投入固定资产的会计记录。

【例6-3】　业务原始单据：固定资产验收单（如图5-7所示），增值税专用发票（如图5-6所示），投资协议（略）。

业务描述：2014年12月2日佳骋纺织有限公司收到某投资者投入的一套全新设备，投资双方确认价值为400 000元。

业务分析：这项经济业务的发生，一方面使企业的固定资产增加400 000元，另一方面使企业收到的投资也相应增加400 000元。因而，这项业务的发生涉及"固定资产""实收资本"两个账户。固定资产增加是资产的增加，应当记入"固定资产"账户的借方；企业实际收到的投资增加是所有者权益的增加，应当记入"实收资本"账户的贷方。

该项业务编制的会计分录如下：

借：固定资产　　　　　　　　　　　　　　　400 000
　　贷：实收资本　　　　　　　　　　　　　　　　　　　400 000

（3）收到投资者投入无形资产的会计记录

【例6-4】　业务原始单据：专利权授权书（或者专利使用合同，略），投资协议（略）。

业务描述：2014年12月3日佳骋纺织有限公司收到投资者投入企业的专利权一项，投资双方确认的价值为200 000元，相关手续已办妥。

业务分析：这项经济业务的发生，一方面使企业的无形资产增加200 000元，另一方面使企业收到的投资也相应增加200 000元。因而，这项业务的发生涉及"无形资产""实收资本"两个账户。无形资产增加是资产的增加，应当记入"无形资产"账户的借方；实收资本增加是所有者权益的增加，应当记入"实收资本"账户的贷方。

该项业务编制的会计分录如下：

借：无形资产　　　　　　　　　　　　　　　200 000
　　贷：实收资本　　　　　　　　　　　　　　　　200 000

6.2.2 借入资金的应用

1. 设置的主要账户

借入资金的核算主要涉及"短期借款""财务费用""长期借款""应付利息"等账户。

（1）"短期借款"账户。

本账户核算企业向银行或其他金融机构等借入的期限在1年以下（含1年）的各种借款。企业向银行或其他金融机构等借入的期限在1年以上的各种借款，在"长期借款"账户核算。

本账户应当按照借款种类、贷款人和币种进行明细核算。

企业借入的各种短期借款，借记"银行存款"账户，贷记本账户；归还借款时，做相反的会计分录。资产负债表日，应按实际利率计算确定的短期借款利息的金额，借记"财务费用""利息支出"等账户，贷记"预提费用""应付利息""银行存款"等账户。

实际利率与合同约定的名义利率差异很小的，也可以采用合同约定的名义利率计算确定利息费用。

本账户期末贷方余额，反映企业尚未偿还的短期借款的本金。

（2）"财务费用"账户。

本账户核算企业为筹集生产经营所需资金等而发生的筹资费用，包括利息支出（减利息收入）、汇兑差额以及相关的手续费、企业发生的现金折扣或收到的现金折扣等。为购建或生产满足资本化条件的资产发生的应计资本化借款费用，在"在建工程""制造费用"等账户核算，不在本账户核算。

本账户应当按照费用项目进行明细核算。

企业发生的财务费用，借记本账户，贷记"预提费用""应付利息""银行存款""未确认融资费用"等账户。发生的应冲减财务费用的利息收入、汇兑差额、现金折扣，借记"银行存款""应付账款"等账户，贷记本账户。

期末，应将本账户余额转入"本年利润"账户，结转后本账户应无余额。

（3）"长期借款"账户。

本账户核算企业向银行或其他金融机构借入的期限在1年以上（不含1年）的各项借款。本账户应当按照贷款单位和贷款种类，分别"本金""利息调整""应计利息"等进行明细核算。

企业借入长期借款，应按实际收到的现金净额，借记"银行存款"账户，贷记本账户（本金），按其差额，借记本账户（利息调整）。

资产负债表日，应按摊余成本和实际利率计算确定的长期借款的利息费用，借记"在建工程""制造费用""财务费用""研发支出"等账户，按合同约定的名义利率计算确定的应付利息金额，贷记本账户（应计利息）或"应付利息"账户，按其差额，贷记本账户（利息调整）。

实际利率与合同约定的名义利率差异很小的，也可以采用合同约定的名义利率计算确定利息费用。

归还长期借款本金时，借记本账户（本金），贷记"银行存款"账户。同时，按应转销的利息调整、应计利息金额，借记或贷记"在建工程""制造费用""财务费用""研发支出"等账户，贷记或借记本账户（利息调整、应计利息）。

企业与贷款人进行债务重组，应当比照"应付账款"账户的相关规定进行处理。

本账户期末贷方余额，反映企业尚未偿还的长期借款的摊余成本。

（4）"应付利息"账户。

本账户核算企业按照合同约定应支付的利息，包括吸收存款、分期付息到期还本的长期借款、企业债券等应支付的利息，属于负债类账户。

本账户可按债权人设置明细账，进行明细分类核算。

2. 主要经济业务会计记录

（1）短期借款的会计记录。

【例6-5】 业务原始单据：收账通知，借款合同（如图5-8所示）。

业务描述：佳骋纺织有限公司于2014年10月1日从银行取得生产经营用借款60 000元，期限为3个月，所得借款已存入开户银行。

业务分析：这项经济业务的发生，一方面使企业的银行存款增加60 000元，另一方面使企业的短期借款相应增加60 000元。因而，这项业务的发生涉及"银行存款""短期借款"两个账户。银行存款增加是资产的增加，应当记入"银行存款"账户的借方；企业短期借款的增加是负债的增加，应当记入"短期借款"账户的贷方。

该项业务编制的会计分录如下：

借：银行存款　　　　　　　　　　　　　　　60 000
　　贷：短期借款　　　　　　　　　　　　　　　　60 000

【例6-6】 业务原始单据：承上例，利息计算单。

业务描述：承上例，若佳骋纺织有限公司取得的借款年利率为6%，根据与银行签署的借款协议：该项借款的利息分月计提，按季支付，本金于到期后一次归还。经计算10月份应负担的利息为300（60 000×6%÷12×1）元。

业务分析：这项经济业务的发生，首先应计算企业10月应负担的利息300元（60 000×6%÷12×1）。企业的借款利息属于企业的筹资费用，应由本月负担，形成企业的一项费用（财务费用），但由于利息是按季度支付，因而利息并未在本月支付，形成企业的一项负债（应付利息）。因而，这项业务的发生涉及"财务费用""应付利息"两个账户。财务费用的增加是费用的增加，应当记入"财务费用"账户的借方；企业应付未付利息的增加是负债的增加，应当记入"应付利息"账户的贷方。

该项业务编制的会计分录如下：

借：财务费用　　　　　　　　　　　　　　　300
　　贷：应付利息　　　　　　　　　　　　　　　　300

11、12月份计提利息的会计处理同上。

【例6-7】 业务原始单据：承前例，如图5-8所示借款合同，如图5-10所示还款凭证。

业务描述：承前例，佳骋纺织有限公司于 2014 年 12 月 31 日偿还到期的短期借款本金 60 000 元和利息 900 元。

业务分析：这项经济业务的发生，一方面使企业的银行存款减少 60 900 元，另一方面使企业的短期借款相应减少 60 000 元，应付未付的利息减少 900 元。因而，这项业务的发生涉及"银行存款""短期借款""应付利息"三个账户。银行存款减少是资产的减少，应当记入"银行存款"账户的贷方；企业短期借款和应付利息的减少是负债的减少，应当记入"短期借款"和"应付利息"账户的借方。

该项业务编制的会计分录如下：

借：短期借款　　　　　　　　　　　　　　　60 000
　　应付利息　　　　　　　　　　　　　　　　　900
　贷：银行存款　　　　　　　　　　　　　　　　　　60 900

（2）长期借款的会计记录。

【例 6-8】 业务原始单据：借款借据（票样略。与短期借款相比，只是期限不同，借款用途不同，其余内容大致相同），借款合同（合同样本略。与图 5-8 相比，不同之处在于合同中明确借款用途，例如修建厂房，构建某款固定资产等，具体内容需与本例匹配）。

业务描述：佳骋纺织有限公司为修建厂房，于 2014 年 12 月 5 日从银行取得期限为 3 年的借款 800 000 元，所得借款已存入开户银行。

业务分析：这项经济业务的发生，一方面使企业的银行存款增加 800 000 元，另一方面使企业的长期借款相应增加 800 000 元。因而，这项业务的发生涉及"银行存款""长期借款"两个账户。银行存款增加是资产的增加，应当记入"银行存款"账户的借方；企业长期借款的增加是负债的增加，应当记入"长期借款"账户的贷方。

该项业务编制的会计分录如下：

借：银行存款　　　　　　　　　　　　　　　800 000
　贷：长期借款　　　　　　　　　　　　　　　　　800 000

6.3　生产准备业务的应用

6.3.1　固定资产购入业务的应用

《企业会计准则第 4 号——固定资产》第三条规定：固定资产，是指同时具有下列特征的有形资产：为生产商品、提供劳务、出租或经营管理而持有的；使用寿命超过一个会计年度。其中，使用寿命，是指企业使用固定资产的预计期间，或者该固定资产所能生产产品或提供劳务的数量。

1. 设置的主要账户

固定资产购入业务主要涉及"固定资产""在建工程""工程物资""库存现金""应交税费""银行存款"等账户。

（1）"固定资产"账户。"固定资产"账户的结构可参见图 6-1。

借方	固定资产	贷方
固定资产原价的增加数		固定资产原价的减少数
余额：期末固定资产的账面原价		

图 6-1 "固定资产"账户结构

（2）"在建工程"账户。本账户核算企业基建、技改等在建工程发生的价值。

企业发生的满足固定资产准则规定的确认条件的更新改造支出等固定资产后续支出，也在本账户核算；不满足固定资产准则规定的固定资产确认条件的固定资产后续支出，应在"管理费用""销售费用"等账户核算，不在本账户核算。

本账户应当按照"建筑工程""安装工程""在安装设备""待摊支出"以及单项工程等进行明细核算。

在建工程发生减值的，应在本账户设置"减值准备"明细账户进行核算，也可以单独设置"在建工程减值准备"账户进行核算。

企业发包的在建工程，应按合理估计的发包工程的进度，借记本账户，贷记"其他应付款"等账户。将设备交付承包企业进行安装时，借记本账户（在安装设备），贷记"工程物资"账户。与承包企业办理工程价款结算时，按补付的工程款，借记本账户，贷记"银行存款"等账户。

企业自营的在建工程领用工程物资、本企业原材料或库存商品的，借记本账户，贷记"工程物资""原材料""库存商品"等账户。采用计划成本核算的，应同时结转应分摊的成本差异。

上述事项涉及增值税的，应结转相应的增值税额。

在建工程应负担的职工薪酬，借记本账户，贷记"应付职工薪酬"账户。

辅助生产部门为工程提供的水、电、设备安装、修理、运输等劳务，借记本账户，贷记"生产成本——辅助生产成本"等账户。

在建工程发生的管理费、征地费、可行性研究费、临时设施费、公证费、监理费及应负担的税费等，借记本账户（待摊支出），贷记"银行存款"等账户。

在建工程发生的借款费用满足借款费用准则资本化条件的，借记本账户（待摊支出），贷记"长期借款""应付利息"等账户。

由于自然灾害等原因造成的单项工程或单位工程报废或毁损，减去残料价值和过失人或保险公司等赔款后的净损失，借记本账户（待摊支出），贷记本账户（建筑工程、安装工程等）；在建工程全部报废或毁损的，应按其净损失，借记"营业外支出——非常损失"账户，贷记本账户。

建设期间发生的工程物资盘亏、报废及毁损净损失，借记本账户（待摊支出），贷记"工程物资"账户；盘盈的工程物资或处置净收益，做相反的会计分录。

在建工程进行负荷联合试车发生的费用，借记本账户（待摊支出），贷记"银行存款""原材料"等账户；试车形成的产品或副产品对外销售或转为库存商品的，借记"银行存款""库存商品"等账户，贷记本账户（待摊支出）。

上述事项涉及增值税的，应结转相应的增值税额。

在建工程完工已领出的剩余物资应办理退库手续，借记"工程物资"账户，贷记本账户。

在建工程达到预定可使用状态时，应计算分配待摊支出，借记本账户（××工程），贷记本账户（待摊支出）；结转在建工程成本时，借记"固定资产"等账户，贷记本账户（××工程）。

本账户的期末借方余额，反映企业尚未完工的在建工程的价值。

（3）"工程物资"账户。本账户核算企业为在建工程准备的各种物资的价值，包括工程用材料、尚未安装的设备以及为生产准备的工器具等。

本账户应当按照"专用材料""专用设备""工器具"等进行明细核算。

工程物资发生减值准备的，应在本账户设置"减值准备"明细账户进行核算，也可以单独设置"工程物资减值准备"账户进行核算。

购入为工程准备的物资，借记本账户，贷记"银行存款""其他应付款"等账户。

领用工程物资，借记"在建工程"账户，贷记本账户。工程完工后将领出的剩余物资退库时，做相反的会计分录。

资产负债表日，根据资产减值准则确定工程物资发生减值的，按应减值的金额，借记"资产减值损失"账户，贷记本账户（减值准备）。

领用或处置工程物资时，应结转已计提的工程物资减值准备，借记本账户（减值准备），贷记"在建工程"等账户。

工程完工，将为生产准备的工具和器具交付生产使用时，借记"包装物及低值易耗品"等账户，贷记本账户。

工程完工后剩余的工程物资转作本企业存货的，借记"原材料"等账户，贷记本账户；采用计划成本核算的，应同时结转材料成本差异。

工程完工后剩余的工程物资对外出售的，应确认其他业务收入并结转相应成本。

上述事项涉及增值税的，应结转相应的增值税额。

本账户期末借方余额，反映企业为在建工程准备的各种物资的价值。

（4）"库存现金"账户。本账户核算企业的库存现金。企业内部周转使用的备用金，可以单独设置"备用金"账户核算。

企业应当设置"现金日记账"，由出纳人员根据收付款凭证，按照业务发生顺序逐笔登记。每日终了，应当计算当日的现金收入合计额、现金支出合计额和结余额，并将结余额与实际库存额核对，做到账款相符。有多币种现金的企业，应当按照币种分别设置"现金日记账"进行明细核算。

企业收到现金，借记本账户，贷记相关账户；支出现金做相反的会计分录。

本账户期末借方余额，反映企业持有的库存现金余额。

（5）"应交税费"账户。本账户核算企业按照税法规定应交纳的各种税费，包括增值税、消费税、营业税、所得税、资源税、土地增值税、城市维护建设税、房产税、土地使用税、车船使用税、教育费附加、矿产资源补偿费等，属于负债类账户。

企业（保险）按规定应交纳的保险保障基金，也通过本账户核算。

企业代扣代交的个人所得税等，也通过本账户核算。

企业不需要预计所交纳税金的应交金额，如印花税、耕地占用税等，在纳税义务发生时就直接支付，则不在本账户核算。

本账户应当按照应交税费的税种进行明细核算。其中：增值税是对在我国境内销售货物、进口货物以及提供加工、修理修配劳务的单位和个人，就其实现的增值额征收的一种流转税。

一般纳税人应交增值税＝（销价－进价）×税率＝销价×税率－进价×税率＝销项税额－进项税额

因此，应交增值税还应分别按"进项税额""销项税额""出口退税""进项税额转出""已交税金"等设置专栏进行明细核算。

企业采购物资等，按应记入采购成本的金额，借记"材料采购""在途物资"或"原材料""库存商品"等账户，按可抵扣的增值税额，借记本账户（应交增值税——进项税额），按应付或实际支付的金额，贷记"应付账款""应付票据""银行存款"等账户。购入物资发生的退货，做相反的会计分录。

销售物资或提供应税劳务，按营业收入和应收取的增值税额，借记"应收账款""应收票据""银行存款"等账户，按专用发票上注明的增值税额，贷记本账户（应交增值税——销项税额），按实现的营业收入，贷记"主营业务收入""其他业务收入"账户。发生的销售退回，做相反的会计分录。

实行"免、抵、退"的企业，按应收的出口退税额，借记"其他应收款"账户，贷记本账户（应交增值税——出口退税）。

企业交纳的增值税，借记本账户（应交增值税——已交税金），贷记"银行存款"账户。

小规模纳税人以及购入材料不能取得增值税专用发票的，发生的增值税记入材料采购成本，借记"材料采购""在途物资"等账户，贷记本账户。小规模纳税人应交增值税＝销售额×规定的税率

2. 主要经济业务的会计记录

（1）购入不需安装固定资产的会计记录。

【例6-9】 业务原始单据：增值税专用发票（票样与图5-6相比，不同之处在于，此处为自购固定资产，买方除了获得做账联，还有抵扣联用于抵扣增值税进项税），固定资产验收单（票样如图5-7所示），银行信汇凭证（如图5-11所示）。

业务描述：2014年12月6日佳骋纺织有限公司购入不需要安装的生产设备一台，买价9 500元，增值税税率17%，包装及运杂费等1 885元，全部价款使用银行存款支付，设备购回即投入使用。

业务分析：由于该设备不需要安装，购回即可投入使用，达到预定的使用状态。2008年11月5日国务院第三十四次常务会议修订通过的《中华人民共和国增值税暂行条例》，允许纳税人抵扣购进固定资产的进项税额，删除了原条例有关不得抵扣购进固定资产的进项税额的规定，从2009年1月1日起开始执行。因此，增值税进项税额1 615元不再记入固定资产成本，而记入应交税费。固定资产的原价为买价和包装及运杂费等，共计11 385（9 500＋1 885）元。这项经济业务的发生，一方面使企业的固定资产增加11 385元，增值税进项税额增加1 615元，另一方面使企业的银行存款减少13 000元。

因此，这项业务的发生涉及"固定资产""应交税费""银行存款"三个账户。固定资产增加是资产的增加，应当记入"固定资产"账户的借方；增值税进项税额的增加，会导致应交税费的减少，应记入"应交税费"账户的借方，企业银行存款的减少是资产的减少，成当记入"银行存款"账户的贷方。

该项业务编制的会计分录如下：

借：固定资产　　　　　　　　　　　　　　　　　　　　　　11 385
　　应交税费——应交增值税（进项税额）　　　　　　　　　1 615
　贷：银行存款　　　　　　　　　　　　　　　　　　　　　　　　　13 000

（2）购入需要安装固定资产的会计记录。

【例6-10】　业务原始单据：增值税专用发票（票样如图5-6所示，不同之处在于，此处为自购固定资产，买方除了获得做账联，还有抵扣联用于抵扣增值税进项税），固定资产验收单（票样如图5-7所示），银行信汇凭证（票样如图5-11所示）。

业务描述：2014年12月7日佳骋纺织有限公司购入需要安装的生产设备一台，买价10 000元，增值税税率17%，包装及运杂费等1300元，全部价款使用银行存款支付。

业务分析：与【例6-9】同理，增值税进项税额增加1 700（10 000×17%）元应记入"应交税费"，由于该设备没有达到预定可使用状态，需要安装才能投入使用。因而，在购买过程中发生的买价和包装及运杂费等11 300（10 000+1 300）元，应先通过"在建工程"账户进行核算，这项经济业务的发生，一方面使企业的"在建工程"账户增加11 300元，增值税进项税额增加1 700元，另一方面使企业的银行存款减少13 000元。因而，这项业务的发生涉及"在建工程""应交税费""银行存款"三个账户。"在建工程"账户的增加是资产的增加，应当记入"在建工程"账户的借方；增值税进项税额增加会导致应交税费的减少，应当记入"应交税费"账户的借方，银行存款的减少是资产的减少，应当记入"银行存款"账户的贷方。

该项业务编制的会计分录如下：

借：在建工程　　　　　　　　　　　　　　　　　　　　　　11 300
　　应交税费——应交增值税（进项税额）　　　　　　　　　1 700
　贷：银行存款　　　　　　　　　　　　　　　　　　　　　　　　　13 000

【例6-11】　业务原始单据：承上例，收款收据如图5-12所示。

业务描述：2014年12月8日佳骋纺织有限公司进行设备安装，用库存现金支付安装费1 000元。

业务分析：设备在安装过程中的安装费构成了设备的安装工程支出。这项经济业务的发生，一方面使设备的安装工程支出（安装费）增加1 000元，另一方面使企业的库存现金减少1 000元。因而，这项业务的发生涉及"在建工程"和"库存现金"两个账户。"在建工程"账户的增加是资产的增加，应当记入"在建工程"账户的借方；库存现金的减少是资产的减少，应当记入"库存现金"账户的贷方。

该项业务编制的会计分录如下：

借：在建工程　　　　　　　　　　　　　　　　　　　　　　1 000
　贷：库存现金　　　　　　　　　　　　　　　　　　　　　　　　　1 000

【例6-12】　业务原始单据：承上例各原始单据复印件，另需安装验收合格单（略）。

业务描述：承前【例6-10】和【例6-11】，2014年12月9日佳骋纺织有限公司购入的设备安装完毕，达到预定可使用状态，并经验收合格交付使用。

业务分析：设备安装完毕，达到预定可使用状态，并经验收合格交付使用，意味着该设备由正在建造的工程变成了可以投入使用的固定资产，此时，应将在建工程的全部支出12 300（11 300＋1 000）元，转入固定资产的入账价值。这项经济业务的发生，一方面使企业的固定资产增加12 300元，另一方面使企业的在建工程成本减少12 300元。因而，这项业务的发生涉及"固定资产"和"在建工程"两个账户。固定资产增加是资产的增加，应当记入"固定资产"账户的借方；企业在建工程的减少是资产的减少，应当记入"在建工程"账户的贷方。

该项业务编制的会计分录如下：

借：固定资产　　　　　　　　　　　　　　　　　　　12 300
　　贷：在建工程　　　　　　　　　　　　　　　　　　12 300

6.3.2　材料采购业务的应用

企业要进行正常的产品生产经营活动，就必须购买和储备一定品种和数量的原材料。《企业会计准则第1号——存货》第五条规定：存货应当按照成本进行初始计量。存货成本包括采购成本、加工成本和其他成本。

存货的采购成本，包括购买价款、相关税费、运输费、装卸费、保险费以及其他可归属于存货采购成本的费用。存货的加工成本，包括直接人工以及按照一定方法分配的制造费用。存货的其他成本，是指除采购成本、加工成本以外的，使存货达到目前场所和状态所发生的其他支出。

下列费用应当在发生时确认为当期损益，不记入存货成本：非正常消耗的直接材料、直接人工和制造费用，仓储费用（不包括在生产过程中为达到下一个生产阶段所必需的费用）。不能归属于使存货达到目前场所和状态的其他支出。

按照我国的会计规范的规定，企业的原材料可以按照实际成本计价组织收发核算，也可以按照计划成本计价组织收发核算，具体采用哪一种方法，由企业根据具体情况自行决定。本书只讲解按照实际成本组织收发核算，计划成本法由财务会计课程讲解。

1. 设置的主要账户

为了总括地核算材料采购业务，需要设置两类账户，一类反映企业购进原材料的增减变化的账户，如"在途物资""原材料"；另一类反映款项结算的账户，如"应付账款""应付票据""预付账款""应交税费""银行存款""库存现金"等。

（1）"在途物资"账户。

本账户核算企业采用实际成本进行材料日常核算，尚未验收入库的购入材料的采购成本。

本账户应当按照供应单位进行明细核算。

企业购入材料、商品，按应记入材料、商品采购成本的金额，借记本账户，按可抵扣的增值税额，借记"应交税费——应交增值税（进项税额）"账户，按实际支付或应付的款项，贷记"银行存款""应付票据"等账户。

购入材料超过正常信用条件延期支付（如分期付款购买材料），实质上具有融资性质的，应按购买价款的现值金额，借记本账户，按可抵扣的增值税额，借记"应交税费——应交增值税（进项税额）"账户，按应付金额，贷记"长期应付款"账户，按其差额，借记"未确认融资费用"账户。

所购材料到达，验收入库，借记"原材料"账户，贷记本账户。

本账户期末借方余额，反映企业已付款或已开出、承兑商业汇票，但尚未到达或尚未验收入库的在途材料的采购成本。

（2）"原材料"账户。

本账户核算企业库存的各种材料，包括原料及主要材料、辅助材料、外购半成品（外购件）、修理用备件（备品备件）、包装材料、燃料等的计划成本或实际成本。

收到来料加工装配业务的原料、零件等，应当设置备查簿进行登记。

本账户应当按照材料的保管地点（仓库）、材料的类别、品种和规格等进行明细核算。

购入并已验收入库的原材料，借记本账户，贷记"在途物资"账户。自制并已验收入库的原材料，按实际成本，借记本账户，按实际成本贷记"生产成本"等账户。委托外单位加工完成并已验收入库的原材料，借记本账户，贷记"委托加工物资"账户。以其他方式增加的材料，在材料验收入库时，借记本账户，按不同方式下确定的材料的实际成本，贷记有关账户。

生产经营领用材料，借记"生产成本""制造费用""销售费用""管理费用"等账户，贷记本账户。

发出委托外单位加工的原材料，借记"委托加工物资"账户，贷记本账户。

基建工程等部门领用材料，按实际成本加上不予抵扣的增值税额等，借记"在建工程"等账户，贷记本账户，按不予抵扣的增值税额，贷记"应交税费——应交增值税（进项税额转出）"账户。

采用实际成本进行材料日常核算的，发出材料的实际成本，可以采用先进先出法、加权平均法或个别认定法计算确定。

出售材料时，按收到或应收价款，借记"银行存款"或"应收账款"等账户，按实现的营业收入，贷记"其他业务收入"账户，按应交的增值税额，贷记"应交税费——应交增值税（销项税额）"账户。

结转出售材料的实际成本时，借记"其他业务成本"账户，贷记本账户。

本账户的期末借方余额，反映企业库存材料的实际成本。

（3）"应付账款"账户。

本账户核算企业因购买材料、商品和接受劳务供应等经营活动应支付的款项。

本账户应当按照不同的债权人进行明细核算。

企业购入材料，材料尚未运达企业或者已经运达企业但尚未验收入库，货款尚未支付，根据有关凭证（发票账单、随货同行发票上记载的实际价款或暂估价值），借记"在途物资"账户，按可抵扣的增值税额，借记"应交税费——应交增值税（进项税额）"等账户，按应付的价款，贷记本账户。接受供应单位提供劳务而发生的应付未付款项，根据供应单位的发票账单，借记"生产成本""管理费用"等账户，贷记本账户。

支付时，借记本账户，贷记"银行存款"等账户。

企业如有将应付账款划转出去或者确实无法支付的应付账款，应按其账面余额，借记本账户，贷记"营业外收入——其他"账户。

本账户期末贷方余额，反映企业尚未支付的应付账款。

(4)"应付票据"账户。

本账户核算企业购买材料、商品和接受劳务供应等而开出、承兑的商业汇票，包括银行承兑汇票和商业承兑汇票。

企业开出、承兑商业汇票或以承兑商业汇票抵付货款、应付账款时，借记"材料采购""库存商品""应付账款""应交税费——应交增值税（进项税额）"等账户，贷记本账户。

支付银行承兑汇票的手续费，借记"财务费用"账户，贷记"银行存款"账户。支付款项时，借记本账户，贷记"银行存款"账户。

应付票据到期，如企业无力支付票款，按应付票据的票面价值，借记本账户，贷记"应付账款"或"短期借款"账户。

企业应当设置"应付票据备查簿"，详细登记每一商业汇票的种类、号数和出票日期、到期日、票面余额、交易合同号和收款人姓名或单位名称以及付款日期和金额等资料。应付票据到期结清时，应当在备查簿内逐笔注销。本账户应当按照债权人的不同设置明细账，进行明细分类核算。

本账户期末贷方余额，反映企业尚未到期的商业汇票的票面金额。

(5)"预付账款"账户。

本账户核算企业按照购货合同规定预付给供应单位的款项。预付款项情况不多的，也可以不设置本科目，将预付的款项直接记入"应付账款"科目的借方。本账户应当按照供应单位进行明细核算。

企业因购货而预付的款项，借记本科目，贷记"银行存款"等科目。

收到所购物资时，按应记入购入物资成本的金额，借记"在途物资"或"原材料""库存商品"等科目，按可抵扣的增值税额，借记"应交税费——应交增值税（进项税额）"科目，按应付金额，贷记本科目。补付的款项，借记本科目，贷记"银行存款"等科目；退回多付的款项，借记"银行存款"等科目，贷记本科目。

本科目期末借方余额，反映企业预付的款项；期末如为贷方余额，反映企业尚未补付的款项。

(6)"应交税费"账户。

"应交税费"账户的结构可参见图6-2。

借方	应交税费	贷方
应交税费的减少数		应交税费的增加数
		余额：应交税费未交数

图6-2 "应交税费"账户结构

2. 主要经济业务的会计记录

（1）现购。

【例6-13】 业务原始单据：转账付讫通知单，增值税专用发票（如图5-13所示），银行转账支票（如图5-14所示）。

业务描述：2014年12月9日佳骋纺织有限公司从万艺实业有限公司（同城）购入清洁布200千克，每千克25元，材料尚未到达，增值税率17%，款项已用银行存款支付。

业务分析：这项经济业务的发生，一方面使企业的材料采购支出增加5 000元，增值税的进项税额增加850元，另一方面也使企业的银行存款减少5 850元。这项经济业务的发生涉及"在途物资""应交税费""银行存款"三个账户。材料采购的增加是资产的增加，应记入"在途物资"账户的借方；支付的增值税进项税额是负债的减少，应记入"应交税费"账户的借方，银行存款的减少是资产的减少，应记入"银行存款"账户的贷方。

该项经济业务应编制如下会计分录：

借：在途物资——清洁布　　　　　　　　　　　　　5 000
　　应交税费——应交增值税（进项税额）　　　　　　850
　　贷：银行存款　　　　　　　　　　　　　　　　　　　5 850

（2）赊购。

【例6-14】 业务原始单据：增值税专用发票（票样如图5-13所示，具体业务内容根据此业务填写），银行转账支票（样票如图5-14所示，日期变更为2014年12月10日，票据金额变更为7 078.5元，其余同），银行进账单（票样如图5-15所示，日期变更为2014年12月10日，金额改为7 078.50元，其余同）。

业务描述：2014年12月10日佳骋纺织有限公司从万艺实业有限公司购入胶袋550千克，每千克11元。材料尚未到达，增值税率17%，款项尚未支付。

业务分析：这项经济业务的发生，一方面使企业的材料采购支出增加6 050元，增值税的进项税额增加1 028.5（6 050×17%）元；另一方面也使企业的应付账款增加7 078.5元，这项经济业务的发生涉及"在途物资""应交税费""应付账款"三个账户。材料采购支出的增加是资产的增加，应记入"在途物资"账户的借方；支付的增值税的进项税额是负债的减少，应记入"应交税费"的借方；应付账款的增加是负债的增加，应记入"应付账款"的贷方。

该项经济业务应编制如下会计分录：

借：在途物资——胶袋　　　　　　　　　　　　　　6 050
　　应交税费——应交增值税（进项税额）　　　　　1 028.5
　　贷：应付账款　　　　　　　　　　　　　　　　　　7 078.5

【例6-15】 业务单据：增值税专用发票（票样如图5-13所示，票据内容需匹配例6-15业务），商业承兑汇票如图5-16所示。商业承兑汇票可以由付款方开具，也可以由收款方开具，开出商业承兑汇票的企业必须由人民银行核准开户许可证，如图5-17所示。无论由谁开具，只能由付款方承兑。

业务描述：2014年12月10日佳骋纺织有限公司从力丰实业有限公司购入双面绒

3 200 米，每米 12.5 元。力丰实业有限公司代垫运杂费 200 元（假定本书的运输费不考虑增值税的问题，下同），材料尚未到达，增值税率 17%，款项采用商业承兑汇票结算，2014 年 12 月 10 日佳骋纺织有限公司开出并承兑 4 个月期限的商业承兑汇票一张。

业务分析：这项经济业务的发生，一方面使企业的材料采购支出增加 40 200 元，其中双面绒买价 40 000 元，运杂费 200 元，增值税的进项税额增加 6 800 元（40 000×17%）；另一方面使企业的应付票据增加 47 000 元。这项经济业务的发生涉及"在途物资""应交税费""应付票据"三个账户。材料采购支出的增加是资产的增加，应记入"在途物资"账户的借方；支付的增值税进项税额是负债的减少，应记入"应交税费"的借方；应付票据的增加是负债的增加，应记入"应付票据"的贷方。

该项经济业务应编制如下会计分录：

借：在途物资——双面绒　　　　　　　　　　　40 200
　　应交税费——应交增值税（进项税额）　　　 6 800
　　贷：应付票据　　　　　　　　　　　　　　　　　　47 000

（3）预购。

【例 6-16】 业务原始单据：购销合同（略，需要说明的是，仅依据合同是不可以编制会计分录的），转账支票（票样如图 5-14 所示，只是金额变更为 20 000 元，用途变更为预付货款）。

业务描述：2014 年 12 月 8 日佳骋纺织有限公司根据购销合同以银行存款 20 000 元预付货款给光明实业有限公司，用于购买纸箱。

业务分析：这项经济业务的发生，一方面使企业的预付账款增加 20 000 元，另一方面使银行存款减少 20 000 元。这项经济业务的发生涉及"预付账款""银行存款"两个账户。预付账款的增加是资产的增加，应记入"预付账款"账户的借方；银行存款的减少是资产的减少，应记入"银行存款"账户的贷方。

该项经济业务应编制如下会计分录：

借：预付账款　　　　　　　　　　　　　　　　20 000
　　贷：银行存款　　　　　　　　　　　　　　　　　　20 000

【例 6-17】 业务原始单据：增值税专用发票（略），收款收据（如图 5-18，光明实业有限公司代垫运费，佳骋纺织有限公司支付运费给光明实业有限公司，光明实业有限公司需开收款收据）。

业务描述：2014 年 12 月 12 日佳骋纺织有限公司收到光明实业有限公司发来的企业已预付款的纸箱，材料尚未验收入库。该批材料的货款 20 000 元，增值税率 17%，同时以库存现金支付运费等采购费用 600 元。

业务分析：这项经济业务的发生，一方面使材料采购成本增加 20 600 元，增值税的进项税额增加 3 400（20 000×17%）元；另一方面使库存现金减少 600 元，预付货款减少 23 400 元。这项经济业务的发生涉及"在途物资""应交税费""预付账款""库存现金"四个账户。材料采购成本的增加是资产的增加，应记入"在途物资"账户的借方；支付的增值税的进项税额是负债的减少，应记入"应交税费"的借方；预付账款减少是资产的减少，应记入"预付账款"账户的贷方；库存现金的减少是资产的减少，应记入

"库存现金"账户的贷方。

该项经济业务应编制如下会计分录：

借：在途物资——纸箱 20 600
　　应交税费——应交增值税（进项税额） 3 400
　　贷：库存现金 600
　　　　预付账款 23 400

【例6-18】 业务原始单据：银行转账支票（略），购货合同复印件（略）。

业务描述：2014年12月12日佳骋纺织有限公司以银行存款3 400元补付采购光明实业有限公司纸箱的货款。

业务分析： 这项经济业务的发生，一方面使预付账款增加3 400元，另一方面使银行存款减少3 400元。这项经济业务的发生涉及"预付账款""银行存款"两个账户。预付账款的增加是资产的增加，应记入"预付账款"账户的借方；银行存款的减少是资产的减少，应记入"银行存款"账户的贷方。

该项经济业务应编制如下会计分录：

借：预付账款 3 400
　　贷：银行存款 3 400

【例6-19】 业务原始单据：转账支票（略），购货合同复印件（略）。

业务描述：2014年12月13日佳骋纺织有限公司偿还前欠（见例6-14）万艺实业有限公司购入胶袋的货款，价税合计7 078.50元，用银行存款支付。

业务分析： 这项经济业务的发生，一方面使企业的前欠货款减少7 078.50元，另一方面使企业的银行存款减少7 078.50。这项经济业务的发生涉及"应付账款""银行存款"两个账户。企业前欠货款的减少是负债的减少，应记入"应付账款"账户的借方；银行存款的减少是资产的减少，应记入"银行存款"账户的贷方。

该项经济业务应编制如下会计分录：

借：应付账款 7 078.50
　　贷：银行存款 7 078.50

(4) 采购费用的分配。

采购费用的分配通常采用比例分配法，要点是掌握费用分配三要素：①分配对象；②接受对象；③分配标准。

分配步骤：计算分配率＝单位分配标准负担的费用÷分配标准；
　　　　　接受对象负担的费用＝该接受对象的分配标准×分配率。

【例6-20】 业务原始单据：收款收据（样图如5-18所示），运费分配计算表（如表6-1所示）。

业务描述：2014年12月13日佳骋纺织有限公司同时收到万艺实业有限公司发来的清洁布、胶袋两种材料，以银行存款支付清洁布、胶袋两种材料的运输费400元，以库存现金支付两种材料的搬运费40元，运输费和搬运费按照清洁布、胶袋的重量比例进行分配（如表6-1所示）。

表6-1 运费计算分配表   金额：元

项　目	金　额	重量（kg）	分配率	分配金额
运输费	400			
搬运费	40			
清洁布		200	0.586 7	117.33
胶袋		550	0.586 7	322.67
合　计	440	750	440÷750	

业务分析：费用分配率 = 440÷750 = 0.586 7（元/千克），
清洁布负担的运输费和搬运费之和 = 200×0.586 7 = 117.33（元），
胶袋负担的运输费和搬运费之和 = 550×0.586 7 = 322.68（元）。

这项经济业务的发生，一方面使企业的材料采购成本增加440元，其中清洁布采购成本增加117.33元，胶袋采购成本增加322.67元；另一方面使企业的银行存款减少400元，库存现金减少40元。这项经济业务的发生涉及"在途物资""银行存款""库存现金"三个账户，材料采购支出的增加是资产的增加，记入"在途物资"账户的借方；银行存款和库存现金的减少是资产的减少，应记入"银行存款"和"库存现金"的贷方。

该项经济业务应编制如下会计分录：

借：在途物资——清洁布　　　　　　　　　　　　　　　117.33
　　　　　　——胶袋　　　　　　　　　　　　　　　　322.67
　贷：银行存款　　　　　　　　　　　　　　　　　　　400
　　　库存现金　　　　　　　　　　　　　　　　　　　40

（5）结转材料采购成本。

【例6-21】 业务原始单据：材料入库单（如图5-19所示），如果不是同时入库，或者不是同一仓库验收，则需分批次填写材料入库单。

业务描述：2014年12月14日佳骋纺织有限公司本月采购的清洁布、胶袋、双面绒、纸箱四种材料已经验收入库，结转这四种材料的采购成本。

业务分析：本月采购的各种材料的实际采购成本（买价+采购费用），
清洁布实际采购成本 = 5 000+117.33 = 5 117.33（元），
胶袋实际采购成本 = 6 050+322.67 = 6 372.67（元），
双面绒实际采购成本 = 40 200（元），
纸箱实际采购成本 = 20 600（元）。

这项经济业务的发生，表明清洁布、胶袋、双面绒、纸箱四种材料的采购过程已经完成，各种材料的实际采购成本已分别计算确定，该业务一方面使企业已经验收入库材料的实际成本增加了，另一方面企业的在途材料减少了。这项经济业务的发生涉及"原材料""在途物资"两个账户。验收入库材料的实际成本的增加是原材料的增加，属于资产的增加，应记入"原材料"账户的借方；在途材料的减少是资产的减少，应记入

"在途物资"账户的贷方。

该项经济业务应编制如下会计分录：

借：原材料——清洁布　　　　　　　　　　　　　5 117.33
　　　　　——胶袋　　　　　　　　　　　　　　6 372.67
　　　　　——双面绒　　　　　　　　　　　　　40 200
　　　　　——纸箱　　　　　　　　　　　　　　20 600
　　贷：在途物资——清洁布　　　　　　　　　　5 117.33
　　　　　　　　——胶袋　　　　　　　　　　　6 372.67
　　　　　　　　——双面绒　　　　　　　　　　40 200
　　　　　　　　——纸箱　　　　　　　　　　　20 600

6.4　生产过程业务的应用

生产费用是指产品生产过程中所发生的应当记入产品成本的各种费用。制造业的生产费用，不论发生在何处，都要归集、分配到一定种类的产品中，形成各种产品的成本。

制造业一定期间为生产一定种类、一定数量的产品所支出的各种生产费用之和，称为产品生产成本，也称产品成本、生产成本、制造成本。成本项目是生产费用按经济用途分类的项目，一般分为直接材料、直接人工和制造费用三个成本项目。此时，产品成本＝直接材料＋直接人工＋制造费用。直接材料是指构成产品实体的原料、主要材料以及有助于产品形成的辅助材料等。直接人工是指直接参加产品生产的工人工资及福利费，制造费用是指除直接材料、直接人工以外的生产费用。

随着产品完工入库，生产费用转化为完工产品成本。借贷记账法在企业产品生产过程业务的应用就是对生产费用的发生、归集、分配，产品成本的形成等进行会计记录。

6.4.1　设置的主要科目

为了总括地核算生产业务，反映和监督各项生产费用的发生、归集和分配，正确核算产品生产成本，需要设置"生产成本""制造费用""应付职工薪酬""累计折旧""管理费用"和"库存商品"等科目。

1. "生产成本"科目

本科目核算企业进行工业性生产发生的各项生产费用，包括生产各种产品（包括产成品、自制半成品等）、自制材料、自制工具、自制设备等。本科目应当按照基本生产成本和辅助生产成本进行明细核算。基本生产成本应当分别按照基本生产车间和成本核算对象（如产品的品种、类别、定单、批别、生产阶段等）设置明细账（或成本计算单，下同），并按照规定的成本项目设置专栏。

企业发生的各项直接生产费用，借记本科目（基本生产成本、辅助生产成本），贷记"原材料""库存现金""银行存款""应付职工薪酬"等科目。企业各生产车间应负担的制造费用，借记本科目（基本生产成本、辅助生产成本），贷记"制造费用"科目。企业辅助生产车间为基本生产车间、企业管理部门和其他部门提供的劳务和产品，月末按照一定的分配标准分配给各受益对象，借记本科目（基本生产成本）"管理费用""销售费用""其他业务成本""在建工程"等科目，贷记本科目（辅助生产成本）。

企业已经生产完成并已验收入库的产成品以及入库的自制半成品，应于月末，借记"库存商品"等科目，贷记本科目（基本生产成本）。

本科目期末借方余额，反映企业尚未加工完成的在产品的成本。

2．"制造费用"科目

本科目核算企业生产车间、部门为生产产品和提供劳务而发生的各项间接费用。企业行政管理部门为组织和管理生产经营活动而发生的管理费用，在"管理费用"科目核算，不在本科目核算。本科目应当按照不同的生产车间、部门和费用项目进行明细核算。

企业生产车间、部门发生的不满足固定资产准则规定的固定资产确认条件的日常修理费用和大修理费用等固定资产后续支出，在"主营业务成本"科目核算，不在本科目核算。

生产车间发生的机物料消耗，借记本科目，贷记"原材料"等科目。发生的生产车间管理人员的工资等职工薪酬，借记本科目，贷记"应付职工薪酬"科目。生产车间计提的固定资产折旧，借记本科目，贷记"累计折旧"科目。生产车间支付的办公费、水电费等，借记本科目，贷记"银行存款"等科目。发生季节性的停工损失，借记本科目，贷记"原材料""应付职工薪酬""银行存款"等科目。

将制造费用分配记入有关的成本核算对象，借记"生产成本（基本生产成本、辅助生产成本）"、"劳务成本"科目，贷记本科目。

季节性生产企业制造费用全年实际发生数与分配数的差额，除其中属于为下一年开工生产作准备的可留待下一年分配外，其余部分实际发生额大于分配额的差额，借记"生产成本——基本生产成本"科目，贷记本科目；实际发生额小于分配额的差额，做相反的会计分录。

除季节性的生产性企业外，本科目期末应无余额。

3．"应付职工薪酬"科目

本科目核算企业根据有关规定应付给职工的各种薪酬。外商投资企业按规定从净利润中提取的职工奖励及福利基金，也在本科目核算。职工薪酬，是指企业为获得职工提供的服务而给予各种形式的报酬以及其他相关支出。"应付职工薪酬"科目包括职工工资，奖金，津贴和补贴，职工福利费，医疗、养老、失业、工伤、生育等社会保险费，住房公积金，工会经费，职工教育经费，非货币性福利等因职工提供服务而产生的义务。本科目应当按照"工资""职工福利""社会保险费""住房公积金""工会经费""职工教育经费""解除职工劳动关系补偿""股份支付"等应付职工薪酬项目进行明细核算。

企业按照有关规定向职工支付工资、奖金、津贴等，借记本科目，贷记"银行存款""现金"等科目。企业从应付职工薪酬中扣还的各种款项（代垫的家属药费、个人所得税等），借记本科目，贷记"其他应收款""应交税费——应交个人所得税"等科目。企业向职工支付职工福利费，借记本科目，贷记"银行存款""现金"等科目。企业支付工会经费和职工教育经费用于工会运作和职工培训，借记本科目，贷记"银行存款"等科目。企业按照国家有关规定缴纳社会保险费和住房公积金，借记本科目，贷记"银行存款"科目。企业因解除与职工的劳动关系向职工给予的补偿，借记本科目，贷记"银行存款""现金"等科目。企业支付租赁住房等资产供职工无偿使用所发生的租金，借记本科目，贷记"银行存款"等科目。

在行权日，企业以现金与职工结算股份支付，借记本科目，贷记"银行存款""现金"等科目。

企业应当根据职工提供服务的受益对象，对发生的职工薪酬分别按以下情况进行处理：生产部门人员的职工薪酬，借记"生产成本""制造费用""劳务成本"科目，贷记本科目。管理部门人员的职工薪酬，借记"管理费用"科目，贷记本科目。销售人员的职工薪酬，借记"销售费用"科目，贷记本科目。应由在建工程、研发支出负担的职工薪酬，借记"在建工程""研发支出"科目，贷记本科目。无偿向职工提供住房等资产使用的，按应计提的折旧额，借记"管理费用"等科目，贷记本科目；同时，借记本科目，贷记"累计折旧"科目。租赁住房等资产供职工无偿使用的，每期应支付的租金，借记"管理费用"等科目，贷记本科目。在等待期内每个资产负债表日，根据股份支付准则确定的金额，借记"管理费用"等科目，贷记本科目。在可行权日之后，根据股份支付准则确定的金额，借记或贷记"公允价值变动损益"科目，贷记或借记本科目。

本科目期末贷方余额，反映企业应付职工薪酬的结余。

4. "累计折旧"科目

本科目核算企业对固定资产计提的累计折旧。本科目应当按照固定资产的类别或项目进行明细核算。

企业按月计提固定资产折旧，借记"制造费用""销售费用""管理费用""其他业务成本""研发支出"等科目，贷记本科目。

本科目期末贷方余额，反映企业固定资产累计折旧额。

5. "管理费用"科目

本科目核算企业为组织和管理企业生产经营所发生的管理费用，包括企业在筹建期间内发生的开办费、董事会和行政管理部门在企业的经营管理中发生的或者应由企业统一负担的公司经费（包括行政管理部门职工薪酬、物料消耗、低值易耗品摊销、办公费和差旅费等）、工会经费、董事会费（包括董事会成员津贴、会议费和差旅费等）、聘请中介机构费、咨询费（含顾问费）、诉讼费、业务招待费、房产税、车船使用税、土地使用税、印花税、技术转让费、矿产资源补偿费、研究费用、排污费等。企业行政管理部门等发生的不满足固定资产准则规定的固定资产确认条件的日常修理费用和大修理费用等固定资产后续支出，也在本科目核算。同一控制下企业合并发生的直接相关费用，也在本科目核算。本科目应当按照费用项目进行明细核算。

企业在筹建期间内发生的开办费，包括人员工资、办公费、培训费、差旅费、印刷费、注册登记费以及不记入固定资产价值的借款费用等在实际发生时，借记本科目（开办费），贷记"银行存款"等科目。

行政管理部门人员的职工薪酬，借记本科目，贷记"应付职工薪酬"科目。行政管理部门计提的固定资产折旧,借记本科目,贷记"累计折旧"科目。发生的办公费、水电费、业务招待费、聘请中介机构费、咨询费、诉讼费、技术转让费、研究费用,借记本科目,贷记"银行存款""研发支出"等科目。按规定计算确定的应交矿产资源补偿费的金额,借记本科目,贷记"应交税费"科目。按规定计算确定的应交的房产税、车船使用税、土地使用税,借记本科目,贷记"应交税费"科目。

期末,应将本科目的余额转入"本年利润"科目,结转后本科目应无余额。

6. "库存商品"科目

库存商品指的是已完成全部生产过程并已验收入库,合乎标准规格和技术条件,可以按照合同规定的条件送交订货单位,或可以作为商品对外销售的产品以及外购或委托加工完成验收入库用于销售的各种商品。

本科目核算企业库存的各种商品的实际成本,包括库存产品、外购商品、存放在门市部准备出售的商品、发出展览的商品以及寄存在外的商品等。接受来料加工制造的代制品和为外单位加工修理的代修品,在制造和修理完成验收入库后,视同企业的产成品,通过本科目核算。已经完成销售手续并确认销售收入,但购买单位在月末未提取的商品,应当作为代管商品,单独设置"代管商品"备查簿进行登记。本科目应当按照库存商品的种类、品种和规格进行明细核算。

企业生产的产成品一般应按实际成本核算,产品的收入、发出和销售,平时只记数量不记金额,月末计算入库产品的实际成本。企业生产完成验收入库的产成品,按其实际成本,借记本科目,贷记"生产成本"科目。

采用实际成本进行产成品日常核算的,发出产成品的实际成本,可以采用先进先出法、加权平均法或个别认定法计算确定。

对外销售产品(包括采用分期收款方式销售产品),结转销售成本时,借记"主营业务成本"科目,贷记本科目。采用计划成本核算的,还应结转应分摊的实际成本与计划成本的差异,实际成本小于计划成本的差异,借记"产品成本差异"科目,贷记"主营业务成本"科目;实际成本大于计划成本的差异,做相反的会计分录。

对外销售商品(包括采用分期收款方式销售商品),结转销售成本时,借记"主营业务成本"科目,贷记本科目。月末,企业应结转对外转让、销售和结算开发产品的实际成本,借记"主营业务成本"科目,贷记本科目。企业应将开发的营业性配套设施用于本企业从事第三产业经营用房,应视同自用固定资产进行处理,并将营业性配套设施的实际成本,借记"固定资产"科目,贷记本科目(配套设施)。

本科目期末借方余额,反映企业库存商品的实际成本。

6.4.2 主要经济业务的会计记录

1. 发出材料的会计记录

【例6-22】 业务原始单据:领料单(见图5-20),每次领料时填制领料单,期末根据各次领料单编制发料凭证汇总表(材料领用汇总表)如图5-21所示。

业务描述:2014年12月31日佳骋纺织有限公司根据当月领料凭证,编制发料凭证汇总表,根据发料凭证汇总表编制会计分录。

业务分析:这项经济业务的发生,一方面使企业生产产品消耗的材料、车间一般消耗的材料、管理部门耗费的材料增加；另一方面使企业库存的原材料减少。这项经济业务的发生涉及"生产成本""制造费用""管理费用""原材料"四个账户。企业仓库发出的材料应按不同的用途分别记入不同的账户。直接用于生产产品的材料，属于直接材料费用，记入"生产成本"账户的借方；用于车间一般消耗的材料，属于直接材料和直接人工以外的生产费用，应记入"制造费用"账户的借方；用于管理部门消耗的材料，属于期间费用中的管理费用，应记入"管理费用"账户的借方；原材料的减少，属于资产的减少，应记入"原材料"账户的贷方。

该项经济业务应编制如下会计分录：

借：生产成本——擦拭布　　　　　　　　　　　　2 000
　　　　　　——琴键布　　　　　　　　　　　　4 400
　　制造费用　　　　　　　　　　　　　　　　　 660
　　管理费用　　　　　　　　　　　　　　　　　 940
　贷：原材料——清洁布　　　　　　　　　　　　2 940
　　　　　　——胶袋　　　　　　　　　　　　　5 060

2. 职工薪酬的会计记录

【例 6-23】 业务原始单据：现金支票如图 5-22（现金支票正联交由出纳去银行取现，单位只留存根）。

业务描述：2014 年 12 月 10 日佳骋纺织有限公司开出现金支票从开户银行提取现金 49 500 元，备发上月工资。

业务分析：这项经济业务的发生一方面使企业的银行存款减少 49 500 元，另一方面使企业的库存现金增加 49 500 元。这项经济业务的发生涉及"银行存款""库存现金"两个账户。银行存款的减少是资产的减少，应记入"银行存款"账户的贷方；库存现金的增加是资产的增加，应记入"库存现金"账户的借方。

该项经济业务应编制如下会计分录：

借：库存现金　　　　　　　　　　　　　　　　49 500
　贷：银行存款　　　　　　　　　　　　　　　49 500

【例 6-24】 业务原始单据：工资发放表（如表 6-2，说明：样表省略职工的工资明细，实际业务不可缺少）。

业务描述：2014 年 12 月 10 日佳骋纺织有限公司以现金发放员工上月工资共 49 500 元。

业务分析：这项经济业务的发生一方面使企业的库存现金减少 49 500 元，另一方面使企业的应付职工薪酬减少 49 500 元。这项经济业务的发生涉及"库存现金""应付职工薪酬"两个账户。库存现金的减少是资产的减少，应记入"库存现金"账户的贷方；应付职工薪酬的减少是负债的减少，应记入"应付职工薪酬"账户的借方。

该项经济收入应编制如下会计分录：

借：应付职工薪酬——工资　　　　　　　　　　49 500
　贷：库存现金　　　　　　　　　　　　　　　49 500

表 6-2 工资发放表　　　　　　　　　　　　　金额单位：元

顺序号		1	2	3	4	5	……	合　计
工号及姓名								
基本工资								
职务工资								
奖金								
加班工资								
减病产假	日数							
	工资							
减事假	日数							
	工资							
应发金额								
代扣款	医疗保险							
	住房公积金							
	……							
实发工资								49 500.00
收款人签章		张文	徐辉	李丽	……	李娜		

【例 6-25】 业务原始单据：工资结算表（如表 6-3，根据各部门的考勤记录、产量记录等原始单据编制）。

业务描述：2014 年 12 月 31 日佳骋纺织有限公司根据当月的考勤记录、产量记录等，编制工资结算表。

表 6-3 工资结算表　　　　　　　　　　　　　金额单位：元

车间、部门	计时工资	计件工资	津　贴	奖　金	应扣工资		应付工资
					病　假	事　假	
擦拭布生产工人	14 870		1 490	1 420	30	50	17 700
琴键布生产工人	12 590	5 420	1 450	1 150	40	270	20 300
车间管理人员	4 800		160	620	60	20	5 500
企业管理人员	4 700		310	730	40		5 700
合计	36 960	5 420	3 410	3 920	170	340	49 200

业务分析：这项经济业务的发生，一方面使企业应付职工工资的总额增加 49 200 元，另一方面使企业的生产费用增加 43 500 元，其中生产擦拭布的生产工人工资 17 700 元，生产琴键布的生产工人工资 20 300 元，都属于直接人工费用，应记入产品生产成本；车间管理人员的工资 5 500 元，属于直接材料和直接人工以外的生产费用，应先记入制造

费用。企业管理人员的工资 5 700 元，属于管理费用。因而，这项经济业务的发生涉及"生产成本""制造费用""管理费用""应付职工薪酬"四个账户。车间生产工人工资应记入"生产成本"账户的借方；车间管理人员的工资应记入"制造费用"账户的借方；企业管理人员的工资应记入"管理费用"账户的借方；企业应付职工工资总额的增加是负债的增加，应记入"应付职工薪酬"账户的贷方。

该项经济业务应编制如下会计分录：

借：生产成本——擦拭布　　　　　　　　　　17 700
　　　　　　——琴键布　　　　　　　　　　20 300
　　制造费用　　　　　　　　　　　　　　　 5 500
　　管理费用　　　　　　　　　　　　　　　 5 700
　　贷：应付职工薪酬——工资　　　　　　　　　　　　49 200

【例 6-26】业务原始单据：支付职工医药费、困难补助：根据职工所提供的医药费发票（略）、困难补助申请批准表（略），填制报销单，如图 5-23。各张报销单合计数要等于 5 000 元，用银行存款支付需开出支票（略）。报销单合计数使得相应的成本费用增加，需填制福利结算表（如表 6-4 所示）。

业务描述：2014 年 12 月 16 日佳骋纺织有限公司以银行存款支付职工医药费、困难补助等各种福利费共计 5 000 元，其中车间生产工人福利费 3 800 元（擦拭布生产工人 1 770 元，琴键布生产工人 2 030 元），车间管理人员福利费 550 元，企业管理人员福利费 650 元。

表 6-4　福利结算表　　　　　　　　　　　　　　　　　　单位：元

车间、部门	福利费	应付职工福利
擦拭布生产工人	1 770	1 770
琴键布生产工人	2 030	2 030
车间管理人员	550	550
企业管理人员	650	570
合计	5 000	4 920

业务分析：为了改善和提高职工的福利待遇，保证员工身体健康，根据国家有关规定，企业可以从成本、费用中列支职工福利费。企业实际支付福利费时，一方面企业的应付职工薪酬减少，另一方面使企业的银行存款减少。这项经济业务的发生涉及"银行存款""应付职工薪酬"两个账户。银行存款的减少是资产的减少，应记入"银行存款"账户的贷方；应付职工薪酬的减少是负债的减少，应记入"应付职工薪酬"账户的借方。

该项经济业务应编制如下会计分录：

① 企业实际支付福利费时：

借：应付职工薪酬——职工福利　　　　　　5 000
　　贷：银行存款　　　　　　　　　　　　　　　　5 000

② 企业列支福利费时：企业列支福利费时，一方面使企业的成本、费用增加，另一方面使企业的应付职工薪酬增加。列支的成本、费用增加时，可参照列支工资费用的原则来处理。因而，这项经济业务的发生涉及"生产成本""制造费用""管理费用""应

付职工薪酬"四个账户。车间生产工人福利费属于直接人工费用，应记入"生产成本"账户的借方；车间管理人员的福利费属于直接材料和直接人工以外的生产费用，应记入"制造费用"的借方；企业管理人员的福利费属于管理费用，应记入"管理费用"账户的借方；企业应付职工福利费总额的增加是应付职工薪酬的增加，应记入"应付职工薪酬"账户的贷方。

该项经济业务应编制如下会计分录：

借：生产成本——擦拭布　　　　　　　　　　　　1 770
　　　　　　——琴键布　　　　　　　　　　　　2 030
　　制造费用　　　　　　　　　　　　　　　　　 550
　　管理费用　　　　　　　　　　　　　　　　　 650
　　贷：应付职工薪酬——职工福利　　　　　　　　　　　5 000

3．累计折旧的会计记录

【例 6-27】 业务原始单据：固定资产折旧计提表（如图 5-26），该计提表需根据各固定资产卡片（正反面分别如图 5-24 和图 5-25，每次固定资产验收后需填制固定资产卡片）分别计提每项固定资产（编制固定资产计算表如表 6-5）后汇总填列成固定资产计算表。

业务描述：2014 年 12 月 31 日佳骋纺织有限公司根据月初固定资产的原值计提本月固定资产折旧 30 000 元；其中生产用固定资产折旧 22 000 元。非生产用固定资产折旧 8 000 元。

表 6-5　固定资产计算表　　　　　　　　　金额：元

固定资产折旧计算表					
部　门	资产类别	原　值	残　值	年　限	月折旧额
管理部门	房屋及建筑物	*	*	*	*
	运输设备	*	*	*	*
	合计				￥8 000.00

审核：王立　　　　　　制表：邓媛

业务分析：这项经济业务的发生，一方面使企业固定资产的折旧总额增加 30 000 元，另一方面使企业生产车间使用固定资产的折旧费用增加 22 000 元，企业管理使用固定资产的折旧费用增加 8 000 元。因而，这项经济业务的发生涉及"累计折旧""制造费用""管理费用"三个账户。企业固定资产的折旧总额增加本质上是固定资产价值的减少，应记入"累计折旧"账户的贷方；生产车间用固定资产折旧费的增加，属于直接材料和直接人工以外的生产费用的增加，应记入"制造费用"账户的借方；管理用固定资产折旧费用的增加，属于管理费用的增加，应记入"管理费用"账户的借方。

该项经济业务应编制如下会计分录：

借：制造费用　　　　　　　　　　　　　　　　22 000
　　管理费用　　　　　　　　　　　　　　　　 8 000
　　贷：累计折旧　　　　　　　　　　　　　　　　　30 000

4．水电费的会计记录

【例 6-28】 业务原始单据：水费电费发票（略），各部门用水用电量（水电表抄表数略）。根据上述原始凭证，编制水费、电费分配表（如表 6-6、表 6-7 所示）。

业务描述：2014年12月31日佳骋纺织有限公司分配本月企业应负担的水电费5 400元（其中电费3 400元，水费2 000元）。根据有关原始凭证编制水费、电费分配表。

表6-6　水费分配表　　　　　　　　　　　　　单价：2.5元/吨

部门	应借科目	用水量（吨）	分配金额（元）
生产车间	制造费用	600	1 500
管理部门	管理费用	200	500
合计			2 000

表6-7　电费分配表　　　　　　　　　　　　　单价：0.5元/度

部门	应借科目	用电量（度）	分配金额（元）
生产车间	制造费用	6 000	3 000
管理部门	管理费用	800	400
合计			3 400

业务分析：这项经济业务的发生，一方面使企业应该支付的水电费增加5 400元，另一方面使企业生产车间负担的水电费增加4 500元，企业管理部门负担的水电费增加900元。因而，这项经济业务的发生涉及"应付账款""制造费用""管理费用"三个账户。企业应该支付的水电费增加是负债的增加，应记入"应付账款"账户的贷方；企业生产车间负担水电费的增加，属于直接材料和直接人工以外的生产费用的增加，应记入"制造费用"账户的借方；企业管理部门负担水电费的增加属于管理费用的增加，应记入"管理费用"账户的借方。

该项经济业务应编制如下会计分录：

借：制造费用　　　　　　　　　　　　　　　　　　　4 500
　　管理费用　　　　　　　　　　　　　　　　　　　　900
　　贷：应付账款　　　　　　　　　　　　　　　　　　　　5 400

5. 制造费用的会计记录

【例6-29】 业务原始单据：报销单（如图5-27），支票（略）。

业务描述：2014年12月17日佳骋纺织有限公司支付生产车间的劳动保护费1 200元，保险费400元，办公费1 100元，共计2 700元。款项用银行存款支付。

业务分析：这项经济业务的发生，一方面使企业的银行存款减少2 700元，另一方面使企业生产车间的各种费用增加2 700元。因而，这项经济业务的发生涉及"银行存款""制造费用"两个账户。企业银行存款的减少是资产的减少，应记入"银行存款"账户的贷方；企业生产车间的劳动保护费、保险费、办公费的增加，属于直接材料和直接人工以外的生产费用的增加，应记入"制造费用"账户的借方。

该项经济业务应编制如下会计分录：

借：制造费用　　　　　　　　　　　　　　　　　　　2 700
　　贷：银行存款　　　　　　　　　　　　　　　　　　　　2 700

【例6-30】 业务原始单据：机器工时统计表（略），编制制造费用分配表如表6-8。

业务描述：2014年12月31日佳骋纺织有限公司将本月发生的制造费用35 910元按机器工时比例分配转入擦拭布、琴键布生产成本（如表6-8）。

表6-8 制造费用分配表　　　　　　　　　　　　　　　　金额单位：元

应借科目		分配标准（机器工时）	分配率	应分配金额	备　注
生产成本	擦拭布	2 000	7.182	14 364	
	琴键布	3 000	7.182	21 546	
合　计		5 000		35 910	

业务分析：这项经济业务的发生，一方面使企业的制造费用减少35 910元，另一方面使企业产品的生产成本增加35 910元。因而，这项经济业务的发生涉及"制造费用""生产成本"两个账户。企业的制造费用的减少应记入"制造费用"账户的贷方；企业产品生产成本的增加，应记入"生产成本"账户的借方。

该项经济业务应编制如下会计分录：

借：生产成本——擦拭布　　　　　　　　　　　　　14 364
　　　　　　——琴键布　　　　　　　　　　　　　21 546
　　贷：制造费用　　　　　　　　　　　　　　　　35 910

6. 结转产品生产成本的会计记录

【例6-31】 业务原始单据：产品入库单（如表6-9），产品成本计算单（如表6-10）。

业务描述：2014年12月31日佳骋纺织有限公司生产的擦拭布、琴键布于当月全部完工并已验收入库，月末计算并结转擦拭布、琴键布两种产品成本（假定擦拭布、琴键布均没有期初在产品）。

表6-9 产品入库单　　　　　　　　　　　　　　　　金额单位：元

产品名称	产品等级	单　位	数　量	单位成本	金　额	备　注
擦拭布	一级	件	200	179.17	35 834	
琴键布	一级	件	100	482	48 276	
合　计			300		84 110	

表6-10 产品成本计算单　　　　　　　　　　　　　　　　金额单位：元

成本项目	擦拭布（200件）		琴键布（100件）	
	总成本	单位成本	总成本	单位成本
直接材料	2 000	10	4 400	44
直接人工	19 470	97.35	22 330	223.3
制造费用	14 364	71.82	21 546	215.46
合　计	35 834	179.17	48 276	482.76

业务分析：这项经济业务的发生，一方面使企业的生产成本减少84 110元，另一方面使企业的库存商品增加84 110元。因而，这项经济业务的发生涉及"生产成本""库

存商品"两个账户。企业的生产成本的减少是企业成本费用的减少,应记入"生产成本"账户的贷方;企业库存商品的增加是企业资产的增加,应记入"库存商品"账户的借方。

该项经济业务应编制如下会计分录:

借:库存商品——擦拭布 35 834
　　　　　　——琴键布 48 276
　　贷:生产成本——擦拭布 35 834
　　　　　　——琴键布 48 276

6.5 销售过程业务的应用

销售业务就是要确认产品的销售收入、结算货款,同时,还要支付因销售而产生的包装费、运杂费和广告费等销售费用,申报按销售收入一定比例计算的销售税金,结转已销售产品的生产成本。

6.5.1 设置的主要科目

为了总括地对销售业务进行会计记录,应设置以下科目:"主营业务收入""主营业务成本""营业税金及附加""销售费用""应收账款""应收票据""预收账款"等。

1. "主营业务收入"科目

本科目核算企业根据收入准则确认的销售商品、提供劳务等主营业务的收入。本科目应当按照主营业务的种类进行明细核算。

企业销售商品或提供劳务实现的销售收入,应按照实际收到或应收的价款,借记"银行存款""应收账款""应收票据"等科目;按销售收入的金额,贷记本科目,按专用发票上注明的增值税额,贷记"应交税费——应交增值税(销项税额)"科目。

企业采用递延方式分期收款、实质上具有融资性质的销售商品或提供劳务满足收入确认条件的,按应收合同或协议价款,借记"长期应收款"科目;按应收合同或协议价款的公允价值,贷记本科目,按其差额,贷记"未实现融资收益"科目。

企业本期发生的销售退回或销售折让,按应冲减的销售商品收入,借记本科目,按专用发票上注明的应冲减的增值税销项税额,借记"应交税费——应交增值税(销项税额)"科目;按实际支付或应退还的价款,贷记"银行存款""应收账款"等科目。

期末,应将本科目的余额转入"本年利润"科目,结转后本科目应无余额。

2. "主营业务成本"科目

本科目核算企业根据收入准则确认销售商品、提供劳务等主营业务收入时应结转的成本。企业生产车间、部门发生的不满足固定资产准则规定的固定资产确认条件的日常修理费用和大修理费用等固定资产后续支出,也在本科目核算。本科目应当按照主营业务的种类进行明细核算。

月末,企业应根据本月销售各种商品、提供的各种劳务等实际成本,计算应结转的主营业务成本,借记本科目,贷记"库存商品""劳务成本"科目。

企业本期发生的销售退回,一般可以直接从本月的销售商品数量中减去,也可以单独计算本月销售退回商品成本,借记"库存商品"等科目,贷记本科目。

期末，应将本科目的余额转入"本年利润"科目，结转后本科目应无余额。

3."营业税金及附加"科目

本科目核算企业经营活动发生的营业税、消费税、城市维护建设税、资源税和教育费附加等相关税费。房产税、车船使用税、土地使用税、印花税在"管理费用"科目核算，不在本科目核算，但与投资性房地产相关的房产税、土地使用税在本科目核算。企业按规定计算确定的与经营活动相关的税费，借记本科目，贷记"应交税费"等科目。收到的返还的消费税、营业税等原记入本科目的各种税金，应按实际收到的金额，借记"银行存款"科目，贷记"营业外收入"科目。

期末，应将本科目余额转入"本年利润"科目，结转后本科目应无余额。

4."销售费用"科目

本科目核算企业销售商品和材料、提供劳务的过程中发生的各种费用，包括保险费、包装费、展览费和广告费、商品维修费、预计产品质量保证损失、运输费、装卸费等以及为销售本企业商品而专设的销售机构（含销售网点、售后服务网点等）的职工薪酬、业务费、折旧费等经营费用。企业发生的与销售商品、提供劳务以及专设销售机构相关的不满足固定资产准则规定的固定资产确认条件的日常修理费用和大修理费用等固定资产后续支出，也在本科目核算。本科目应当按照费用项目进行明细核算。

企业在销售商品过程中发生的包装费、保险费、展览费和广告费、运输费、装卸费等费用，借记本科目，贷记"现金""银行存款"科目。企业发生的为销售本企业商品而专设的销售机构的职工薪酬、业务费等经营费用，借记本科目，贷记"应付职工薪酬""银行存款""累计折旧"等科目。

期末，应将本科目余额转入"本年利润"科目，结转后本科目应无余额。

5."应收账款"科目

本科目核算企业因销售商品、产品、提供劳务等经营活动应收取的款项。因销售商品、产品、提供劳务等，合同或协议价款的收取采用递延方式、实质上具有融资性质的，在"长期应收款"科目核算，不在本科目核算。本科目应当按照债务人进行明细核算。

企业发生应收账款时，按应收金额，借记本科目，按实现的营业收入，贷记"主营业务收入""手续费及佣金收入""原保费收入""其他业务收入"等科目，按专用发票上注明的增值税额，贷记"应交税费——应交增值税（销项税额）"科目。收回应收账款时，借记"银行存款"等科目，贷记本科目。代购货单位垫付的包装费、运杂费，借记本科目，贷记"银行存款"等科目。收回代垫费用时，借记"银行存款"科目，贷记本科目。

本科目期末借方余额，反映企业尚未收回的应收账款；期末如为贷方余额，反映企业预收的账款。

6."应收票据"科目

本科目核算企业因销售商品、产品、提供劳务等而收到的商业汇票，包括银行承兑汇票和商业承兑汇票。企业应当按照开出、承兑商业汇票的单位进行明细核算。

企业因销售商品、产品、提供劳务等而收到开出、承兑的商业汇票，按商业汇票的票面金额，借记本科目，按实现的营业收入，贷记"主营业务收入"等科目，按专用发票上注明的增值税额，贷记"应交税费——应交增值税（销项税额）"科目。

企业持未到期的应收票据向银行贴现，应按实际收到的金额（即减去贴现息后的净额），借记"银行存款"科目，按贴现息部分，借记"财务费用"等科目，按商业汇票的票面金额，贷记本科目（适用满足金融资产转移准则规定的金融资产终止确认条件的情形）或"短期借款"科目（适用不满足金融资产转移准则规定的金融资产终止确认条件的情形）。贴现的商业承兑汇票到期，因承兑人的银行存款账户不足支付，申请贴现的企业收到银行退回的商业承兑汇票时（限适用于贴现企业没有终止确认原票据的情形），按商业汇票的票面金额，借记"短期借款"科目，贷记"银行存款"科目。申请贴现企业的银行存款账户余额不足，应按商业汇票的票面金额，借记"应收账款"科目，贷记本科目；银行作逾期贷款处理。

企业将持有的商业汇票背书转让以取得所需物资时，按应记入取得物资成本的金额，借记"在途物资"或"原材料""库存商品"等科目，按可抵扣的增值税额，借记"应交税费——应交增值税（进项税额）"科目，按商业汇票的票面金额，贷记本科目，如有差额，借记或贷记"银行存款"等科目。

商业汇票到期，应按实际收到的金额，借记"银行存款"科目，按商业汇票的票面金额，贷记本科目。因付款人无力支付票款，收到银行退回的商业承兑汇票、委托收款凭证、未付票款通知书或拒绝付款证明等，按商业汇票的票面金额，借记"应收账款"科目，贷记本科目。

企业应当设置"应收票据备查簿"，逐笔登记每一商业汇票的种类、号数和出票日、票面金额、交易合同号和付款人、承兑人、背书人的姓名或单位名称、到期日、背书转让日、贴现日、贴现率和贴现净额以及收款日和收回金额、退票情况等资料，商业汇票到期结清票款或退票后，应当在备查簿内逐笔注销。

本科目期末借方余额，反映企业持有的商业汇票的票面金额。

7．"预收账款"科目

本科目核算企业按照合同规定向购货单位预收的款项。预收账款情况不多的，也可将预收的款项直接记入"应收账款"科目。本科目应按购货单位进行明细核算。

企业向购货单位预收的款项，借记"银行存款"等科目，贷记本科目；销售实现时，按实现的收入和应交的增值税销项税额，借记本科目，按实现的营业收入，贷记"主营业务收入"科目，按专用发票上注明的增值税额，贷记"应交税费——应交增值税（销项税额）"等科目。购货单位补付的款项，借记"银行存款"等科目，贷记本科目；退回多付的款项，做相反的会计分录。

本科目期末贷方余额，反映企业向购货单位预收的款项；期末如为借方余额，反映企业应由购货单位补付的款项。

6.5.2 主要经济业务的应用

1．销售收入的会计记录

（1）现销。

【例6-32】 业务单据：增值税专用发票（如图5-28），销售单（如图5-29），出库单（如图5-30），银行进账单（略）。

业务描述：2014年12月20日佳骋纺织有限公司向君悦实业有限公司销售擦拭布

150件,每件售价300元,产品已发出,货款收到存入银行,增值税率为17%。

业务分析:这项经济业务的发生,一方面表明企业销售的实现,45 000元的销售收入可以确认,企业的增值税销项税额增加7 650元;另一方货款收到存入银行,表明银行存款增加52 650元。因而,这项业务的发生涉及"银行存款""主营业务收入""应交税费"三个账户。银行存款的增加是资产的增加,应记入"银行存款"账户的借方;企业增值税销项税额的增加是负债的增加,应记入"应交税费"账户的贷方;企业销售收入的增加,应记入"主营业务收入"账户的贷方。

该项经济业务应编制如下会计分录:

借:银行存款　　　　　　　　　　　　　　　　　　　　52 650
　贷:主营业务收入　　　　　　　　　　　　　　　　　　45 000
　　　应交税费——应交增值税(销项税额)　　　　　　　 7 650

(2)赊销。

【例6-33】 业务单据(略):增值税专用发票,销售单,出库单,购销合同复印件,欠条。其中,欠条单独保管,不做为凭证入账,因为增值税发票已经开出,没有收到货款(没有进账单),根据增值税发票或者出库单借记应收账款,待客户交来款项时把欠条退回给客户,冲销应收账款。

业务描述:2014年12月21日佳骋纺织有限公司向君悦公司销售琴键布25件,每件售价600元,产品已发出,货款尚未收到,增值税率为17%。

业务分析:这项经济业务的发生,一方面表明企业赊销成立,15 000元的销售收入得以确认,企业增值税销项税额增加2 550元;另一方面由于货款尚未收到,表明企业应收账款的增加。因而,这项业务的发生涉及"应收账款"、"主营业务收入"、"应交税费"三个账户。应收账款的增加是资产的增加,应记入"应收账款"账户的借方;企业增值税销项税额增加是应交税费的增加,属于负债的增加,应记入"应交税费"账户的贷方;企业销售收入的增加,应记入"主营业务收入"账户的贷方。

该项经济业务应编制如下会计分录:

借:应收账款　　　　　　　　　　　　　　　　　　　　17 550
　贷:主营业务收入　　　　　　　　　　　　　　　　　　15 000
　　　应交税费——应交增值税(销项税)　　　　　　　　 2 550

【例6-34】 业务单据:增值税专用发票(略),销售单(略),银行承兑汇票如图5-31。银行承兑汇票由付款人开户银行承兑,申请银行承兑汇票需填制银行"承兑汇票申请书"(如图5-32)。

业务描述:2014年12月21日佳骋纺织有限公司向君悦实业有限公司销售琴键布25件,每件售价600元,产品已发出,收到君悦实业有限公司签发的面值为17 550元的银行承兑汇票一张,增值税率为17%。

业务分析:这项经济业务的发生,一方面表明企业销售成立,15 000元的销售收入可以确认,企业增值税销项税额增加2 550元;另一方面收到君悦公司签发的商业汇票,表明企业应收票据的增加。因而,这项业务的发生涉及"应收票据""主营业务收入""应交税费"三个账户。应收票据的增加是资产的增加,应记入"应收票据"账户的借方;企业增值税销项税额增加是应交税费的增加,属于负债的增加,应记入"应交税费"账户的贷方;企业销售收入的增加,应记入"主营业务收入"账户的贷方。

该项经济业务应编制如下会计分录:

借:应收票据——君悦公司　　　　　　　　　　　17 550
　　贷:主营业务收入　　　　　　　　　　　　　　　　15 000
　　　　应交税费——应交增值税(销项税额)　　　　　 2 550

(3) 预销。

【例 6-35】 业务单据(略):银行进账单,购销合同复印件(略)。

业务描述:2014 年 12 月 20 日佳骋纺织有限公司按合同规定收到中原易尚科技有限公司预付货款 20 000 元,存入银行。

业务分析:这项经济业务的发生,一方面使企业的银行存款增加 20 000 元,另一方面企业收到的购货单位预付货款增加 20 000 元。因而,这项业务的发生涉及"银行存款""预收账款"两个账户。银行存款增加是资产的增加,应当记入"银行存款"账户的借方;企业收到的购货单位预付货款,会使企业的预收账款增加,预收账款的增加是负债的增加,应记入"预收账款"账户的贷方。

该项经济业务应编制如下会计分录:

借:银行存款　　　　　　　　　　　　　　　　　20 000
　　贷:预收账款　　　　　　　　　　　　　　　　　　20 000

【例 6-36】 业务单据(略):购销合同复印件(见例 6-35),销售单,增值税专用发票。

业务描述:2014 年 12 月 22 日佳骋纺织有限公司按合同约定向易尚科技有限公司发出已预收货款的琴键布 50 件,每件售价 600 元,计 30 000 元,增值税率为 17%。

业务分析:这项经济业务的发生,一方面表明预收货款销售的成立,30 000 元的销售收入可以确认,企业增值税销项税额增加 5 100 元;另一方面表明企业预收货款的减少。因此,这项业务的发生会涉及"预收账款""主营业务收入""应交税费"三个账户。预收货款的减少是负债的减少,应记入"预收账款"账户的借方;企业增值税销项税额增加是应交税费的增加,属于负债的增加,应记入"应交税费"账户的贷方;企业销售收入的增加,应记入"主营业务收入"账户的贷方。

该项经济业务应编制如下会计分录:

借:预收账款——易尚科技有限公司　　　　　　35 100
　　贷:主营业务收入　　　　　　　　　　　　　　　　30 000
　　　　应交税费——应交增值税(销项税额)　　　　　 5 100

【例 6-37】 业务单据:银行进账单(略)。

业务描述:2014 年 12 月 24 日佳骋纺织有限公司收到易尚科技有限公司补付的货款 15 100 元,存入银行。

业务分析:这项经济业务的发生,一方面使企业的银行存款增加 15 100 元,另一方面企业收到购货单位补付的购货款 15 100 元。因而,这项业务的发生涉及"银行存款""预收账款"两个账户。银行存款增加是资产的增加,应当记入"银行存款"账户的借方;企业收到补付的预付款,会使企业的预收账款增加,预收账款的增加是负债的增加,应记入"预收账款"账户的贷方。

该项经济业务应编制如下会计分录：
借：银行存款　　　　　　　　　　　　　　　　　　　15 100
　　贷：预收账款　　　　　　　　　　　　　　　　　　　15 100

2. 销售费用的会计记录

【例6-38】 业务单据（略）：收款收据，增值税专用发票。

业务描述：2014年12月25日佳骋纺织有限公司用现金支付销售产品广告费1 000元。

业务分析：这项经济业务的发生，一方面使企业的销售费用增加1 000元，另一方面使企业的库存现金减少1 000元。因而，这项业务的发生涉及"销售费用""库存现金"两个账户。销售费用的增加是费用的增加，应记入"销售费用"账户的借方；企业库存现金的减少是资产的减少，应当记入"库存现金"账户的贷方。

该项经济业务应编制如下会计分录：
借：销售费用　　　　　　　　　　　　　　　　　　　1 000
　　贷：库存现金　　　　　　　　　　　　　　　　　　　1 000

3. 销售税金及附加的会计记录

【例6-39】 业务单据：消费税计算表。

业务描述：2014年12月31日佳骋纺织有限公司计算销售上述擦拭布、琴键布应交纳的营业税，假定营业税税率为5%（如表6-11）。

表6-11　纤维纺织品消费税计算表　　　　　　　　　单位：元

税　目	擦拭布	琴键布	金　额
定额税率			
比例税率	5%	5%	
销售数量	150	170	
销售额（不含税）	45 000	60 000	
应纳营业税			5 250

业务分析：这项经济业务要先计算该产品应交纳的营业税，按销售收入的5%计算，税金应为5 250元（本期销售收入×税率＝105 000×5%）。这项经济业务的发生，一方面使企业应由销售产品负担的税金支出增加，另一方面使企业应该上缴国家的税金增加。因而，这项业务的发生涉及"营业税金及附加""应交税费"两个账户。企业销售产品负担的税金支出的增加是费用的增加，应记入"营业税金及附加"账户的借方；企业应该上缴国家的税金增加是应交税费的增加，属于负债的增加，应记入"应交税费"账户的贷方。

该项经济业务应编制如下会计分录：
应交营业税＝销售收入×营业税税率
借：营业税金及附加　　　　　　　　　　　　　　　　5 250
　　贷：应交营业——应交营业税　　　　　　　　　　　　5 250

4. 销售成本的会计记录

产品销售成本、主营业务成本与产品生产成本之间的关系体现为：

产品销售成本等于已（销）售产品的生产成本，也等于单位产品成本与已销产品数量的乘积，同时也等于主营业务成本。

【例6-40】 业务单据（略）：销售单（类似例6-32），产品成本计算表（类似例6-31）。

业务描述：2014年12月已售擦拭布150件，琴键布100件的生产成本。企业对擦拭布、琴键布两种产品均按先进先出法计价，本期销售擦拭布150件，琴键布100件，均是上期完工产品，擦拭布每件生产成本180.51元，总成本27 076.50元；琴键布每件生产成本481.56元，总成本48 156.00元。擦拭布、琴键布两种产品总成本合计为75 232.50元。

业务分析：这项经济业务的发生，一方面使产品的销售成本增加75 232.50元，另一方面产品已售出，使企业的库存商品减少75 232.50元。因而，这项业务的发生涉及"主营业务成本""库存商品"两个账户。主营业务成本的增加是费用的增加，应当记入"主营业务成本"账户的借方；企业的库存商品减少是资产的减少，应当记入"库存商品"账户的贷方。

擦拭布销售成本 = 180.51 × 150 = 27 076.5（元）
琴键布销售成本 = 481.56 × 100 = 48 156（元）

该项经济业务应编制如下会计分录：

借：主营业务成本　　　　　　　　　　　　　75 232.50
　　贷：库存商品——擦拭布　　　　　　　　　　27 076.50
　　　　　　——琴键布　　　　　　　　　　　　48 156.00

说明：企业结转已售产品的生产成本有两种处理方法，一种是在销售时根据出库单随时结转；另一种是期末汇总结转，本书采用后一种做法。

6.6 资产清查业务的应用

6.6.1 设置的主要科目

资产清查结果处理的步骤，首先是要核准数字（包括金额和数量），查明原因，其次是需调整账簿记录，做到账实相符，最后报请批准，进行批准后的账务处理。在账务处理中涉及的主要科目为了反映和监督企业单位在资产清查过程中查明的各种资产的盈亏、毁损及其处理情况，应设置"待处理财产损益""其他应收款""营业外收入""营业外支出""坏账准备""资产减值损失""以前年度损益调整"等科目。

1. "待处理财产损益"科目

本科目核算企业在清查财产过程中查明的各种财产盘盈、盘亏和毁损的价值，包括盘盈存货的价值。物资在运输途中发生的非正常短缺与损耗，也通过本科目核算。盘盈固定资产的价值在"以前年度损益调整"科目核算，不在本科目核算。本科目应按盘盈、盘亏的资产种类和项目进行明细核算。

盘盈的现金、各种材料、库存商品等，借记"库存现金""原材料""库存商品"等科目，贷记本科目。盘亏、毁损的各种材料、库存商品等，借记本科目，贷记"原材料""库存商品""应交税费——应交增值税（进项税额转出）"等科目。盘盈、盘亏、毁损的财产，按管理权限报经批准后处理时，按残料价值，借记"原材料"等科目，按可收回的保险赔偿或过失人赔偿，借记"其他应收款"科目，按本科目余额，借记或贷记本科目，按其借方差额，属于管理原因造成的，借记"管理费用"科目，属于非正常损失的，借记"营业外支出——盘亏毁损损失"；按其贷方差额，贷记"管理费用""营业外收入——盘盈利得"科目。

企业的财产损益，应查明原因，在期末结账前处理完毕，处理后本科目应无余额。

2. "其他应收款"科目

本科目核算企业除存出保证金、拆出资金、买入返售金融资产、应收票据、应收账款、预付账款、应收股利、应收利息、长期应收款等经营活动以外的其他各种应收、暂付的款项，包括一般企业存出保证金等。本科目应当按照其他应收款的项目和对方单位（或个人）进行明细核算。

企业发生其他各种应收、暂付款项时，借记本科目，贷记有关科目；收回或转销各种款项时，借记"现金""银行存款"等科目，贷记本科目。

本科目期末借方余额，反映企业尚未收回的其他应收款；期末如为贷方余额，反映企业尚未支付的其他应付款。

3. "其他应付款"科目

本科目核算企业除应付票据、应付账款、预收账款、应付职工薪酬、应付利息、应付股利、应交税费、长期应付款等经营活动以外的其他各项应付、暂收的款项。本科目应当按照其他应付款的项目和对方单位（或个人）进行明细核算。

企业发生其他各种应付、暂收款项时，借记"银行存款""管理费用"等科目，贷记本科目；支付的其他各种应付、暂收款项，借记本科目，贷记"银行存款"等科目。采用售后回购方式融资的，在发出商品等资产时，应按实际收到或应收的金额，借记"银行存款""应收账款"等科目，按专用发票上注明的增值税额，贷记"应交税费—应交增值税（销项税额）"科目，按其差额，贷记本科目。回购价格与原销售价格之间的差额，应在售后回购期间内按期计提利息费用，借记"财务费用"科目，贷记本科目。购回该项商品时，应按回购商品的价款，借记本科目，按可抵扣的增值税额，借记"应交税费——应交增值税（进项税额）"科目，按实际支付的金额，贷记"银行存款"科目。

本科目期末贷方余额，反映企业尚未支付的其他应付款项；期末余额如为借方余额，反映企业尚未收回的其他应收款项。

4. "营业外收入"科目

本科目核算企业发生的与其经营活动无直接关系的各项净收入，主要包括处置非流动资产利得、非货币性资产交换利得、债务重组利得、罚没利得、政府补助利得、确实无法支付而按规定程序经批准后转作营业外收入的应付款项、捐赠利得、盘盈利得等。本科目应当按照营业外收入项目进行明细核算。

企业发生的营业外收入，借记"现金""银行存款""待处理财产损益""固定资产清理""应付账款"等科目，贷记本科目。收到的返还的消费税、营业税等原记入本科目的各种税金，应按实际收到的金额，借记"银行存款"科目，贷记"营业外收入"科目。

期末，应将本科目余额转入"本年利润"科目，结转后本科目应无余额。

5. "营业外支出"科目

本科目核算企业发生的与其经营活动无直接关系的各项净支出，包括处置非流动资产损失、非货币性资产交换损失、债务重组损失、罚款支出、捐赠支出、非常损失等。本科目应当按照支出项目进行明细核算。

企业发生的营业外支出，借记本科目，贷记"待处理财产损益""库存现金""银行存款""固定资产清理"等科目。

期末，应将本科目余额转入"本年利润"科目，借记"本年利润"科目，贷记"营业外支出"科目，结转后本科目应无余额。

6. "坏账准备"科目

本科目核算企业应收款项等发生减值时计提的减值准备。

资产负债表日，企业根据金融工具确认和计量准则确定应收款项发生减值的，按应减记的金额，借记"资产减值损失"科目，贷记本科目。本期应计提的坏账准备大于其账面余额的，应按其差额计提；应计提的金额小于其账面余额的差额做相反的会计分录。

对于确实无法收回的应收款项，按管理权限报经批准后作为坏账损失，转销应收款项，借记本科目，贷记"应收票据""应收账款""预付账款""应收利息""应收分保保险责任准备金""其他应收款""长期应收款"等科目。

已确认并转销的应收款项以后又收回的，应按实际收回的金额，借记"应收票据""应收账款""预付账款""应收利息""其他应收款""长期应收款"等科目，贷记本科目；同时，借记"银行存款"科目，贷记"应收票据""应收账款""预付账款""应收利息""其他应收款""长期应收款"等科目。已确认并转销的应收款项以后又收回的，企业也可以按照实际收回的金额，借记"银行存款"科目，贷记本科目。

本科目期末贷方余额，反映企业已计提但尚未转销的坏账准备。

7. "资产减值损失"科目

本科目核算企业根据资产减值等准则计提各项资产减值准备所形成的损失。本科目应当按照资产减值损失的项目进行明细核算。

企业根据资产减值等准则确定资产发生减值的，按应减记的金额，借记本科目，贷记"坏账准备""存货跌价准备""长期股权投资减值准备""持有至到期投资减值准备""固定资产减值准备""在建工程——减值准备""工程物资——减值准备""生产性生物资产——减值准备""无形资产减值准备""商誉——减值准备""贷款损失准备""抵债资产——跌价准备"等科目。

企业计提坏账准备、存货跌价准备、持有至到期投资减值准备、贷款损失准备等项目后，相关资产的价值又得以恢复，应在原已计提的减值准备金额内，按恢复增加的金额，借记"坏账准备""存货跌价准备""持有至到期投资减值准备""贷款损失准备""抵债资产——跌价准备"等科目，贷记本科目。

期末，应将本科目余额转入"本年利润"科目，结转后本科目无余额。

8. 以前年度损益调整

本科目核算企业本年度发生的调整以前年度损益的事项以及本年度发现的重要前期差错更正涉及调整以前年度损益的事项。企业在资产负债表日至财务报告批准报出日之间发生的需要调整报告年度损益的事项，也在本科目核算。

企业调整增加以前年度利润或减少以前年度亏损，借记有关科目，贷记本科目；调整减少以前年度利润或增加以前年度亏损，借记本科目，贷记有关科目。由于以前年度损益调整增加的所得税费用，借记本科目，贷记"应交税费——应交所得税"科目；由于以前年度损益调整减少的所得税费用，借记"应交税费——应交所得税"科目，贷记本科目。

经上述调整后，应将本科目的余额转入"利润分配——未分配利润"科目。本科目如为贷方余额，借记本科目，贷记"利润分配——未分配利润"科目；如为借方余额，做相反的会计分录。

本科目结转后应无余额。

6.6.2 资产清查结果的应用

1. 库存现金盘盈、盘亏的会计记录

【例6-41】 业务单据：库存现金盘点表（含处理意见）（见图5-33）。

业务描述：2014年12月31日佳骋纺织有限公司在资产清查时发现库存现金长款800元，无法查明原因。

业务分析：

① 入账结平：根据"库存现金盘点表"先调整账簿记录，做到账实相符，库存现金长款（盘盈）表明库存现金的账存数小于实存数，应该调增库存现金的账面记录，使账存、实存保持一致。因而，这项经济业务的发生涉及"库存现金""待处理财产损益"两个账户。企业"库存现金"的增加是资产的增加，应记入"库存现金"账户的借方；发生的库存现金长款（盘盈）数应先记入"待处理财产损益"账户的贷方。

该项经济业务应编制如下会计分录：

借：库存现金　　　　　　　　　　　　　　　　800
　　贷：待处理财产损益——待处理流动资产损益　　800

② 批准转账：应根据不同的原因进行会计处理，属于无法查明原因的库存现金长款应记入"营业外收入"账户。因而，这项经济业务的发生涉及"营业外收入""待处理财产损益"两个账户。经批准后库存现金长款（盘盈的转销数）应记入"待处理财产损益"账户的借方；营业外收入的增加应记入"营业外收入"账户的贷方。

该项经济业务应编制如下会计分录：

借：待处理财产损益
　　　　——待处理流动资产损益　　　　　　　　800
　　贷：营业外收入　　　　　　　　　　　　　　800

【例6-42】 业务单据：库存现金盘点报告表（略）。

业务描述：2014年8月31日，佳骋纺织有限公司在资产清查时发现库存现金短款110元，经反复查对，原因不明。

业务分析：

① 入账结平：根据"库存现金盘点报告表"先调整账簿记录，做到账实相符。库存现金短款（盘亏）表明库存现金的现存数大于实存数，应该调减库存现金的账面记录，使账存、实存保持一致。因而，这项经济业务的发生涉及"库存现金""待处理财产损

益"两个账户。企业"库存现金"的减少是资产的减少，应记入"库存现金"账户的贷方；发生的库存现金短款（盘亏）数应记入"待处理财产损益"账户的借方。

该项经济业务应编制如下会计分录：

借：待处理财产损益——待处理流动资产损益　　　　110
　　贷：库存现金　　　　　　　　　　　　　　　　　　110

② 批准转账：应根据不同的原因进行会计处理，属于无法查明原因的库存现金短款应由企业承担，记入"管理费用"账户。因而，这项经济业务的发生涉及"管理费用""待处理财产损益"两个账户，经批准后库存现金短款（盘亏的转销数）应记入"待处理财产损益"账户的贷方；管理费用的增加应记入"管理费用"账户的借方。

该项经济业务应编制如下会计分录：

借：管理费用　　　　　　　　　　　　　　　　　110
　　贷：待处理财产损益——待处理流动资产损益　　　　110

【例6-43】 业务单据（略）。库存现金短缺处理意见书（同上例）。

业务描述：佳骋纺织有限公司在资产清查中发现库存现金短款110元，经查是由于出纳员王芳的失职造成的。

业务分析：

① 批准前，根据"库存现金盘点报告表"先调整账簿记录，做到账实相符。

该项业务编制的会计分录如下：

借：待处理财产损益——待处理流动资产损益　　　　110
　　贷：库存现金　　　　　　　　　　　　　　　　　　110

② 批准后，应根据不同的原因进行会计处理，属于出纳员王芳的失职造成的库存现金短款应记入"其他应收款"账户。因而，这项经济业务的发生涉及"其他应收款""待处理财产损益"两个账户，经批准后库存现金短款（盘亏）的转销数应记入"待处理财产损益"账户的贷方；其他应收款的增加是资产的增加应记入"其他应收款"账户的借方。

该项经济业务应编制如下会计分录：

借：其他应收款——王芳　　　　　　　　　　　　110
　　贷：待处理财产损益——待处理流动资产损益　　　　110

2. 存货盘盈、盘亏和毁损的会计记录

企业在资产清查过程中发现的存货盘盈、盘亏，报经批准以前应先通过"待处理财产损益"账户核算。对于盘盈的存货，一方面增加有关的存货账户，另一方面记入"待处理财产损益"账户的贷方；对于盘亏的存货，一方面记入"待处理财产损益"账户的借方，另一方面冲减有关的存货账户。报经有关部门批准之后，再根据不同的情况进行相应的处理。批准后一般的处理办法是：属于管理不善，收发不准确、自然损耗而产生的定额内损耗，转作管理费用；属于超定额的短缺毁损所造成的损失，应由过失人负债赔偿；属于非常损失造成的短缺毁损，在扣除保险公司的赔偿和残料价值后的净损失，列作营业外支出。对于盘盈的存货（一般由于收发计量不准或自然升溢等原因造成），经批准后冲减管理费用。

【例6-44】 业务单据：存货盘盈、盘亏处理报告表（见图5-34）。

业务描述：2014 年 12 月 28 日佳骋纺织有限公司在资产清查过程中发现盘亏清洁布 2 000 元（属于责任者失职造成），盘亏库存擦拭布商品 4 100 元（属于收发计量不准确造成）。

业务分析：

① 入账结平：根据"实存账存对比表"所确定的材料和商品盘亏数额，先调整账簿记录，做到账实相符。原材料和库存商品的盘亏，表明原材料和库存商品的账存数大于实存数，应该调减原材料和库存商品的账面记录，使账存、实存保持一致。因而，这项经济业务的发生涉及"原材料""库存商品""待处理财产损益"三个账户。企业"原材料""库存商品"的减少是资产的减少，应记入"原材料""库存商品"账户的贷方；发生的原材料、库存商品的盘亏数应记入"待处理财产损益"账户的借方。

该项经济业务应编制如下会计分录：

借：待处理财产损益——待处理流动资产损益　　　　6 100
　　贷：原材料——清洁布　　　　　　　　　　　　　　2 000
　　　　库存商品——擦拭布　　　　　　　　　　　　　4 100

② 批准转账：批准后，上述盘亏的原材料和库存商品应根据不同的原因进行会计处理。其中盘亏的原材料应由责任者赔偿，记入"其他应收款"账户，对盘亏的商品，属于收发计量不准确造成的，应由企业承担，记入"管理费用"账户。因而，这项经济业务的发生涉及"其他应收款""管理费用""待处理财产损益"三个账户。经批准后原材料和库存商品盘亏的转销数应记入"待处理财产损益"账户的贷方；对于盘亏的存货，还涉及增值税的问题，为了简化起见，此处不考虑增值税问题。其他应收款的增加是资产的增加，应记入"其他应收款"账户的借方；管理费用的增加应记入"管理费用"账户的借方。

该项经济业务应编制如下会计分录：

借：其他应收款　　　　　　　　　　　　　　　　　　2 000
　　管理费用　　　　　　　　　　　　　　　　　　　　4 100
　　贷：待处理财产损益——待处理流动资产损益　　　　6 100

【例 6-45】　业务单据：存货盘盈、盘亏处理报告表（略）。

业务描述：2014 年 12 月 29 日佳骋纺织有限公司在资产清查过程中发现一批账外胶袋 880 千克，结合同类原材料确定其总成本为 4 400 元。

业务分析：

① 入账结平：根据"实存账存对比表"所确定的原材料盘盈数额，先调整账簿记录，做到账实相符。原材料的盘盈，表明原材料的账存数小于实存数，应该调增原材料的账面记录，使账存、实存保持一致。因而，这项经济业务的发生涉及"原材料""待处理财产损益"两个账户。企业原材料的增加是资产的增加，应记入"原材料"账户的借方；发生的原材料的盘盈数应先记入"待处理财产损益"账户的贷方。

该项经济业务应编制如下会计分录：

借：原材料　　　　　　　　　　　　　　　　　　　　4 400
　　贷：待处理财产损益——待处理流动资产损益　　　　4 400

② 批准转账：盘盈的原材料（一般由于收发计量不准或自然升溢等原因造成）应冲

减管理费用。因而，这项经济业务的发生涉及"管理费用""待处理财产损益"两个账户。经批准后原材料盘盈的转销数应记入"待处理财产损益"账户的借方，管理费用的减少应记入"管理费用"账户的贷方。

该项业务编制的会计分录：

借：待处理财产损益——待处理流动资产损益　　　　4 400
　　贷：管理费用　　　　　　　　　　　　　　　　　　　　4 400

3. 固定资产盘盈、盘亏的账务处理

企业在资产清查过程中，如果发现盘盈、盘亏和毁损的固定资产，应填制固定资产盘盈、盘亏报告表。清查固定资产的损益，并及时查明原因，按规定程序报批处理。

企业盘盈的固定资产，一般是以前年度发生的会计差错，在按管理权限经报批准前应先通过"以前年度损益调整"账户核算。对盘盈的固定资产应按以下规定确定其入账价值：如果同类或类似固定资产存在活跃市场的，按照同类或类似固定资产的市场价格，减去按该项资产的新旧程度估计的价值损耗后的余额，作为入账价值；如果同类或类似固定资产不存在活跃市场，要按照预计未来现金流量的现值作为入账价值。

【例6-46】　业务单据：固定资产盘盈、盘亏报告表，见图5-35。

业务描述：2014年12月29日，佳骋纺织有限公司在资产清查过程中发现一台账外设备，按同类或类似商品市场价格，减去按该项资产的新旧程度估计的价值损耗后的余额为50 000元。（假定与其计税基础不存在差异，该盘盈固定资产应作为前期会计差错进行处理。假定该公司适用的所得税税率为25%。）

业务分析：

① 企业在资产清查中盘盈的固定资产，一般是以前年度发生的会计差错，在按管理权限报经批准前应先通过"以前年度损益调整"账户核算。因而，这项经济业务的发生，涉及"以前年度损益调整""固定资产"两个账户，固定资产的增加是资产的增加，应记入"固定资产"账户的借方；固定资产的盘盈应调整增加以前年度利润，记入"以前年度损益调整"账户的贷方。

该项经济业务应编制如下会计分录：

借：固定资产　　　　　　　　　　　　　　　　　　50 000
　　贷：以前年度损益调整　　　　　　　　　　　　　　　　50 000

② 固定资产盘盈在调整增加以前年度利润时，应相应调整增加以前年度的所得税费用，所得税税率为25%，确定应交纳的所得税。因而，这项经济业务的发生涉及"以前年度损益调整""应交税费"两个账户。应交税费的增加是负债的增加，应记入"应交税费"账户的贷方；调整增加以前年度的所得税费用，记入"以前年度损益调整"账户的借方。

该项经济业务应编制如下会计分录：

借：以前年度损益调整　　　　　　　　　　　　　　12 500
　　贷：应交税费——应交所得税　　　　　　　　　　　　　12 500

③ 上述调整结束后，将"以前年度损益调整"账户的余额结转到"利润分配——未分配利润"账户。经过上述两步调整后，"以前年度损益调整"账户为贷方余额，应将其从"以前年度损益调整"账户的借方结转到"利润分配"的贷方。

该项经济业务应编制如下会计分录：

借：以前年度损益调整　　　　　　　　　　　　　　　　　　37 500
　　贷：利润分配——未分配利润　　　　　　　　　　　　　　　37 500

对于盘亏的固定资产，在批准前应按其账面净值借记"待处理财产损益"账户，按其账面已提折旧借记"累计折旧"账户，按其账面原始价值贷记"固定资产"账户，经过批准之后再将其账面净值记入"营业外支出"账户。

【例6-47】 业务单据：固定资产盘盈、盘亏报告表（略）。

业务描述：2014年12月30日佳骋纺织有限公司在资产清查过程中发现盘亏某设备一台，账面原值6 000元，已提折旧2 000元。

业务分析：

①入账结平：在批准前，根据"实存账存对比表"所确定的机器盘亏数字，将机器设备的账面净值记入到"待处理财产损益"账户的借方。

该项经济业务应编制如下分录：

借：待处理财产损益——待处理固定资产损益　　　　　　　4 000
　　累计折旧　　　　　　　　　　　　　　　　　　　　　2 000
　　贷：固定资产　　　　　　　　　　　　　　　　　　　　　6 000

② 批准转账：上述盘亏的固定资产经批准后做出相应的会计处理。其中，盘亏的固定资产的净值4 000元作为营业外支出，记入"营业外支出"的借方。

该项经济业务应编制如下分录：

借：营业外支出　　　　　　　　　　　　　　　　　　　　4 000
　　贷：待处理财产损益——待处理固定资产损益　　　　　　　4 000

4. 应收款项清查结果的会计记录

注意：应收、应付款项的会计处理不通过"待处理财产损益"账户处理。

（1）应收款项清查结果的处理。

【例6-48】 业务单据：坏账损失处理意见（略）。

业务描述：2014年12月30日佳骋纺织有限公司应收华硕实业有限公司货款2 000元，经查确属无法收回的款项，经批准转作坏账损失。

业务分析：

当企业采用备抵法核算坏账时，对于确属无法收回的应收账款，应减少应收账款的账面价值，同时确认实际发生的坏账损失金额。因而，这项经济业务的发生涉及"坏账准备""应收账款"两个账户。应收账款的减少是资产的减少，应记入"应收账款"账户的贷方；企业确认的坏账损失金额，应记入"坏账准备"账户的借方。

该项经济业务应编制如下会计分录：

借：坏账准备　　　　　　　　　　　　　　　　　　　　　2 000
　　贷：应收账款——华硕有限公司　　　　　　　　　　　　　2 000

（2）应付款项清查结果的处理。

应付款项不是企业的资产，而是企业的一项负债，在资产清查过程中，也要对企业的应付款项进行函证核对。由于债权单位撤销或不存在等原因，造成的长期应付而无法支付的款项，经批准予以转销。无法支付的款项在批准前不作账务处理，即不需通过"待处理财产损益"科目进行核算，按规定的程序批准后，将应付款项转作"营业外收入"科目。

【例6-49】 业务单据：应付账款的处理意见（略）。

业务描述：2014年12月30日佳骋纺织有限公司在资产清查中，发现应付光明实业有限公司的货款1 700元已无法支付，经批准予以转销。

业务分析：

企业无法支付的款项在按规定的程序批准后，将应付款项转作"营业外收入"账户。因而，这项经济业务的发生涉及"营业外收入""应付账款"两个账户。应付账款的减少是负债的减少，应记入"应付账款"账户的借方；"营业外收入"的增加，应记入"营业外收入"账户的贷方。

该项经济业务应编制如下会计分录：

借：应付账款　　　　　　　　　　　　　　　　　　　1 700
　　贷：营业外收入　　　　　　　　　　　　　　　　　　1 700

6.7 期末账项调整业务的应用

期末账项调整是指企业在期末结账前，按照权责发生制原则，确定本期的应得收入和应负担的费用，并据以对账簿记录的有关账项做出必要调整的会计处理方法。

（1）应计收入：应计收入也称应收收入，是指属于本期内已实现（赚取）但尚未收到款项的各项收入，如应收利息、应收租金等。

【例6-50】 业务单据：租赁合同（略）。

业务描述：佳骋纺织有限公司2014年12月1日，将一部分不需用的设备租给力丰实业有限公司使用，双方签订的合同规定：租期6个月，期满时，力丰实业有限公司将一次性支付6个月租金12 000元。本月末，企业应将本期已经实现的租金收入2 000元，调整入账。

业务分析：

该项业务编制的会计分录如下：

该项经济业务的发生，使得设备租出时每月产生租金收入2 000元，因为对方尚未支付，因此构成应收权利，借记其他应收款（应收租金收入），等到客户一次性交来租金时，借记银行存款，贷记其他应收款。

该项业务编制的会计分录如下：

借：其他应收款　　　　　　　　　　　　　　　　　　2 000
　　贷：其他业务收入　　　　　　　　　　　　　　　　　2 000

（2）应计费用：应计费用也称应付费用，是指本期已发生（耗用）但尚未支付款项的各种费用，如应付利息、坏账准备等。应计费用的调整是对属于本期费用，但尚未支付款项的账项进行的调整。应计费用的调整一方面应确认费用，另一方面要增加负债或减少资产。费用确认后于结账时转入"本年利润"账户。

【例6-51】 业务单据：借款合同，借款借据复印件（略）。

业务描述：2014年12月31日佳骋纺织有限公司计提本月应付短期借款利息300元。

业务分析：

该项经济业务的发生，使得企业的应付利息增加，应付利息是负债，负债的增加记贷方，同时，应支付的利息是企业的财务费用，费用的增加记借方。

该项业务编制的会计分录如下：

借：财务费用　　　　　　　　　　　　　　　　　　　300
　　贷：应付利息　　　　　　　　　　　　　　　　　　　300

【例6-52】 业务单据：坏账准备计算表（略）。

业务描述：2014年12月31日佳骋纺织有限公司采用应收账款余额百分比法计提坏账准备金，其年末应收款项的余额为100 000元，坏账计提比例为3%，计提坏账准备前"坏账准备"账户的余额为0，年末应提坏账的金额为3 000元（100 000×3%）

业务分析：

该项业务编制的会计分录如下：

借：资产减值损失　　　　　　　　　　　　　　　　　3 000
　　贷：坏账准备　　　　　　　　　　　　　　　　　　3 000

存货、固定资产、无形资产等资产的减值准备可做类似的处理

（3）预收收入：是指本期或以前期间已收款，本期有份，但不完全属于本期收入的款项。如预收工程款、预收租金等。

【例6-53】 业务单据：租赁合同，银行进账单（略）。

业务描述：佳骋纺织有限公司在2014年11月末将一辆闲置设备租给光明实业有限公司使用，租期四个月，根据租赁合同，每月租金6 000元，当即收到租金24 000元并存入银行。

业务分析：

这项业务在2014年11月末作会计分录如下：

借：银行存款　　　　　　　　　　　　　　　　　　24 000
　　贷：预收账款　　　　　　　　　　　　　　　　　24 000

2014年12月31日，对本月已实现的租金收入6 000元，应作调整处理如下：

借：预收账款　　　　　　　　　　　　　　　　　　6 000
　　贷：其他业务收入　　　　　　　　　　　　　　　6 000

（4）预付费用：是指本期或以前期间已付款，本期有份，但不完全属于本期费用的款项。如预付保险费、预付报刊订阅费等。

【例6-54】 业务单据：转账支票，保险费发票，保单合同复印件（略）。

业务描述：佳骋纺织有限公司于上年度12月31日一次性支付2014年度财产保险费36 000元，

业务分析：

此项业务在上年度12月31日支付2014年度财产保险费36 000元时，已作会计分录：

① 借：预付账款　　　　　　　　　　　　　　　　　36 000
　　　贷：银行存款　　　　　　　　　　　　　　　　36 000

② 根据实际受益情况，2014年12月应负担财产保险费3 000元，期末作调整记录：

借：管理费用　　　　　　　　　　　　　　　　　　3 000
　　贷：预付账款　　　　　　　　　　　　　　　　　3 000

6.8 利润形成与分配业务的应用

利润是企业在一定会计期间的经营成果。利润包括收入减费用后的净额、直接记入当期利润的利得和损失等。直接记入当期利润的利得和损失，是指应当记入当期损益的、会导致所有者权益增减变动的、与所有者投入资本和向投资者分配利润无关的利得或者损失。

为了准确地反映企业利润的形成过程，可以具体分析利润总额的构成。利润总额主要由营业利润和营业外收支净额两个部分构成。营业利润是指主营业务收入加上其他业务收入，减去"主营业务成本""其他业务成本""营业税金及附加""销售费用""管理费用""财务费用""资产减值损失"，再加上"公允价值变动（净）收益""投资（净）收益"后的数额。它是（狭义）收入与（狭义）费用配比后的结果。营业利润是企业利润的主要来源。在金额上，营业利润是（狭义）收入与（狭义）费用的差额。因此，营业利润也称"狭义利润"。营业外收支净额是指营业外收入与营业外支出的差额，即直接记入当期利润的利得与直接记入当期利润的损失的差额。需要说明的是：营业外收入与营业外支出应当分别核算，不能以营业外支出直接冲减营业外收入，同样，也不能以营业外收入直接冲减营业外支出。

营业收入是指企业经营业务所确认的收入，包括主营业务收入和其他业务收入。营业成本是指企业经营业务所发生的实际成本总额，包括主营业务成本和其他业务成本。资产减值损失是指企业计提的各项资产减值准备所形成的损失。公允价值变动收益（或损失）是指企业交易性金融资产等项目的公允价值变动形成的应记入当期损益的广义利得（或损失），投资收益（或损失）是指企业以各种方式对外投资所取得的收益（或发生的损失）。

利润实现以后，要按照规定进行利润分配：一部分以公积金的形式留归企业；一部分以股利的形式分配给投资者；剩余部分是未分配利润，作为留存收益的一部分。

6.8.1 财务成果形成的应用

1. 设置主要科目

为了总括地记录利润的形成业务，除了前面提到的"主营业务收入""主营业务成本""营业税金及附加""管理费用""财务费用""销售费用""营业外收入""营业外支出"外，还应设置以下科目："其他业务收入""其他业务成本""交易性金融资产""所得税费用""投资收益"等科目。

（1）"其他业务收入"科目。

本科目核算企业根据收入准则确认的除主营业务以外的其他经营活动实现的收入，包括出租固定资产、出租无形资产、出租包装物和商品、销售材料、用材料进行非货币性交换（在非货币性资产交换具有商业实质且公允价值能够可靠计量的情况下）或债务重组等实现的收入。企业（租赁）出租固定资产取得的租赁收入，在"租赁收入"科目核算，不在本科目核算。本科目应当按照其他业务收入种类进行明细核算。

企业确认的其他业务收入，借记"银行存款""应收账款"等科目，贷记本科目、

"应交税费——应交增值税（销项税）"等科目。企业以原材料进行非货币性资产交换（在非货币性资产交换具有商业实质且公允价值能够可靠计量的情况下）或债务重组，应按照该用于交换或抵债的原材料的公允价值，借记有关资产科目或"应付账款"等科目，贷记本科目等科目。

期末，应将本科目余额转入"本年利润"科目，结转后本科目应无余额。

（2）"其他业务成本"科目。

本科目核算企业除主营业务活动以外的其他经营活动所发生的支出，包括销售材料的成本、出租固定资产的累计折旧、出租无形资产的累计摊销、出租包装物的成本或摊销额、采用成本模式计量的投资房地产的累计折旧或累计摊销等。企业除主营业务活动以外的其他经营活动发生的相关税费，在"营业税金及附加"科目核算，不在本科目核算。本科目应当按照其他业务成本的种类进行明细核算。

企业发生的其他业务成本，借记本科目，贷记"原材料""包装物及低值易耗品""累计折旧""累计摊销""应付职工薪酬""银行存款"等科目。企业以材料进行非货币性资产交换（在非货币性资产交换具有商业实质且公允价值能够可靠计量的情况下）或债务重组，应按照该用于交换或抵债的原材料的账面余额，借记本科目，贷记"原材料"科目。已计提存货跌价准备的，还应同时结转已计提的存货跌价准备。

期末，应将本科目余额转入"本年利润"科目，结转后本科目应无余额。

（3）"交易性金融资产"科目。

本科目核算企业为交易目的持有的债券投资、股票投资、基金投资、权证投资等交易性金融资产的公允价值。企业持有的直接指定为以公允价值计量且其变动记入当期损益的金融资产，也在本科目核算。衍生金融资产不在本科目核算。企业（证券）接受委托采用全额承购包销方式承销的证券，应在收到证券时将其进行分类。如划分为以公允价值计量且其变动记入当期损益的金融资产，应在本科目核算；如划分为可供出售金融资产，应在"可供出售金融资产"科目核算。本科目应当按照交易性金融资产的类别和品种，分别设"成本""公允价值变动"进行明细核算。

企业取得交易性金融资产时，按其公允价值（不含支付的价款中所包含的已到付息期但尚未领取的利息或已宣告但尚未发放的现金股利），借记本科目（成本），按发生的交易费用，借记"投资收益"科目，按已到付息期但尚未领取的利息或已宣告发放但尚未发放的现金股利，借记"应收利息"或"应收股利"科目，按实际支付的金额，贷记"银行存款""存放中央银行款项"等科目。

持有交易性金融资产期间，被投资单位宣告发放现金股利时或在资产负债表日按债券票面利率计算利息时，借记"应收股利"或"应收利息"科目，贷记"投资收益"科目。收到现金股利或债券利息时，借记"银行存款"科目，贷记"应收股利"或"应收利息"科目。票面利率与实际利率差异较大的，应采用实际利率计算确定债券利息收入。资产负债表日，交易性金融资产的公允价值高于其账面余额的差额，借记本科目（公允价值变动），贷记"公允价值变动损益"科目；公允价值低于其账面余额的差额，做相反的会计分录。出售交易性金融资产时，应按实际收到的金额，借记"银行存款""存放中央银行款项"等科目，按该金融资产的成本，贷记本科目（成本），按该项交易性金融资产的公允价值变动，贷记或借记本科目（公允价值变动），按其差额，贷记或借记"投资收益"科目。同时，按该金融资产的公允价值变动，借记或贷记"公允价值变动损益"科目，贷记或借记"投资收益"科目。

本科目期末借方余额，反映企业持有的交易性金融资产的公允价值。

（4）"本年利润"科目。

本科目核算企业当年实现的净利润（或发生的净亏损）。

期末结转利润时，应将"主营业务收入""利息收入""手续费及佣金收入""租赁收入""其他业务收入""营业外收入"等科目的期末余额分别转入本科目，借记"主营业务收入""利息收入""手续费及佣金收入""其他业务收入""营业外收入"等科目，贷记本科目。

将"主营业务成本""利息支出""手续费及佣金支出""营业税金及附加""其他业务成本""销售费用""管理费用""财务费用""资产减值损失""营业外支出""所得税费用"等科目的期末余额分别转入本科目，借记本科目，贷记"主营业务成本""利息支出""手续费及佣金支出""营业税金及附加""其他业务成本""销售费用""管理费用""财务费用""资产减值损失""营业外支出""所得税费用"等科目。

将"公允价值变动损益""投资收益"科目的净收益，转入本科目，借记"公允价值变动损益""投资收益"科目，贷记本科目；如为净损失，做相反的会计分录。

年度终了，应将本年收入和支出相抵后结出的本年实现的净利润，转入"利润分配"科目，借记本科目，贷记"利润分配——未分配利润"科目；如为净亏损，做相反的会计分录。结转后本科目应无余额。

（5）"投资收益"科目。

本科目核算企业根据长期股权投资准则确认的投资收益或投资损失。

企业根据投资性房地产准则确认的采用公允价值模式计量的投资性房地产的租金收入和处置损益，也通过本科目核算。企业处置交易性金融资产、交易性金融负债、指定为以公允价值计量且其变动记入当期损益的金融资产或金融负债、可供出售金融资产实现的损益，也在本科目核算。企业的持有至到期投资和买入返售金融资产在持有期间取得的投资收益和处置损益，也在本科目核算。证券公司自营证券所取得的买卖价差收入，也在本科目核算。本科目应当按照投资项目进行明细核算。

长期股权投资采用成本法核算的，企业应按被投资单位宣告发放的现金股利或利润中属于本企业的部分，借记"应收股利"科目，贷记本科目；属于被投资单位在取得投资前实现净利润的分配额，应作为投资成本的收回，贷记"长期股权投资"科目，不确认投资收益。

长期股权投资采用权益法核算的，资产负债表日，应根据被投资单位实现的净利润或经调整的净利润计算应享有的份额，借记"长期股权投资——损益调整"科目，贷记本科目。

被投资单位发生亏损、分担亏损份额超过长期股权投资账面价值，以其他实质上构成对投资单位净投资的长期权益账面价值为限继续确认投资损失的，借记本科目，贷记"长期股权投资——损益调整"科目。发生亏损的被投资单位以后实现净利润的，企业计算的应享有的份额，如有未确认投资损失的，应先弥补未确认的投资损失，弥补损失后仍有余额的，如按投资合同或协议约定确认了投资损失，同时作为预计负债的，应首先冲减预计负债的余额，剩余部分借记"长期股权投资——损益调整"科目，贷记本科目。

处置长期股权投资时，应按实际收到的金额，借记"银行存款"等科目，已计提减值准备的，借记"长期股权投资减值准备"科目，按其账面余额，贷记"长期股权投资"科目，按尚未领取的现金股利或利润，贷记"应收股利"科目，按其差额，贷记或借记本科目。

处置采用权益法核算的长期股权投资时，还应按处置长期股权投资的比例结转原记入"资本公积——其他资本公积"科目的金额，借记或贷记"资本公积——其他资本公积"科目，贷记或借记本科目。

期末，应将本科目余额转入"本年利润"科目，本科目结转后应无余额。

（6）"所得税费用"科目。

本科目核算企业根据所得税准则确认的应从当期利润总额中扣除的所得税费用。本科目应当按照"当期所得税费用""递延所得税费用"进行明细核算。

资产负债表日，企业按照税法计算确定的当期应交所得税金额，借记本科目（当期所得税费用），贷记"应交税费——应交所得税"科目。资产负债表日，根据所得税准则应予确认的递延所得税资产大于"递延所得税资产"科目余额的差额，借记"递延所得税资产"科目，贷记本科目（递延所得税费用）"资本公积——其他资本公积"等科目；应予确认的递延所得税资产小于"递延所得税资产"科目余额的差额，做相反的会计分录。企业应予确认的递延所得税负债的变动，应当比照上述原则调整本科目、"递延所得税负债"科目及有关科目。

期末，应将本科目的余额转入"本年利润"科目，结转后本科目应无余额。

2. 主要经济业务的会计记录

【例 6-55】 业务单据（略）：报销单。

业务描述：2014 年 12 月 20 日，佳骋纺织有限公司支付管理部门业务招待费、办公费等 39 060 元。

业务分析：这项经济业务一方面使企业的银行存款减少 39 060 元，应贷记"银行存款"账户；另一方面增加管理费用，应借记"管理费用"账户。

该项业务编制的会计分录如下：

借：管理费用　　　　　　　　　　　　　　39 060
　　贷：银行存款　　　　　　　　　　　　　　　　39 060

【例 6-56】 业务单据：借款单如图 5-36 所示。

业务描述：2014 年 12 月 21 日，佳骋纺织有限公司张明出差预借差旅费 3 000 元。

业务分析：这项经济业务一方面使企业的库存现金减少 3 000 元，应贷记"库存现金"账户；另一方面预借的差旅费一般先通过"其他应收款"账户核算，应借记"其他应收款"账户。该项业务编制的会计分录如下：

借：其他应收款　　　　　　　　　　　　　3 000
　　贷：库存现金　　　　　　　　　　　　　　　　3 000

【例 6-57】 业务单据（略）：增值税专用发票，银行进账单，销售单。

业务描述：2014 年 12 月 25 日，佳骋纺织有限公司出售材料一批，价款 30 000 元，增值税率17%。款项收到，存入银行。

业务分析：材料销售业务属于企业的其他业务。该业务的发生一方面使银行存款增加35 100元，应借记"银行存款"账户；另一方面使其他业务收入增加30 000元，应交增值税增加5 100元，应贷记"其他业务收入"账户和"应交税费"账户。

该项业务编制的会计分录如下：

借：银行存款　　　　　　　　　　　　　　　　　　35 100
　贷：其他业务收入　　　　　　　　　　　　　　　　　30 000
　　　应交税费——应交增值税（销项税额）　　　　　　5 100

【例6-58】 业务单据（略）：出库单（类似产品出库单），材料销售成本计算单（类似产品成本计算单）。

业务描述：2014年12月31日，佳骋纺织有限公司结转已售材料的成本20 000元。

业务分析：这项经济业务是将已售的原材料成本从"原材料"账户中注销，结转至"其他业务成本"账户，因此应借记"其他业务成本"账户，贷记"原材料"账户。

该项业务编制的会计分录如下：

借：其他业务成本　　　　　　　　　　　　　　　　20 000
　贷：原材料　　　　　　　　　　　　　　　　　　　　20 000

【例6-59】 业务单据（略）：租赁合同，转账支票。

业务描述：佳骋纺织有限公司从2014年11月1日起，以营业租赁方式租入管理用办公设备一批，月租金2 000元，租金季度末支付。2014年12月31日佳骋纺织有限公司以银行存款支付租金。

业务分析：

① 11月30日计提应付租入固定资产租金：

借：管理费用　　　　　　　　　　　　　　　　　　2 000
　贷：其他应付款　　　　　　　　　　　　　　　　　　2 000

② 12月31日支付租金

借：其他应付款　　　　　　　　　　　　　　　　　　2 000
　　管理费用　　　　　　　　　　　　　　　　　　　2 000
　贷：银行存款　　　　　　　　　　　　　　　　　　　4 000

【例6-60】 业务单据（略）：转账支票，税务局开来的罚款发票。

业务描述：2014年12月26日，佳骋纺织有限公司用银行存款支付税收滞纳金2 000元。

业务分析：这项经济业务一方面使银行存款减少2 000元，应贷记"银行存款"账户；另一方面表明这项支出与企业日常的生产经营没有直接关系，应作为营业外支出，借记"营业外支出"账户。

该项业务编制的会计分录如下：

借：营业外支出　　　　　　　　　　　　　　　　　　2 000
　贷：银行存款　　　　　　　　　　　　　　　　　　　2 000

【例6-61】 业务单据：差旅报销单（如图5-37），差旅过程发生的各原始票据如车票，住宿票，餐饮票及其他商业机打票需附在差旅报销单后面。

业务描述：2014年12月30日，佳骋纺织有限公司张明出差归来，报销差旅费2 500元，交回剩余现金500元。

业务分析：张明出差的差旅费2500元应由企业承担，记入"管理费用"账户的借方。企业收回剩余的现金500元，记入"库存现金"账户的借方。报销差旅费导致"其他应收款"账余额的减少额，应记入其贷方。

该项业务编制的会计分录如下：

借：管理费用　　　　　　　　　　　　　　　　　　　　2 500
　　库存现金　　　　　　　　　　　　　　　　　　　　　 500
　　贷：其他应收款　　　　　　　　　　　　　　　　　　　　　3 000

【例6-62】 业务单据：股票交割单（如表6-12所示），银行进账单（略）。

业务描述：2014年12月30日，佳骋纺织有限公司出售上月为了交易目的而持有的股票，股票原买价为210 000元，售价为327 732.5元，所得款项存入开户银行（交易凭证如表6-12所示）。

表6-12　成交过户交割凭单

12/30/2014	成交过户交割凭单		卖
股东编号：	A60432401	成交证券：	神龙
电脑编号：	652004	成交数量：	5 000
公司代号：	156	成交价格：	65.59
申请编号：	875	成交金额：	327 950
申报时间：	13：45：10	标准佣金：	160.00
成交时间：	13：55：45	过户费用：	
可用股数：	5 000（股）	印花税：	57.50
本次成交：	5 000（股）	应收金额：	327 732.50
本次余股：	0（股）	最终余股：	0（股）
附加费用：		实收金额：	327 732.50

业务分析：企业出售上月为了交易目的而持有的股票，一方面使企业的交易性金融资产减少210 000元，应贷记"交易性金融资产"账户；另一方面使银行存款增加327 732.50元，应借记"银行存款"账户；售价高于成本的部分117 732.50元，属于投资收益，应记入"投资收益"账户的贷方。

该项业务编制的会计分录如下：

借：银行存款　　　　　　　　　　　　　　　　　　　327 732.50
　　贷：交易性金融资产　　　　　　　　　　　　　　　　　210 000
　　　　投资收益　　　　　　　　　　　　　　　　　　　117 732.50

【例6-63】 业务单据：各损益类账户发生额。

业务描述：2014年12月31日，根据佳骋纺织有限公司各损益类账户本月发生额，汇总登记结账前本月余额，如表6-13所示。

业务分析：2014年12月31日佳骋纺织有限公司有关损益类账户结账前的月末余额如表6-13所示。

表 6-13 损益类账户结账前余额表

单位：元

收入类账户名称	结账前余额	费用类账户名称	结账前余额
主营业务收入	105 000.00	主营业务成本	75 232.50
其他业务收入	38 000.00	其他业务成本	20 000.00
营业外收入	2 500.00	营业税金及附加	5 250.00
投资收益	117 732.50	销售费用	1 000.00
		管理费用	62 450.00
		财务费用	300.00
		资产减值损失	3 000.00
		营业外支出	6 000.00

该企业采用账结法于月末结转损益类账户，其会计分录如下：

① 借：主营业务收入　　　　　　　　　　　　105 000
　　　其他业务收入　　　　　　　　　　　　 38 000
　　　营业外收入　　　　　　　　　　　　　　2 500
　　　投资收益　　　　　　　　　　　　　　117 732.50
　　　贷：本年利润　　　　　　　　　　　　　　　　263 232.50
② 借：本年利润　　　　　　　　　　　　　　173 232.50
　　　贷：主营业务成本　　　　　　　　　　　　　　 75 232.50
　　　　　其他业务成本　　　　　　　　　　　　　　 20 000
　　　　　营业税金及附加　　　　　　　　　　　　　　5 250
　　　　　销售费用　　　　　　　　　　　　　　　　　1 000
　　　　　管理费用　　　　　　　　　　　　　　　　 62 450
　　　　　财务费用　　　　　　　　　　　　　　　　　　300
　　　　　资产减值损失　　　　　　　　　　　　　　　3 000
　　　　　营业外支出　　　　　　　　　　　　　　　　6 000

【例6-64】 业务单据：企业所得税计算表如图5-38所示。

业务描述：2014年12月31日，佳骋纺织有限公司计算并结转本月应交所得税，所得税税率为25%。12月实现的税前会计利润为90 000元（263 232.50-173 232.50）。假定该公司无纳税调整项目，即应纳税所得额等于税前会计利润90 000元，则该公司的所得税费用为22 500元（90 000×25%）。

业务分析：12月实现的税前会计利润为90 000元（263 232.50-173 232.50）。已假定该公司无纳税调整项目，则该公司的所得税费用为22 500元。这项业务的发生一方面使应交所得税增加22 500元，应贷记"应交税费"账户；另一方面使所得税费用增加22 500元，应借记"所得税费用"账户。

该项业务编制的会计分录如下：
① 计算所得税费用时：

借：所得税费用	22 500	
贷：应交税费——应交所得税		22 500

② 将所得税费用结转到本年利润时：

借：本年利润	22 500	
贷：所得税费用		22 500

由上可知，2014 年 12 月佳骋纺织有限公司实现净利润 67 500 元（90 000 – 22 500）。

6.8.2 利润分配的应用

企业当年实现的净利润在弥补以前年度尚未弥补的亏损后，应按下列顺序分配：

（1）提取法定盈余公积，股份制企业的法定盈余公积金一般按当年实现净利润的 10%提取，其他企业可按不低于 10%的比例提取。企业提取的法定盈余公积累计超过注册资本 50%以上的，可以不再提取。

（2）向投资者分配利润：企业实现的净利润扣除上述项目后，再加上年初未分配利润和其他转入数（如公积金补亏等），形成可供投资者分配的利润。可供投资者分配的利润应按下列顺序分配：①支付优先股股利，是指企业按照利润分配方案分配给优先股股东的现金股利。②提取任意盈余公积，一般按股东大会的决议提取。③支付普通股股利，是指企业按照利润分配方案分配给普通股股东的现金股利。④转作资本（或股本）的普通股股利，是指企业按照利润分配方案以分派股票股利的形式转作的资本（或股本）。

1. 设置主要账户

为了总括地核算利润的分配业务，应主要设置以下账户："利润分配""应付股利""盈余公积"等账户。

（1）"利润分配"账户。

本科目核算企业利润的分配（或亏损的弥补）和历年分配（或弥补）后的积存余额。本科目应当分别"提取法定盈余公积""提取任意盈余公积""应付现金股利或利润""转作股本的股利""盈余公积补亏"和"未分配利润"等进行明细核算。

企业按规定提取的盈余公积，借记本科目（提取法定盈余公积、提取任意盈余公积），贷记"盈余公积——法定盈余公积、任意盈余公积"科目。

企业经股东大会或类似机构决议，分配给股东或投资者的现金股利或利润，借记本科目（应付现金股利或利润），贷记"应付股利"科目。经股东大会或类似机构决议，分配给股东的股票股利，应在办理增资手续后，借记本科目（转作股本的股利），贷记"股本"科目。如其差额，贷记"资本公积——股本溢价"科目。企业用盈余公积弥补亏损，借记"盈余公积——法定盈余公积或任意盈余公积"科目，贷记本科目（盈余公积补亏）。

年度终了，企业应将全年实现的净利润，自"本年利润"科目转入本科目，借记"本年利润"科目，贷记本科目（未分配利润），为净亏损的，做相反的会计分录；同时，将"利润分配"科目所属其他明细科目的余额转入本科目的"未分配利润"明细科目。结转后，本科目除"未分配利润"明细科目外，其他明细科目应无余额。

本科目年末余额，反映企业历年积存的未分配利润（或未弥补亏损）。

（2）"应付股利"账户。

本科目核算企业分配的现金股利或利润。企业分配的股票股利，不通过本科目核算。本科目应当按照投资者进行明细核算。

企业应根据股东大会或类似机构通过的利润分配方案，按应支付的现金股利或利润，借记"利润分配"科目，贷记本科目。实际支付现金股利或利润，借记本科目，贷记"银行存款"等科目。

企业董事会或类似机构通过的利润分配方案中拟分配的现金股利或利润，不作账务处理，但应在附注中披露。

本科目期末贷方余额，反映企业尚未支付的现金股利或利润。

（3）"盈余公积"账户。

本科目核算企业从净利润中提取的盈余公积。本科目应当分别设置"法定盈余公积""任意盈余公积"进行明细核算。

企业按规定提取的盈余公积，借记"利润分配——提取法定盈余公积、提取任意盈余公积"科目，贷记本科目（法定盈余公积、任意盈余公积）。

企业经股东大会或类似机构决议，用盈余公积弥补亏损或转增资本，借记本科目，贷记"利润分配——盈余公积补亏""实收资本"或"股本"科目。企业经股东大会决议，用盈余公积派送新股，按派送新股计算的金额，借记本科目，按股票面值和派送新股总数计算的股票面值总额，贷记"股本"科目，按其差额，贷记"资本公积——股本溢价"科目。

本科目期末贷方余额，反映企业按规定提取的盈余公积余额。

2. 主要经济业务的核算

【例6-65】 业务单据：本年利润账户。

业务描述：2014年12月31日，佳骋纺织有限公司将本年利润账户余额900 000转入利润分配账户。

业务分析："本年利润"账户最终的余额表示本年实现的累计净利润或净亏损。年度终了，要将"本年利润"账户的余额转入"利润分配"账户。这样一方面可以反映企业未分配或未弥补亏损的数额，另一方面也可以结清"本年利润"账户。2014年12月31日，佳骋纺织有限公司本年年末"本年利润"账户为贷方余额900 000元。

该项业务编制的会计分录如下：

借：本年利润　　　　　　　　　　　　　　　　900 000
　　贷：利润分配——未分配利润　　　　　　　　　　900 000

【例6-66】 业务单据：利润分配账户。

业务描述：2014年12月31日，佳骋纺织有限公司按全年净利润（假定无以前年度尚未弥补的亏损）的10%提取盈余公积金。提取的金额为900 000×10% = 90 000元。

业务分析：企业要对净利润进行分配，首先应按规定的比例提取法定盈余公积金。佳骋纺织有限公司本年提取的法定盈余公积金金额为90 000元（900 000×10%）。这项业务一方面使盈余公积累增加90 000元，应贷记"法定盈余公积金"账户；另一方面使利润分配增加90 000元，应借记"利润分配"账户。

该项业务编制的会计分录如下：
提取的金额为 900 000×10%＝90 000 元

借：利润分配——提取法定盈余公积　　　　　　　　90 000
　　贷：盈余公积——法定盈余公积　　　　　　　　　　　　90 000

【例6-67】 业务单据：股东大会决议。

业务描述：2014 年 12 月 31 日，佳骋纺织有限公司经研究决定按全年净利润的 20% 向投资者分配现金股利 180 000 元（900 000×20%）。

业务分析：2014 年 12 月 31 日，佳骋纺织有限公司经研究决定按全年净利润的 20% 向投资者分配现金股利 180 000 元（900 000×20%）。这项业务的发生一方面使公司应支付的现金股利增加 180 000 元，应贷记"应付股利"账户；另一方面使分配的利润增加了 180 000 元，应借记"利润分配"账户。

该项业务编制的会计分录如下：

借：利润分配——应付股利　　　　　　　　　　　180 000
　　贷：应付股利　　　　　　　　　　　　　　　　　　　180 000

【例6-68】 业务单据：利润分配账户。

业务描述：2014 年 12 月 31 日年终决算时，佳骋纺织有限公司将"利润分配"账户所属的各明细分类账户的借方合计数 270 000 元（其中：提取盈余公积金 90 000 元、应付现金股利 180 000 元）结转到"利润分配——未分配利润"明细分类账户的借方。

业务分析：2014 年 12 月 31 日年终决算时，佳骋纺织有限公司将"利润分配"账户所属的各明细分类账户的借方合计数 270 000 元（其中：提取盈余公积金 90 000 元、应付现金股利 180 000 元）结转到"利润分配——未分配利润"明细分类账户的借方。

借：利润分配——未分配利润　　　　　　　　　　270 000
　　贷：利润分配——提取法定盈余公积金　　　　　　　　　90 000
　　　　　　　　——应付股利　　　　　　　　　　　　　180 000

【复习思考题】

1. 企业的主要经济业务内容包括哪些？
2. 实收资本在核算上有哪些要求？
3. 资本公积金的主要用途是什么？
4. 短期借款利息的会计处理与长期借款利息有什么区别？
5. 材料采购成本由哪些项目构成？
6. 固定资产的入账价值该如何确定？
7. 生产准备业务、产品生产业务、产品销售业务的会计核算应设置哪些专门账户？请分别说明这些账户的用途和结构。
8. 哪些税金通过"应交税费"账户核算？哪些税金不通过"应交税费"核算？
9. 制造业的利润是由哪些层次构成的？
10. 试说明"本年利润"和"利润分配"账户的用途、结构及这两个账户之间的关系。

【练习题】

一、单项选择题

1. "利润分配"账户年终结转后,借方余额表示历年积存的( )。
   A. 未分配利润额　　　　　　B. 已分配利润额
   C. 未弥补亏损额　　　　　　D. 已实现利润额

2. 车间用固定资产计提的折旧,应借记( )账户。
   A. 累计折旧　　B. 生产成本　　C. 制造费用　　D. 固定资产

3. 不构成生产成本的组成项目是( )。
   A. 直接材料　　B. 直接人工　　C. 制造费用　　D. 管理费用

4. 制造业采购材料物资运输途中的合理损耗应( )。
   A. 计入管理费用　　　　　　B. 计入采购成本
   C. 由供应单位赔偿　　　　　D. 由保险公司赔偿

5. 企业分配工资费用时,厂部管理人员的工资应计入( )账户。
   A. 管理费用　　B. 应付职工薪酬　C. 生产成本　　D. 制造费用

6. 销售费用、管理费用和财务费用账户的本期发生额,应于本期期末转入( )账户。
   A. 制造费用　　B. 生产成本　　C. 本年利润　　D. 利润分配

7. 基本生产车间为生产某种产品发生的直接费用,应记入( )账户。
   A. 生产成本　　B. 制造费用　　C. 管理费用　　D. 财务费用

8. 预收账款账户期初贷方余额为19 000元,本期贷方发生额为17 000元,本期借方发生额为25 000元,该账户期末余额为( )。
   A. 借方11 000元　　　　　　B. 借方26 000元
   C. 贷方11 000元　　　　　　D. 贷方26 000元

9. 企业收到投资人投入的资本时,应贷记( )账户。
   A. 银行存款　　B. 实收资本　　C. 固定资产　　D. 长期借款

10. 期末计提固定资产折旧时,应贷记( )账户。
    A. 管理费用　　B. 累计折旧　　C. 生产成本　　D. 制造费用

二、多项选择题

1. 下列各项中,应计入材料采购成本的有( )。
   A. 买价　　　　　　　　　　B. 采购费用
   C. 运输途中责任人丢失的材料成本　D. 厂部采购人员工资

2. 关于"本年利润"账户,下列说法正确的是( )。
   A. 各月末余额反映自年初开始至当月末为止累计实现的净利润或净亏损
   B. 年终结转后无余额
   C. 平时月份期末余额可能在借方,也可能在贷方
   D. 各月末余额反映在当月实现的净利润或净亏损

3. 下列属于营业外收入核算内容的是（　　）。
   A. 固定资产盘盈　　　　　　　　B. 罚款净收入
   C. 已处置固定资产净收益　　　　D. 出售材料所取得的收入
4. 构成生产成本的组成项目是（　　）。
   A. 直接材料　　B. 直接人工　　C. 制造费用　　D. 管理费用
5. 所有者权益包括实收资本和（　　）。
   A. 资本公积　　B. 盈余公积　　C. 应付利润　　D. 未分配利润
6. 工资分配核算可能涉及的账户有（　　）。
   A. 生产成本　　　　　　　　　　B. 管理费用
   C. 应付职工薪酬　　　　　　　　D. 制造费用
7. "生产成本"账户的借方登记（　　）。
   A. 直接材料　　　　　　　　　　B. 直接人工
   C. 罚款支出　　　　　　　　　　D. 分配计入的制造费用
8. 期末转入"本年利润"账户借方的账户有（　　）。
   A. 所得税费用　　B. 主营业务成本　　C. 管理费用　　D. 制造费用
9. 下列可通过"财务费用"账户核算的有（　　）。
   A. 差旅费　　B. 存款利息收入　　C. 银行手续费　　D. 罚款收入
10. 制造业利润分配的主要内容包括（　　）。
    A. 提取职工福利费　　　　　　　B. 提取盈余公积金
    C. 向投资者分配利润　　　　　　D. 上缴所得税

三、判断题

1. 发生营业外支出，在相对应的会计期间，应当减少企业当期的营业利润。（　　）
2. "应付账款"账户和"预付账款"账户同属负债类账户。（　　）
3. 企业为生产产品而购进材料时需要向供货方支付的进项税额，计入所购商品成本。（　　）
4. 材料采购成本就是供货单位开具的发票金额。（　　）
5. "营业外收入"账户期末一般无余额。（　　）
6. "制造费用"账户的借方发生额应于期末转入"本年利润"账户，结转后该账户无余额。（　　）
7. "累计折旧"账户属于资产类账户。（　　）
8. 漏提固定资产折旧费，会虚增当月的利润。（　　）
9. "本年利润"账户在一年中每月终了和年终时，均应有余额。（　　）
10. 流动负债是指企业将在长于1年的一个营业周期以上偿还的债务。（　　）

四、业务题

（一）业务一

1. 目的：资金筹集业务的核算。
2. 资料：佳骋纺织有限公司20××年5月发生下列经济业务。

(1) 某单位投入一批原材料，总成本 1 200 000 元。
(2) 向银行借入 1 个月期借款 150 000 元存入银行。
(3) 向银行借入 5 年期借款 8 400 000 元存入银行。
(4) 以银行存款偿还短期借款 160 000 元，长期借款 1 400 000 元。
(5) 收到某公司投入本企业商标权一项，投资双方确认的价值为 2 200 000 元。
(6) 按规定将盈余公积金 300 500 元转作资本金。
(7) 接受外商捐赠汽车 1 辆，价值 1 520 000 元。
3. 要求：根据上述资料编制会计分录。

(二) 业务二

1. 目的：生产准备业务的核算。
2. 资料：佳骋纺织有限公司 20××年 12 月发生下列部分经济业务。

(1) 5 日，购入一台不需要安装即可投入使用的设备，取得的增值税专用发票上注明的设备价款为 30 000 元，增值税额为 5 100 元，另支付运输费 300 元，包装费 300 元，款项以银行存款支付。假设佳骋纺织有限公司不属于实行增值税转型的企业。
(2) 3 日从长风公司购入 A 材料 300 吨，单价 200 元，增值税进项税额为 10 200 元。全部款项尚未支付，材料验收入库。
(3) 8 日以存款 30 000 元向中惠公司预付购买 B 材料的货款。
(4) 9 日以银行存款 70 200 元，偿还前欠长风公司的货款。
(5) 11 日从环宇公司购入 B 材料 50 吨，单价 120 元，增值税额为 1 020 元，佳骋纺织有限公司开出三个月到期，金额为 7 020 元的银行承兑汇票一张，材料尚未运达企业。
(6) 收到中惠公司发来的已预付货款的 B 材料 200 吨，单价 115 元，增值税额 3 910 元，材料已验收入库。
(7) 收到中惠公司退回的货款 3 090 元。
(8) 收到并验收入库江南公司发来的 A 材料 100 吨，每千克 205 元，增值税额 3 485 元。货款部分用上月预付款 20 000 元抵付，其余款项用银行存款支付。
3. 要求：根据上述经济业务编制会计分录。

(三) 业务三

1. 目的：练习产品生产业务的核算。
2. 资料：佳骋纺织有限公司 20××年 12 月发生下列部分经济业务：(1) 9 日从银行提取现金 80 000 元，备发工资及补贴。
(2) 9 日以现金发放职工工资 78 000 元，发放职工食堂补贴 2 000 元。
(3) 31 日佳骋纺织有限公司本月领用材料情况如下：

生产甲产品领用：　　A. 材料 100 吨，计 20 125 元
　　　　　　　　　　B. 材料 100 吨，计 11 600 元
生产乙产品领用：　　A. 材料 200 吨，计 40 250 元
　　　　　　　　　　B. 材料 120 吨，计 13 920 元
车间管理领用：　　　A. 材料 20 吨，计 4 025 元
企业管理部门领用：　B. 材料 1 吨，计 116 元
合　　计　　　　　　　　　　　　90 036 元

(4) 31 日结算本月应付职工工资，其用途和金额如下：
生产 A 产品工人工资　　　　　23 000 元
生产 B 产品工人工资　　　　　36 000 元
车间管理人员工资　　　　　　 9 000 元
行政管理人员工资　　　　　　10 000 元
合　计　　　　　　　　　　　78 000 元

(5) 31 日佳骋纺织有限公司根据历史经验数据计算公司下设的职工食堂享受企业提供的补贴金额为 2 000 元。

(6) 31 日佳骋纺织有限公司按规定，计提本月固定资产折旧 4 700 元，其中生产车间提取 4 000 元，管理部门提取 700 元。

(7) 31 日本月生产 A 产品 100 件和 B 产品 200 件全部完工并验收入库，结转本月发生的制造费用，按两种产品的产量为标准，分配制造费用。

(8) 根据本题以上资料计算并结转甲、乙两种完工产品的生产成本。

3. 要求：根据上述经济业务编制有关会计分录。

(四) 业务四

1. 目的：练习财产清查结果的账务处理。

2. 资料：佳骋纺织有限公司年终进行财产清查，在清查中发现下列事项：

(1) 盘亏水泵一台，原价 5 200 元，账面已提折旧 2 400 元。

(2) 发现账外机器一台，估计重置价值为 10 000 元，净值为 6 000 元。

(3) 甲材料账面余额 455 千克，价值 19 110 元，盘存实际存量 445 千克，经查明其中 7 千克为定额损耗，3 千克为日常收发计量差错。

(4) 乙材料账面余额为 156 千克，价值 4 992 元，盘存实际存量为 151 千克，缺少数为保管人员失职造成的损失。

(5) 丙材料盘盈 30 千克，每千克 30 元，经查明其中 25 千克为代其他工厂加工剩余材料，该厂未及时提回，其余属于日常收发计量差错。

(6) 经检查其他应收款，尚有某运输公司欠款 250 元，属于委托该公司运输材料，由于装卸工疏忽造成的损失，已确定由该公司赔偿，但该公司已撤销，无法收回。

3. 要求：根据上述资料，编制相关会计分录。

(五) 业务五

1. 目的：练习应收应付款项清查的核算。

2. 资料：某工业企业 2006 年 12 月清查往来账项时，发现以下业务长期挂在账上：

(1) 长期挂在账上的应付甲厂货款的尾数 32 元，由于对方机构撤销无法支付，经批准作为企业资本公积处理。

(2) 没收逾期未退回的包装物押金 480 元，经批准作为其他业务收入处理。

(3) 职工张某暂借款 45 元，由于该职工调出企业，无法收回，经批准作为期间费用处理。

(4) 由于对方单位撤销，应收而无法收回的企业销货款 400 元，经批准作为期间费用处理。

3. 要求：根据以上经济业务编制会计分录。

（六）业务六

1. 目的：销售过程和财务成果业务的核算。

2. 资料：佳骋纺织有限公司20××年5月发生下列经济业务：

（1）销售甲产品100件，单价1 000元，货款100 000元，销项税17 000元，款项尚未收到。

（2）销售乙产品150件，单价200元，计30 000元，销项税5 100元，款项已存入银行。

（3）用银行存款支付销售费用计2 350元。

（4）支付本月银行借款利息200元。

（5）结转已销产品生产成本，甲产品85 000元，乙产品19 000元。

（6）销售丙材料2 000千克，单价25元，计50 000元，货款已存入银行，其采购成本为35 000元。

（7）以现金1 200元，支付延期提货的罚款。

（8）月末将"主营业务收入""其他业务收入""营业外收入"账户结转"本年利润"账户。

（9）月末将"主营业务成本""营业税金及附加""其他业务成本""销售费用""管理费用"（账户余额为650元）、"财务费用""营业外支出"结转到"本年利润"账户。

（10）计算并结转本月应交所得税，税率为25%。

（11）将本月实现的净利润转入"利润分配"账户。

（12）按税后利润的10%提取盈余公积金。

（13）按税后利润的5%计提一般盈余公积金。

（14）该企业决定向投资者分配利润5 500元。

3. 要求：根据经济业务编制会计分录。

第7章 会计账簿

【本章导读】

作为大股东的上海申花联盛足球俱乐部有限公司（以下称申花俱乐部）要求查阅上海申花SVA康桥足球发展有限公司（以下称申花学校）会计账簿而遭拒绝，从而引发了一起股东知情权纠纷。

2008年10月，申花俱乐部为了解申花学校的具体经营状况和长期亏损原因，向其提出查阅会计账簿的书面请求，而申花学校以申花俱乐部股东之间内部有约定，予以拒绝。2009年1月，申花俱乐部向上海南汇区法院提起诉讼。

申花俱乐部诉称，股东知情权是法律赋予公司股东的权利，申花俱乐部是申花学校的大股东，应具有相应的知情权；在申花俱乐部向申花学校发出查阅会计账簿的书面函后，申花学校未履行《公司法》所规定的提供会计账簿的法定义务，故诉至法院请求判令申花学校向申花俱乐部提供全部会计账簿，供己查阅。

申花学校虽然承认申花俱乐部确系其股东之一，但辩称，每年财务会计报告都及时提交给申花俱乐部，它对申花学校的经营状况完全是知晓的，故其有理由相信申花俱乐部查阅要求是有不正当目的的，因此，要求驳回申花俱乐部的诉请。

法院审理后认为，股东知情权是《公司法》赋予公司股东的法定权利，《公司法》只将股东有不正当目的列为股东丧失查阅会计账簿权利的唯一法定情形，而申花学校未能举证证明，故申花俱乐部查阅目的的正当性应予认定，申花学校以申花俱乐部股东之间有内部约定作为抗辩理由缺乏充分的法律依据。现申花俱乐部要求申花学校向其提供全部会计账簿以供查阅的诉讼请求，于法有据，应予支持。据此，法院作出上述判决。

思考题：申花俱乐部每年都能看到财务会计报告，为什么还要查会计账簿？会计账簿上都记录什么？如何能发现账簿造假？

【本章学习目标】

熟悉会计账簿的含义、作用及分类，熟悉平行登记的含义，掌握总账、三栏式明细账、多栏式明细账、数量金额式明细账、现金日记账、银行存款日记账的填制方法，熟悉与账相关的名词概念。

7.1 会计账簿概述

7.1.1 会计账簿的含义

会计账簿是以会计凭证为依据，由一定格式、相互联系的账页组成，用来序时地、分类地、全面连续地反映企业各项经济业务内容及其变动情况的会计簿籍。

从原始凭证到记账凭证，按照一定的会计科目和复式记账法，大量经济信息转化为会计信息记录在记账凭证上。通过填制和审核原始凭证和记账凭证，会计主体在生产经营活动中所发生的全部经济业务都已记录到了会计凭证中。但是，由于会计凭证数量很多，资料分散，每张凭证只能记录个别的经济业务，只能零散地反映某项经济业务内容，不能全面、系统、连续地反映企业生产经营过程的变动情况，不能够满足经济管理的需要，所以，还需要把记账凭证所反映的经济业务内容，进行下一步的加工和处理，即将记账凭证上所记录的内容在账户中进行分门别类的登记。这就需要设置会计账簿，把会计凭证提供的大量零散的资料加以归类、整理、集中，登记到账簿中去，使其系统化、条理化，以便能给经济管理提供系统、全面的会计资料信息。

7.1.2 会计账簿的作用

设置和登记账簿是会计核算工作的基本方法之一和重要环节。登记账簿在会计信息的加工处理过程中，居于中枢环节。它在会计核算工作中具有如下重要作用。

第一，为经济管理提供系统、全面、连续的会计资料，为管理和决策提供重要的会计信息。

账簿登记时，是分不同的账户，按照经济业务发生的时间顺序，毫无遗漏地进行记录。通过账簿的记录，既对经济业务进行总分类核算，提供总括的核算资料；又进行明细分类核算，提供详细的核算资料。这样，就可以全面、系统地核算和监督经济活动过程及其结果，为加强经济核算、合理使用资源提供完整的资料。通过登记账簿，既可以按照经济业务发生的先后，进行序时核算，提供某项业务活动的资料；又可以按照经济业务性质的不同，在有关的分类账中进行归类核算，为经济管理提供总括和明细的会计信息。因此，通过账簿的记录，可以把会计凭证提供的零散资料加以归类汇总，形成系统、全面、连续的会计核算资料，集中反映企业资金使用及其变动情况，满足企业经营管理的需要。

第二，了解和掌握企业的财务状况和经营成果，有利于加强财产物资的管理与核算。

通过账簿的设置和登记可以确定企业财务成果的形成，了解企业的财务状况，合理地筹集和使用各项资金，从而提高资金的使用效果；有利于促进增收节支，及时、有效地控制成本费用，提高会计主体的盈利水平和经济效益，为进行会计分析、会计检查以及考核企业经营成果提供重要依据。利用账簿记录的实际数与计划数、预算数进行对比，可以考核和分析各项计划预算的完成情况，找差距、挖潜力、定措施，全面促进完成各项任务；考核和分析资源运用是否恰当，费用成本支出是否合理，不断提高经济效益。

第三，为编制会计报表提供综合和详细的资料，为会计检查提供依据。

企业经营进行到一定时期，为了总结其经营活动情况，就必须在账簿中进行结账和对账，使账簿记录数与实有数核对相符，为编制会计报表提供可靠的依据。同时有利于参照会计核算资料进行会计检查，实施会计监督。账簿的记录能够为编制财务报告提供总括和具体的资料，保证财务报告的正确性和完整性以及编报工作的及时性。

7.1.3 会计账簿的分类

为了满足经济管理的需要，每一账簿体系中包含的账簿是多种多样的。这些账簿可以按照不同的标准进行分类，主要有以下三种分类方法，如图 7-1 所示。

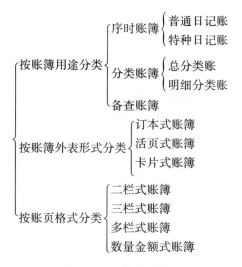

图 7-1 账簿的分类

1. 按账簿用途分类

（1）序时账簿。序时账簿亦称日记账簿，是按照经济业务发生或完成情况的先后顺序，逐日逐笔、连续登记的账簿。它是按时间顺序记载经济业务的发生或完成情况的原始记录簿。它可以是序时登记全部经济业务的账簿，叫普通日记账；也可以是序时登记某类经济业务的账簿，叫特种日记账。通常记录某一类比较重要的经济业务，如"现金日记账""银行存款日记账"。普通日记账是否需要设置，各单位根据自身的业务特点和管理要求而定；特种日记账中的"现金日记账"（如图 7-2 所示）和"银行存款日记账"（如图 7-3 所示），各单位都要设置，以便加强货币资金的核算和管理。

现金日记账

第 1 页

2014年		凭证		票据号数	摘要	借方	贷方	余额	核对
月	日	种类	号数						
12	01				期初余额			1000000	✓
	08	记	11		支付安装费		100000	900000	✓
	10	记	23		提取备用金	4950000		5850000	✓
	12	记	17		支付货款		60000	5790000	✓
	13	记	20		支付运费		4000	5786000	✓
	21	记	56		报销差旅费		300000	5486000	✓
	25	记	38		支付广告费		100000	5386000	✓
	30	记	61		报销差旅费		50000	5436000	✓
	31	记	24		支付工资		4950000	486000	✓
	31	记	41		现金长款	80000		566000	✓
	31				本月合计	5080000	5514000	566000	✓
	31				本年累计			566000	✓

图 7-2 现金日记账

银行存款日记账

第 2 页

开户行：中国交通银行樟木头支行
账　号：441900L219429

2014年		凭证		摘要	借方	贷方	余额	核对
月	日	种类	号数					
12	25			承前页	70728500	1589800	149138620	✓
	26	记	60	支付税收滞纳金		200000	149098620	✓
	30	记	62	投资收益	3277325		152375945	✓
	31	记	67	偿还借款		6090000	151766945	✓
	31	记	69	支付租金		400000	151746945	✓
	31			本月合计	74005825	2258880	151746945	✓
	31			本年累计			151746945	

图 7-3 银行存款日记账

（2）分类账簿。分类账簿是对全部经济业务按照总分类账户和明细分类账户分类登记的账簿，也称分类账。按照分类的概括程序不同分为总分类账和明细分类账两种。

① 总分类账。总分类账简称总账，是按照总分类账户设置和登记的账簿，用来登记全部经济业务，提供总括核算指标的分类账簿，如图7-4所示。

② 明细分类账。明细分类账简称明细账，是根据总账科目设置，按其所属的明细科目开设，用来登记某一类经济业务，提供详细核算指标的分类账簿，包括三栏式明细账、数量金额式明细账、多栏式明细账。其中，多栏式明细账可以根据实际账户的需要设置明细栏目，如生产成本明细账，应交税费——应交增值税明细账，如图7-5至图7-9所示。

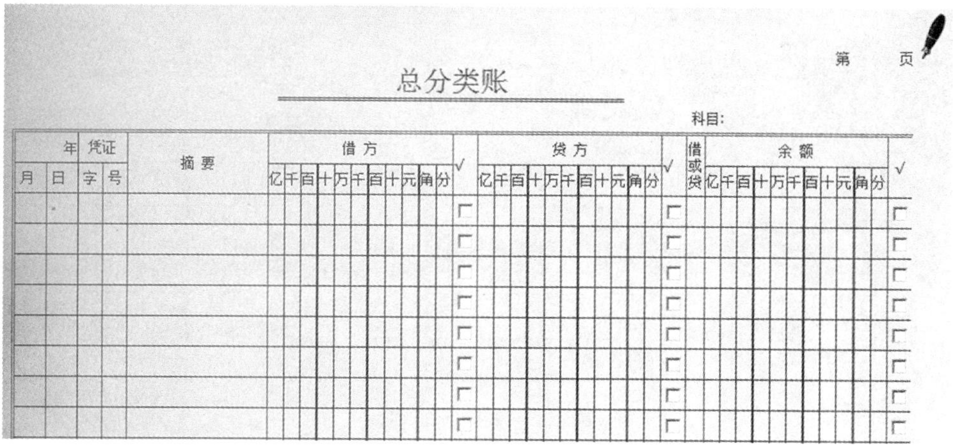

图 7-4　总分类账

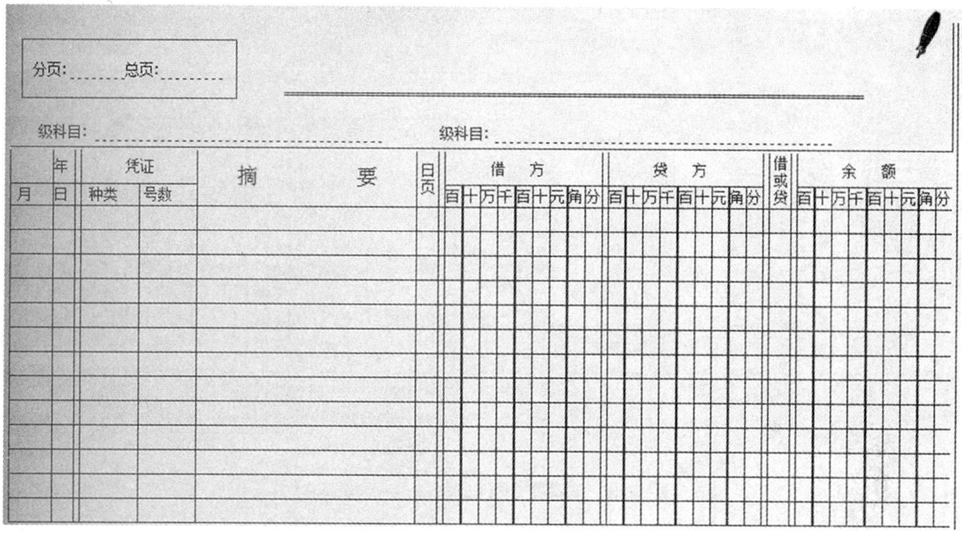

图 7-5　三栏式明细账

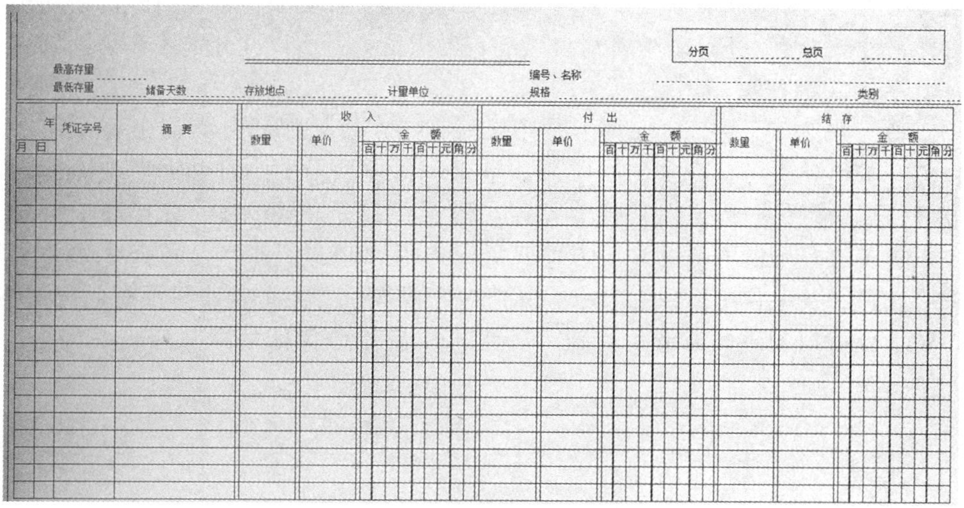

图 7-6　数量金额式明细账

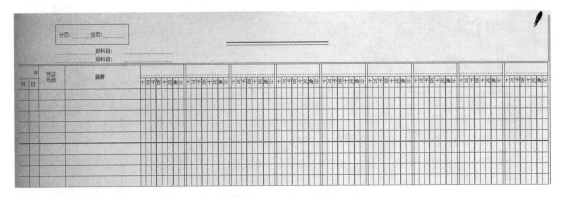

图 7-7 多栏式明细账

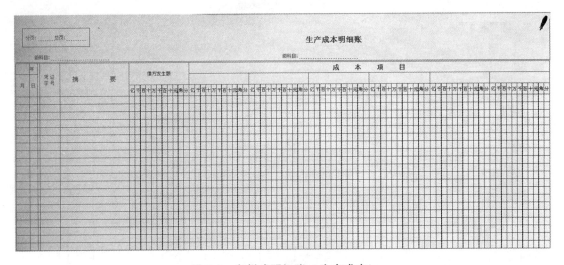

图 7-8 多栏式明细账（生产成本）

总分类账簿和明细分类账簿包括了除序时账之外的全部账户，整个企业的生产经营过程和财务情况，都能从分类账簿中得到反映。同时，分类账也可以对经济活动过程中的违法行为进行监督，还可以为编制会计报表提供依据。所以，分类账在会计核算工作中占有十分重要的地位。

（3）备查账簿。又称辅助账簿，是用来对某些在日记账和分类账中不便记录或未能记录的有关事项进行补充登记的账簿，是属于备查性质的一种辅助登记账簿。它是根据表外科目设置的。如：以经营租赁方式租入固定资产登记簿、受托加工材料登记簿等。设置备查登记簿的目的在于方便日后对有关事项进行查考。备查账簿并非每个单位都应设置，各单位可以根据自己实际情况需要而设置。备查账簿没有固定的格式，可以由各单位根据管理的需要自行设计，也可以使用分类账的账页格式。如图 7-10、图 7-11 所示。

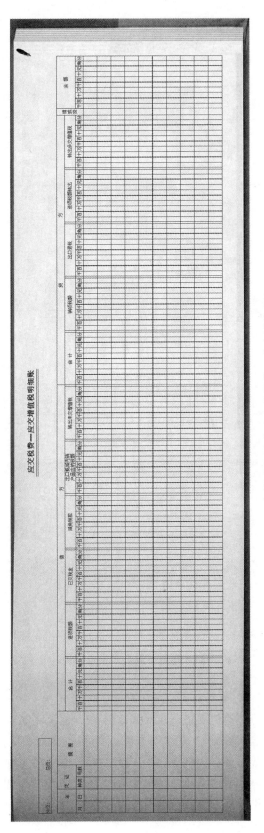

图 7-9 多栏式明细账（应交税费—应交增值税）

图 7-10 物料发出备查账

图 7-11 银行承兑汇票备查簿

2. 按账簿外表形式分类

按账簿的外表形式分,可将账簿分为订本式账簿、活页式账簿和卡片式账簿三种。

(1)订本式账簿。订本式账簿,简称订本账,是指在未使用前就固定的装订成册并编订页码的账簿。其优点是在使用中账页不会散失,并能防止抽换账页等舞弊行为的发生,有利于会计资料和会计档案的完整性和严肃性。其缺点是使用订本账时,由于账页固定,不能增减,开设账户时需预留账页,容易出现账页的余缺,从而造成浪费或影响连续记账。此外，它也不便于各账户的账页调整，不便于同时分工记账，不便于用计算机记账。订本式账簿主要适用于总分类账和现金、银行存款日记账，如图7-12 所示。

图 7-12　订本式账簿

（2）活页式账簿。活页式账簿，简称活页账，是由若干零散的、具有专门格式的账页组成的账簿。这种账簿可以根据需要随时添加、抽减账页，同时有利于分工记账，提高登账工作效率。活页账特点是在启用之前不固定地装订在一起，期末时才装订成册。其缺点是账页容易散失和被抽换。因此必须注意保存。为了防止这些弊端，账页必须编号并由有关人员在账页上签章，平时可装置在账夹中保管使用，年度终了，装订成固定本、册并归档保管。活页式账簿主要适用于各种明细账的设置，如图7-13 所示。

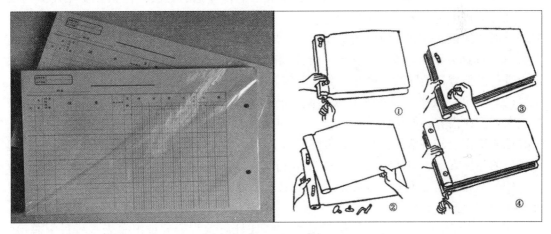

图 7-13　活页式账簿

（3）卡片式账簿。卡片式账簿，也称卡片账，是由若干零散的、具有专门格式的卡片组成的账簿，存放在卡片箱中可随时取用。使用中要防止散失及非法抽换。因此对启用的卡片要逐张盖章编号。可以长期使用，不需逐年更换。其优缺点同活页式账簿。卡片式账簿主要适用于记录比较复杂的财产明细账。

3. 按账页格式分类

（1）两栏式账簿指只有借方和贷方两个基本金额栏目的账簿。如：银行储蓄存折，一栏表示存取（＋－），一栏表示余额。

（2）三栏式账簿。三栏式账簿是会计核算通用的格式。"三栏"是指格式的基本结构有"借方""贷方"及"余额"三个金额栏（如图7-5所示）。

（3）多栏式账簿。多栏式账簿，是在三栏式的基础上，在借方和贷方下设若干金额栏，或在金额下设多栏，根据核算的实际需要确定（如图7-6至图7-9所示）。

（4）数量金额式账簿。数量金额式账簿是为了各类物资核算工作需要而设计的特定格式。在三个金额栏内增设数量及单价专栏，在记录各类物资金额时，也要登记相应的数量和单价，用以全面、连续、系统地记录各项经济业务的簿籍（如图7-6所示）。

7.1.4 总分类账与明细分类账的关系和平行登记

总分类账是根据总分类科目开设，用以提供总括指标的账簿；明细分类账是根据明细分类科目开设，用于提供明细指标的账簿。两者反映的经济内容是相同的，只不过提供核算指标的详细程度不同：前者提供某类经济业务总括的核算指标，后者则提供某类经济业务详细的核算指标。总分类账控制、统驭明细分类账，即总分类账控制着明细分类账的核算内容和核算数据；明细分类账则对总分类账起着辅助和补充的作用。具体案例见7.2节总账的登记和明细账的登记，例7-1登记的是总账，如图7-15所示。例7-3登记的是明细账，如图7-19至图7-23所示。总账的余额如图7-15所示，要等于明细账图7-19至图7-23的余额合计。

为了使总分类账户与其所属的明细分类账之间能起到统驭与补充的作用，便于账户核对，并确保核算资料的正确、完整，必须采用平行登记的方法，在总分类账及其所属的明细分类账中进行记录。平行登记，是指根据记账凭证一方面登记有关总分类账户，另一方面登记该总分类账所属的明细分类账户。平行登记的要点如下。

（1）同期登记。同期是指在同一会计期间，对每一项经济业务，在有关的总分类账户中进行总括登记的同时，要在有关的明细分类账中进行明细登记。

（2）方向一致。对经济业务的发生，总分类账户登记在借方金额，有关明细分类账户也应登记在借方；如果总分类账户登记在贷方，有关明细分类账户也应登记在贷方。有时记账工作上的特殊需要在总分类账户登记某一方向，而有关明细分类账用红字登记在账户的相反方向，也属于记账上的方向一致。

（3）金额相等。对每一项经济业务，记入总分类账户的金额，必须与记入有关明细分类账户的金额之和相等。

（4）依据相同。登记总分类账户是以记账凭证（或记账凭证汇总表、科目汇总表）为依据的，登记明细分类账户，必然以同一记账凭证及所附的原始凭证为依据。

根据平行登记规则记账后，总分类账户与明细分类账户之间产生下列数量关系：总分类账的借方（或贷方）本期发生额等于所属明细账借方（或贷方）本期发生额之和；总分类账期末余额等于所属明细分类账期末余额之和。在会计核算工作中，可以利用上述数量关系检查账簿记录的正确性。

7.2　会计账簿的格式与登记

7.2.1　会计账簿的登记内容与要求

1. 会计账簿的基本内容

不同类别的账簿，由于其所记录的经济业务的内容不同，其账簿的格式也是多种多样的，不同格式账簿的具体内容也不尽相同。但各种账簿都应具备下列基本内容。

（1）封面：主要标明账簿的名称和记账单位的名称。如××企业总分类账、制造费用明细账、原材料账等。

（2）扉页：主要标明账簿的名称、编号、页数、册次；启用日期和截止日期；经管人员一览表；记账人员、会计主管签章、账户目录等（如图7-14所示）。

账簿启用及交接表

机构名称		印鉴
账簿名称	（第　　册）	
账簿编号		
账簿页数	本账簿共计　　页（本账簿页数 检点人盖章　　）	
启用日期	公元　　年　　月　　日	

经管人员	负责人		主办会计		复核		记账	
	姓名	盖章	姓名	盖章	姓名	盖章	姓名	盖章

接交记录	经管人员		接管				交出			
	职别	姓名	年	月	日	盖章	年	月	日	盖章

备注	

图7-14　扉页：会计账簿启用及交接表

账户目录是由记账人员在账簿中开设账页户头后，按顺序将每个账户的名称和页数进行登记的，便于查阅账簿中登记的内容。如果是活页式账簿，在账簿启用时无法确定页数，可先将账户名称填写好，待年终装订归档时，再填写页数。

（3）账页：账页是账簿的主要内容，除了要标明账户名称、总页数和分页数外，主要记录经济业务的内容，设有登账的日期栏、凭证种类和号数栏、摘要栏、金额栏等。因反映经济业务的内容不同，账页格式可以不同，但应包括以下基本内容：①账户的名称（总账科目、二级科目或明细科目）；②登账日期；③凭证种类和号数栏；④摘要栏（记录经济业务的简要说明）；⑤金额栏（记录经济业务的增减变动）；⑥总页次和分户页次。

由于账簿所记录的经济业务不同，其结构和登记方法也各异，关于会计账簿的格式与登记方法将在7.3节详细介绍。

2. 账簿启用的规则

会计账簿是重要的经济档案，为了保证账簿记录的合法性，明确记账责任，保证会计资料的完整性，防止舞弊行为，会计人员在账簿启用时，应在账簿的有关位置记录如下相关信息。

（1）设置账簿的封面与封底。账簿是储存会计信息的载体，是重要的会计档案。为了保证会计账簿的合法性，明确记账人员的责任，保证账簿资料的完整无缺，防止任何舞弊行为，在账簿启用时，应在账簿封面上写明单位名称和账簿名称。在账簿的扉页上填列"账簿启用和经管人员一览表"，账簿启用后应由专人负责。"账簿启用和经管人员一览表"上要详细载明：账簿名称、企业名称、账簿册数、账簿编号、账簿共计页数、启用日期、交接日期、交接人姓名、记账人员和会计主管人员签章，最后还要加盖单位公章。

（2）启用订本式账簿，应从第一页到最后一页顺序编号，不得跳页和缺号；启用活页式账簿，应按照账户顺序编号，并需定期装订成册。装订后按实际使用的账页顺序编定页数，另加目录，记明每个账户的名称和页次。

（3）记账人员或会计人员工作调动时，应办理账簿交接手续，并在扉页的"经管人员一览表"中注明交接日期、接办人员姓名，并由交接双方人员签字盖章。

（4）粘贴印花税票。以上内容填写完毕后，应在该页右上角粘贴印花税票，并且画线注销，标明该账的合法性。在使用缴款书缴纳印花税时，应在右上角注明"印花税已缴"及缴款金额。

3. 会计账簿登记的基本要求

为了保证账簿记录的正确性，确保账簿提供信息的质量，会计人员必须根据审核无误的记账凭证登记会计账簿。登记账簿一般应符合以下基本要求。

（1）内容准确完整。登记会计账簿时，应当将会计凭证的日期、编号、经济业务内容摘要、金额和其他有关资料逐项记入账内，做到数字准确、摘要简明清楚、登记及时、字迹工整。对于每一项会计事项，一方面要记入有关的总账，另一方面要记入该总账所属的明细账。账簿记录中的日期，应当填写记账凭证上的日期；以自制的原始凭证（如收料单、领料单等）作为记账依据的，账簿记录中的日期应当按照有关自制凭证上的日期填列。此外，负责登记账簿的会计人员，在登记账簿之前，应对复核人员审查过的记账凭证再复核一遍，这是岗位责任制和内部牵制制度的要求。如果记账人员对记账凭证中的某些问题弄不明白，可以向填制记账凭证的人员或其他人员请教；如果认为记账凭证的处理有错误，可暂停登记，及时向会计主管人员反映，由其作出更改或照登的决定。在任何情况下，凡不兼任填制记账凭证工作的记账人员都不得自行更改记账凭证。

（2）注明记账符号。登记完毕后，要在记账凭证上签名或盖章，同时在记账凭证上注明所记账簿的页数，或画"√"符号，表示已登记入账，以避免重记、漏记，便于核对。

（3）必须使用钢笔和蓝黑墨水或碳素墨水记账。登记账簿时，应用蓝色或黑色墨水书写，不得使用圆珠笔（银行的复写账簿除外）或者铅笔书写。因为账簿是非常重要的经济资料，各种账簿的归档保管年限，国家规定一般都在 15 年，有些重要经济资料的账簿，还要长期保管，因此要求账簿记录保持清晰、耐久，以便于长期查考使用，防止涂改。另外，在记账过程中，如果账簿记录发生错误，不得刮擦、挖补、涂抹或用退字药水更改账簿，必须根据错误的具体情况，采用正确的更正方法予以更正。

（4）特殊记账使用红色墨水。对在登记账簿中使用红色墨水的问题，依据财政部会计基础工作规范的规定，下列情况可以使用红色墨水记账：①按照红字冲账的记账凭证，冲销错误记录；②在不设借贷等栏的多栏式账页中，登记减少数；③在三栏式账户的余额栏前，如未印明余额方向的，在余额栏内登记负数余额；④根据国家统一会计制度的规定，可以使用红字登记的其他会计记录。

（5）书写规范。账簿中文字和数字的书写必须规范，准确无误。文字的书写，不要滥造简化字，不得使用同音异义字，不得写怪字体；摘要文字紧靠左线；数字要写在金额栏内，不得越格错位、参差不齐；文字、数字字体大小适中，紧靠下线书写，上面要留有适当空距，一般应占格宽的1/2，以备按规定的方法改错。记录金额时，如为没有角分的整数，应分别在角分栏内写上"0"，或以"—"号代替，不得省略不写。阿拉伯数字一般可自左向右适当倾斜，以使账簿记录整齐、清晰。

（6）必须按顺序连续登记。记账时，应在账簿的首页注明账户的名称和页次，必须按编定的页次逐页、逐行顺序登记，不得跳行、隔页。如果发生跳行、隔页，不得随便更换账页和撤出账页，应当将空行、空页划红线注销，或者注明"此行空白""此页空白"字样，并由记账人员签名或者盖章。对订本式账簿，不得任意撕毁，活页式账簿也不得任意抽换。

（7）登记及时。登记账簿的时间间隔应当多长，是由企事业单位所采用的会计核算形式而定，没有统一的规定，总的来说是越短越好。一般情况下，总账可以 3～5 天登记一次；明细账的登记时间间隔要短于总账，日记账和债权债务明细账一般 1 天登记一次。库存现金、银行存款日记账，应根据收、付款凭证，随时按照经济业务发生时间的先后顺序逐笔进行登记，每日终了应结出余额。经管库存现金和银行存款日记账的出纳员，必须每日掌握库存现金和银行存款的实有数，谨防开出空头支票和影响经营活动的正常用款。

（8）过次承前。每一账页登记完毕结转下页时，应当结出本页发生额总数并结出余额，写在本页最后一行，并在摘要栏内注明"过次页"字样，然后将发生额和余额再填在下一页的第一行，并在摘要栏内注明"承前页"字样，以保证账簿记录的连续性。

财政部《会计基础工作规范》还对"过次页"的本页合计数的结计方法，根据不同需要作了规定：①对需要结计本月发生额的账户，结计"过次页"的本页合计数应当为自本月初起至本页末止的发生额合计数。这样便于根据"过次页"的合计数，随时了解本月初到本页末止的发生额，也便于月末结账时，加计"本月合计数"。②对需要结计本年累计发生额的账户，结计"过次页"的本页合计数应当为自年初起至本页末止的累计数。这样便于根据"过次页"的合计数，随时了解本年初到本页末止的累计发生额，也便于年终结账时，加计"本年累计数"。③对既不需要结计本月发生额，也不需要结计本年累计发生额的账户，可以只将每页末的余额结转次页，如某些材料明细账户就没有必要将每页的发生额结转次页。

(9) 结出余额。凡需要结出余额的账户，结出余额后，应当在"借或贷"栏内注明"借"或者"贷"的字样。没有余额的账户，应当在该栏内写"平"字，并在余额栏内"元"位上用"0"表示。库存现金日记账和银行存款日记账必须逐日结出余额。

对实行会计电算化的企业、单位，用计算机打印的会计账簿必须连续编号，经审核无误后装订成册，并由记账人员和会计机构负责人（或会计主管人员）签字或者盖章，以防止账页的丢失和被抽换，保证会计资料的完整性。总账和明细账应定期打印。发生收款和付款业务的，在输入收款凭证和付款凭证的当天，必须打印出库存现金日记账和银行存款日记账的余额，并与库存现金核对无误。之所以这样做，是因为在以机器或其他磁性介质储存的状态下，各种资料或数据的直观性不强，而且信息处理的过程不明确，不便于进行某些会计操作和内部或外部审计，对会计信息的安全性和完整性也不利。

7.2.2　总账的格式与登记方法

总账是总分类账的简称，是根据总分类科目开设账户，用来登记全部经济业务，进行总分类核算，提供总括核算资料的分类账簿。总账所提供的核算资料，是编制会计报表的主要依据，任何单位都必须设置总账。

1. 单据介绍

总账最常用的格式为三栏式，即分为"借方金额""贷方金额""余额"三栏。总账的登记依据和方法，主要取决于采用的会计核算形式。它可以直接根据各种记账凭证逐笔登记，也可以先把记账凭证按照一定方式进行汇总，编制成科目汇总表或汇总记账凭证等，然后据以登记。

登记总账的具体要求：

(1) 根据复核无误的记账凭证记账、汇总记账凭证或科目汇总表记账。

(2) 所记载的内容必须同会计凭证、汇总记账凭证或科目汇总表相一致，不得随便增减。

(3) 逐笔、序时登记明细账。

(4) 必须连续登记，不得跳行、隔页，不得随便更换账页和撕去账页。记账时必须按页次、行次、位次顺序登记，不得跳行或隔页登记，如不慎发生跳行、隔页时，应在空页或空行中间画线加以注销，或注明"此行空白""此页空白"字样，并由记账人员盖章，以示负责。

（5）文字和数字必须整洁清晰，准确无误。

（6）使用钢笔，以蓝、黑色墨水书写，不得使用圆珠笔或铅笔书写。但按照规定用红字冲销错误记录及会计制作中规定用红字登记的业务可以用红色墨水记账。

（7）每一账页记完后，必须按规定转页。

（8）记录发生错误时，必须按规定方法更正。

2. 规范示例

【例7-1】　根据第6章所举例子（例6-14、例6-19、例6-28、例6-49），佳骋纺织有限公司2014年12月发生的经济业务不是很多，记账员直接根据各种记账凭证逐笔登记，其应付账款总账如图7-15所示。

分页：22　总页：50

总分类账

科目：应付账款

2014年 月	日	凭证 字	号	摘要	借方	贷方	借或贷	余额	√
12	01			期初余额				2000000	
	10	记14		应付万艺公司胺袋费		707850		2707850	
	13	记19		支付万艺公司胺袋费	707850			2000000	
	31	记28		应付水电费		540000		2540000	
	31	记49		应付账款转销	170000			2370000	

图7-15　应付账款总账（2014）

【例7-2】　2013年4月份，佳骋纺织有限公司根据当月发生的经济业务，编制科目汇总表，记账员根据科目汇总表登记应付账款，如图7-16、图7-17所示。

科目汇总表

2013年　4月　1日至　4月　30日

编号：04	附件共 10 张		
凭证号数 记	第001	号至010	号共10 张
	第	号至	号共 张
	第	号至	号共 张

会计科目	总页	借方金额	贷方金额	会计科目	总页	借方金额	贷方金额
库存现金			1000000				
银行存款		16000000	15000000				
应收账款			10000000				
库存商品		10000000					
短期借款		10000000	5000000				
应付账款		5000000	10000000				

图7-16　科目汇总表

3. 填制说明

如图7-18所示，总分类账的填制要求：

① 根据账页编号顺序来填写；

② 填写总账的科目；

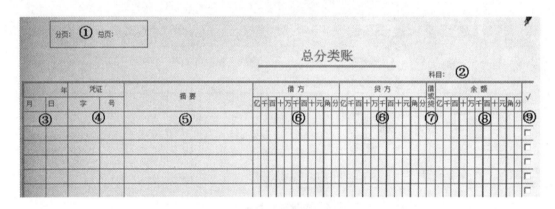

图 7-17 应付账款总账（2013）

图 7-18 总分类账填制说明

③ 根据科目汇总表或汇总凭证上的时间来填写；

④ 根据科目汇总表或汇总凭证上的凭证类型与编号来填写；

⑤ 根据科目汇总表或汇总凭证上的摘要来填写（如果涉及结转合计时，请参考"1. 单据介绍"的相关内容）；

⑥ 根据科目汇总表或汇总凭证上的金额来填写；

⑦ 根据余额的方向进行判断，填写"借"或"贷"，如果没有余额，则填写"平"字；

⑧ 根据公式：本日余额 = 上日余额 + 本日收入额 − 本日支出额，进行计算填写；

⑨ 此处是用于核对的，核对后打"√"。

7.2.3 三栏式明细账

1. 单据介绍

三栏式明细账的基本结构为"借方""贷方"和"余额"三栏，分别登记金额的增加、减少和结余，不设数量栏。这种格式的明细账只适用于登记金额不反映数量的资本、债权、债务等科目，如"应收账款""应付账款"等明细账，可采用此种格式。

三栏式明细账的登记方法是：根据记账凭证及其所附原始凭证汇总表，逐日逐笔进行借方、贷方金额登记，而后结出余额。如为借方余额，在"借或贷"栏目中填写

"借"字;如为贷方余额,在"借或贷"栏目中填写"贷"字。

三栏式明细账通常由会计人员根据审核后的记账凭证,逐日逐笔序时登记。登记三栏式明细账的具体要求如下。

(1) 根据复核无误的记账凭证记账。

(2) 所记载的内容必须同会计凭证相一致,不得随便增减。

(3) 逐笔、序时登记明细账,做到日清月结。

(4) 必须连续登记,不得跳行、隔页,不得随便更换账页和撕去账页。

(5) 文字和数字必须整洁清晰,准确无误。

(6) 使用钢笔,以蓝、黑色墨水书写,不得使用圆珠笔或铅笔书写。但按规定用红字冲销错误记录及会计制度中规定用红字登记的业务可以用红色墨水记账。

(7) 每一账页记完后,必须按规定转页。在每一账页登记完毕结转下页时,应结出本页发生额合计数及余额,写在本页最后一行和下页第一行的有关栏内,并在摘要栏注明"过次页"和"承前页"字样。

(8) 三栏式明细账必须逐日结出余额,每月月末必须按规定结账,应在摘要栏内注明"本月合计"字样,并在下面通栏划单红线。同时要结出本年累计发生额,应在摘要栏内注明"本年累计"字样,并在下面通栏划单红线。

(9) 记录发生错误时,必须按规定方法更正。

2. 规范示例

【例 7-3】 根据佳骋纺织有限公司 2014 年 12 月发生的经济业务(例 6-14、例 6-19、例 6-28、例 6-49),逐笔登记应付账款明细账,如图 7-19 至图 7-23 所示。

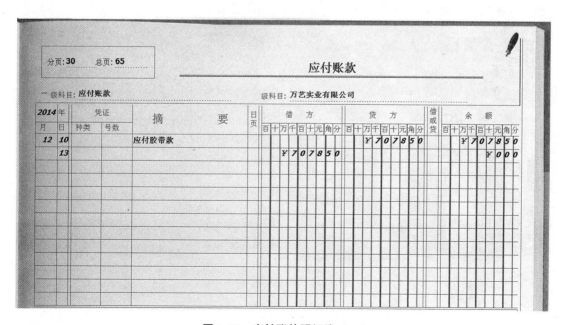

图 7-19 应付账款明细账(一)

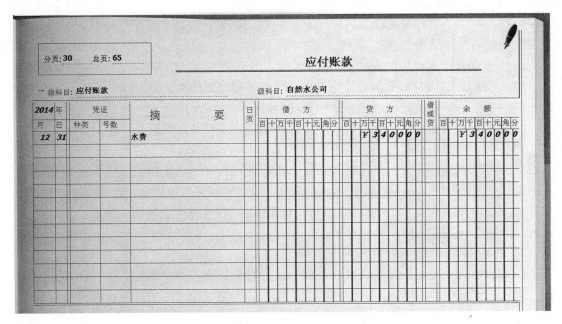

图 7-20 应付账款明细账（二）

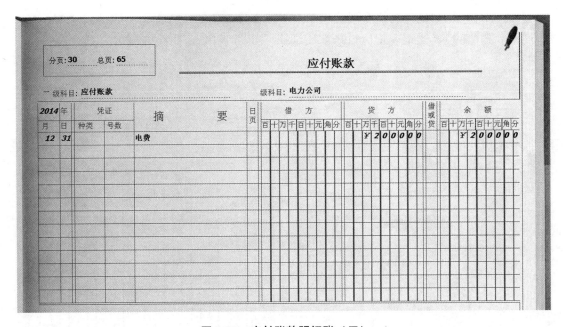

图 7-21 应付账款明细账（三）

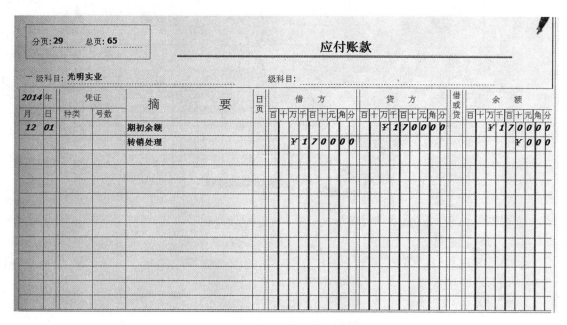

图 7-22 应付账款明细账（四）

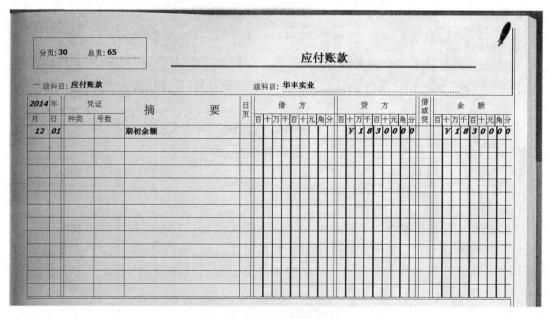

图 7-23 应付账款明细账（五）

3. 填制说明

如图 7-24 所示为三栏式明细账填制的说明。

① 填写明细账的名称，如应收账款明细账。

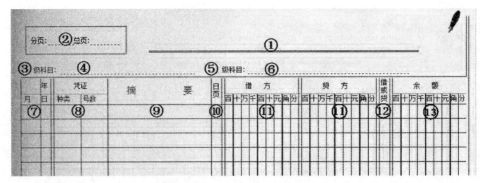

图 7-24　三栏式明细账填制说明

② 根据明细账本的顺序进行填写。

③ 填写科目的级别。

④ 填写相应科目的名称。

⑤ 填写科目的级别。

⑥ 填写相应科目的名称。

⑦ 根据记账凭证上的时间来填写。

⑧ 根据记账凭证上的凭证类型与编号来填写。

⑨ 根据记账凭证上的摘要来填写（如果涉及结转合计时，请参考"1. 单据介绍"的相关内容）。

⑩ 填写日记簿的页数。

⑪ 根据记账凭证上的金额来填写。

⑫ 根据余额的方向进行判断，填写"借"或"贷"，如果没有余额，则填写"平"字。

⑬ 根据公式：本日余额 = 上日余额 + 本日收入额 − 本日支出额，进行计算填写，如果没有余额，则填写"0"字。

7.2.4　多栏式明细账

1. 单据介绍

多栏式明细账是根据企业经济业务和经营管理的需要，以及业务的性质和特点，在一张账页内设若干专栏，集中反映某一总账的各明细核算的详细资料。这种格式的明细账适用于费用、成本和收入成果等科目的明细核算，如"管理费用""生产成本"等科目都可以采用这种格式进行明细核算。

多栏式明细账的登记方法是：根据记账凭证及其所附原始凭证汇总表逐日逐笔进行借方、贷方金额登记，而后结出余额。如为借方余额，在"借或贷"栏目中填写"借"字；如为贷方余额，在"借或贷"栏目中填写"贷"字。

多栏式明细账通常由会计人员根据审核后的记账凭证，逐日逐笔顺序登记。登记多栏式明细账的具体要求如下。

（1）根据复核无误的记账凭证。

（2）所记载的内容必须同会计凭证相一致，不得随便增减。

（3）逐笔、序时登记明细账，做到日清月结。

（4）必须连续登记，不得跳行、隔页，不得随便更换账页和撕去账页。

（5）文字和数字必须整洁清晰，准确无误。

（6）使用钢笔，以蓝、黑色墨水书写，不得使用圆珠笔或铅笔书写。但按规定用红字冲销错误记录及会计制作中规定用红字登记的业务可以用红色墨水记账。

（7）每一账页记完后，必须按规定转页。在每一账页登记完毕结转下页时，应结出本页发生额合计数及余额，写在本页最后一行和下页第一行的有关栏内，并在摘要栏注明“过次页”和“承前页”字样。

（8）多栏式明细账必须逐日结出余额，每月月末必须按规定结账，应在摘要栏内注明“本月合计”字样，并在下面通栏划单红线。同时要结出本年累计发生额，应在摘要栏内注明“本年累计”字样，并在下面通栏画单红线。

2. 规范示例

【例 7-4】 根据佳骋 2014 年发生的经济业务（例 6-22、例 6-25、例 6-26、例 6-45、例 6-55、例 6-59、例 6-61），记账员登记管理费用明细账，如图 7-25 所示。

分页：23　总页：65

管理费用明细账

一级科目：管理费用

级科目：

2014年 月	日	凭证号数	摘要	福利费	原材料	差旅费	办公费	职工薪金	折旧费		
12	16	银付09	支付员工福利费	65000							
	28	转01	存货盘亏		410000						
	30	转02	报销差旅费			250000					
	31	转03	领用材料		94000						
	31	转04	计提工资					570000			
	31	转05	计提折旧						800000		
	31	转06	分配水电费				90000				
	31	转07	分配保险费				300000				
	31	55	支付办公费、招待费				3906000				
	31	银付14	支付租金				200000				

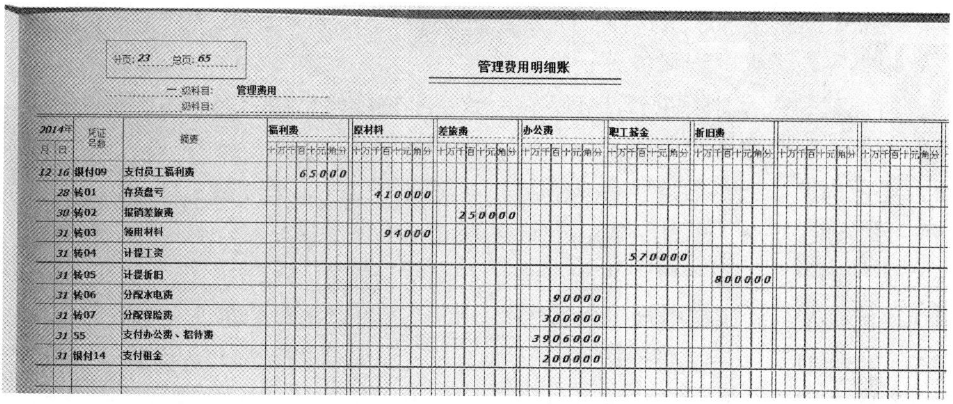

图 7-25　管理费用明细账

3. 填制说明

如图 7-26 所示为多栏式明细分类账的填制说明。

① 填写明细账的名称，如管理费用明细账；

② 根据明细账本的顺序进行；

③ 填写明细账所涉及科目的级别及名称；

④ 根据记账凭证上的时间来填写；

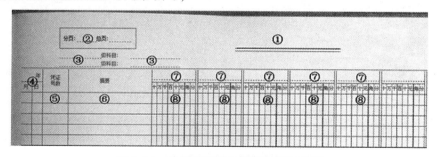

图 7-26　多栏式明细分类账的填制说明

⑤ 根据记账凭证上的凭证类型与编号来填写；

⑥ 根据记账凭证上的摘要来填写（如果涉及结转合计时，请参考“1. 单据介绍”的相关内容）；

⑦ 根据企业某一总账科目所涉及的所有明细科目进行填写；

⑧ 根据记账凭证上的明细科目的金额在相应的位置进行填写。

7.2.5 数量金额式明细账

1. 单据介绍

数量金额式明细账是对具有实物形态的财产物资进行明细核算的账册，在收入、发出和结存都分别设有“数量”“单价”和“金额”三个专栏。这种格式的明细账适用于既需要反映金额，又需要反映数量的经济业务，如对“原材料”“库存商品”等总账科目的明细分类核算，采用数量金额式明细账。

数量金额式明细账是由会计人员根据审核无误的记账凭证及所附的原始凭证，按经济业务发生的时间先后顺序逐日逐笔进行登记的。

登记数量金额式明细账的具体要求如下。

（1）根据复核无误的记账凭证记账。

（2）所记载的内容必须同会计凭证相一致，不得随便增减。

（3）逐笔、序时登记明细账。

（4）必须连续登记，不得跳行、隔页，不得随便更换账页和撕去账页。

（5）文字和数字必须整洁清晰，准确无误。

（6）使用钢笔，以蓝、黑色墨水书写，不得使用圆珠笔或铅笔书写。但按规定用红字冲销错误记录及会计制作中规定用红字登记的业务可以用红色墨水记账。

（7）每一账页记完后，必须按规定转页。在每一账页登记完毕结转下页时，应结出本页发生额合计数及余额，写在本页最后一行和下页第一行的有关栏内，并在摘要栏注明“过次页”和“承前页”字样。

（8）数量金额式明细账必须逐日结出余额，并按规定结账。

（9）记录发生错误时，必须按规定方法更正。

2. 规范示例

【例 7-5】 根据例 6-21 中佳骋纺织有限公司 2014 年 12 月发生的经济业务，记账员登记原材料明细账入账，其中，清洁布明细账如图 7-27 所示。

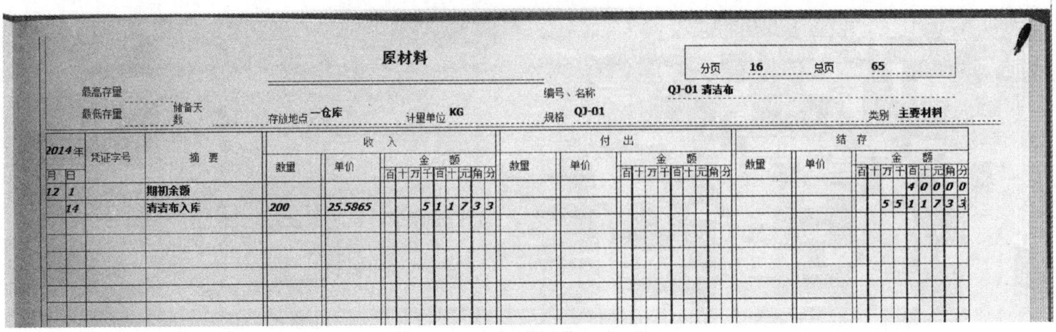
原材料

分页 16 总页 65

最高存量
最低存量 储备天数 存放地点 一仓库 计量单位 KG
编号、名称 QJ-01 清洁布
规格 QJ-01 类别 主要材料

2014年 月	日	凭证字号	摘要	收入 数量	收入 单价	收入 金额	付出 数量	付出 单价	付出 金额	结存 数量	结存 单价	结存 金额
12	1		期初余额									40000
	14		清洁布入库	200	25.5865	511733						551173 3

图 7-27 原材料明细账

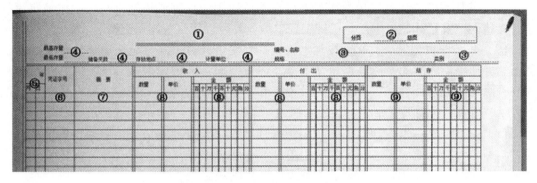

图 7-28 数量金额式明细账的填制说明

3. 填制说明

如图 7-28 所示为数量金额式明细账的填制说明。

① 填写明细账的名称，如原材料明细账；
② 根据明细账本的顺序进行；
③ 填写所核算的物品的名称、规格和类别等信息；
④ 填写所核算的物体的仓储信息及计量单位；
⑤ 根据记账凭证上的时间来填写；
⑥ 根据记账凭证上的凭证类型与编号来填写；
⑦ 根据记账凭证上的摘要来填写（如果涉及结转合计时，请参考"1. 单据介绍"的相关内容）；
⑧ 根据记账凭证上的数量、单价和金额来填写。
⑨ 根据公式：本日余额 = 上日余额 + 本日收入额 − 本日支出额，进行计算数量、金额的填写，如果没有余额，则填写"0"字；单价则按企业确定的计价方式进行填写。

7.2.6 现金日记账的设置与登记方法

现金日记账是专门用来记录现金收支业务的一种序时账簿。通常由出纳人员根据审核后的现金收款凭证和现金付款凭证，按照经济业务发生时间逐日逐笔序时登记。但由于从银行提取现金的业务，只填制银行存款付款凭证，不填制现金收款凭证，因而从银行提取现金的现金收入数额应根据有关的银行存款付款凭证登记。

现金日记账必须采用订本式账簿，其账页格式一般采用"收入"（借方）、"支出"（贷方）和"余额"三栏式。现金日记账也可以采用多栏式的格式。

登记现金日记账的具体要求如下。

（1）根据复核无误的收、付款记账凭证记账。

（2）所记载的内容必须同会计凭证相一致，不得随便增减。每一笔账都要记明记账凭证的日期、编号、摘要、金额和对应科目等。登记完毕，应当逐项复核，复核无误后在记账凭证上的"账页"一栏内做出"过账"符号"√"，表示已经登记入账。

（3）逐笔、序时登记日记账，做到日清月结。

（4）必须连续登记，不得跳行、隔页，不得随便更换账页和撕去账页。

（5）文字和数字必须整洁清晰，准确无误。

（6）使用钢笔，以蓝、黑色墨水书写，不得使用圆珠笔或铅笔书写。但按规定用红字冲销错误记及会计制度中规定用红字登记的业务可以用红色墨水记账。

（7）每一账页记完后，必须按规定转页。为便于计算了解日记账中连续记录的累计数额，并使前后账页的合计数据相互衔接。在每一账页登记完毕结转下页时，应结出年初到本页发生额合计数，写在本页最后一行和下页第一行的有关栏内，并在摘要栏注明"过次页"和"承前页"字样。

（8）现金日记账必须逐日结出余额，每月月末必须按规定结账，应当在摘要栏内注明"本月合计"字样，并在下面通栏划单红线。年末要结出本年累计发生额的，应当在摘要栏内注明"本年累计"字样，并在下面通栏画双红线。

（9）记录发生错误时，必须按规定方法更正。

现金日记账的填制说明，如图 7-29 所示。具体要求如下。

图 7-29　现金日记账填制说明

① 按现金日记账账本的顺序编号；
② 填写记账凭证上的日期；
③ 根据记账凭证上的凭证类型与编号来填写；
④ 可以根据原始凭证的票据号码来填写；
⑤ 根据记账凭证上的摘要来填写；
⑥ 根据记账凭证上的金额来填写；
⑦ 根据公式：本日余额＝上日余额＋本日收入额－本日支出额，进行计算填写；
⑧ 用于标记对账簿记录进行核对的标志。

7.2.7　银行存款日记账

银行存款日记账是专门用来记录银行存款收支业务的一种序时账簿，通常由出纳人员根据审核后的银行存款收款凭证和银行存款付款凭证，逐日逐笔顺序登记。银行存款日记账必须采用订本式账簿，其账页格式一般采用"收入"（借方）、"支出"（贷方）和"余额"三栏式。

银行存款日记账的具体要求如下。

（1）根据复核无误的收、付款记账凭证登记记账。

（2）所记载的经济业务内容必须同记账凭证相一致，不得随便增减。登记完毕，应当逐项复核，复核无误后在记账凭证做出过账标记，表示已经登记入账。

（3）要按经济业务发生的顺序逐笔登记账簿。

（4）必须连续登记，不得跳行、隔页，不得随便更换账页和撕毁账页。

（5）文字和数字必须整洁清晰，准确无误。

（6）使用钢笔，以蓝、黑色墨水书写，不得使用圆珠笔（银行复写账簿除外）或铅笔书写。但按照红字冲账凭证冲销错误记录及会计制度中规定用红字登记的业务可以用红色墨水记账。

（7）每一账页记完后，必须按规定转页。在每一账页登记完毕结转下页时，应结出本页发生额合计数及余额，写在本页最后一行和下页第一行的有关栏内，并在摘要栏注明"过次页"和"承前页"字样。

（8）银行存款日记账必须逐日结出余额，每月月末必须按规定结账，应当在摘要栏内注明"本月合计"字样，并在下面通栏划单红线。年末要结出本年累计发生额的，应当在摘要栏内注明"本年累计"字样，并在下面通栏画双红线。

（9）记录发生错误时，必须按规定方法更正。

银行存款日记账填制说明，如图7-30所示。具体要求如下。

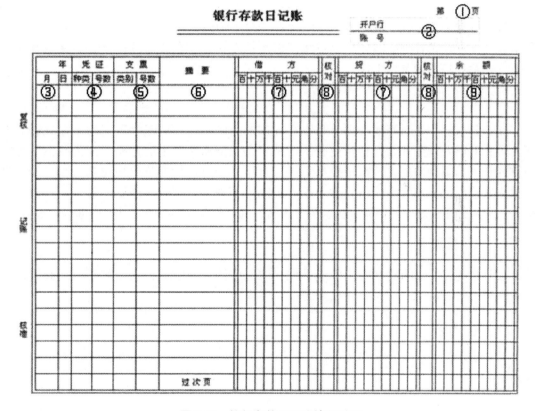

图7-30　银行存款日记账填制说明

① 按银行存款日记账账本的顺序编号；
② 根据企业的开户行及其账号填写（题目会给出相应信息）；
③ 根据记账凭证的日期填写；
④ 根据记账凭证的凭证类型与编号来填写；

⑤ 根据原始凭证填写；
⑥ 根据记账凭证上的摘要来填写；
⑦ 根据记账凭证上的金额来填写（注意银行存款在凭证中的借贷方向）；
⑧ 核对的标记；
⑨ 根据公式：本日余额 = 上日余额 + 本日收入额 – 本日支出额，进行计算填写。

7.3 与账相关的名词概念

7.3.1 建账

建账，就是确定会计核算组织程序，具体是指新建单位或原有单位根据国家有关法律、法规的规定，在单位建立之初或年度开始时，确定记账凭证、会计账簿、会计报表的种类、格式、内容及相互结合的方式。

7.3.2 记账

以会计凭证为根据，连续地、系统地在账簿上记载经济活动的工作，通常包括填制和审核凭证、注销各种账簿、结出各账户的本期发作额和余额、进行试算均衡以及核对账页，是会计核算的基础工作。

7.3.3 转账

在会计核算中，对不触及现金和银行存款的经济活动，记账时采用的记账凭证为转账凭证；对触及现金和银行存款业务的经济活动，记账时采用的记账凭证为收款凭证和付款凭证。从资金角度，转账是指不动用现金而是经过银行把款项从付款人账户划转到收款人账户而完成的货币收付行为。在我国除国家现金管理方法规定能够采用现金结算的外，单位和单位之间的商品买卖、劳务供给、资金调拨等都必须经过银行进行转账结算。

7.3.4 算账

会计核算中，为求得某些指标或其他反映经济活动的数据，依据账簿记载和其他有关材料进行计算的工作，是会计核算的重要环节。

7.3.5 冲账

冲销有关账户上原始记账数额全部或局部金额的会计术语。冲账通常采用红字冲销法。

7.3.6 过账

将记账凭证或日记账列示的经济业务金额汇总后在有关总分类账户上进行注销的一项会计工作。

7.3.7 对账

对账，简单地说，就是核对账目，亦即会计人员对账簿上记载的资料进行内部核对、内外核对，包括账证核对、账账核对、账实核对，以保证会计核算资料正确可靠的一项会计工作。会计部门应建立对账制度，在做好日常记账工作的基础上，做好对账工作，保证账证相符、账账相符、账实相符。通过对账，可以使各种账簿记录完整和正确，如实地反映和监督经济活动情况，为编制会计报表提供真实可靠的数据资料。

（1）账证核对。账证核对应就原始凭证、记账凭证与账簿记录中的各项经济业务核对其内容、数量、金额是否相符以及会计科目是否正确。根据业务量的大小，可逐笔核对，也可抽查核对。如发现有差错，应逐步查对到最初的依据，直至查出差错的原因为止。

（2）账账核对。账账核对是指核对不同会计账簿之间的账簿记录是否相符。包括：总分类账簿有关账户的余额核对；总分类账簿与所属明细分类账簿核对；总分类账簿与序时账簿核对；明细分类账簿之间的核对。

（3）账表核对。账表核对是指对会计账簿的记录与会计报表有关内容核对。

上述三项核对工作，都是针对手工做账的企业，这种通过低效率的多重反映和相互稽核来换取数据处理的正确性与可靠性是手工会计核算形式的一个重要特征。对于用会计核算软件的企业而言，以上对账工作明显是多余的。计算机本身是不会发生遗漏、重复及计算错误的。只要会计软件的程序正确且运行正常，账证、账账一定是相符的；只要报表公式定义正确，账表也一定相符。这样，以上对账环节就不复存在了，只需做好账实核对了。

（4）账实核对。账实核对要求账簿记录余额与各项财产物资和现金、银行存款及各种有价证券的实存数核对相符。核对的方法是资产清查（资产清查的具体内容见本书第8章）。对固定资产、材料、在产品、产成品、现金等均应通过盘点实物，并与账存数核对，看其是否相符。具体核对的方法是：

① 现金日记账的账面余额，应每天同现金实际库存数相核对，不准以借条抵充现金或挪用现金。

② 银行存款日记账的账面余额，应定期（一般每月核对一次）与开户银行的对账单相核。

③ 各种财产物资明细账，如原材料、产成品、固定资产等明细账的账面余额应与保管部门或使用部门的实物数量核对相符。

④ 各种债权债务、缴纳税金等明细分类账户（如：应收账款、应收票据、应付账款、应付票据及应交税金等）应定期与有关往来单位、个人或财政、税务部门等单位核对相符。

7.3.8 结账

结账，就是把一定时期内所发生的经济业务在全部登记入账的基础上，在会计期末结算出本期发生额合计数和期末余额，对该会计期间的经济活动进行总结，以便依据账簿的记载编制会计报表的工作。具体而言，包括三类：一类是期末结账时，将某一账户的余额或差额转入另一个账户；一类是在日常记账中当账册登满一页时，将发生额合计数和余额转入下页；一类是年终时，将旧账余额转入新账。及时结账有利于及时正确地确定当期的经营成果，了解会计期间内的资产、负债、所有者权益的增减变化及其结果，同时为编制会计报表提供所需资料。会计分期一般实行日历制,月末进行计算,季末进行结算,年末进行决算。结账于各会计期末进行,所以,可以分为月结、季结、年结。

1. 结账前的准备工作

(1) 检查本期内日常发生的经济业务是否已全部登记入账,若发现漏账、错账,应及时补记、更正。

(2) 在实行权责发生制的单位,应按照权责发生制的要求,进行期末账项调整的账务处理,以计算确定本期的成本、费用、收入和财务成果。

2. 结账的方法

在本期全部经济业务登记入账的基础上,结算出所有账户的本期发生额和期末的余额。计算登记各种账簿的本期发生额和期末余额。

(1) 月结。按月进行,称为月结。办理月结,应在各账户最后一行分录下面画一条通栏红线,在红线下结算出本月发生额及月末余额(如无余额,应在"借或贷"栏内登记"平"字,在"余额"栏中注明"0"),在"摘要"栏中注明"本月合计"或"月份发生额及余额"字样,然后在下面再画一条通栏红线,表示月结完毕。

(2) 季结。按季结算,称为季结。办理季结,应在本季度最后一个月的月结下面结算出本季度的发生额和季末余额,并在"摘要"栏中注明"第×季度发生额及余额"或"本季合计"字样,然后在下面画一条通栏红线,表示季结完毕。

(3) 年结。年度终了,还应进行年度结账,称为年结。办理年结,应在12月份月结或第四季度季结记录的下一行,结算出全年12个月的发生额及年末余额,并在"摘要"栏注明"年度发生额及余额"或"本年合计"字样。最后在下面画通栏双红线,表示完成年结工作。对于需要更换新账的,应在办理年结的同时,在新账中有关账户的第一行的"摘要"栏中注明"上年转入"或"年初余额"字样,并将上年余额记入"余额"栏中。年末余额转入新账,不必填制记账凭证。另外,对于需要反映年初至各月末累计发生额的账户,应在月结(或季结)的下面,结算出年初至本月末的累计发生额,在"摘要"栏中注明"本年累计"字样,并在下面画一条通栏红线。

7.3.9 报账

在会计核算中,依据记账和算账提供的材料,定期或不定期地编制各种会计报表的工作。值得留意的是,在实务中,非独立核算单位向上一级独立核算单位办理开支的报销手续,习惯上也称报账。

7.3.10 用账

依据会计报表和其他有关材料,对有关单位的生产运营活动或预算执行状况进行调查、研讨、比照、剖析,并对将来的经济活动进行预测。

7.3.11 查账

会计部门或其他有关部门对会计材料的正确性、真实性、系统性和经济业务的合法性、合理性、有效性进行检查。

7.3.12 错账

在记账过程中,由于非主观因素造成的各种各样的差错,即为错账。如:重记、漏记、数字颠倒、数字记错、科目记错、借贷方向颠倒等,从而会造成账证、账账、账实不符,进而影响会计信息的准确性。

1. 查找错账的方法

查找记账错误的方法一般有:逆查法、余数复核法、尾数法、二除法、九除法等。

(1) 逆查法。逆查法,又叫反查法,即与记账的顺序相反,从账户余额试算表到原始凭证,从尾到头进行普遍检查的方法。其检查程序是:①检查账户余额试算表的余额合计是否正确;②检查各账户的余额计算是否正确;③将总分类账与所属明细分类账进行核对,以检查其记录是否正确、相符;④逐笔核对账簿记录是否与记账凭证相符;⑤逐笔核对记账凭证是否与原始凭证相符,以及凭证中的数字计算是否正确。

在实际工作中,采用该种方法通常能较快、准确地查出错账所在之处。

(2) 余数复核法。余数复核法,主要是用于查找总账余额计算是否正确的方法之一,其步骤如下:①逐笔复算结出的余额是否正确,注意上下页余额有无过账和错误;②检查各总分类账户及其所属明细分类账户的发生额及余额是否相符;③检查分析某些账户的余额有无不正常的现象,从中找出问题。

(3) 尾数法。对于发生的角、分的差错可以只查找小数部分,以提高查错的效率。

(4) 二除法。二除法,是用于查找因数字记反方向而发生的错账。如将应记入借方的数字误记入了贷方,或者相反。这样便导致一方的合计数加大,而另一方的合计数减少,并且其差异数字恰好是记错了方向数字的一倍,同时差异数字也必定是个偶数。如果将这个差异数除以 2,则商数就可能是记错的数字,然后在账簿中查找与这个商数相同的数字看其是否记错了方向,即可找到错账的所在之处。例如:应记入"银行存款"科目借方的 4 000 元误记入贷方,则该期间借方合计数小于贷方合计数 8 000,被 2 除的商 4 000 即为结算方向相反的金额。

(5) 九除法。九除法主要适用于以下三种情况:①将数字写小。如将 400 元错记为 40 元,错位的差异数是 400 - 40 = 360(元),它是原数 400 元的 90%,将差异数被 9 除,得 40 元。40 即为错误数字,扩大 10 倍为正确数字。②将数字写大。如将 60 元错记为 600 元,错位的差异数是 600 - 60 = 540(元),它使原数 60 元扩大 9 倍,将差异数除 9 得 60 元,这 60 元就是正确数字,扩大 10 倍为错误数字。③邻数颠倒。如将 89 误写为 98,颠倒的两个数字之差最小为 1,最大为 8。将差数 98 - 89 = 9,除以 9,得出的商为 1,连续 8 次加 11 为 12、23、34、45、56、67、78、89,在这些数字中就能找出颠倒的数字。

2. 错账的更正方法

(1) 划线更正法:适用于记账凭证正确,而账簿记录中的文字或数字有错误时。操作:先在错误的文字或数字上划一条红线予以注销,并使原来的字迹仍可辨认,然后在红线上方空白处用蓝字填写正确的文字或数字,并在更正处由记账人员及会计机构负责人(会计主管人员)盖章。

注意:在划线时,如果是文字错误,可只划去错误部分,如:把预收账款误写为预付账款时，仅划去"付"字更正为"收"即可。如果是数字错误，应将全部数字划销。如：把 1 254 误写成 1 234 时，应将错误数字 1 234 全部用红线注销并写上正确的数字，即 1 254，而不能只删改一个"5"字。

（2）红字更正法：适用于记账凭证上的应记科目或金额发生错误，并据以登记入账。一般适应于以下两种情况。

① 记账以后，发现记账凭证中应借、应贷记账方向、会计科目或金额有错误时，可采用红字更正法更正。更正时应用红字金额填制一份与原错误记账凭证会计科目、记账方向和金额相同的记账凭证，摘要栏内注明"订正×月×日×号凭证"，并据以用红字登记账簿，从而冲销原来的错误记录；然后用蓝字金额重新填制一份正确的记账凭证，摘要栏注明"补记×月×日×号凭证"，据以蓝笔或黑笔入账并据以用蓝字登记账簿。

② 在记账以后，发现记账凭证中应借、应贷会计科目并无错误，而记账凭证和账簿记录的金额有错误，且所记金额大于应记金额，这时可采用红字更正法。将多记的金额（即正确数与错误数之间的差额）用红字填写一张与原错误记账凭证记账方向、应借应贷会计科目相同的记账凭证，摘要栏内注明"冲销×月×日×号记账凭证多记金额"，并据以记入账户，冲销多记金额，求得正确金额。

（3）补充登记法：适用于根据记账凭证登记账簿后，发现记账凭证中应借、应贷的会计账户正确，但所填的金额小于正确金额的情况。

操作：按少记的金额用蓝字填制一张完全相同的记账凭证，在"摘要"栏中写明"补记第×号凭证少计数"，并据以登记入账，以补充登记少记的金额。

在记账过程中，如果账簿记录发生错误，必须按照规定方法进行更正。不准采用涂改、挖补、刮擦或者用药水消除字迹，重新抄写等方法。

7.3.13 假账

假账是指在记账过程中，由于主观故意而产生的各种与事实不相符合的账簿记录。

1. 会计账簿中常见的造假形式

（1）无据记账，凭空记账。

即会计账簿中所列的业务不是根据经审核无误的原始凭证填制记账凭证并逐笔登入的，而是会计人员凭空捏造出来的，或者在合法的凭证中插入一些不合法的业务内容。

（2）涂改、销毁、遗失、损坏会计账簿以掩盖其造假行为。

如用类似涂改凭证的方法来篡改有关账簿，有的则制造事故，造成账簿不慎被毁的假象，从而将不法行为掩盖于一般的过失当中，使审查人员的线索中断。例如某市纪检部门在决定对某企业进行审查时，该企业发生了火灾，烧毁了部分财务资料，事后经查发现，这是一个典型的想借此来掩盖会计舞弊的案例。

（3）设置账外账。

即一个企业建立两套或三套账，一套用于内部管理（对外不公开），另外的账套用于应付外来部门的检查，从而根据自己的需要做出对外公布的一套账。

（4）登账、挂账、改账、结账作假。

登账作假是指在登记账簿的过程中，不按照记账凭证的内容和要求记账，而是随意改动业务内容，或者故意使用错误的账户，使借贷方科目弄错，混淆业务应有的对应关系，以掩饰其违法乱纪的意图。

挂账作假就是利用往来科目和结算科目将经济业务不结清到位，而是挂在账上，或者将有关资金款项挂在往来账上，等待时机成熟再回到账中，以达到"缓冲""不露声色"和隐藏事实真相之目的。

改账作假是指对账簿记录中发生的错误不按照规定的改错方法，而是用非规范的改错方法进行改错，或者利用红字"改错"随意对账户中的记录进行加减处理，如利用红字改变库存数、冲销材料成本差异数、无据减少销售数额等，以达到其违法乱纪之目的。

结账作假是指在结账及编制报表的过程中，通过提前或推迟结账、结总增列或结总减列和结账空转等手法故意多加或减少数据，虚列账面金额，或者为了人为地把账做平，而故意调节账面数据，以达到其掩饰或舞弊的目的。

（5）利用计算机舞弊。

随着计算机会计系统的普及，计算机舞弊正被日益关注。其主要的作案手法是在采用计算机会计核算的单位，利用计算机的知识和经验，在系统程序中设置陷阱，篡改程序，或者篡改输入、篡改文件和非法操作等。如某企业会计人员利用自己的计算机知识，在单位计算机会计核算系统中加入了一段小程序，使得计算机核算出貌似真实的会计资料，而别人基于对计算机的信赖，对这种舞弊也不易发觉。

2. 对会计账簿分析检查的具体方法

（1）复核法。复核法，即对会计账簿的记录及合计进行重复的验算，以证实会计记录中计算的准确性。

（2）审阅法。审阅法，即以国家的方针、政策、法令、制度、规定作为依据，通过审查性过目，检查分析有关账簿资料的真实性、合法性和完整性，视其有无差错、疑点和弊端。运用审阅法对账簿的分析主要是审阅账簿记录的有关经济业务是否符合会计核算的基本要求，记账内容是否合规，其记账金额是否与记账凭证相符，内容记载是否齐全，账页是否连号，记账是否符合会计制度和记账规则，有无违反《会计法》的现象，有无涂改或其他异常迹象；对明细分类账的记账内容要认真审阅各科目所列内容有无违反国家有关法令、规定，违反财务会计制度，乱列名目擅自支用等现象。

（3）核对法。核对法，是指对账簿记录（包括相关资料）两处或两处以上的同一数值或有关数据进行互相对照，旨在查明账账、账证、账实、账表是否相符，以便证实账簿记录是否正确，有无错账、漏账、重账，有无营私舞弊、违法乱纪行为。通常运用核对法分析检查的内容有：①核对凭证与账簿记录、账簿与账簿记录（总账与明细账）、账与报表记录、账与卡、账与实之间的数额是否相符。②核对总分类账借方余额账户的合计数同贷方余额账户的合计数是否相符。③核对账外账单，如银行对账单、客户往来清单等，同本单位有关账目的数据是否相符。④核对原定的预算、指标、定额、承包基数等同实际用以考核的预算、指标、定额和承包基数是否相符。⑤核对生产记录、发货托运记录、原材料消耗记录、产成品入库记录、废次品记录、考勤记录等同相应的账簿记录所反映的内容、数额是否相符。⑥核对销售合同、外加工合同、联营合同等所记载的内容与金额，同有关账簿记录所反映的内容、金额是否相符。

（4）核实法。核实法是核对法的特例，指将账簿资料与实际情况进行对照，用以验证账实之间是否相符，并取得书面证据的一种方法。核实法主要用以核对账户记录，并结合盘点方法所获取的实物证据，进行账簿资料与现实物资之间的对照。核实的重点是盘存类账户，如现金、原材料、燃料、产成品等。此外，还有盘存类账户中银行存款、其他货币资金及其结算类账户中的应收、应付、暂收、暂付款项等，也可以用此法核对分析。

（5）调节法。调节法，是指为了审查账簿中某些业务，而事先对其中某些因素进行增减调节，以使其相关可比的一种审查方法。

【复习思考题】

1. 什么是会计账簿？会计账簿的作用有哪些？
2. 会计账簿有几种分类方法？各包括什么内容？
3. 现金日记账和银行存款日记账的格式分别有几种？如何登记？
4. 总分类账和明细分类账的关系是什么？二者之间如何进行平行登记？
5. 在设置会计账簿时应遵循什么原则？
6. 会计账簿启用时应注意哪些事项？
7. 账簿在登记时有哪些基本要求？
8. 对账和结账在会计核算中具有哪些重要意义？
9. 查找错账的方法都有哪些？
10. 三种错账更正方法各适用于什么情况？如何更正？

【练习题】

一、单项选择题

1. 会计账簿按（　　）分类，分为序时账、分类账、备查账。
   A. 用途　　　　B. 性质　　　　C. 格式　　　　D. 外形
2. 为了保证账簿记录的正确性，记账时必须根据审核无误的（　　）。
   A. 会计分录　　B. 会计凭证　　C. 经济合同　　D. 领导批示
3. 租入固定资产登记簿属于（　　）。
   A. 序时账　　　B. 总分类账　　C. 明细分类账　　D. 备查簿
4. 数量金额式明细账一般适用于（　　）。
   A. "应收账款"账户　　　　　　B. "库存商品"账户
   C. "制造费用"账户　　　　　　D. "固定资产"账户
5. "应收账款"明细账的格式一般采用（　　）。
   A. 数量金额式　B. 多栏式　　　C. 订本式　　　D. 三栏式
6. "应付账款""应收账款"明细账一般应采用（　　）账页。
   A. 三栏式　　　B. 多栏式　　　C. 平行式　　　D. 数量金额式
7. 制造费用明细账多采用（　　）账簿。
   A. 借方设专栏的多栏式　　　　B. 三栏式
   C. 贷方设专栏的多栏式　　　　D. 数量金额式

8. 生产成本明细账应采用（　　）账簿。
   A. 多栏式　　　B. 三栏式　　　C. 数量金额式　　　D. 数量式
9. 下列项目中，（　　）是连接会计凭证和会计报表的中间环节。
   A. 复式记账　　　　　　　　　B. 设置会计科目和账户
   C. 设置和登记账簿　　　　　　D. 编制会计分录
10. 会计人员在填制记账凭证时，将650元错记为560元，并且已登记入账，月末结账时发现此笔错账，更正时应采用的便捷方法是（　　）。
    A. 划线更正法　B. 红字更正法　　C. 补充登记法　　D. 核对账目的方法

二、多项选择题

1. 会计账簿按其用途的不同，可分为（　　）。
   A. 序时账簿　　　B. 分类账簿　　　C. 订本式账簿　　　D. 备查账簿
2. 总分类账户和明细分类账户平行登记的基本要点是（　　）。
   A. 登记的原始依据相同　　　　B. 登记的次数相同
   C. 登记的方向相同　　　　　　D. 登记的会计期间相同
   E. 登记的金额相同
3. 对账包括的主要内容有（　　）。
   A. 账账核对　　　B. 账证核对　　　C. 账表核对
   D. 账实核对　　　E. 会计与出纳核对
4. 下列应采用多栏式明细账的有（　　）。
   A. 原材料　　　B. 生产成本　　　C. 管理费用
   D. 材料采购　　　E. 应付账款
5. 银行存款日记账的账页格式，可以采用以下（　　）格式。
   A. 两栏式日记账　B. 三栏式日记账　　C. 多栏式日记账　　D. 数量金额式
6. 既要提供金额指标，又要提供实物指标的明细分类账户是（　　）。
   A. "库存商品"明细账　　　　　B. "原材料"明细账
   C. "应付账款"明细账　　　　　D. "应交税金"明细账
7. 现金日记账由出纳人员根据现金的收、付凭证，逐日逐笔顺序登记，下列可以作为借方登记依据的是（　　）。
   A. 现金收款凭证　　　　　　　B. 现金付款凭证
   C. 银行存款收款凭证　　　　　D. 银行存款付款凭证
8. 明细分类账可以根据（　　）登记。
   A. 原始凭证　　　B. 汇总原始凭证　　C. 累计凭证　　　D. 记账凭证
9. 会计账簿的基本内容包括（　　）。
   A. 封面　　　　B. 扉页　　　　C. 账页　　　　D. 账簿名称
10. 下列明细分类账中，可以只设置借方专栏的有（　　）。
    A. 库存商品明细账　　　　　　B. 营业费用明细账
    C. 制造费用明细账　　　　　　D. 管理费用明细账

三、判断题

1. 现金日记账的借方是根据收款凭证登记的，贷方是根据付款凭证登记的。（   ）
2. 登记账簿是编制财务会计报告的前提和依据。（   ）
3. 凡需要结出余额的账户，结出余额后，应当在"借或贷"栏内写明"借"或"贷"字样，以表示余额的方向。（   ）
4. 备查账可以为某些经济业务的内容提供必要的补充资料，它没有统一的格式，各单位可根据实际工作的需要来设置。备查账的记录年终列入本单位的会计报告。（   ）
5. 不同格式账簿的具体内容虽各不相同，但基本内容应该是一样的。（   ）
6. 现金日记账根据公式：本日余额＝上日余额＋本日收入额－本日支出额，进行计算填写；如果没有余额，则填写"0"。（   ）
7. 总分类账必须采用订本式的三栏式账户。（   ）
8. 银行存款日记账的借方是根据收款凭证登记的，贷方是根据付款凭证登记的。（   ）
9. 对账，简单地说就是核对账目，亦即会计人员对账簿上记载的资料进行内部核对、内外核对，包括账证核对、账账核对、账实核对。（   ）
10. 假账是工作人员故意制造的差错工，错账是非主观因素造成的差错（   ）

第8章 成本核算和资产清查

【本章导读】

2015年3月17日,江西上饶市经济技术开发区晶科能源一生产辅助车间当日早晨发生火灾。据企业相关负责人介绍,当时正在打磨车间上班的工人发现车间排尘管道出现火苗,立即电话报警,企业安全保卫人员迅速赶到现场组织了自救。由于该车间是辅助车间,无贵重设备,损失不大,生产秩序影响不大。

思考问题一:火灾损失是否构成产品成本?由此造成的停工损失是否构成产品成本?产品成本主要由哪些项目构成?

思考问题二:企业该如何进行损失统计?此项工作属不属于资产清查工作?若属于,是临时清查还是定时清查?

思考问题三:企业什么时候有必要对资产进行清查?对哪些项目有必要进行清查?清查后该如何进行处理?

成本是会计信息的重要组成部分,成本核算有其系列专门方法,本章只讲解与成本核算有关的部分基本概念和基本要求,重点介绍资产清查方法。

【本章学习目标】

了解与成本相关的定义,熟悉成本项目构成,了解成本计算的主要方法,了解资产清查的定义、种类和作用,熟悉资产清查的内容和程序,掌握货币资金清查、实物清查、债权债务清查的方法。

8.1 成本核算

8.1.1 成本的相关定义

1. 产品成本

从广义来看,顾名思义,产品成本是指产品生产、运输、销售等过程中的费用、损耗的总和。产品成本核算,就是将产品生产、运输、销售等过程中的费用、损耗进行核算的过程。由于运输和销售过程的成本相对简单,而生产过程是一个复杂的过程,因此,狭义上所指的产品成本是指产品的生产成本。为了生产产品,首先必须购买原材料,然后是对原材料进行加工制造,完工入库后才能对产品进行销售。因此,产品成本的核算包括材料采购成本的核算、产品生产成本的核算以及产品销售成本的核算。而产品总成本,是指一定数量产品的单位生产成本与数量的乘积。单位生产成本是指构成单位产品所需要耗费的材料、人工以及其他制造费用。

2. 材料采购成本

《企业会计准则第1号——存货》规定：企业取得存货应按成本计量；存货的成本包括采购成本、加工成本和其他成本。其中存货的采购成本是指在采购过程中发生的支出，包括购买价款、相关税费、运输费、装卸费、保险费以及其他可归属于存货采购成本的费用。对于制造企业原材料的核算，其中一个非常重要的问题就是原材料成本的确定，不同方式取得的原材料，其成本确定的方法不同，成本构成的内容也不同。购入的原材料，其实际采购成本一般由买价和采购费用两个成本项目构成，具体由以下几项内容组成：①购买价款，是指购货发票所注明的货款金额；②采购过程中发生的运杂费（包括运输费、包装费、装卸费、保险费、仓储费等，不包括按规定根据运输费的一定比例计算的可抵扣的增值税进项税额）；③材料在运输途中发生的合理损耗；④材料入库前发生的整理挑选费用；⑤按规定应计入材料采购成本中的各种税金，如为国外进口材料支付的关税等；⑥其他费用，如大宗物资的市内运杂费等（市内零星运杂费、采购人员的差旅费以及采购机构的经费等不构成材料的采购成本，而是计入期间费用）。

3. 产品生产成本

产品生产成本也称产品制造成本，是企业一定时期内为生产一定产品所支出的生产费用总和，包括直接成本和间接成本，间接成本通常由"制造费用"来归集。企业在进行生产成本核算时，应当根据其生产经营特点、生产经营组织类型和成本管理要求，确定成本核算方法。生产成本核算的基本方法有品种法、分批法和分步法三种。其中，制造费用的分配方法由企业自行决定，分配方法一经确定，不得随意变更。如需变更，应当在财务报表附注中予以说明。本节内容将主要讲述产品的生产成本。

4. 产品销售成本

产品销售成本即主营业务成本，是指已经售出产品的制造成本（生产成本）。产品销售成本计算的对象是每一种已销售的产品。在产成品被销售后，由于库存产品减少了，就需要将该产成品的产品成本从库存成本中减少，而库存产品的成本即产品生产成本。因而，产品销售成本的计算，实质上是已售产品生产成本的结转。

在通常情况下，各批完工产品的生产成本是不相同的，因而，计算结转产品销售成本的关键是如何确定已售产品的单位生产成本。常用的计算方法有先进先出法、加权平均法及个别计价法等。

8.1.2 成本对象与成本项目

对于材料采购成本的核算，本书已在第6章讲解过材料按实际成本法收发核算，而产品的销售成本是根据已售产品的数量乘以产品单位生产成本计算求得，因此，本节主要介绍产品的生产成本。明确成本对象与成本项目是正确核算产品生产成本的前提。

1. 生产费用与产品成本

为了更好地理解产品成本与生产费用的概念，我们先对企业的所有支出进行分类，然后再具体阐述产品成本与生产费用的区别。以"支出的属性"为标准对支出进行划分时，如果一项支出符合资产的定义，则属于资本性支出，否则为当期费用，属于收益性支出。收益性支出包括日常活动过程的支出和非日常活动过程的支出。日常活动过程中的支出主要包括生产费用、期间费用及各种税费，而生产费用包括直接费用和间接费用。

上述分类如图 8-1 所示。

本书第 2 章 "会计要素与会计等式" 中对费用的定义采用《企业会计准则》第三十三条规定：费用是企业在日常活动中发生的，会导致所有者权益减少的，与向所有者分配利润无关的经济利益的总流出。因此，费用不仅包括图 8-1 中所示的日常活动支出，还包括未出现在图 8-1 中的各种损失（损失符合费用的定义，但不符合支出的定义），如资产减值损失、公允价值变动损失等。

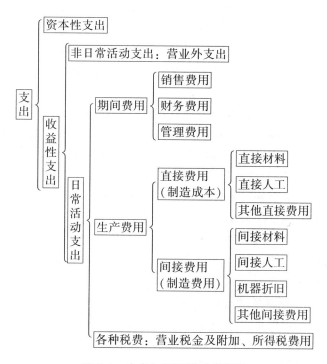

图 8-1　支出与费用关系示意图

图 8-1 中，生产费用是指在企业产品生产的过程中，发生的能用货币计量的所有生产耗费，包括计入当期完工产品成本的费用（当期完工产品所耗费材料和人工）和不计入当期完工产品成本的费用（固定资产大修和专项工程费），以及直接计入产品成本的费用（构成产品的直接材料和产品生产工人工资）和间接计入产品成本的费用（累计折旧、厂房租金、车间管理费用）。

而产品成本是为生产某种产品而发生的各种耗费的总和，是对象化的费用，即生产过程中能找到具体产品对象来承担的那部分生产费用，包括完工产品成本和在产品成本。

两者的区别在于：生产费用涵盖范围较宽，包括企业生产各种产品发生的各种耗费。既有当期的，也有以往发生的费用；既有甲产品的，也有乙、丙等其他产品的费用；既有完工产品的也有未完工产品的。生产费用着重于按会计期间进行归集，一般以生产过程中取得的各种原始凭证为计算依据。而产品的成本只包括为生产一定种类或数量的完工产品的费用，不具体说明的时候，仅指完工产品成本，而不包括未完工产品的生产费用及其他费用。产品成本着重于按产品进行归集，一般以成本核算单或成本汇总表及产品入库单等为计算依据。产品成本是生产费用总额的一部分。

2. 成本对象

成本对象是指确定归集和分配生产费用的具体对象，即生产费用的承担客体。成本核算对象的确定，是设立成本明细分类账户、归集和分配生产费用及正确计算成本的前提。具体的对象主要是根据企业生产的特点加以确定，同时还要考虑成本管理上的要求。

由于生产工艺、生产方式、成本管理等的要求不同，产品项目不等于核算对象。一般情况下，对制造业而言，生产一种或几种产品的，以产品品种为对象；分批、单件生产的产品，以每批或每件产品为核算对象；多步骤连续加工的产品，以每种产品及各个生产步骤为对象；产品规格繁多的，可将产品结构、耗用材料和工艺过程基本相同的各种产品，适当合并作为对象。对象确定后，一般不应中途变更，以免造成不实、结算漏账和经济责任不清的弊端。对象的确定，有利于细化项目和考核成本管理绩效。

3. 成本项目

为具体反应计入产品生产成本的生产费用的各种用途，还应将其进一步划分为若干个项目，即产品生产成本项目，简称产品成本项目或成本项目。设置成本项目可以反映产品成本的构成情况，满足成本管理的需要，有利于了解企业生产费用的经济用途，便于分析和考核产品成本计划的执行情况。

成本项目的设置应根据管理上的要求确定，对于制造业而言，一般可设置直接材料、燃料及动力、直接人工和制造费用等项目。

（1）直接材料。直接材料是指企业在生产产品和提供劳务过程中实际消耗的、直接用于产品生产、构成产品实体的原材料、辅助材料、备品配件、外购半成品、燃料、动力、包装物、低值易耗品和运输、装卸、整理等费用。

（2）燃料及动力。燃料及动力是指直接用于产品生产的外购和自制燃料和动力。

（3）直接人工。直接人工是指企业在生产产品和提供劳务过程中直接从事产品生产人员的工资及按工资总额和规定比例提取的福利费。

上述直接费用根据实际发生数进行核实，并按照对象进行归集，根据原始凭证或原始凭证汇总表计入成本。

（4）制造费用。制造费用指企业为生产产品和提供劳务而发生的费用和其他生产费用，如车间管理人员的工资及提取的福利费，车间房屋建筑物和机器设备的折旧费、租赁费、修理费，机物料消耗，水电费，办公费及停工损失，信息系统维护费等。不能根据原始凭证或原始汇总表直接计入产品成本的费用，需要按照一定标准分配计入对象。

由于生产的特点，各种费用支出的比重及成本管理和核算的要求不同，各企业可根据具体情况，增设废品损失、直接燃料和动力等项目。

8.1.3 产品生产成本的核算

1. 生产成本核算的意义

产品应对生产经营过程中实际发生的成本费用进行计算，并进行相应的会计处理。一般是对成本计划执行的结果进行事后的反映。企业通过产品核算，一方面，可以审核各项生产费用和经营管理费用的支出，分析和考核产品成本计划的执行情况，促使企业降低成本和费用；另一方面，还可以为计算利润、进行成本和利润预测提供数据，有助于提供企业生产技术和经营管理水平。

2. 生产成本核算的具体要求

(1) 做好各项基础工作。企业应建立健全各项原始记录，并做好各项材料物资的计量。包括材料物资收发领用、劳动用工和工资发放、机器设备交付使用及水电暖等的消耗的原始记录，并做好相应的管理工作。同时，产品成本核算，往往需要以产品原材料和工时的定额消耗量和定额费用作为分配标准，因此，也需要定制或修订材料、工时、费用的各项定额，使核算具有可靠的基础。

(2) 正确划分各种费用支出的界限。为正确计算产品成本，必须正确划分以下五个方面的费用的界限：正确划分收益性支出和资本性支出的界限；正确划分成本费用、期间费用和营业外支出的界限；正确划分本期费用和以后期间费用的界限；正确划分各种产品成本费用的界限；正确划分本期完工产品和期末在产品的界限。以上五个方面的划分应当遵循受益原则，即谁受益谁负担，何时受益何时负担，负担费用应与受益程度成正比，上述费用划分的过程也是产品成本的计算过程。

(3) 根据生产的特点和管理要求选择适当的成本核算方法。产品成本的计算关键是选择适当的产品成本核算方法，不同的产品要求产品成本的计算方法必须根据生产的特点、管理要求及工艺过程予以确定。否则，产品成本就会失去真实性，无法进行成本分析和考核。目前，产品成本核算常用的方法有品种法、分批法、分步法、分类法、定额法、标准成本法等。

3. 产品生产成本核算的一般程序

(1) 根据生产特点和成本管理的要求，确定对象。

(2) 确定成本项目。企业计算产品生产成本，一般应当设置原材料、燃料和动力、工资及福利费、制造费四个成本项目。

(3) 设置有关成本项目和费用明细账。如生产成本明细账、制造费用明细账，产成品和自制半成品明细账等。

(4) 收集确定各种产品的生产量和入库量，如在产品盘存量以及材料、工时、动力消耗等，并对所有已发生费用进行审核。

(5) 归集所发生的全部费用，并按照确定的成本核算对象予以分配，按成本项目计算各种产品的在产品成本、产成品成本和单位成本。

4. 要素费用的归集和分配

制造业的费用按照经济内容可划分为以下要素费用：自制材料、外购材料、外购燃料、外购动力、职工薪酬、折旧费、利息费用、税金和其他费用。按照要素费用分类核算制造业的费用，反映了制造业在一定时期内发生了哪些费用及其金额，可以用于分析各个时期费用的构成和各个要素所占的比例，进而分析、考核各个时期各种要素费用支出的执行情况。

(1) 要素费用的归集。

无论是外购的还是自制的，归集材料、燃料和动力的各项要素费用的方法是：对于直接用于产品生产、构成产品实体的原材料，一般分产品领用，应根据领退料凭证直接计入相应的直接材料的项目。对于不能分产品领用的材料，如化工生产中为几种产品共同耗用的材料中，需要采用适当的方法，分配计入各相关产品的生产成本的直接材料项目。

(2) 要素费用的分配。

对于共同耗用的费用，可按产品进行分配，分配标准的选择可依据材料消耗与产品的关系。对于材料、燃料耗用量与产品重量、体积有关的，按其重量或体积分配。如以生铁为原材料生产各种铁铸件，应以生产的铁铸件的重量比例为分配依据，燃料也可以按所耗用的原材料作为分配标准，动力一般按用电度数、用水吨数，也可按产品的生产工时或机器工时进行分配。相关计算公式为：

$$材料、燃料、动力费用分配率 = \frac{材料、燃料、动力消耗总额}{分配标准（如产品的重量、耗用的原材料、生产工时等）}$$

某种产品应负担的材料、燃料、动力费用 = 该产品的重量、耗用的原材料、生产工时 × 材料、燃料、动力费用分配率

在消耗定额比较准确的情况下，原材料、燃料也可按照产品的材料定额消耗量比例或材料定额费用比例进行分配。

按材料定额消耗量比例分配材料费用的计算公式如下：

某种产品材料定额消耗量 = 该种产品实际产量 × 单位产品材料消耗定额

$$材料消耗量分配率 = \frac{材料实际总消耗量}{各种产品材料定额消耗量之和}$$

某种产品应分配的材料费用 = 该种产品的材料定额消耗量 × 材料消耗分配率 × 材料单价

(3) 要素费用核算时需设置以下账户：

① 生产成本账户。该科目核算企业进行工业性生产发生的各项生产成本，包括生产各种产品（产成品、自制半成品等），自制材料，自制工具，自制设备等。借方反映所发生的各项生产费用，贷方反映完工转出的产品成本，期末借方余额反映尚未加工完成的各项在产品的成本。本科目反映按产品品种等对象设置基本生产成本和辅助生产成本明细账。辅助生产较多的企业，也可将基本生产成本和辅助生产成本作为总账。

基本生产成本应当分别按照基本生产车间和对象（产品的品种、类别、订单、批别、生产阶段等）设置明细账，并按规定的成本项目设置专栏。

辅助生产是为基本生产服务而进行的产品生产和劳务供应。该科目按辅助生产车间和提供的产品，劳务分设辅助生产成本明细账，按辅助生产的成本项目分设专栏。期末，对共同负担的费用按照一定的分配标准分配给各个受益对象。

② 制造费用账户。制造费用是指制造业为生产产品或提供劳务而发生的，应计入产品成本但没有专设成本项目的各项生产费用。本科目核算企业生产车间为生产产品和提供劳务而发生的各项间接费用，以及虽然直接用于生产产品但管理上不要求或不便于单独核算的费用。企业可按不同的车间部门和费用项目进行明细核算。期末，将共同负担的制造费用按照一定的分配标准分配计入各个对象，除季节性生产外，本科目无余额。

对小型制造业而言，也可将生产成本和制造费用两个总账合并为生产费用一个总账科目，下设基本生产成本、辅助生产成本和制造费用三个二级科目。

单独核算废品损失和停工损失的企业，还可另外增设总账科目。

具体的例子见本书第 6 章第 4 节例 6-22，例 6-25 至例 6-30 所示。

8.2 资产清查概述

8.2.1 资产清查的定义

所谓资产清查，顾名思义就是对企业资产的清查，主要是指对企业的库存现金、存货、固定资产的盘点，以及对银行存款、应收款项的账目核对，查明库存现金、银行存款、存货、固定资产及应收款项的实存数，并与账面数进行核对，从而确定账实是否相符的一种专门方法。通常，将存货和固定资产称为实物资产。应收款项包括应收票据、应收账款、其他应收款等各项债权。资产清查，人们通常称其为"财产清查"，是指对企业的货币资金、各项财产物资、债权和债务进行盘点和核对，以查明货币资金、各项财产物资、债权和债务的实存数，并与账面数进行核对，从而确定账实是否相符的一种专门方法。我们认为，这里财产清查的含义模糊不清，现代汉语词典对"财产"的解释是："财产是指拥有的财富，包括物资财富（金钱、物资、房屋、土地等）和精神财富（知识产权、商标等）"。这样一来，财产和物资是什么关系？各项财产物资是否包括货币资金、债权和债务？实质上，财产就是资产，基于此，我们将财产清查称为资产清查。

通过资产清查，查明账实一旦不符，则应采取相应的方法进行处理，从而做到账实相符，也就从一定程度上保证会计信息的客观真实性。

资产清查的范围极为广泛，从形态上看，既包括各种实物的清点，也包括各种债权、债务和结算款项的查询核对；从存放地点看，既包括对存放在本企业的财产物资的清查，也包括对存放在外单位的实物和款项的清查。另外，对其他单位委托代为保管或加工的材料物资，也同样要进行清查。

企业资产的增减变动和结存情况，在日常会计核算中已根据填制和审核的会计凭证登记到有关账簿中，一般来说，账簿记录和财产物资的实际结存应保持一致。但是在实际工作中，由于各种主客观原因可能导致账实不符。

(1) 客观的原因造成的账实不符。这是指由于财产物资本身的物理、化学性质和技术原因等引起的账实不符。

① 气候影响。有些财产物资在保管过程中受气候的干湿冷热影响，会发生自然损耗或升溢，如汽油的自然挥发、油漆的干耗等原因造成的数量短缺。

② 技术原因。有些财产物资在加工时，由于机械操作、切割等工艺技术原因，会造成一些数量短缺。

(2) 主观的原因造成的账实不符。这是指由于财产物资的管理人员和会计人员工作中的失误，或由于不法分子的贪污盗窃等原因引起的账实不符。

① 收发差错。企业各项财产物资在收发过程中，由于计量和检验不细致，造成财产物资在数量、品种或质量上发生差错。这种情况一般发生在材料的收发过程中，如散装材料的收发中造成的短缺或溢余；同类材料在收发中规格搞错，例如，应发放甲类A规格材料却发放了甲类B规格材料等。

② 保管不善。有些财产物资由于保管时间过久、保管条件不善或保管人员失职等引起残损、霉变、短缺、过时、价值降低等。

③ 记账错误。这是指有些财产物资由于手续不全、凭证不全，或漏登账、重复登账或登错账等引起的差错。

④ 贪污盗窃。由于不法分子的贪污盗窃、营私舞弊等直接侵占企业财产物资所发生的损失。

上述情况的发生，往往会造成某些财产物资的实存数与账存数不符。所以资产清查的目的，就是要查明并保证各资产项目的账实一致。企业和行政、事业等单位的各种财产物资，其增减变动及结存情况，都是以会计账簿来记录反映的，准确地反映各项资产的真实情况，是经济管理对会计核算的客观要求，也是会计核算的基本原则。为此，必须进行资产清查。

8.2.2 资产清查的意义

资产清查对企业经济活动的正常、顺利进行具有重要意义。

1. 保证会计核算资料真实准确

为了进一步核实日常核算信息（主要是簿记信息）是否如实反映情况，在编制财务报表前需要进行资产清查。如总分类账与总分类账之间要遵循复式记账原理进行复式记账，结果是各账户借贷两方面的金额都应保持发生额合计和余额合计的平衡；总分类账与其所属的明细分类账之间要遵循平行登记原则，结果是同一项经济业务的数据通过两个通道传输和记录，以便于相互核对等。通过资产清查，能够查明各项财产的实际数额，并与账面数额进行核对，确定账存数与实存数是否相符。对确认的盘亏、盘盈财产及时进行处理，保证会计账簿记录的真实准确。由于资产清查是在编制会计报表之前进行，因此又可以保证会计报表的各项数据真实、准确，为单位的生产经营管理提供正确、有效的信息，避免预测和决策的失误。

2. 能够有针对性地建立、健全财产物资管理制度

通过资产清查，对某些财产账实不符的原因进行分析，能够及时发现财产物资管理制度存在的薄弱环节，有针对性地建立、健全管理制度和内部控制制度，堵塞漏洞；进一步明确经济责任，防患于未然，提高财产物资的管理水平，保证物流管理质量。建立合适的内部会计监督制度，特别是内部控制制度的目的之一是健全财产物资的管理制度，保护财产物资的安全与完整，提高经营效率。内部会计监督制度是否有效执行又可通过资产清查这一方法来检查。

3. 促进资产的有效管理和安全完整

通过资产清查，能够使有关人员具体了解单位各项财产的使用、储存状况和质量构成，及时发现不良资产和沉淀资产。对于已经损坏或变质、失去有效性的不良资产应及时转销，以免虚列资产，使资产不实；对于储存时间太长，将失去有效性和超储积压的沉淀资产应及时处理，既避免损失，又减少资金占用，使其投入正常的经营周转，从而促进资金的有效管理和安全检查的完整。通过资产清查，可以查明各项财产盘盈、盘亏的原因和责任，找出财产物资管理中存在的问题，查明企业有无因管理不善而造成财产物资霉烂变质、损失浪费、非法挪用、贪污、盗窃等现象，有无材料储备不足、产品过多积压、应收账款呆滞、财产设备不配套等情况，从而促使企业管理者采取措施改善经营管理，加速资金周转，提高经营管理效率。在资产清查过程中，通过检查核对往来账

项，查明各项债权债务的结算是否遵守财经纪律和结算制度，促使各单位自觉遵守财经纪律。

8.2.3 资产清查的程序

资产清查是一项工作量大、涉及面广的工作，为了保证资产清查的质量，达到清查的目的，应该按科学合理的程序进行资产清查。

1. 准备阶段

资产清查涉及管理部门、财务会计部门、财产物资保管部门，以及与本单位有业务和资金往来的外部有关单位和个人。因此，为了保证资产清查工作有条不紊地进行，资产清查前必须有组织、有步骤地做好准备工作。

① 组织准备：包括成立清查领导小组、配备清查人员。资产清查必须成立清查领导小组，负责清查的组织和管理体制。特别是全面清查时，范围广、任务重，应由领导任清查小组负责人。清查工作领导小组的任务是：负责清查工作意义的宣传，提高有关人员搞好清查工作的自觉性；制订清查计划，确定清查范围，规定清查时间和步骤；配备清查人员，落实清查人员的分工和职责；协调有关部门处理清查中出现的矛盾，检查清查工作的质量，提出清查结果的处理意见。

参加清查工作的人员应由会计、业务、仓库等部门的人员组成，选择清查人员的标准是责任心强、业务水平高、作风严谨，清查人员的任务是具体进行各项清查工作的操作。

② 业务准备：包括账簿准备、实物准备、计量器具的准备及登记表格的准备。

为了保证资产清查的质量，达到确定各项财产物资是否账实相符的目的，还必须保证清查工具的质量。为此，凡是与清查有关的工具都要在资产清查开始之前事先做好准备。准备的具体内容如下。

账簿准备的负责人是会计人员。准备的具体内容是：将所有财产物资的收发凭证都登记入账，结出余额；认真核对总账和有关明细账的余额，做到计算正确、内容完整、账证相符、账账相符，从而保证为账实核对提供正确的依据。

实物准备的负责人是财产物资使用、保管部门的人员。准备的具体内容是：将所有进行清查的实物整理清楚、放置整齐、码放一致，为了便于点数，还应挂上标签，标明实物名称、规格和结存数量，实物使用、保管部门如有明细账的，要结出明细账的余额。

计量器具、登记表格的准备的负责人是资产清查小组工作人员。准备的内容即在清查地点准备好各种计量器具，并严格检查校正度量衡器具，保证计量准备；同时要准备好登记用的各种表格，如盘点表、实存账存对比表等，还要在盘点表中预先抄写填列各项财产物资的编号、名称、规格和存放地点等。

2. 实施清查阶段

资产清查的重要环节是盘点财产物资的实存数量。为明确责任，在资产清查过程中，实物保管人员必须在场，并参加盘点工作。盘点结果应由清查人员填写（如表8-1所示）。"盘存单"，详细说明各项财产物资的编号、名称、规格、计量单位、数量、单价、金额等，并由盘点人员和实物保管人员分别签字盖章。"盘存单"是实物盘点结果的书面证明，也是反映财产物资实存金额的原始凭证。

表 8-1　　　　　　　　　　　　　　　盘　存　单　　　　　　　　　编号：

单位名称：　　　　　　　　　　　　　　　　　　　　　　　　　盘点时间：
财产类别：　　　　　　　　　　　年　　月　　日　　　　　　　存放地点：

编号	名称	规格	计量单位	数量	单价	金额	备注

盘点人签章：　　　　　　　　　　　实物保管人签章：

3. 分析和处理阶段

盘点完毕，会计部门应根据"盘存单"上所列的物资的实际结存数与账面结存记录进行核对，对于账实不符的，编制"实存账存对比表"（如表8-2所示），确定财产物资盘盈或盘亏的数额。"实存账存对比表"是调整账面记录的重要原始凭证，也是分析盘盈盘亏原因、明确经济责任的重要依据。

表 8-2　　　　　　　　　　　　　实存账存对比表
单位名称：　　　　　　　　　　　　　年　　月　　日

编号	类别及名称	计量单位	单价	实存		账存		对比结果				备注
								盘 盈		盘 亏		
				数量	金额	数量	金额	数量	金额	数量	金额	

资产清查的结果不外乎三种情况：一是账存数与实存数相等；二是账存数大于实存数，即盘亏；三是账存数小于实存数，即盘盈。第二、第三种情况为账实不符，对财产清查结果的处理，也就是对这两种情况进行处理。一旦发生账实不符，无论是短缺或盈余，原则上都必须认真调查研究、分析原因，做好清查结果的处理工作。

资产清查结果处理的一般程序如下：①客观地分析账实不符的性质和原因，明确经济责任，并按规定程序如实将盘盈、盘亏情况及处理意见，报请有关部门审批处理；②积极处理积压物资，及时清理长期不清的债权、债务，以提高财产物资的使用效率；③针对资产清查中所发现的问题，应当总结经验教训，建立健全有关财产物资管理的岗位责任制，保证财产安全完整；④对资产清查中所查明的各种差异，应及时地调整账簿记录，做到账实相符。在会计上对账实不符差异的具体处理分为两个步骤：第一，根据"实存账存对比表"中所填列的财产盘盈、盈亏或毁损的金额，填制记账凭证，据以登记有关账目，调整账簿记录，使各项财产物资的实存数和账存数一致。同时，还应按规定把清查结果及原因报送有关部门批准；第二，待查清原因、明确责任后，再根据审批后的处理意见，填制记账凭证，分别记入有关的账户。

8.2.4 资产清查的种类

资产清查是在具体的时间、地点和一定范围内进行的，为了正确地使用资产清查方法，必须对其进行分类考察。资产清查可以按不同的标准进行分类。

1. 按清查的对象和范围划分

按清查的对象和范围划分，可分为全面清查和局部清查。

（1）全面清查是指对全部财产进行盘点和核对。例如，工业企业全面清查的对象一般包括：①结算款项，包括应收款项、应付款项、应交税费等是否存在，与债务、债权单位的相应债权、债务金额是否一致；②材料、在产品、自制半成品、库存商品等各项存货的实存数量与账面数量是否一致，是否有报废损失和积压物资等；③各项投资是否存在，投资收益是否按照国家统一的会计制度规定进行确认和计量；④房屋建筑物、机器设备、运输工具等各项固定资产的实存数量与账面数量是否一致；⑤在建工程的实际发生额与账面记录是否一致；⑥需要清查核实的其他内容。

（2）局部清查是根据需要，对部分财产进行盘点与核对。由于全面清查费力，难以经常进行，所以企业时常进行局部清查。它一般在以下情况进行：①流动性较大的物资，如材料、库存商品等，除了年度清查外，年内还要轮流盘点或重新抽查一次；②对于各种贵重物资，每月应清查盘点一次；③对于银行存款和银行借款，每月同银行核对一次；④库存现金由出纳人员在每日终了时，自行清查一次；⑤各种往来款项，每年至少要核对一至两次；⑥对发现某种物品被盗或者由于自然力造成物品毁损，以及其他责任事故造成物品损失等，都应及时进行局部清查，以便查明原因，及时处理，并调整账簿记录。

2. 按清查的时间划分

按清查的时间划分，可分为定期清查和临时清查两种。

（1）定期清查是指按照预先安排的时间对财产物资、货币资金和往来款项进行盘点和核对。这种清查通常在年末、季末、月末结账时进行。定期清查根据不同需要，可以全面清查，也可以局部清查。一般情况下，是年末进行全面清查，季末、月末则只进行局部清查。

（2）临时清查是事先并不规定清查时间，而是根据实际需要临时决定对财产物资进行盘点与核对。一般在以下情况下进行：①更换财产物资和库存现金保管人员时，为分清经济责任，需对有关人员所保管的财产物资和库存现金进行清查；②发生非常灾害和意外损失时，要对受灾损失的财产进行清查，以查明损失情况；③上级主管部门、财政和审计部门，要对本单位进行会计检查时，应按检查要求及范围进行清查，以验证会计资料的真实可信；④按照有关规定，进行临时性的清产核资工作，以摸清企业的资产规模。根据上述情况进行临时清查，其对象和范围可以是全面清查，也可以是局部清查，应根据实际需要而定。

3. 按清查内容来分

按清查内容来分，包括货币资金的清查，实物资产的清查，债权债务的清查，各种无形资产的清查，各项投资的清查及其他资产的清查。

（1）货币资金的清查：包括库存现金、在开户银行和其他金融机构的各种存款。货币资金的清查往往是清查的重点。

（2）实物资产的清查：包括存货的清查、在建工程的清查、固定资产的清查等。

（3）债权债务的清查：包括对单位应收、应付项目及其他应收、应付项目等结算和往来款项所实施的清查。

（4）各种无形资产的清查：无形资产作为企业长期使用而没有实物形态的资产，它的特点是不存在实物形体，表明单位所拥有的特殊权利，有助于企业获得超额收益。无形资产的会计核算包括无形资产取得、摊销和减值等，因此，在进行清查时，应具体表明无形资产是否按规定取得入账、摊销、减值，查明无形资产是否账实相符。如果无形资产因实际情况发生变化，企业不能继续收益或不能给企业带来预计的收益时，在核算上应立即核销。在清查过程中，应查明无形资产有无这种变化，是否按时冲销等。

（5）各项投资的清查：投资是企业根据国家法律法规的规定，利用各种资产和权益向其他单位的投资。它可以是厂房、设备等固定资产，也可以是材料、低值易耗品等流动资产；可以是实物形态的，也可以是投放的货币资金；可以是有形资产，也可以是无形资产；可以是长期投资，也可以是短期投资。在资产清查时，应对各项投资进行清查，清查投资是否符合国家法律法规的规定，投资的投入、收回及结存是否正确等。清查方法主要是本单位要逐项审查并与接受投资单位核对账目。

（6）其他资产的清查：其他资产的清查主要包括开办费用、融资租入固定资产改良支出、固定资产大修理支出的清查。清查时主要清查资产的内容是否符合规定、是否按规定进行摊销。清查的方法主要是财会部门逐项核查账簿记录，必要时应询证落实。

8.2.5　资产清查的方法

资产清查的方法，比较常用的有以下几种。

（1）实地盘点法。

实地盘点法是指在财产物资存放现场逐一清点数量或用计量仪器确定其实存数的一种方法。这种方法适用于容易清点或计量的财产物资，也适用于库存现金等货币资金的清查。它适用范围较广，要求严格，数字准确可靠，清查质量高，但工作量大，要求事先按财产物资的实物形态进行科学的码放。

（2）技术推算法。

技术推算法是指利用技术方法推算财产物资实存数的方法，主要针对大量难以逐一清点的财产物资使用，例如，露天存放的煤、矿石等的实存数量可以采用这种方法。

在清查过程中，还要检查财产物资的质量，了解其储存、利用情况，以及在收发、保管等方面是否存在问题。对于实物的质量，应根据不同的实物采用不同的检查方法，例如，有的采用物理方法，有的采用化学方法来检查实物的质量。

（3）抽样盘存法。

抽样盘存法是通过测算总体积或总重量，再抽样盘点单位体积和单位重量，然后测算出总数的方法。这种方法适用于包装完整的大件财产及价值小、数量多、质量比较均匀的不便于逐一点数的财产物资，如包装好的成袋粮食、化肥。从本质上讲，它是实地盘点法的一种补充方法。

（4）查询核实法。

查询核实法是依据账簿记录，以一定的查询方式，核查财产物资、货币资金、债权债务数量及其价值量的方法。这种方法根据查询结果进行分析，以确定有关财产物资、货币资金、债权债务的实物数量和价值量。适用于债权债务、委托代销、委托加工、出租出借的财产物资以及外埠存款等。

对于财产物资的质量检验,可以根据不同的物理、化学性质采取不同的技术方法进行检查,并根据其质量情况,按照成本价值计价原则,对清查物资的价值做出如实记录。

对各项财产物资的盘点结果如实地登记在"实物盘存单"上,通过实存数额与账面结存数额核对,如果发现账实不符,会计人员则编制"实存账存对比表",以确定各种实物的盘盈或盘亏数额。实存数大于账存数,为盘盈;实存数小于账存数,为盘亏。"实存账存对比表"是财产清查的重要报表,应严肃、认真地填报。

8.3 货币资金清查的方法

货币资金是指在企业生产经营过程中处于货币形态的那部分资金,按其形态和用途不同可分为库存现金、银行存款和其他货币资金。它是企业中最活跃的资金,流动性强,是企业的重要支付手段和流通手段,因而是流动资产的清查重点。

8.3.1 库存现金的清查方法

库存现金的清查包括两个方面的内容,一是要求出纳人员每日对库存现金进行自查,做到日清日结,即每日工作结束之前,将"现金日记账"当日账面结存数额与库存现金实有额进行核对,以确保每日账实相符;二是要求组织清查工作人员对库存现金进行定期或不定期清查。清查库存现金时,出纳人员必须在场,以明确经济责任。清查时应注意收据、借据均不得抵充现金,注意库存现金是否超过规定的限额,有无坐支现金的现象等。将库存现金清点后与"现金日记账"的账面余额进行核对,同时将结果填入"库存现金盘点报告表"(如表8-3所示),由盘点人员和出纳人员共同签章。对现金的长款、短款的原因认真调查,提出意见,并由检查人员和出纳员共同签章认可。此表是明确经济责任的依据,也是调整账实不符的原始凭证。

表8-3　　　　　　　　　　　**库存现金盘点报告表**
单位名称　　　　　　　　　　　年　　月　　日

实存金额	账存金额	对比结果		备注
		盘盈	盘亏	

盘点人员签章　　　　　　　　　　　　　　　　　出纳员签章

8.3.2 银行存款的清查方法

银行存款的清查,主要是将银行送来的对账单上银行存款的余额与本单位银行存款日记账的账面余额逐笔进行核对,以查明账实是否相符。在同银行核对账目之前,应先详细检查本单位银行存款日记账的正确性与完整性,然后根据银行送来的对账单逐笔核对。但由于办理结算手续和凭证传递时间的原因,即使企业和银行双方记账过程都没有错误,企业银行存款日记账的余额和银行对账单的余额也可能不一致。产生这种不一致的原因是可能存在未达账项。所谓未达账项是指由于结算凭证传递时间的原因，造成企业与银行双方之间对于同一项业务，一方先收到结算凭证、先收款或付款记账，而另一方尚未收到结算凭证、未收款或未付款未记账的账项。企业与银行之间的未达账项大致有以下四种类型：

（1）企业存入银行的款项，企业已经作为存款入账，而开户银行尚未办妥手续，未记入企业存款户，简称"企收银未收"。

（2）企业开出支票或其他付款凭证，已作为存款减少登记入账，而银行尚未支付或办理，未记入企业存款户，简称"企付银未付"。

（3）企业委托银行代收的款项或银行付给企业的利息，银行已收妥登记入账，而企业没有接到有关凭证尚未入账，简称"银收企未收"。

（4）银行代企业支付款项后，已作为款项减少记入企业存款户，但企业没有接到通知尚未入账，简称"银付企未付"。

上述任何一种情况的发生，都会导致企业银行存款日记账的余额与银行对账单的余额不一致。因此，在对银行存款的清查中，除了对发现记账造成的错误要及时进行处理外，还应注意有无未达账项。如果发现有未达账项，应通过编制"银行存款余额调节表"予以调节，以检验双方的账面余额是否相符。"银行存款余额调节表"的编制方法是：在企业、银行两方面余额的基础上各自补记一方已入账而另一方尚未入账的数额，以消除未达账项的影响，求得双方的一致。

例如，北京南方股份有限公司2013年12月31日银行存款日记账的余额为279 000元，收到银行对账单上，其存款余额322 900元，如图8-2和图8-3所示。

银行对账单

页码：02

账号：1100760904870809012　　单位名称：北京南方股份有限公司　　币种：人民币

年份：20

日期	业摘要理章	凭证种类	凭证号码	借方发生额	贷方发生额	余额
1221	承前页					380,500.00
1222	付购货款	转支	#3603	80,500.00		300,000.00
1227	支付广告费	转支	#3605	40,000.00		260,000.00
1229	存款利息	特转	#1902		5,900.00	265,900.00
1229	收回货款	委托收款	#1004		20,000.00	285,900.00
1230	收回货款	委托收款	#1005		40,000.00	325,900.00
1231	贷款利息	特转	#1906	3,000.00		322,900.00

图8-2　北京南方股份有限公司银行对账单

经逐笔核对，发现未达账项有：

①12月29日，收到存款利息5 900元，银行已入账，企业未入账；②12月31日，支付贷款利息3 000元，银行已入账，企业未入账；③12月31日，购买办公室用品1 000元，企业已入账，银行未入账；④12月31日，企业预付货款50 000元，企业已入账，银行未入账；⑤12月31日，收回货款10 000元，企业已入账，银行未入账。

编制银行存款余额调节表，如图8-4所示。

银行存款日记账

开户行：交通银行北京分行
账 号：11000760904870809 1012
第 23 页

2013年		凭证		摘要	借方	贷方	余额	核对
月	日	种类	号数					
12	21			承前页	1886600.00	1978700.00	380500.00	
12	21	银付	20	购入材料		80500.00	300000.00	
12	26	银付	21	支付广告费		40000.00	260000.00	
12	28	银收	18	收回货款	20000.00		280000.00	
12	30	银付	22	购办公用品		1000.00	279000.00	
12	30	银收	19	收回货款	40000.00		319000.00	
12	31	银付	23	预付账款		50000.00	269000.00	
12	31	银收	20	收回货款	10000.00		279000.00	
12	31			本月合计	195000.00	231500.00	279000.00	
12	31			本年累计	1956000.00	2150200.00	279000.00	
12	31			结转下年			279000.00	

图 8-3 银行存款日记账

银行存款余额调节表

开户银行：交通银行北京分行 账号：11000760904870809 1012 2013年12月31日止

摘要	凭证号	金额	摘要	凭证号	金额
《银行存款日记账》余额		279000.00	《银行对账单》余额		322900.00
加:银行已收,企业未收:			加:企业已收,银行未收:		
1	#1902	5900.00	1	银收20	10000.00
2			2		
3			3		
4			4		
5			5		
6			6		
7			7		
减:银行已付,企业未付:			减:企业已付,银行未付:		
1	#1906	3000.00	1	银付22	1000.00
2			2	银付23	50000.00
3			3		
4			4		
5			5		
6			6		
7			7		
8			8		
9			9		
10			10		
11			11		
12			12		
调节后余额		¥281900.00	调节后余额		¥281900.00

财会主管：　　　　　　　　　　　　　　　　　　　　　　制表：

图 8-4 银行存款余额调节表

经过调整后的左右方余额已经消除了未达账项的影响。如果双方账目没有其他差错存在，左右双方调节后的余额必定相符。如不相符，则表明还存在差错，应进一步查明原因，予以更正。此外，应该注意的是，调节后的银行存款余额并不能作为调整账簿记录的依据。不能据此将未达账项登入银行存款账，而应在收到银行的收付款通知后，方可进行账务处理。"银行存款余额调节表"通常作为清查资料与银行对账单一并附在当月银行存款日记账后保存。

上述对银行存款的清查方法,同样适用于对银行借款的清查。通过对银行借款的清查,可以检查企业的银行借款是否按规定用途加以使用,是否按期归还等。

8.4 实物清查

对于各种实物如原材料、半成品、在产品、产成品、低值易耗品、包装物、委托加工物资、在建工程、固定资产等,都要从数量和质量上进行清查。由于实物的形态、体积、重量、堆放方式等不尽相同,因而所采用的清查方法也不尽相同。

8.4.1 存货的清查

存货,是指企业在日常活动中持有以备出售的产成品或商品、处在生产过程中的在产品、在生产过程或提供劳务过程中耗用的材料和物料等。存货的清查过程中,实物保管人员和盘点人员必须同时在场,按照上述的清查方法进行盘点,确定其实有数量,并同时检查其质量情况。对于盘点结果,应如实登记"盘点报告表",并由盘点人和实物保管人签字或盖章,以明确经济责任。"原材料盘点报告表"既是记录盘点结果的书面证明,也是反映财产物资实存数的原始凭证。

例如,2013 年 12 月,北京化工有限公司对原材料丙酮和乙烯进行清查,其结果如图 8-5 所示。

原材料盘点报告表

单位名称:北京化工有限公司   2013年12月31日   单位:元

编号	类别及名称	计量单位	单价	实存		账存		对比结果				备注
								盘盈		盘亏		
				数量	金额	数量	金额	数量	金额	数量	金额	
01	丙酮	千克	100.00	2000.0	200000.00	1900.0	190000.00	100.0	10000.00			
02	乙烯	千克	50.00	3000.0	150000.00	3000.0	150000.00					

监盘人:高可欣   盘点人:张艳   (第 12 页共 12 页)

第一联 财务联

图 8-5 原材料盘点报告表

1. 存货盘存制度

存货盘存制度是指在日常会计核算中采取什么方式来确定各项存货的账面结存额的一种制度。财产清查是为了确定本单位的各项存货实存数额与账面数额是否相符,那么在日常核算中,实存数额与账面数额是什么关系呢?这要取决于采用的核算方法,即采用永续盘存制，还是采用实地盘存制。

（1）永续盘存制。永续盘存制也称账面盘存制，是指通过账簿记录连续反映各项存货增减变化及结存情况的方法。采用这种方法要求平时在各种存货的明细账上，根据会计凭证将各项存货的增减数额连续进行登记，并随时结出账面余额。可根据下列公式结出账面余额：

发出存货价值＝发出存货数量×存货单价

期末账面结存金额＝期初账面结存金额＋本期增加金额－本期减少金额

永续盘存制的优点：一是核算手续严密，能及时反映各项存货的收、发、结存情况；二是存货明细账上的结存数量，可以随时与确定的库存最高储备量和最低储备量进行比较，检查有无超额储备或储备不足的情况，以便随时组织物资的购销或处理，加速资金周转；三是通过对存货的轮番盘点，经常保持账实相符，如存货发生溢余和短缺，应查明原因，及时纠正。

永续盘存制的缺点是各项存货的明细账核算工作量大。尽管如此，由于这种方法加强了对存货的管理，在控制和保护财产安全方面有明显的优越性，所以在会计实务中得到广泛应用。一般来说，除了特殊行业的企业对于特定商品的核算必须采用实地盘存制外，都应采用永续盘存制。

（2）实地盘存制。实地盘存制是指对各项存货平时只在明细账中登记增加数，不登记减少数，月末根据实地盘点的结存数倒挤出存货减少数，并据以登记有关账簿的一种方法。本期减少数的计算公式如下：

期末存货金额＝期末存货盘点数量×存货单价

本期减少金额＝期初账面结存金额＋本期增加金额－期末存货金额

实地盘存制的优点主要是由于不登记减少数可以减轻会计人员平时的工作量，缺点主要有：一是手续不够严密，不能通过账簿记录随时反映和监督各种存货的增加、减少和结存情况；二是由于以期末结存数量来倒挤本期存货的减少数量，所以凡属未计入期末结存的存货都被认为是已经使用，这样很容易使已发生的浪费、盗窃和自然损耗所形成的损失都隐藏到倒挤求得的减少数内，作为成本开支，从而模糊合理损耗和不正当损害的界线，削弱了对存货的监督作用，影响了成本计算的正确性和清晰性；三是由于月末一次盘点结存数，这样虽然减少了平时的工作量，但却加大了会计期末的工作。

由此可见，实地盘存制是一种不完善和不严密的存货管理办法，非特殊情况，一般不宜采用。在实际工作中，实地盘存制通常只适用于价值低、规格杂、增减频繁的材料、废料或是零售商店非贵重商品和一些损耗大、质量不稳定的鲜活商品。

2. 存货账面数额的确认方法

《企业会计准则第1号——存货》第十四条规定：企业应当采用先进先出法、加权平均法或者个别计价法确定发出存货的实际成本。

对于性质和用途相似的存货，应当采用相同的成本计算方法确定发出存货的成本。对于不能替代使用的存货、为特定项目专门购入或制造的存货以及提供的劳务，通常采用个别计价法确定发出存货的成本。

（1）先进先出法。采用这种方法是假定先入库的存货先出库，发出存货的单价按账面登记的最先入库的存货的单价计算。

（2）加权平均法，包括全月一次加权平均法和移动加权平均法。本书只介绍全月一次加权平均法。采用这种方法，存货明细账的登记处方法是：购入的存货逐笔登记数量、单价和金额，发出的存货逐笔登记数量，不登记单价和金额，也不逐笔计算结存的单价和金额。月末，计算出存货的加权平均单价，按这个加权平均单价分别计算发出和结存的存货的金额。

（3）个别计价法。采用这种方法，是根据发出的存货入库时的实际成本计算其发出的实际成本。为了保证这种方法的正确使用，存货入库时必须编号，然后挂上编号、标签，分别存放和保管，便于发出时准备识别。这种方法一般只适用于价值高、数量小的存货。

在这里只给出了存货账面数额三种确认方法的定义，至于有关具体内容在后续课程里有详细的介绍。

对于委托外单位加工、保管的材料、商品、物资以及在途的材料、商品、物资等，可以用询证的方法与有关单位进行核对，以查明账实是否相符。

8.4.2 在建工程、固定资产的清查方法

企业的在建工程是指正处在建设过程中的各项工程。企业要尽快地把在建工程建成投产，交付使用权，充分发挥投资效果。在资产清查过程中，要认真清查在建工程，清查的方法是到现场实地盘点。要按工程的项目逐一清查，除清查工程项目外，还要检查在建过程中存在的问题。如已完工程是否及时办理交接手续；有无发生报废毁损工程，并查明原因；有无停建、缓建工程等。

固定资产的清查，是对房屋、建筑物、机器设备、交通工具等所进行的清查，通常也采用实地盘点的方法。固定资产的清查应按如下步骤进行。

首先，在清查之前应将固定资产总账的期末余额同固定资产明细账核对，保证固定资产总账余额与其所属的固定资产明细账余额相一致。

其次，进行实地盘点，对固定资产的状况进行清查，要按固定资产明细账上所列明的固定资产名称、类别、编号等内容与固定资产实物进行逐一核对，确认账实是否相符，在查明原因的基础上编制"固定资产清查盘盈盘亏报告表"，见图8-6所示。

固定资产盘盈盘亏报告表

2013年12月31日　　　　　　　　　　　　　　　　　　　　　　　单位：元

固定资产编号	固定资产名称	盘 盈				盘 亏				净值
		数量	原价	估计折旧额	估计净值	数量	原价	已提折旧额	已提减值准备	
1002	车床	1			44000.00					
合计										
差异原因										
资产管理部门建议处理意见										
单位主管部门批复处理意见										

单位主管：邓元　　财务经理：余文　　资产管理部门：刘明　　制单：徐蔓

图8-6　固定资产盘盈盘亏报告表

8.5 债权债务清查

8.5.1 债权债务清查的内容和程序

1. 债权债务清查的定义

债权债务清查是指对单位应收、应付项目及其他应收、应付项目等结算和往来款项所实施的清查,所采用的方法是查询法或核对法,也可两种方法同时采用。在清查过程中,不仅要查明债权债务的余额,还要查明形成的原因,以便加强管理。对于在清查中发现的坏账损失要按有关规定进行处理,不得擅自冲销账簿记录。

2. 债权债务清查的程序

(1) 检查、核对账簿记录。有关会计人员应将本单位的债权债务业务全部登记入账,不得遗漏,以保证账簿记录的完整性。在此之后,清查人员应对有关账簿记录依据会计凭证进行核对,保证账簿记录准确无误。

(2) 编制债权债务款项对账单。单位将编制的对账单送债权人或债务人进行核对,确认债权债务。对账单一般可采用二联形式,其中一联为回单,由债权人确认并签章。如果债权人核对后发现不一致,则须注明原因,寄回本单位。单位在收到对账单后,如存在不一致事项,应就不一致事项作进一步调查;如存在未达账项,应进行余额调整(调整方法类似于银行存款余额调节),然后确认债权债务余额。当然,在清查中也可直接派人去对方单位面询,或利用电话、电报、传真、互联网络等手段进行核实。

(3) 编制"债权债务清查结果报告表"。在检查、核对并确认了债权债务后,清查人员应根据清查中发现的问题和情况,及时编制债权债务清查结果报告表。对于本单位同对方单位或个人有争议的款项,收回希望较小和无法支付的款项,应当在报告中尽可能详细说明,以便有关部门及时采取措施,减少不必要的坏账损失。

"债权债务清查结果报告表"一般格式见表 8-4 所示。

表 8-4 债权债务清查结果报告表

单位名称: 年 月 日

总分类账户		明细账户		发生日期	对方结存额	对比结果及差异额	差异原因及金额			备注
名称	金额	名称	金额				未达账项	有争议账项	无法收回账项	

资产清查工作结束后,应认真整理清查资料,对清查工作中发现的问题,分析其原因并提出改革措施,撰写"资产清查报告",对财产清查中发现的成绩与问题作出客观公正的评价。

8.5.2 债权债务清查案例

往来款项的清查,也是采用同对方单位核对账目的方法。清查单位应在检查本单位应收应付款项账目正确、完整的基础上,编制应收款对账单和应付款对账单,分送有关单位进行核对。对账单一式两联,其中一联作为回单。对方单位核对相符,应在对账单上盖章后退回本单位,如有不符,应在对账单上注明,或另外抄送对账单退回本单位,作为进一步核对的依据。

应收应付款项应及时处理,对于长期收不回来的应收账款,即坏账,要按既定的程序予以核销,冲减应收账款,借记"坏账准备"科目,贷记"应收账款"科目。对于应付款项中实在无法支付的部分,应转作企业营业外收入处理,借记"应付账款"科目,贷记"营业外收入"科目。

【例8-1】 2013年1月,佳骋纺织有限公司在资产清查中发现有一笔应收款已超过规定年限,经批准转为坏账处理,金额为5 000元。

根据有关确认凭证及审批手续,作如下会计分录:

借:坏账准备　　　　5 000
　　贷:应收账款　　　　　　5 000

【例8-2】 2013年1月,佳骋纺织有限公司在资产清查中发现一笔应付款项,因债权单位(宏泰公司)已不存在,无法支付,经批准应予核销,金额为6 000元。

根据有关确认凭证及审批手续,作如下会计分录:

借:应付账款——宏泰公司　　6 000
　　贷:营业外收入　　　　　　　6 000

【复习思考题】

1. 什么是成本核算?
2. 什么是生产费用?什么是生产成本?二者有何区别与联系?
3. 什么是成本对象?什么是成本项目?
4. 什么是资产清查?有何重要意义?
5. 造成企业账实不符的原因有哪些?
6. 什么是永续盘存制?什么是实地盘存制?
7. 如何进行银行存款的清查?什么是未达账项?未达账项有哪几种?其形成原因是什么?
8. 如何进行债权债务的清查?
9. 资产清查结果处理应遵循哪些原则?
10. 举例说明财产物资盘盈和盘亏的账务处理程序。

【练习题】

一、单项选择题

1. 成本项目不包括以下项目中的（　　）。
    A. 材料成本　　B. 设备成本　　C. 机器损耗　　D. 人工耗费
2. 通常在年终决算之前，要（　　）。
    A. 对企业所有财产进行技术推算盘点
    B. 对企业所有财产进行全面清查
    C. 对企业一部分财产进行局部清查
    D. 对企业流动性较大的财产进行全面清查
3. 在永续盘存制下，平时（　　）。
    A. 对各项财产物资的增加和减少数，都不在账簿中登记
    B. 只在账簿中登记财产物资的减少数，不登记财产物资的增加数
    C. 只在账簿中登记财产物资的增加数，不登记财产物资的减少数
    D. 对各项财产物资的增加和减少数，都要根据会计凭证在账簿中登记
4. 对库存现金的清查应采用的方法是（　　）。
    A. 技术推算法　　　　　　　　B. 实地盘点法
    C. 实地盘存制　　　　　　　　D. 账面认定法
5. 银行存款的清查是将银行存款日记账记录与（　　）核对。
    A. 银行存款、收款、付款凭证　　B. 总分类账银行存款科目
    C. 银行对账单　　　　　　　　D. 开户银行的会计记录
6. 采用实地盘存制时，财产物资的期末结存数就是（　　）。
    A. 账面结存数　　B. 实地盘存数　　C. 收支抵减　　D. 滚存结余数
7. 盘存制度是（　　）。
    A. 权责发生制　　　　　　　　B. 收付实现制
    C. 永续盘存制、实地盘存制　　　D. 应计制、现金制
8. 资产清查的目的是达到（　　）。
    A. 账账相符　　B. 账证相符　　C. 账实相符　　D. 账表相符
9. 出纳员每日业务终了对现金进行清点属于（　　）。
    A. 局部清查和不定期清查　　　B. 全面清查和定期清查
    C. 局部清查和定期清查　　　　D. 全面清查和不定期清查
10. 企业银行存款日记账与银行对账单的核对，属于（　　）。
    A. 账实核对　　B. 账证核对　　C. 账账核对　　D. 账表核对

二、多项选择题

1. 成本项目可设置为（　　）。
    A. 直接材料　　　　　　　　　B. 燃料及动力
    C. 直接人工　　　　　　　　　D. 制造费用等项目

2. 制造费用有可能是间接归集的（   ）。
   A. 材料费   B. 人工费   C. 机器损耗   D. 销售费用
3. 采用实物盘点法的清查对象有（   ）。
   A. 固定资产   B. 材料   C. 银行存款
   D. 现金   E. 往来款项
4. 通过资产清查要求做到（   ）。
   A. 账物相符   B. 账款相符   C. 账账相符
   D. 账证相符   E. 账单相符
5. 企业银行存款日记账账面余额大于银行对账单余额的原因有（   ）。
   A. 企业账簿记录有差错   B. 银行账簿记录有差错
   C. 企业已作收入入账，银行未达   D. 银行已作支出入账，企业未达
   E. 企业已作支出入账，银行未达
6. 资产清查中遇到有账实不符时，用以调整账簿记录的原始凭证有（   ）。
   A. 实存账存对比表   B. 现金盘点报告表
   C. 银行对账单   D. 银行存款余额调节表
   E. 固定资产盘盈（盘亏）报告单
7. 查询核对法一般适用于（   ）的清查。
   A. 债权债务   B. 银行存款   C. 现金
   D. 往来款项   E. 固定资产
8. 关于"待处理财产损益"账户，下列表述中正确的有（   ）。
   A. 借方登记待处理财产物资盘亏净额
   B. 借方登记结转已批准处理财产物资盘盈数
   C. 贷方登记待处理财产物资盘盈数及结转已批准处理财产物资盘盈净额
   D. 期末余额在借方，表示待处理的盘盈或盘亏数
9. 查询法一般适用于（   ）清查。
   A. 债权债务   B. 银行存款
   C. 出租出借包装物   D. 委托加工材料
10. 在资产清查的过程中，应编制并据以调整账面记录的原始凭证有（   ）。
    A. 现金盘点报告单   B. 银行存款余额调节表
    C. 财产物资清查盘存单   D. 资产清查盈亏明细表

三、判断题

1. 生产费用总和在同一会计期间等于生产成本总和。（   ）
2. 生产成本项目可以不同生产工序设置成不同项目。（   ）
3. 成本是对象化的费用，费用是资本性的支出。（   ）
4. 在一般情况下，全面清查既可以是定期清查，也可以是不定期清查。（   ）
5. 银行存款余额调节表编制完毕，若调节后余额相符，表明账簿记录基本无错误。（   ）
6. 存货的盘亏、毁损和报废，在报经批准后均应记入"管理费用"科目。（   ）

7. 对于未达账项应编制"银行存款余额调节表"进行调节，同时将未达账项应编制记账凭证调整入账。（   ）

8. 实物财产清查的盘存单是反映财产物资有效的重要原始凭证。（   ）

9. 未达账项是由于企业和银行的入账时间不一致造成的。（   ）

10. 对于现金的清查，一般采用实地盘点法。（   ）

第9章 财务会计报告

【本章导读】

蓝田股份自1996年上市以来,它仿佛是中国农业企业的典型,一个以养殖、饮料和旅游为主的企业,创造了中国股市长盛不衰的绩优神话。在不到10年间,它的总资产规模从上市前的2.66亿元发展到2000年年末的28.38亿元,总资产规模增长近10倍。

2001年10月26日,刘姝威(1986年北大硕士毕业后,一直从事银行信贷研究工作),根据自己对蓝田股份的财务报告的研究,在《金融内参》上发表了题名为"蓝田之谜"的文章,文章称分析了蓝田股份的偿债能力、销售收入、现金流量和资产结构并得出结论:蓝田股份不能创造足够的现金流量以便维持正常经营活动和保证按时偿还银行贷款的本金和利息;银行应该立即停止对蓝田股份发放贷款。

蓝田股份顶着"中国农业第一股"的旗号叱咤股市,却在600字的文章面前轰然崩塌。粉碎"蓝田神话"的推理依据是什么?判断的标准是什么?

粉碎"蓝田神话"的推理依据是蓝田股份的财务会计报告,其判断标准是相关财务指标值。本章主要介绍财务报告的基础知识并举例讲解资产负债表和利润表的编制。

资料来源:刘姝威. 蓝田之谜[EB/OL]. http://www.360doc.com/content/14/1104/01/17132703_422320781.shtml。

【本章学习目标】

熟悉财务会计报告的定义和种类,掌握资产负债表和利润表的编制方法。

9.1 财务会计报告概述

9.1.1 财务会计报告的定义

财务会计报告,简称财务报告,也称财务报表。

《企业财务会计报告条例》(本章简称《报告条例》)第二条指出:财务会计报告,是企业对外提供的反映某一特定日期财务状况和某一会计期间经营成果、现金流量等信息的文件。此定义与《企业会计准则》第四十四条规定相同。

《企业会计准则第30号——财务报表列报》(本章简称《具体准则》)第二条指出:财务报表是对企业财务状况、经营成果和现金流量的结构性表述。随后指出,财务报表至少应当包括下列组成部分:资产负债表、利润表、现金流量表、所有者权益(或股东权益,下同)变动表和附注。

《报告条例》和《具体准则》表述不同的地方是文件与结构性表述，文件的根本特征之一就是结构规范，二者并无本质上的区别。并且随后各自阐述构成时，也没有内容差异，所以，我们认为，财务报告也就是财务报表。

从《具体准则》对财务报表构成的规定可知，财务报表包括会计报表及其他文件。会计报表应当包括资产负债表、利润表、现金流量表及相关附表、附注。

财务报告的目标是向财务会计报告使用者提供与企业财务状况、经营成果和现金流量等有关的会计信息，反映企业管理层受托责任履行情况，有助于财务会计报告使用者作出经济决策。财务会计报告使用者包括投资者、债权人、政府及其有关部门和社会公众等。

《报告条例》规定：企业不得编制和对外提供虚假的或者隐瞒重要事实的财务会计报告，企业负责人对本企业财务报告的真实性、完整性负责；任何组织或者个人不得授意、指使、强令企业编制和对外提供虚假的或者隐瞒重要事实的财务报告；注册会计师、会计师事务所审计企业财务报告，应当依照有关法律、行政法规以及注册会计师执业规则的规定进行，并对所出具的审计报告负责。

9.1.2 财务报告种类及其构成

财务报告的种类包括年度报告和中期报告。

年度报告，是指以会计年度（我国以公历年度）为基础编制的财务报告。

中期财务报告，是指以中期（即短于一个完整的会计年度）为基础编制的财务报告，包括半年报、季报和月报。季度、月度财务会计报告通常仅指会计报表，月度会计报表至少应当包括资产负债表和利润表。国家统一的会计制度规定季度、月度财务会计报告需要编制会计报表附注的，从其规定。

年度、半年度财务会计报告应当包括：

（1）会计报表。《具体准则》规定对外提供的会计报表至少包括资产负债表、利润表、现金流量表、所有者权益（股东权益）变动表。但《企业会计准则》第四十四条中规定：小企业编制的会计报表可以不包括现金流量表。

（2）会计报表附注。会计报表附注是对在资产负债表、利润表、现金流量表、所有者权益（股东权益）变动表中列示项目的文字描述或明细资料进行附注说明，以及对未能在这些报表中列示项目的说明等。会计报表附注是对报表正文信息的补充说明，它提供与财务报表所反映的信息相关的其他财务信息，如财务报表的编制基础、编制依据、编制原则和方法等。财务报表使用者通过阅读财务报表及其相关的附注，为其决策提供更充分的信息。财务报表附注也是财务会计报表的重要组成部分。

（3）财务情况说明书。财务情况说明书是对未能在资产负债表、利润表、现金流量表、所有者权益（股东权益）变动表中列示的项目进行说明。财务情况说明书至少应当对下列情况作出说明：企业生产经营的基本情况；利润实现和分配情况；资金增减和周转情况；对企业财务状况、经营成果和现金流量有重大影响的其他事项。

9.1.3 财务会计报告的基本要求

1. 质量要求：真实、完整

《报告条例》第二十九条规定：对外提供的财务会计报告反映的会计信息应当真实、完整。

财务报告的真实性，是指企业财务报告要真实地反映经济业务的实际发生情况，不能人为地扭曲，以使得企业财务报告使用者了解有关单位实际的财务状况、经营成果和现金流量。编制财务会计报告必须符合国家宏观经济管理、有关法律法规的要求，如实反映财务状况和经营情况，不能用估计数代替实际数，必须做到数字真实、计算准确，以保证财务会计报表的真实性。任何人不得篡改或授意、指示、强令他人篡改会计报表的有关数字。必须做到按期结账，认真对账和进行财产清查，在结账、对账和财产清查的基础上，通过编制总分类账户本期发生额试算平衡表以验算账目有无错漏，为正确编制财务会计报表提供可靠的数据。在编报以后，还必须认真复核，做到账表相符，报表与报表之间有关数字衔接一致。

财务报告的完整性，是指提供的企业财务报告要符合规定的格式内容，不得漏报或者任意取舍，以使得企业财务报告使用者全面地了解有关单位的整体情况。财务会计报表应满足有关各方面了解本企业财务状况、经营成果和财务变动状况的需要，必须按照财政部规定的报表种类、格式和内容编制，以保证财务会计报表的完整性。对不同的会计期间（月、季、年）应当编报的各种财务会计报表，必须编报齐全；应当填列的报表指标，无论是表内项目，还是补充资料，必须全部填列；应当汇总编制的所属各单位的财务会计报表，必须全部汇总，不得漏编、漏报。

需要说明的是：财务会计报表应当清晰明了，便于理解和利用。在内容完整的基础上，同时应该重点突出。对于重要的经济业务，应单独反映；不重要的业务，可简化、合并反映，提高报表的效用。对于需要加以说明的问题，应附有简要的文字说明。对财务会计报表中主要指标的构成和计算方法，本报表所属期间发生的特殊情况，如经营范围的变化，经营结构变更以及本报表期经济效益影响较大的各种因素都必须加以说明。

2. 时间要求：报送及时

财务会计报表必须遵照国家或上级机关规定的期限和程序，及时编制和报送，以保证报表的及时性。要保证财务会计报表编报及时，必须加强日常的核算工作，认真做好记账、算账、对账和资产清查，调整账面工作；同时加强会计人员的配合协作，使财务会计报表编报及时。按照规定，月度中期财务会计报表应于月份终了后 6 天内（节假日顺延，下同）对外提供；季度中期财务会计报表应于季度终了后 15 天内对外提供；半年度中期财务会计报表应于年度中期结束后 60 天内（相当于两个连续月份）对外提供；年度财务会计报表应于年度终了后 4 个月内对外提供。

3. 形式要求

企业对外提供的财务会计报告应当依次编定页数，加具封面，装订成册，加盖公章。封面上应当注明：企业名称、企业统一代码、组织形式、地址、报表所属年度或者月份、报出日期，并由企业负责人和主管会计工作的负责人、会计机构负责人（会计主管人员）签名并盖章；设置总会计师的企业，还应当由总会计师签名并盖章。

9.2 资产负债表

9.2.1 资产负债表概述

（1）定义。资产负债表是反映企业在某一特定日期财务状况的报表。"某一特定日期"是指月末、季末、半年末、年末，因此说资产负债表是静态报表。"财务状况"是指全部资产、负债和所有者权益总额、构成等情况。资产负债表反映的是企业在某一特定日期的资产、负债及所有者权益的基本财务状况，是企业会计三大基本要素的综合体现。

（2）作用。可以提供企业某一特定日期（月末、季末、半年末、年末）资产的总额及其结构，表明企业拥有或控制的资源及其分布情况；可以提供企业某一特定日期（月末、季末、半年末、年末）的负债总额及其结构，表明企业未来需要用多少资产或劳务清偿债务以及清偿时间；可以反映所有者所拥有的权益，据以判断资本保值、增值的情况以及对负债的保障程度；可以提供进行财务分析的基本资料，表明企业的变现能力、偿债能力和资金周转能力，帮助使用者评价企业资产的质量从而有助于报表使用者做出经济决策。

（3）编制原理。基本理论依据是资产＝负债＋所有者权益这一会计等式。依照一定的分类标准和一定的顺序，把企业某一特定日期的资产、负债和所有者权益项目予以适当排列编制而成。

9.2.2 资产负债表的结构和内容

资产负债表主要由表首、正表两部分组成。如图9-1所示。

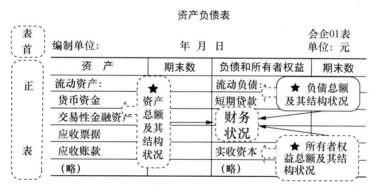

图 9-1 资产负债表结构示意图

表首部分包括报表的名称、报表编号、编制单位、编制日期和计量单位等。正表部分是资产负债表的核心内容，具体说明企业财务状况的各个项目，它的格式一般有两种：报告式资产负债表（如图9-2所示）和账户式资产负债表（如图9-3所示）。

我国会计准则规定资产负债表采用账户式结构。我国资产负债表的左侧为资产，一般按资产的流动性大小排列；右侧为负债方和所有者权益，负债一般按要求清偿时间的先后顺序排列，所有者权益按稳定性程度的高低顺序排列。

基础会计

资产负债表

编制单位：　　　　　年　月　日　　　　　　会企01表
单位：元

资　产	
流动资产：	
货币资金	
（略）	
负　债	
流动负债：	
短期借款	
（略）	
所有者权益	
实收资本	
（略）	

★按"资产－负债＝所有者权益"原理设计，将三个要素自上而下分三个部分排列

★不是分左右两方排列，因而也不存在平衡相等关系

图 9-2　报告式资产负债表

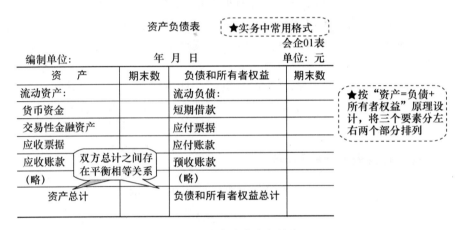

图 9-3　账户式资产负债表

1. 资产项目的列示

企业的资产根据流动性的强弱和周转运动时间的快慢，可分为流动资产和非流动资产。企业在正常经营中，根据需要，一旦非流动资产形成以后，其效益的好坏在很大程度上就取决于流动资产周转的快慢。因此，无论企业的经营者，还是外部的有关利害关系者，首先关心的是流动资产，根据这一基本原理，在资产排列上，应是先排列流动资产，后排列非流动资产。其中，流动资产的排列按其变现能力的强弱来排序。例如："货币资金"的流动性最强，所以排在资产类的最前面。而流动性稍差的"交易性金融资产""存货"等位于其后。

2. 负债项目的列示

企业的负债根据偿还期限的长短，有流动负债和非流动负债之分，在还款顺序上也是先偿还流动负债，后偿还非流动负债。因此，负债项目的排列也应是流动负债在前，非流动负债在后；并且每部分也应该按偿还的先后顺序具体排列各项目。

3. 所有者权益项目的列示

所有者权益项目按来源分为实收资本、资本公积、盈余公积以及未分配利润，这些权益中起根本性作用的是实收资本，因此，所有者权益的各项目应按其作用大小排顺序。

9.2.3 资产负债表的编制

通常，资产负债的各项目均需填列"年初数"和"期末数"。

1. "年初数"栏的填列方法

资产负债表"年初数"栏内各项数字，应根据上年末资产负债表"期末数"栏内所列数字填列。如果上年度资产负债表规定的各个项目的名称和内容同本年度不相一致，应对上年年末资产负债表各项目的名称和数字按照本年度的规定进行调整，填入表中"年初数"栏内。

2. "期末数"栏的填列方法

资产负债表"期末数"栏内各项数字，总体而言应根据资产、负债和所有者权益全部总分类账户和有关明细分类账户的期末余额填列，但是，其内容主要是为会计报表利用者阅读资产负债表，理解、分析企业财务状况服务的，所以其内容指标的设计上并不是各个账户的如实罗列。根据资产负债表项目的填列方法，可将其归纳为以下几种。

（1）直接根据总分类账户余额填列。大多数报表项目都可以根据总账余额直接填列。如"交易性金融资产""应收票据""应付票据""应付职工薪酬""短期借款"等项目，根据"交易性金融资产""应收票据""应付票据""应付职工薪酬""短期借款"各总账科目的余额直接填列。

（2）根据几个总分类账户余额分析计算填列。有些报表项目需要根据若干总分类账户余额计算填列。如"货币资金"项目根据"库存现金""银行存款"和"其他货币资金"账户余额的和填列。

（3）根据明细分类账户余额分析计算填列。有些报表项目需要根据若干明细分类账户余额计算填列。如"应付账款"项目，需要根据"应付账款"和"预付账款"两个科目所属的相关明细科目的期末贷方余额计算填列；"应收账款"项目，需要根据"应收账款"和"预收账款"两个科目所属的相关明细科目的期末借方余额计算填列。

（4）根据总分类账户余额与明细账分类账户余额分析计算填列。如"长期借款"项目，根据"长期借款"总账科目余额扣除"长期借款"科目所属的明细科目中将在一年内到期且企业不能自主地将清偿义务展期的长期借款后的金额计算填列。

（5）根据有关科目余额减去其备抵科目余额后的净额填列。如"固定资产"项目应当根据"固定资产"科目的期末余额减去"累计折旧""固定资产减值准备"备抵科目余额后的净额填列；"应收账款"项目应当根据"应收账款"科目的期末余额减去"坏账准备"备抵科目余额后的净额填列等。

（6）综合运用上述填列方法分析填列。如"存货"项目需要根据"在途物资（材料采购）""原材料""库存商品""发出商品""周转材料""委托加工物资""生产成本"和"材料成本差异"等账户的期末余额合计，减去"存货跌价准备"账户期末余额后的金额填列。

3. 编制举例

假定佳骋纺织有限公司2014年11月30日有关账户的期末余额如表9-1所示，根据第6章中【例6-1】至【例6-68】，佳骋纺织有限公司2014年12月份的经济业务编制会计分录，登记有关总分类账户（此处用T形账户代替），分别结出本期发生额和期末余额，如图9-4至图9-50所示。为了验证账务处理的正确性，根据总分类账户的发生额和余额编制总分类账户试算平衡表，如表9-2所示。

表9-1 佳骋纺织有限公司2014年11月30日有关账户期末余额表

单位：元

序号	会计科目	借方	贷方
1	库存现金	10 000	
2	银行存款	8 000 000	
3	交易性金融资产	210 000	
4	应收账款	20 000	
5	预付账款	3 000	
6	其他应收款	2 000	
7	原材料	200 000	
8	库存商品	260 000	
9	固定资产	7 600 000	
10	无形资产	300 000	
11	累计折旧		150 000
12	短期借款		60 000
13	应付票据		23 000
14	应付账款		20 000
15	预收账款		24 000
16	应付职工薪酬		49 500
17	应交税费		23 300
18	应付利息		600
19	其他应付款		2 000
20	长期借款		200 000
21	实收资本		11 417 100
22	资本公积		1 200 000
23	盈余公积		260 000
24	本年利润		832 500
25	利润分配		2 343 000
合计		16 605 000	16 605 000

表 9-2 佳骋纺织有限公司总分类账试算平衡表

2014 年 12 月 31 日   单位：元

序号	会计科目	期初余额 借方	期初余额 贷方	本期借方发生额 借方	本期借方发生额 贷方	期末余额 借方	期末余额 贷方
1	库存现金	10 000.00		50 800.00	55 140.00	5 660.00	
2	银行存款	8 000 000.00		7 400 582.50	225 888.50	15 174 694.00	
3	交易性金融资产	210 000.00			210 000.00		
4	应收票据			17 550.00		17 550.00	
5	应收账款	20 000.00		17 550.00	2 000.00	35 550.00	
6	预付账款	3 000.00		23 400.00	26 400.00		
7	其他应收款	2 000.00		7 000.00	3 000.00	6 000.00	
8	坏账准备			2 000.00	3 000.00		1 000.00
9	在途物资			72 290.00	72 290.00		
10	原材料	200 000.00		76 690.00	30 000.00	246 690.00	
11	库存商品	260 000.00		84 110.00	79 332.50	264 777.50	
12	生产成本			84 110.00	84 110.00		
13	制造费用			35 910.00	35 910.00		
14	固定资产	7 600 000.00		473 685.00	6 000.00	8 067 685.00	
15	累计折旧		150 000.00	2 000.00	30 000.00		178 000.00
16	在建工程			12 300.00	12 300.00		
17	无形资产	300 000.00		200 000.00		500 000.00	
18	待处理财产损益			15 300.00	15 300.00		
19	短期借款		60 000.00	60 000.00			
20	应付票据		23 000.00		47 000.00		70 000.00
21	应付账款		20 000.00	8 778.50	12 478.50		23 700.00
22	预收账款		24 000.00	41 100.00	35 100.00		18 000.00
23	应付职工薪酬		49 500.00	54 500.00	54 200.00		49 200.00
24	应交税费		23 300.00	15 393.50	63 200.00		71 106.50
25	应付利息		600.00	900.00	300.00		
26	应付股利				180 000.00		180 000.00
27	其他应付款		2 000.00	2 000.00			
28	长期借款		200 000.00		800 000.00		1 000 000.00
29	实收资本		11 417 100.00		5 750 000.00		17 167 100.00
30	资本公积		1 200 000.00		1 000 000.00		2 200 000.00
31	盈余公积		260 000.00		90 000.00		350 000.00
32	本年利润		832 500.00	1 095 732.50	263 232.50		
33	利润分配		2 343 000.00	540 000.00	1 207 500.00		3 010 500.00
34	主营业务收入			105 000.00	105 000.00		
35	其他业务收入			38 000.00	38 000.00		
36	投资收益			117 732.50	117 732.50		
37	营业外收入			2 500.00	2 500.00		
38	主营业务成本			75 232.50	75 232.50		
39	其他业务支出			20 000.00	20 000.00		
40	营业税金及附加			5 250.00	5 250.00		
41	销售费用			1 000.00	1 000.00		
42	管理费用			66 850.00	66 850.00		
43	财务费用			300.00	300.00		
44	资产减值损失			3 000.00	3 000.00		
45	营业外支出			6 000.00	6 000.00		
46	所得税费用			22 500.00	22 500.00		
47	以前年度损益调整			50 000.00	50 000.00		
	合计	16 605 000.00	16 605 000.00	10 907 047.00	10 907 047.00	24 318 606.50	24 318 606.50

借方		库存现金	贷方	
期初余额：		10 000.00		
	(23)	49 500.00	(11)	1 000.00
	(41)	① 800.00	(17)	600
	(61)	500	(20)	40
			(24)	49 500.00
			(38)	1 000.00
			(56)	3 000.00
本期发生额：		50 800.00	本期发生额：	55 140.00
期末余额：		5 660.00		

图 9-4 "库存现金"总分类账户

借方		银行存款	贷方	
期初余额：		8 000 000.00		
	(1)	150 000.00	(7)	60 900.00
	(2)	6 000 000.00	(9)	13 000.00
	(8)	800 000.00	(10)	13 000.00
	(32)	52 650.00	(13)	5 850.00
	(35)	20 000.00	(16)	20 000.00
	(37)	15 100.00	(18)	3 400.00
	(57)	35 100.00	(19)	7 078.00
	(62)	327 732.50	(20)	400.00
			(23)	49 500.00
			(26)	① 5 000.00
			(29)	2 700.00
			(55)	39 060.00
			(59)	② 4 000.00
			(60)	2 000.00
本期发生额：		7 400 582.50	本期发生额：	225 888.50
期末余额：		15 174 694.00		

图 9-5 "银行存款"总分类账户

借方		交易性金融资产	贷方	
期初余额：		210 000.00		
			(62)	210 000.00
本期发生额：		0	本期发生额：	210 000.00

图 9-6 "交易性金融资产"总分类账户

借方		应收账款		贷方
月初余额：		20 000.00		
	(33)	17 550.00	(48)	2 000.00
本期发生额：		17 550.00	本期发生额：	2 000.00
期末余额：		35 550.00		

图 9-7 "应收账款"总分类账户

借方		应收票据	贷方	
	(34)	17 550.00		
本期发生额：		17 550.00	本期发生额：	0
期末余额：		17 550.00		

图 9-8 "应收票据"总分类账户

借方		预付账款		贷方
期初余额：		3 000.00		
	(16)	20 000.00		
	(18)	3 400.00	(17)	23 400.00
			(54)	② 3 000.00
本期发生额：		23 400.00	本期发生额：	26 400.00

图 9-9 "预付账款"总分类账户

借方		其他应收款		贷方
期初余额：		2 000.00		
	(44)	② 2 000.00		
	(50)	2 000.00		
	(56)	3 000.00	(61)	3 000.00
本期发生额：		7 000.00	本期发生额：	3 000.00
期末余额：		6 000.00		

图 9-10 "其他应收款"总分类账户

借方		坏账准备		贷方
	(48)	2 000.00	(52)	3 000.00
本期发生额：		2 000.00	本期发生额：	3 000.00
			期末余额：	1 000.00

图 9-11 "坏账准备"总分类账户

借方		在途物资		贷方
(13)	5 000.00			
(14)	6 050.00			
(15)	40 200.00			
(17)	20 600.00			
(20)	440.00		(21)	72 290.00
本期发生额：	72 290.00		本期发生额：	72 290.00

图 9-12 "在途物资"总分类账户

借方		原材料		贷方
期初余额：	200 000.00		(22)	8 000.00
(21)	72 290.00		(44)	① 2 000.00
(45)	① 4 400.00			
			(58)	20 000.00
本期发生额：	76 690.00		本期发生额：	30 000.00
期末余额：	246 690.00			

图 9-13 "原材料"总分类账户

借方		库存商品		贷方
期初余额：	260 000.00		(40)	75 232.50
(31)	84 110.00		(44)	① 4 100.00
本期发生额：	84 110.00		本期发生额：	79 332.50
期末余额：	264 777.50			

图 9-14 "库存商品"总分类账户

借方		生产成本		贷方
(22)	6 400.00			
(25)	38 000.00			
(26)	② 3 800.00			
(30)	35 910.00		(30)	84 110.00
本期发生额：	84 110.00		本期发生额：	84 110.00

图 9-15 "生产成本"总分类账户

借方		制造费用		贷方
(22)	660.00		(30)	35 910.00
(25)	5 500.00			
(26)	② 550.00			
(27)	22 000.00			
(28)	4 500.00			
(29)	2 700.00			
本期发生额：	35 910.00		本期发生额：	35 910.00

图 9-16 "制造费用"总分类账户

借方		固定资产	贷方	
期初余额：	7 600 000.00			
(3)	400 000.00		(47)	① 6 000.00
(9)	11 385.00			
(12)	12 300.00			
(46)	① 50 000.00			
本期发生额：	473 685.00		本期发生额：	6 000.00
期末余额：	8 067 685.00			

图 9-17 "固定资产"总分类账户

借方		累计折旧	贷方	
			期初余额：	150 000.00
(47)	① 2 000.00		(27)	30 000.00
本期发生额：	2 000.00		本期发生额：	30 000.00
			期末余额：	178 00.00

图 9-18 "累计折旧"总分类账户

借方		在建工程	贷方	
(10)	11 300.00			
(11)	1 000.00		(12)	12 300.00
本期发生额：	12 300.00		本期发生额：	12 300.00

图 9-19 "在建工程"总分类账户

借方		无形资产	贷方	
期初余额：	300 000.00			
(4)	200 000.00			
本期发生额：	200 000.00		本期发生额：	0
期末余额：	500 000.00			

图 9-20 "无形资产"总分类账户

借方		待处理财产损益	贷方	
(41)	② 800.00		(41)	① 800.00
(44)	① 6 100.00		(44)	② 6 100.00
(45)	② 4 400.00		(45)	① 4 400.00
(47)	① 4 000.00		(47)	② 4 000.00
本期发生额：	15 300.00		本期发生额：	15 300.00

图 9-21 "待处理财产损益"总分类账户

借方		短期借款		贷方
		期初余额：		60 000.00
(7)	60 000.00			
本期发生额：	60 000.00	本期发生额：		0

图 9-22 "短期借款"总分类账户

借方		应付票据		贷方
		期初余额：		23 000.00
		(15)		47 000.00
本期发生额：	0	本期发生额：		47 000.00
		期末余额：		70 000.00

图 9-23 "应付票据"总分类账户

借方		应付账款		贷方
		期初余额：		20 000.00
(19)	7 078.50	(14)		7 078.50
(49)	1 700.00	(28)		5 400.00
		本期发生额：		12 478.50
本期发生额：	8 778.50	期末余额：		23 700.00

图 9-24 "应付账款"总分类账户

借方		预收账款		贷方
		期初余额：		24 000.00
(36)	35 100.00	(35)		20 000.00
(53)	② 6 000.00	(37)		15 100.00
本期发生额：	41 100.00	本期发生额：		35 100.00
		期末余额：		18 000.00

图 9-25 "预收账款"总分类账户

借方		应付职工薪酬		贷方
		期初余额：		49 500.00
(24)	49 500.00	(25)		49 200.00
(26)	① 5 000.00	(26)		② 5 000.00
本期发生额：	54 500.00	本期发生额：		54 200.00
		期末余额：		49 200.00

图 9-26 "应付职工薪酬"总分类账户

借方		应交税费		贷方
		期初余额：		23 300.00
(9)	1 615.00	(32)		7 650.00
(10)	1 700.00	(33)		2 550.00
(13)	850.00	(34)		2 550.00
(14)	1 028.50	(36)		5 100.00
(15)	6 800.00	(39)		5 250.00
(17)	3 400.00	(46)	②	12 500.00
		(47)		5 100.00
		(64)	①	22 500.00
本期发生额：	15 393.50	本期发生额：		63 200.00
		期末余额：		71 106.50

图 9-27 "应交税费"总分类账户

借方		应付利息		贷方
		期初余额：		600.00
(7)	900.00	(51)		300.00
本期发生额：	900.00	本期发生额：		300.00

图 9-28 "应付利息"总分类账户

借方		应付股利		贷方
		(67)		180 000.00
本期发生额：	0	本期发生额：		180 000.00
		期末余额：		180 000.00

图 9-29 "应付股利"总分类账户

借方		其他应付款		贷方
		期初余额：		2 00 000.00
(59)	② 2 000.00			
本期发生额：	2 000.00	本期发生额：		0

图 9-30 "其他应付款"总分类账户

借方	长期借款		贷方
	期初余额：		2 00 000.00
	(8)		800 000.00
本期发生额： 0	本期发生额：		800 000.00
	期末余额：		1 000 000.00

图 9-31 "长期借款"总分类账户

借方		实收资本		贷方
		期初余额:		11 417 100.00
		(1)		150 000.00
		(2)		5 000 000.00
		(3)		400 000.00
		(4)		200 000.00
本期发生额:		0	本期发生额:	5 750 000.00
			期末余额:	17 167 100.00

图 9-32 "实收资本"总分类账户

借方		资本公积		贷方
		期初余额:		1 200 000.00
		(2)		1 000 000.00
本期发生额:		0	本期发生额:	1 000 000.00
			期末余额:	2 200 000.00

图 9-33 "资本公积"总分类账户

借方		盈余公积		贷方
		期初余额:		260 000.00
		(66)		90 000.00
本期发生额:		0	本期发生额:	90 000.00
			期末余额:	350 000.00

图 9-34 "盈余公积"总分类账户

借方		本年利润		贷方
		期初余额:		832 500.00
(63)	②173 232.50		(63)	① 263 232.50
(64)	②22 500.00			
(65)	900 000.00			
本期发生额:	1 095 732.50		本期发生额:	263 232.50

图 9-35 "本年利润"总分类账户

借方		利润分配		贷方
		期初余额:		2 343 000.00
(66)	90 000.00		(46)	③ 37 500.00
(67)	180 000.00		(65)	900 000.00
(68)	270 000.00		(68)	270 000.00
本期发生额:	540 000.00		本期发生额:	1 207 500.00
			期末余额:	3 010 500.00

图 9-36 "利润分配"总分类账户

借方	主营业务收入		贷方
		(32)	45 000.00
		(33)	15 000.00
		(34)	15 000.00
(64) ① 105 000.00		(36)	30 000.00
本期发生额：	105 000.00	本期发生额：	105 000.00

图 9-37 "主营业务收入"总分类账户

借方	其他业务收入		贷方
		(50)	2 000.00
		(53)	② 6 000.00
(63) ① 38 000.00		(57)	30 000.00
本期发生额：	38 000.00	本期发生额：	38 000.00

图 9-38 "其他业务收入"总分类账户

借方	投资收益		贷方
(63) ① 117 732.50		(62)	117 732.50
本期发生额：	117 732.50	本期发生额：	117 732.50

图 9-39 "投资收益"总分类账户

借方	营业外收入		贷方
(63) ① 2 500.00		(41)	② 800.00
		(49)	1 700.00
本期发生额：	2 500.00	本期发生额：	2 500.00

图 9-40 "营业外收入"总分类账户

借方	主营业务成本		贷方
(40)	75 232.50	(63)	② 75 232.50
本期发生额：	75 232.50	本期发生额：	75 232.50

图 9-41 "主营业务成本"总分类账户

借方	其他业务成本		贷方
(58)	20 000.00	(63)	② 20 000.00
本期发生额：	20 000.00	本期发生额：	20 000.00

图 9-42 "其他业务成本"总分类账户

借方	营业税金及附加		贷方
(39) 5 250.00		(63)	② 5 250.00
本期发生额: 5 250.00		本期发生额:	5 250.00

图 9-43 "营业税金及附加"总分类账户

借方	销售费用		贷方
(38) 1 000.00		(63)	② 1 000.00
本期发生额: 1 000.00		本期发生额:	1 000.00

图 9-44 "销售费用"总分类账户

借方	管理费用		贷方
(22) 940.00		(45)	② 4 400.00
(25) 5 700.00		(63)	② 62 450.00
(26) ② 650.00			
(27) 8 000.00			
(28) 900.00			
(44) ② 4 100.00			
(54) ② 3 000.00			
(55) 39 060.00			
(59) ② 2 000.00			
(61) 2 500.00			
本期发生额: 66 850.00		本期发生额:	66 850.00

图 9-45 "管理费用"总分类账户

借方	财务费用		贷方
(51) 300.00		(63)	② 300.00
本期发生额: 300.00		本期发生额:	300.00

图 9-46 "财务费用"总分类账户

借方	财产减值损失		贷方
(52) 3 000.00		(63)	② 3 000.00
本期发生额: 3 000.00		本期发生额:	3 000.00

图 9-47 "财产减值损失"总分类账户

借方	营业外支出		贷方
(47) ② 4 000.00		(63)	② 6 000.00
(60) 2 000.00			
本期发生额: 6 000.00		本期发生额:	6 000.00

图 9-48 "营业外支出"总分类账户

借方	所得税费用		贷方
(64) ① 22 500.00		(64)	② 22 500.00
本期发生额: 22 500.00		本期发生额:	22 500.00

图 9-49 "所得税费用"总分类账户

借方	以前年度损益调整		贷方
(46) ② 12 500.00		(46)	① 50 000.00
(46) ③ 37 500.00			
本期发生额: 50 000.00		本期发生额:	50 000.00

图 9-50 "以前年度损益调整"总分类账户

【例 9-1】 根据第 6 章的资料,佳骋纺织有限公司 2014 年 12 月 31 日总分类账户的余额(明细分类账户略)见表 9-3 所示。

表 9-3 佳骋纺织有限公司 2014 年 12 月 31 日总分类账户期末余额表　　单位:元

会计科目	借方余额	贷方余额
库存现金	5 660.00	
银行存款	15 174 694.00	
应收票据	17 550.00	
应收账款	35 550.00	
其他应收款	6 000.00	
坏账准备		
原材料	246 690.00	1 000.00
库存商品	264 777.50	
固定资产	8 067 685.00	
累计折旧		178 000.00
无形资产	500 000.00	
应付票据		70 000.00
应付账款		23 700.00
预收账款		18 000.00
应付职工薪酬		49 200.00
应交税费		71 106.50
应付股利		180 000.00
长期借款		1 000 000.00
实收资本		17 167 100.00
资本公积		2 200 000.00
盈余公积		350 000.00
利润分配		3 010 500.00
合计	24 318 606.50	24 318 606.50

【例 9-2】 根据图 9-4 的资料,佳骋纺织有限公司 2014 年 12 月 31 日结账后"库存现金"账户的借方余额为 5 660 元;根据图 9-5 的资料,"银行存款"账户的借方余额为

15 174 694 元。

佳骋纺织有限公司 2014 年 12 月 31 日资产负债表（见表 9-4）中的"货币资金"项目的金额为 15 180 354（5 660 + 15 174 694）元。

【例 9-3】 根据图 9-13 的资料，佳骋纺织有限公司 2014 年 12 月 31 日结账后"原材料"账户的借方余额为 246 690 元；根据图 9-14 的资料，"库存商品"账户的借方余额为 264 777.50 元。期末"存货跌价准备"账户余额为 0 元。

佳骋纺织有限公司 2014 年 12 月 31 日资产负债表（见表 9-4）中的"存货"项目的金额为 511 467.50 元（246 690 + 264 777.50 – 0）。

【例 9-4】 根据图 9-17 的资料，佳骋纺织有限公司 2014 年 12 月 31 日结账后"固定资产"账户借方余额为 8 067 685 元，根据图 9-18 的资料，"累计折旧"账户贷方余额为 178 000.00 元。佳骋纺织有限公司 2014 年 12 月 31 日资产负债表（见表 9-4）中的"固定资产"项目金额为 7 889 685.00 元（8 067 685 – 178 000）。

【例 9-5】 根据上述资料，编制佳骋纺织有限公司 2014 年 12 月 31 日的资产负债表，见表 9-4。

表 9-4　　　　　　　　　　　　　　资产负债表　　　　　　　　　　　　　　会企 01 表
编制单位：佳骋纺织有限公司　　　　2014 年 12 月 31 日　　　　　　　　　　单位：元

资产	期末余额	年初余额	负债和所有者权益（或股东权益）	期末余额	年初余额
流动资产：			流动负债：		
货币资金	15 180 354.00		短期借款		
交易性金融资产			交易性金融负债		
应收票据	17 550.00		应付票据	70 000.00	
应收账款	34 550.00		应付账款	23 700.00	
预付款项			预收款项	18 000.00	
应收股利			应付职工薪酬	49 200.00	
应收利息			应交税费	71 106.50	
其他应收款	6 000.00		应付利息		
存货	511 467.50		应付股利	180 000.00	
一年内到期的非流动资产			其他应付款		
其他流动资产			一年内到期的非流动负债		
流动资产合计	15 749 921.50		其他流动负债		
非流动资产：			流动负债合计	412 006.50	
可供出售金融资产			非流动负债：		
持有至到期投资			长期借款	1 000 000.00	
长期应收款			应付债券		
长期股权投资			长期应付款		
投资性房地产			专项应付款		
固定资产	7 889 685.00		预计负债		
在建工程			递延所得税负债		

续表

资产	期末余额	年初余额	负债和所有者权益（或股东权益）	期末余额	年初余额
工程物资			其他非流动负债		
固定资产清理			非流动负债合计	1 000 000.00	
生产性生物资产			负债合计	1 412 006.50	
无形资产	500 000.00		所有者权益		
开发支出			实收资本	17 167 100.00	
商誉			资本公积	2 200 000.00	
长期待摊费用			减：库存股		
递延所得税资产			盈余公积	350 000.00	
其他非流动资产			未分配利润	3 010 500.00	
非流动资产合计	8 389 685.00		所有者权益合计	22 727 600.00	
资产总计	24 139 606.50		负债和所有者权益合计	24 139 606.50	

单位负责人：邓元　　　财会负责人：余文　　　复核：刘丽　　　制表：徐慧

表 9-4 的编制说明：

（1）资产项目的编制。

"货币资金"项目反映企业库存现金、银行结算户存款、外埠存款、银行汇票存款、银行本票存款、信用卡存款、信用证保证金存款等的合计数。本项目应根据"库存现金""银行存款""其他货币资金"科目期末余额的合计数填列。

"交易性金融资产"项目反映企业持有的以公允价值计量且其变动计入当期损益、为交易目的所持有的债券投资、股票投资、基金投资、权证投资等金融资产。本项目应根据"交易性金融资产"科目的期末余额填列。

"应收票据"项目反映企业因销售商品、提供劳务等而收到的商业汇票，包括银行承兑汇票和商业承兑汇票。本项目应根据"应收票据"科目的期末余额填列。

"应收账款"项目反映企业因销售商品、提供劳务等经营活动应收取的款项。本项目应根据"应收账款"和"预收账款"科目所属各明细科目的期末借方余额合计数，减去"坏账准备"科目中有关应收账款计提的坏账准备期末余额后的金额填列。如"应收账款"科目所属明细科目期末有贷方余额的，应在资产负债表"预收款项"项目内填列。

"预付账款"项目反映企业按照合同规定预付的款项。本项目应根据"预付账款"和"应付账款"科目所属各明细科目的期末借方余额合计数，减去"坏账准备"科目中有关预付账款计提的坏账准备期末余额后的金额填列。如"预付账款"科目所属各明细科目期末有贷方余额的，应在资产负债表"应付账款"项目内填列。

"其他应收款"项目反映企业除应收票据、应收账款、预付账款、应收股利、应收利息等经营活动以外的其他各种应收、暂付的款项。本项目应根据"其他应收款"科目的期末余额，减去"坏账准备"科目中有关其他应收款计提的坏账准备期末余额后的金额填列。

"存货"项目反映企业期末在库、在途和在加工中的各种存货的可变现净值。本项目应根据"材料采购""原材料""低值易耗品""库存商品""周转材料""委托加工物资""委托代销商品""生产成本"等科目的期末余额合计,减去"受托代销商品款"和"存货跌价准备"科目期末余额后的金额填列。如果材料采用计划成本核算的企业,还应加上材料成本超支差异或减去材料成本节约差异后的金额进行填列。

"固定资产"项目,反映企业的各种固定资产的净值。本项目应根据"固定资产"科目的期末余额,减去"累计折旧"和"固定资产减值准备"科目期末余额后的金额填列。

"在建工程"项目,反映企业期末各项未完工程的实际支出,包括交付安装的设备价值、未完建筑安装工程已经耗用的材料、工资和费用支出、预付出包工程的价款、已经建筑完毕但尚未交付使用的工程等的可收回金额。本项目应根据"在建工程"科目的期末余额,减去"在建工程减值准备"科目期末余额后的金额填列。

"无形资产"项目,反映企业持有的无形资产的期末可收回金额,包括专利权、非专利技术、商标权、著作权、土地使用权等的可收回金额。本项目应根据"无形资产"科目的期末余额,减去"累计摊销"和"无形资产减值准备"科目期末余额后的金额填列。

(2)负债项目的编制。

"短期借款"项目,反映企业向银行或其他金融机构等借入的期限在1年以下(含1年)的各种借款。本项目应根据"短期借款"科目的期末余额填列。

"应付票据"项目,反映企业购买材料、商品和接受劳务供应等而开出、承兑的商业汇票,包括银行承兑汇票和商业承兑汇票。本项目应根据"应付票据"科目的期末余额填列。

"应付账款"项目,反映企业购买材料、商品和接受劳务供应等经营活动应付的款项。本项目根据"应付账款"和"预付账款"科目所属各明细科目的期末贷方余额合计数填列。如"应付账款"科目所属明细科目期末有借方余额的,应在资产负债表"预付款项"项目内填列。

"预收账款"项目,反映企业按照合同规定预收的款项。本项目应根据"预收账款"和"应收账款"科目所属各明细科目的期末贷方余额合计数填列。如"预收账款"科目所属各明细科目期末有借方余额的,应在资产负债表"应收账款"项目内填列。

"应付职工薪酬"项目,反映企业根据有关规定应付给职工的工资、职工福利、社会保险费、住房公积金、工会经费、职工教育经费、非货币性福利、辞退福利等各种薪酬。外商投资企业按规定从净利润中提取的职工奖励及福利基金,也在本项目列示。

"应交税费"项目,反映企业按照税法规定计算应交纳的各种税费,包括增值税、消费税、营业税、所得税、资源税、土地增值税、城市维护建设税、房产税、土地使用税、车船税、教育费附加、矿产资源补偿费等。企业代扣代缴的个人所得税,也通过本项目列示。企业所缴纳的税金不需要预计应缴数的,如印花税、耕地占用税等,不在本项目列示。本项目应根据"应交税费"科目的期末贷方余额填列,如"应交税费"科目期末为借方余额,应以"-"号填列。

"应付利息"项目,反映企业按照规定应当支付的利息,包括分期付息到期还本的长期借款应支付的利息、企业发行的企业债券应支付的利息等。本项目应当根据"应付利息"科目的期末余额填列。

"应付股利"项目,反映企业分配的现金股利。企业分配的股票股利,不通过本项目列示。本项目应根据"应付股利"科目的期末余额填列。

"其他应付款"项目，反映企业除应付票据、应付账款、预收账款、应付职工薪酬、应付股利、应付利息、应交税费等经营活动以外的其他各项应付、暂收的款项。本项目应根据"其他应付款"科目的期末余额填列。

"长期借款"项目，反映企业向银行或其他金融机构借入的、期限在 1 年以上（不包括 1 年）的各项借款。本项目应根据"长期借款"科目的期末余额扣除将在 1 年内到期的长期借款的金额填列。

（3）所有者权益项目的编制。

"实收资本（或股本）"项目，反映企业各投资者实际投入的资本（或股本）总额。本项目应根据"实收资本"（或"股本"）科目的期末余额填列。

"资本公积"项目，反映企业资本公积的期末余额。本项目应根据"资本公积"科目的期末余额填列。

"盈余公积"项目，反映企业盈余公积的期末余额。本项目应根据"盈余公积"科目的期末余额填列。

"未分配利润"项目，反映企业尚未分配的利润。本项目应根据"本年利润"科目和"利润分配"科目的余额计算填列。未弥补的亏损，在本项目内以"－"号填列。

9.3 利 润 表

9.3.1 利润表概述

1. 利润表的定义

利润表是反映企业在一定会计期间的经营成果的会计报表。例如，年度利润表反映某年 1 月 1 日至 12 月 31 日的经营成果。

2. 利润表的作用

利润表的列报有助于使用者判断净利润的质量及其风险，有助于使用者预测净利润的持续性，从而做出正确的决策。通过利润表，可以反映企业一定会计期间收入的实现情况。利润表的列报能够帮助使用者分析、评价企业的盈利能力、利润构成及其质量，如实现的营业收入有多少、实现的投资收益有多少、实现的营业外收入有多少等；可以反映一定会计期间的费用耗费情况，如耗费的营业成本有多少、营业税金及附加有多少，以及销售费用、管理费用、财务费用各有多少、营业外支出有多少等；可以反映企业生产经营活动的成果，即净利润的实现情况，据以判断资本保值、增值等情况。

3. 编制原理

利润表是根据"利润 = 收入 － 费用"这一会计方程式所包含的经济内容和数量关系编制而成。这一会计方程式是利润表编制的理论基础。

9.3.2 利润表的结构

利润表正表的结构一般有两种：单步式利润表和多步式利润表。单步式利润表是将当期所有的收入列在一起，然后将所有的费用列在一起，两者相减得出当期净损益。多步式利润表是通过对当期的收入、费用、支出项目按性质加以归类，按利润形成的主要环节列示一些中间性利润指标，分步计算当期净损益。

财务报表列报准则规定，企业应当采用多步式列报利润表，将不同性质的收入和费用进行对比，从而可以得出一些中间性的利润数据，便于使用者理解企业经营成果的不同来源。

9.3.3 利润表的编制

1. 编制步骤

企业可以分如下三个步骤编制利润表。

（1）以营业收入为基础，减去营业成本、营业税金及附加、销售费用、管理费用、财务费用、资产减值损失，加上公允价值变动收益（减去公允价值变动损失）和投资收益（减去投资损失），计算出营业利润；营业利润＝营业收入－营业成本－营业税金及附加－销售费用－管理费用－财务费用－资产减值损失＋公允价值变动（－公允价值变动损失）＋投资收益（－投资损失），其中，营业收入＝主营业务收入＋其他业务收入，营业成本＝主营业务成本＋其他业务成本。

（2）以营业利润为基础，加上营业外收入，减去营业外支出，计算出利润总额；利润总额＝营业利润＋营业外收入－营业外支出。

（3）以利润总额为基础，减去所得税费用，计算出净利润（或净亏损）。净利润＝利润总额－所得税费用。

普通股或潜在普通股已公开交易的企业，以及正处于公开发行普通股或潜在普通股过程中的企业，还应当在利润表中列示每股收益信息。

根据财务报表列报准则的规定，企业需要提供比较利润表，以使报表使用者通过比较不同期间利润的实现情况，判断企业经营成果的未来发展趋势。所以，利润表还就各项目再分为"本期金额"和"上期金额"两栏分别填列。

①"本期金额"。利润表"本期金额"栏反映各项目的本月实际发生数。"上期金额"栏反映各栏目上月实际发生在编制年度报表时，改为"上年数"。如果上年度利润表的项目名称和内容与本年利润表不相一致，应对上年度报表项目的名称和数字按本年度的规定进行调整，填入报表的"上年数"栏。

②"本年累计数"报表中的"本年累计数"栏反映各项目自年初起至本月末止的累计实际发生数。

2. 利润表各主要项目的填制方法

利润表各主要项目应根据各有关损益类账户发生额分析填列。

（1）"营业收入"项目，反映企业经营主要业务和其他业务所确认的收入总额。

（2）"营业成本"项目，反映企业经营主要业务和其他业务发生的实际成本总额。

（3）"营业税金及附加"项目，反映企业经营业务应负担的营业税、消费税、城市维护建设税、资源税、土地增值税和教育费附加等。

（4）"销售费用"项目，反映企业在销售商品过程中发生的包装费、广告费等费用和为销售本企业商品而专设的销售机构的职工薪酬、业务费等经营费用。

（5）"管理费用"项目，反映企业为组织和管理生产经营发生的管理费用。

（6）"财务费用"项目，反映企业筹集生产经营所需资金等而发生的筹资费用。

（7）"资产减值损失"项目，反映企业各项资产发生的减值损失。

（8）"公允价值变动净收益"项目，反映企业按照相关准则规定应当计入当期损益的资产或负债公允价值变动净收益，如交易性金融资产当期公允价值的变动额。如为净损失，以"–"号填列。

（9）"投资净收益"项目，反映企业以各种方式对外投资所取得的收益。如为净损失，以"–"号填列。企业持有的交易性金融资产处置时，处置收益部分应当自"公允价值变动损益"项目转出，列入本项目。

（10）"营业外收入""营业外支出"项目，反映企业发生的与其经营活动无直接关系的各项收入和支出。其中，处置非流动资产净损失，应当单独列示。

（11）"利润总额"项目，反映企业实现的利润总额。如为亏损总额，则以"–"号填列。

（12）"所得税费用"项目，反映企业根据所得税准则确认的应从当期利润总额中扣除的所得税费用。

（13）"净利润"项目，反映企业实现的净利润。如为亏损总额，则以"–"号填列。

3. 利润表的编制举例

【例9-6】 根据第5章的资料，佳骋纺织有限公司2014年有关账户12月份发生额如表9-5所示。

表9-5 佳骋纺织有限公司2014年有关账户12月份发生额　　　　单位：元

会计科目	本期发生额	
	借方	贷方
主营业务收入		105 000.00
其他业务收入		38 000.00
投资收益		117 132.50
营业外收入		2 500.00
主营业务成本	75 232.50	
其他业务支出	20 000.00	
营业税金及附加	5 250.00	
销售费用	1 000.00	
管理费用	66 850.00	
财务费用	300.00	
资产减值损失	3 000.00	
营业外支出	6 000.00	
所得税费用	22 500.00	

根据表9-5的资料编制佳骋纺织有限公司2014年12月份利润表，如表9-6所示。

表 9-6　　　　　　　　　　　　　　　　利润表　　　　　　　　　　　　　　　会企 02 表
编制单位：佳骋纺织有限公司　　　　　　2014 年 12 月　　　　　　　　　　　　　单位：元

项目	本期金额	上期金额
一、营业收入	143 000.00	
减：营业成本	95 232.50	
营业税金及附加	5 250.00	
销售费用	1 000.00	
管理费用	66 850.00	
财务费用	300.00	
资产减值损失	3 000.00	
加：公允价值变动收益（损失以"-"号填列）		
投资收益（损失以"-"号填列）	117 732.50	
二、营业利润（亏损以"-"号填列）	89 100.00	
加：营业外收入	2 500.00	
减：营业外支出	6 000.00	
其中：非流动资产处置净损失		
三、利润总额	85 600.00	
减：所得税费用	22 500.00	
四、净利润	63 100.00	
五、每股收益		
（一）基本每股收益		
（二）稀释每股收益		

单位负责人：邓元　　　　　财会负责人：余文　　　　　复核：刘丽　　　　　制表：徐慧

9.4　现金流量表

9.4.1　现金流量表概述

企业的现金流转情况在很大程度上影响着企业的生存和发展。企业现金充裕，就可以及时购入必要的材料物资和固定资产，及时支付工资、偿还债务、支付股利和利息；反之，轻则影响企业的正常生产经营，重则危及企业的生存。现金管理已经成为企业财务管理的一个重要方面，受到企业管理人员、投资者、债权人以及政府监管部门的关注。《企业会计准则第 31 号——现金流量表》（以下简称"现金流量表准则"）规范了现金流量表的编制和列报。合并现金流量表的编制和列报，适用《企业会计准则第 33 号——合并财务报表》。

1. 现金流量表的定义

现金流量表，是反映企业一定会计期间现金和现金等价物流入和流出的报表。

现金是指企业的库存现金以及可以随时用于支付的存款，包括"库存现金"账户核算的库存现金;"银行存款"账户核算的企业随时可以用于支付的存款;"其他货币资金"账户核算的外埠存款、银行汇票存款、银行本票存款和在途货币资金等其他货币资金。

现金等价物是指持有期限短（一般指从购买之日起三个月内到期）、流动性强、易于转换为已知金额现金、价值变动风险很小的投资。现金等价物虽然不是现金，但其支付能力与现金的差别不大，可视为现金，一般在"交易性金融资产"等账户核算。如企业拥有的、可在证券市场上流通的三个月内到期的短期债券等（以下在提及"现金"时，除非同时提及现金等价物，否则均包括现金和现金等价物）。

现金等价物的定义本身，包含了判断一项投资是否属于现金等价物的四个条件，即，①期限短;②流动性强;③易于转换为已知金额的现金;④价值变动风险很小。其中，期限短、流动性强，强调了变现能力，而易于转换为已知金额的现金、价值变动风险很小，则强调了支付能力的大小。现金等价物通常包括3个月内到期的短期债券投资。权益性投资变现的金额通常不确定，因而不属于现金等价物。

不同企业现金及现金等价物的范围可能不同。企业应当根据经营特点等具体情况，确定现金及现金等价物的范围。根据现金流量表准则及其指南的规定，企业应当根据具体情况，确定现金及现金等价物的范围，一经确定不得随意变更。如果发生变更，应当按照会计政策变更处理。

编制现金流量表的主要目的，是为财务报表使用者提供企业一定会计期间内现金和现金等价物流入和流出的信息，以便于财务报表使用者了解和评价企业获取现金和现金等价物的能力，并据以预测企业未来现金流量。

2. 现金流量表的作用

现金流量表的作用主要体现在以下几个方面：一是有助于评价企业支付能力、偿债能力和周转能力;二是有助于预测企业未来现金流量;三是有助于分析企业收益质量及影响现金净流量的因素，掌握企业经营活动、投资活动和筹资活动的现金流量，可以从现金流量的角度了解净利润的质量，为分析和判断企业的财务前景提供信息。

3. 现金流量表的编制基础

现金流量表以现金及现金等价物为基础编制，划分为经营活动、投资活动和筹资活动，按照收付实现制原则编制，将权责发生制下的盈利信息调整为收付实现制下的现金流量信息。

9.4.2 现金流量表的结构和内容

1. 现金流量表的结构

现金流量表的结构包括基本报表和补充资料。基本报表的结构由六部分构成，如表9-7所示，补充资料由三方面构成，如表9-8所示：一是以净利润为起算点将净利润调节为经营活动的现金流量;二是披露一定期间内影响资产或负债，但不形成该期现金收支的所有投资和筹资活动的信息;三是从现金及现金等价物的期末余额与期初余额比较，得出"现金与现金等价物净增加额"，以核对是否与现金流量表的金额相符。

表 9-7

现金流量表

会企 03 表附表

编制单位：　　　　　　　　　　年度　　　　　　　　　　单位：

项　　目	本期金额	上期金额
一、经营活动产生的现金流量：		
销售商品、提供劳务收到的现金		
收到的税费返还		
收到其他与经营活动有关的现金		
经营活动现金流入的现金		
购买商品、接受劳务支付的现金		
支付给职工以及职工支付的现金		
支付的其他与经营活动有关的现金		
经营活动现金流出小计		
经营活动产生的现金流量净额		
二、投资活动产生的现金流量		
收回投资所收到的现金		
取得投资收益所受到的现金		
处置固定资产、无形资产和其他长期资产所收到的现金净额		
处置子公司及其他营业单位收到的现金净额		
收到的其他与投资活动有关的现金		
投资活动现金流入小计		
购建固定资产、无形资产和其他长期资产所支付的现金		
投资所支付的现金		
取得子公司及其他营业单位支付的现金净额		
支付的其他与投资活动有关的现金		
投资活动现金流出小计		
投资活动产生的现金流量净额		
三、筹资活动产生的现金流量		
吸收投资所收到的现金		
借款所受到的现金		
收到的其他与筹资活动相关的现金		
筹资活动现金流入小计		
偿还债务所支付的现金		
分配股利、利润或偿还利息所支付的现金		
支付的其他与筹资活动有关的现金		
筹资活动现金流出小计		
筹资活动产生的现金流量净额		
四、汇率变动及现金等价物净增加额		
五、现金及现金等价物净增加额		
加：期初现金及现金等价物余额		
六、期末现金及现金等价物余额		

单位负责人：　　　　会计主管：　　　　复核：　　　　制表：

表 9-8　　　　　　　　　　　　　　现金流量表补充资料

会企 03 表附表

编制单位：　　　　　　　　　　　年度　　　　　　　　　　　单位：

补充资料	本年金额	上年金额
1．将净利润调节为经营活动现金流量：		
净利润		
加：资产减值准备		
固定资产折旧、油气资产折耗、生产性生物资产折旧		
无形资产摊销		
长期待摊费用摊销		
待摊费用减少（增加以"－"号填列）		
预提费用增加（减少以"－"号填列）		
处置固定资产、无形资产和其他长期资产的损失（收益以"－"号填列）		
固定资产报废损失（收益以"－"号填列）		
公允价值变动损失（收益以"－"号填列）		
财务费用（收益以"－"号填列）		
投资损失（收益以"－"号填列）		
递延所得税资产减少（增加以"－"号填列）		
递延所得税负债增加（减少以"－"号填列）		
存货的减少（增加以"－"号填列）		
经营性应收项目的减少（增加以"－"号填列）		
经营性应付项目的增加（减少以"－"号填列）		
其他		
经营活动产生的现金流量净额		
2．不涉及现金收支的重大投资和筹资活动：		
债务转为资本		
一年内到期的可转公司债券		
融资租入固定资产		
3．现金及现金等价物净变动情况：		
现金的期末余额		
减：现金的期初余额		
加：现金等价物的期末余额		
减：现金等价物的期初余额		
现金及现金等价物净增加额		

单位负责人：　　　　　会计主管：　　　　　复核：　　　　　制表：

现金流量表的结构主要包括基本报表和补充资料。其中，根据企业业务活动的性质和现金流量的来源，现金流量表准则将企业一定期间产生的现金流量分为三类：经营活动现金流量、投资活动现金流量和筹资活动现金流量。常见经营活动、投资活动和筹资活动如下。

（1）经营活动。经营活动是指企业投资活动和筹资活动以外的所有交易和事项。各类企业由于行业特点不同，对经营活动的认定存在一定差异。对于工商企业而言，经营活动主要包括销售商品、提供劳务、购买商品、接受劳务、支付税费等。对于商业银行而言，经营活动主要包括吸收存款、发放贷款、同业存放、同业拆借等。对于保险公司而言，经营活动主要包括原保险业务和再保险业务等。对于证券公司而言，经营活动主要包括自营证券、代理承销证券、代理兑付证券、代理买卖证券等。

（2）投资活动。投资活动是指企业长期资产的购建和不包括在现金等价物范围内的投资及其处置活动。长期资产是指固定资产、无形资产、在建工程、其他资产等持有期限在一年或一个营业周期以上的资产。这里所讲的投资活动，既包括实物资产投资，也包括非实物资产投资。这里之所以将"包括在现金等价物范围内的投资"排除在投资活动外，是因为已经将包括在现金等价物范围内的投资视同现金。不同企业由于行业特点不同，对投资活动的认定也存在差异。

（3）筹资活动。筹资活动是指导致企业资本及债务规模和构成发生变化的活动。这里所说的资本，既包括实收资本（股本），也包括资本溢价（股本溢价）；这里所说的债务，指对外举债，包括向银行借款、发行债券以及偿还债务等。通常情况下，应付账款、应付票据等属于经营活动，不属于筹资活动。

对于企业日常活动之外特殊的、不经常发生的特殊项目，如自然灾害损失、保险赔款、捐赠等，应当归并到相关类别中，并单独反映。比如，对于自然灾害损失和保险赔款，如果能够确指属于流动资产损失，应当列入经营活动产生的现金流量；属于固定资产损失，应当列入投资活动产生的现金流量。如果不能确指，则可以列入经营活动产生的现金流量。捐赠收入和支出，可以列入经营活动产生的现金流量。如果特殊项目的现金流量金额不大，则可以列入现金流量类别下的"其他"项目，不单列项目。

2. 现金流量表的内容

从图9-51可知，现金流量表基本报表的内容包括六部分。其中，经营活动、投资活动、筹资活动的现金流量包括现金流入量和现金流出量，流入小计减去流出小计为各部分流量净额，三个部分的流量净额相加，再加上汇率变动对现金的影响额即为现金及现金等价物的净增加额，加上期初现金及现金等价物的余额则等于期末现金及现金等价物的余额。

3. 现金流量的列示

通常情况下，现金流量应当分别按照现金流入和现金流出总额列报，从而全面揭示企业现金流量的方向、规模和结构。但是，下列各项可以按照净额列报。

（1）代客户收取或支付的现金以及周转快、金额大、期限短的项目现金流入和现金流出。例如，证券公司代收的客户证券买卖交割费、印花税等，旅游公司代游客支付的房费、餐费、交通费、文娱费、行李托运费、门票费、票务费、签证费等费用。

（2）金融企业的有关项目，主要指期限较短、流动性强的项目。对于商业银行而言，主要包括短期贷款发放与收回的贷款本金、活期存款的吸收与支付、同业存款和存放同业款项的存取、向其他金融企业拆入拆出资金等净额。

上述项目由于周转快，在企业停留的时间短，企业加以利用的余地比较小，净额更能说明其对企业支付能力、偿债能力的影响；反之，如果以总额反映，反而会对评价企业的支付能力和偿债能力、分析企业的未来现金流量产生误导。

9.4.3 现金流量表的编制方法

1. 直接法和间接法

编制现金流量表时，列报经营活动现金流量的方法有两种：一是直接法，二是间接法。这两种方法通常也称为编制现金流量表的方法。

所谓直接法，是指按现金收入和现金支出的主要类别直接反映企业经营活动产生的现金流量，如销售商品、提供劳务收到的现金；购买商品、接受劳务支付的现金等就是按现金收入和支出的类别直接反映的。在直接法下，一般是以利润表中的营业收入为起算点，调节与经营活动有关的项目的增减变动，然后计算出经营活动产生的现金流量。

所谓间接法，是指以净利润为起算点，调整不涉及现金的收入、费用、营业外收支等有关项目，剔除投资活动、筹资活动对现金流量的影响，据此计算出经营活动产生的现金流量。由于净利润是按照权责发生制原则确定的，且包括了与投资活动和筹资活动相关的收益和费用，将净利润调节为经营活动现金流量，实际上就是将按权责发生制原则确定的净利润调整为现金净流入，并剔除投资活动和筹资活动对现金流量的影响。

采用直接法编报的现金流量表，便于分析企业经营活动产生的现金流量的来源和用途，预测企业现金流量的未来前景；采用间接法编报现金流量表，便于将净利润与经营活动产生的现金流量净额进行比较，了解净利润与经营活动产生的现金流量差异的原因，从现金流量的角度分析净利润的质量。所以，现金流量表准则规定企业应当采用直接法编报现金流量表，同时要求在附注中提供以净利润为基础调节到经营活动现金流量的信息。

2. 工作底稿法或 T 型账户法

在具体编制现金流量表时，可以采用工作底稿法或 T 型账户法，也可以根据有关科目记录分析填列。

（1）工作底稿法。

采用工作底稿法编制现金流量表，是以工作底稿为手段，以资产负债表和利润表数据为基础，对每一项目进行分析并编制调整分录，从而编制现金流量表。工作底稿法的程序是如下。

第一步，将资产负债表的期初数和期末数过入工作底稿的期初数栏和期末数栏。

第二步，对当期业务进行分析并编制调整分录。编制调整分录时，要以利润表项目为基础从"营业收入"开始，结合资产负债表项目逐一进行分析。在调整分录中，有关现金和现金等价物的事项，并不直接借记或贷记现金，而是分别计入"经营活动产生的现金流量""投资活动产生的现金流量""筹资活动产生的现金流量"等有关项目。借记表示现金流入，贷记表示现金流出。

第三步，将调整分录过入工作底稿中的相应部分。

第四步，核对调整分录，借方、贷方合计数均已经相等，资产负债表项目期初数加减调整分录中的借贷金额以后，也等于期末数。

第五步，根据工作底稿中的现金流量表相关项目编制正式的现金流量表。

（2）T型账户法。

采用T型账户法编制现金流量表，是以T型账户为手段，以资产负债表和利润表数据为基础，对每一项目进行分析并编制调整分录，从而编制现金流量表。T型账户法的程序如下。

第一步，为所有的非现金项目（包括资产负债表项目和利润表项目）分别开设T型账户，并将各自的期末期初变动数过入各相关账户。如果项目的期末数大于期初数，则将差额过入和项目余额相同的方向；反之，过入相反的方向。

第二步，开设一个大的"现金及现金等价物"T型账户，每边分为经营活动、投资活动和筹资活动三个部分，左边记现金流入，右边记现金流出。与其他账户一样，过入期末期初变动数。

第三步，以利润表项目为基础，结合资产负债表分析每一个非现金项目的增减变动，并据此编制调整分录。

第四步，将调整分录过入各T型账户，并进行核对，该账户借贷相抵后的余额与原先过入的期末期初变动数应当一致。

第五步，根据大的"现金及现金等价物"T型账户编制正式的现金流量表。

9.5　所有者权益变动表

9.5.1　所有者权益变动表定义

所有者权益变动表是反映构成所有者权益的各组成部分当期的增减变动情况的报表。所有者权益变动表应当全面反映一定时期所有者权益变动的情况，不仅包括所有者权益总量的增减变动，还包括所有者权益增减变动的重要结构性信息，特别是要反映直接计入所有者权益的利得和损失，让报表使用者准确理解所有者权益增减变动的根源。

9.5.2　所有者权益变动表的列报格式

为了清楚地表明构成所有者权益的各组成部分当期的增减变动情况，所有者权益变动表应以矩阵的形式列示。一方面，列示导致所有者权益变动的交易或事项，改变了以往仅仅按照所有者权益的各组成部分反映所有者权益变动情况，而是按所有者权益变动的来源对一定时期所有者权益变动情况进行全面反映；另一方面，按照所有者权益各组成部分（包括实收资本、资本公积、盈余公积、未分配利润和库存股）及其总额列示交易或事项对所有者权益的影响。

根据财务报表列报准则的规定，企业需要在所有者权益变动表中提供比较，因此，所有者权益变动表还就各项目再分为"本年金额"和"上年金额"两栏分别填列。所有者权益变动表的具体格式如表9-9所示。

表 9-9

所有者权益变动表

编制单位：　　　　　　　　　　　　　　　　　　　　　年度　　　　　　　　　　　　　　　　　　会企04表
单位：元

项目	本年金额						上年金额					
	实收资本（或股本）	资本公积	减：库存股	盈余公积	未分配利润	所有者权益合计	实收资本（或股本）	资本公积	减：库存股	盈余公积	未分配利润	所有者权益合计
一、上年末余额												
加：会计政策变更												
前期差错更正												
二、本年初余额												
三、本年增减变动金额（减少以"－"号填列）												
（一）净利润												
（二）直接计入所有者权益的利得和损失												
1. 可供出售金融资产公允价值变动净额												
2. 权益法下被投资单位其他所有者权益变动的影响												
3. 与计入所有者权益项目有关的所得税影响												
4. 其他												
上述（一）和（二）小计												
（三）所有者投入和减少资本												
1. 所有者投入资本												
2. 股份支付计入所有者权益的金额												
3. 其他												
（四）利润分配												
1. 提取盈余公积												
2. 对所有者（或股东）的分配												
3. 其他												
（五）所有者权益内部结转												
1. 资本公积转增资本（或股本）												
2. 盈余公积转增资本（或股本）												
3. 盈余公积弥补亏损												
4. 其他												
四、本年末余额												

单位负责人：　　　　　　　会计主管：　　　　　　　复核：　　　　　　　制表：

9.5.3 所有者权益变动表的列报方法

1. 所有者权益变动表主要项目的列报说明

（1）"上年年末余额"项目，反映企业上年资产负债表中实收资本（或股本）、资本公积、盈余公积、未分配利润的年末余额。

（2）"会计政策变更"和"前期差错更正"项目，分别反映企业采用追溯调整法处理的会计政策变更的累积影响金额和采用追溯重述法处理的会计差错更正的累积影响金额。

为了体现会计政策变更和前期差错更正的影响，企业应当在上期期末所有者权益余额的基础上进行调整得出本期期初所有者权益，根据"盈余公积""利润分配""以前年度损益调整"等科目的发生额分析填列。

（3）"本年增减变动金额"项目分别反映如下内容。

① "净利润"项目，反映企业当年实现的净利润（或净亏损）金额，并对应列在"未分配利润"栏。

② "其他综合收益"项目，反映企业当年根据企业会计准则规定未在损益中确认的各项利得和损失扣除所得税影响后的净额，并对应列在"资本公积"栏。

③ "净利润""其他综合收益"小计项目，反映企业当年实现的净利润（或净亏损）金额和当年直接计入其他综合收益金额的合计额。

④ "所有者投入和减少资本"项目，反映企业当年所有者投入的资本减少的资本。其中："所有者投入资本"项目，反映企业接受投资者投入形成的实收资本（或股本）和资本溢价或股本溢价，并对应列在"实收资本"和"资本公积"栏。

"股份支付计入所有者权益的金额"项目，反映企业处于等待期中的权益结算的股份支付当年计入资本公积的金额，并对应列在"资本公积"栏。

⑤ "利润分配"下各项目，反映当年对所有者（或股东）分配的利润（或股利）金额和按照规定提取的盈余公积金额，并对应列在"未分配利润"和"盈余公积"栏。其中："提取盈余公积"项目，反映企业按照规定提取的盈余公积。"对所有者（或股东）的分配"项目，反映对所有者（或股东）分配的利润（或股利）金额。

⑥ "所有者权益内部结转"下各项目，反映不影响当年所有者权益总额的所有者权益各组成部分之间当年的增减变动，包括资本公积转增资本（或股本）、盈余公积转增资本（或股本）、盈余公积弥补亏损等项金额。为了全面反映所有者权益各组成部分的增减变动情况，所有者权益内部结转也是所有者权益变动表的重要组成部分，主要指不影响所有者权益总额、所有者权益的各组成部分当期的增减变动。其中："资本公积转增资本（或股本）"项目，反映企业以资本公积转增资本或股本的金额。"盈余公积转增资本（或股本）"项目，反映企业以盈余公积转增资本或股本的金额。"盈余公积弥补亏损"项目，反映企业以盈余公积弥补亏损的金额。

2. 本年金额栏的列报方法

所有者权益变动表"本年金额"栏内各项数字一般应根据"实收资本（或股本）""资本公积""盈余公积""利润分配""库存股""以前年度损益调整"等科目的发生额分析填列。

3. 上年金额栏的列报方法

所有者权益变动表"上年金额"栏内各项数字，应根据上年度所有者权益变动表"本年金额"栏内所列数字填列。如果上年度所有者权益变动表规定的各个项目的名称和内容同本年度不相一致，应对上年度所有者权益变动表各项目的名称和数字按本年度的规定进行调整，填入所有者权益变动表"上年金额"栏内。

企业的净利润及其分配情况作为所有者权益变动的组成部分，不需要单独设置利润分配表列示。

9.6 附　　注

9.6.1 附注概述

1. 附注的概念

附注是财务报表不可或缺的组成部分，是对在资产负债表、利润表、现金流量表和所有者权益变动表等报表中列示项目的文字描述或明细资料，以及对未能在这些报表中列示项目的说明等。

财务报表中的数字是经过分类与汇总后的结果，是对企业发生的经济业务的高度简化和浓缩的数字，如有没有形成这些数字所使用的会计政策、理解这些数字所必需的披露，财务报表就不可能充分发挥效用。因此，附注与资产负债表、利润表、现金流量表、所有者权益变动表等报表具有同等的重要性，是财务报表的重要组成部分。报表使用者了解企业的财务状况、经营成果和现金流量，应当全面阅读附注。

2. 附注披露的基本要求

（1）附注披露的信息应是定量、定性信息的结合，从而能从量和质两个角度对企业经济事项完整地进行反映，这样，也才能满足信息使用者的决策需求。

（2）附注应当按照一定的结构进行系统合理的排列和分类，有顺序地披露信息。由于附注的内容繁多，因此更应按逻辑顺序排列，分类披露，条理清晰，具有一定的组织结构，以便于使用者理解和掌握，也能更好地实现财务报表的可比性。

（3）附注相关信息应当与资产负债表、利润表、现金流量表和所有者权益变动表等报表中列示的项目相互参照，以有助于使用者联系相关联的信息，并由此从整体上更好地理解财务报表。

9.6.2 附注披露的内容

附注应当按照如下顺序披露有关内容。

1. 企业的基本情况

（1）企业注册地、组织形式和总部地址。

（2）企业的业务性质和主要经营活动，如企业所处的行业、所提供的主要产品或服务、客户的性质、销售策略、监管环境的性质等。

（3）母公司以及集团最终母公司的名称。

（4）财务报告的批准报出者和财务报告批准报出日。

2. 财务报表的编制基础

3. 遵循企业会计准则的声明

企业应当声明编制的财务报表符合企业会计准则的要求，真实、完整地反映了企业的财务状况、经营成果和现金流量等有关信息。以此明确企业编制财务报表所依据的制度基础。如果企业编制的财务报表只是部分地遵循了企业会计准则，附注中不得做出这种表述。

4. 重要会计政策和会计估计

根据财务报表列报准则的规定，企业应当披露采用的重要会计政策和会计估计，不重要的会计政策和会计估计可以不披露。

（1）重要会计政策的说明。

企业在发生某项交易或事项允许选用不同的会计处理方法时，应当根据规定从允许的会计处理方中选择适合本企业特点的会计政策。比如，存货的计价可以选择先进先出法、加权平均法、个别计价法等。固定资产的折旧，可以有平均年限法、工作量法、双倍余额递减法、年数总额法等。企业在发生某项经济业务时，必须从允许的会计处理方法中选择适合本企业特点的会计政策，企业选择不同的会计处理方法，可能极大地影响企业的财务状况和经营成果，进而编制出不同的财务报表。为了有助于报表使用者理解，有必要对这些会计政策加以披露。

需要特别指出的是，说明会计政策时还需要披露下列两项内容。

①财务报表项目的计量基础。会计计量属性包括历史成本、重置成本、可变现净值、现值和公允价值，这直接显著影响报表使用者的分析，这项披露要求便于使用者了解企业财务报表中的项目是按何种计量基础予以计量的，如存货是按成本还是可变现净值计量等。

②会计政策的确定依据，主要是指企业在运用会计政策过程中所作的对报表中确认的项目金额最具影响的判断。例如，企业应当根据本企业的实际情况说明确定金融资产分类的判断标准等，这些判断对在报表中确认的项目金额具有重要影响。因此，这项披露要求有助于使用者理解企业选择和运用会计政策的背景，增加财务报表的可理解性。

（2）重要会计估计的说明。

财务报表列报准则强调了对会计估计不确定因素的披露要求，企业应当披露会计估计中所采用的关键假设和不确定因素的确定依据，这些关键假设和不确定因素在下一会计期间内很可能导致对资产、负债账面价值进行重大调整。

在确定报表中确认的资产和负债的账面金额过程中，企业有时需要对不确定的未来事项在资产负债表日对这些资产和负债的影响加以估计。例如，固定资产可收回金额的计算需要根据其公允价值减去处置费用后的净额与预计未来现金流量的现值两者之间的较高者确定，在计算资产预计未来现金流量的现值时需要对未来现金流量进行预测，并选择适当的折现率，应当在附注中披露未来现金流量预测所采用的假设及其依据、所选择的折现率为什么是合理的等。又如，为正在进行中的诉讼确认预计负债时最佳估计数的确定依据等。这些假设的变动对这些资产和负债项目金额的确定影响很大，有可能会在下一个会计年度内作出重大调整。因此，强调这一披露要求，有助于提高财务报表的可理解性。

5. 会计政策和会计估计变更以及差错更正的说明

企业应当按照《企业会计准则第 28 号——会计政策、会计估计变更和差错更正》及其应用指南的规定，披露会计政策和会计估计变更以及差错更正的有关情况。

6. 报表重要项目的说明

企业应当以文字和数字描述相结合、尽可能以列表形式披露报表重要项目的构成或当期增减变动情况，并且报表重要项目的明细金额合计，应当与报表项目金额相衔接。在披露顺序上，一般应当按照资产负债表、利润表、现金流量表、所有者权益变动表的顺序及其项目列示的顺序披露。

7. 其他需要说明的重要事项

【复习思考题】

1. 什么是财务会计报告？其组成内容有哪些？
2. 编制财务会计报告的作用是什么？
3. 编制财务报表的基本要求是什么？
4. 财务报告有哪些种类？
5. 资产负债表的作用是什么？其编制原理的内容是什么？
6. 资产负债表项目是如何排列的？举例说明。
7. 利润表的作用是什么？如何编制？
8. 现金流量表的作用是什么？
9. 资产负债表、利润表和现金流量表之间的关系怎样？
10. 会计报表附注的作用是什么？

【练习题】

一、单项选择题

1. 资产负债表中资产的排列顺序是依据项目的（　　）。
   A. 流动性　　　B. 变动性　　　C. 重要性　　　D. 盈利性
2. 如果想知道某公司 2015 年年末的财务状况，应该阅读该公司（　　）。
   A. 2015 年的资产负债表　　　B. 2015 年的现金流量表
   C. 2014 年的利润表　　　D. 2014 年的利润分配表
3. 下列会计报表中属于静态报表的是（　　）。
   A. 资产负债表　B. 现金流量表　C. 利润表　　　D. 利润分配表
4. 利润表中的项目应根据总分类账户的（　　）填列。
   A. 期末余额　　B. 发生额　　　C. 期初余额　　D. 期初余额＋发生额
5. 假设某企业未设"预付账款"和"预收账款"账户，则资产负债表中"应付账款"项目应根据（　　）填列。
   A. "应付账款"总账账户贷方余额
   B. "应收账款"账户所属各明细账户贷方余额合计数

C. "应付账款"账户所属各明细账户贷方余额合计数

D. "应付账款""其他应付款""应付职工薪酬"等总账账户贷方余额合计数

6. 利润表是反映企业（　　）经营成果的会计报表。

　　A. 一个时点　　B. 某一特定日期　　C. 一年　　D. 某一特定期间

7. 下列账户的余额不应列入资产负债表中"存货"项目反映的是（　　）。

　　A. 生产成本　　B. 库存商品　　C. 在途物资　　D. 固定资产

8. 下列各项与利润表中"营业利润"项目无关的是（　　）。

　　A. 库存现金　　B. 财务费用　　C. 主营业务收入　　D. 投资收益

9. 我国企业利润表采用（　　）。

　　A. 账户式　　B. 报告式　　C. 单步式　　D. 多步式

10. 会计报表是根据（　　）定期编制的。

　　A. 会计凭证　　B. 会计账簿记录　　C. 原始凭证　　D. 记账凭证

11. 在资产负债表中，应按几个总分类账户的余额计算填列的是（　　）。

　　A. 货币资金　　B. 应付股利　　C. 应付职工薪酬　　D. 应交税费

二、多项选择题

1. 财务会计报告的内容包括（　　）。

　　A. 会计报表　　　　　　　　B. 会计报表附注

　　C. 会计报表说明书　　　　　D. 财务情况说明书

2. "资产负债表"中的"存货"项目反映的内容包括（　　）。

　　A. 材料采购　　B. 生产成本　　C. 库存商品　　D. 发出材料

3. 下列各项，可以通过资产负债表反映的有（　　）。

　　A. 某一时点企业的财务状况　　　B. 某一时点企业的偿债能力

　　C. 某一期间企业的经营成果　　　D. 某一期间企业的获利能力

　　E. 某一时点企业所有者对企业资产所占有的份额

4. 资产负债表中的"应收账款"项目应根据（　　）填列。

　　A. 应收账款明细账中借方余额　　B. 预收账款明细账中借方余额

　　C. 应付账款明细账中借方余额　　D. 坏账准备账户中对应的贷方余额

　　E. 应收账款总账借方余额

5. 财务报告编制的要求有（　　）。

　　A. 真实可靠　　B. 编制及时　　C. 便于理解　　D. 全面完整

6. 资产负债表中的"货币资金"项目，应根据（　　）账户期末余额的合计数填列。

　　A. 委托贷款　　B. 库存现金　　C. 银行存款　　D. 其他货币资金

7. 利润表中的"营业收入"项目应根据（　　）账户的发生额填列。

　　A. 主营业务收入　　B. 其他业务收入　　C. 投资收益　　D. 营业外收入

8. 利润表的"营业成本"项目应根据（　　）账户的发生额填列。

　　A. 主营业务成本　　B. 其他业务成本　　C. 营业税金及附加　　D. 营业外支出

9. 下列项目中影响营业利润的有（　　）。

　　A. 投资收益　　B. 管理费用　　C. 营业成本　　D. 营业外收入

10. 现金流量表中的"现金"是指（　　）。
　　A. 银行存款　　B. 库存现金　　C. 现金等价物　　D. 以上都是

三、判断题

1. 资产负债表中确认的资产，都是企业所拥有的资产。（　）
2. 如果某项资产不能再为企业带来经济利益，即使它是由企业拥有或控制的，也不能作为企业的资产在资产负债表中列示。（　）
3. 企业各项资产发生的损失均在利润表中的"营业外支出"项目集中反映。（　）
4. 资产负债表是反映企业在某一特定日期的财务状况的会计报表。（　）
5. 资产负债表的格式有账户式和报告式。（　）
6. 资产负债表是一种静态报表，应根据有关账户的期末余额直接填列。（　）
7. 利润表能够反映出企业的偿债能力和支付能力。（　）
8. 某企业期初资产总额100万元，本期取得借款6万元，收回应收账款7万元，用银行存款8万元偿还应付款，该企业期末资产总额为105万元。（　）
9. 资产负债表是反映企业某一特定时期财务状况的会计报表。（　）
10. 利润表结构的理论基础是"利润＝收入－费用"会计等式。（　）

四、业务题

（一）业务一

1. 目的：练习资产负债表的编制。
2. 资料：佳骋纺织有限公司20××年12月31日各账户余额如下：

单位：元

账　　户	借方金额	账　　户	贷方金额
现　　金	3 000	坏账准备	250
银行存款	70 000	累计折旧	255 000
应收账款	5 000	短期借款	8 000
预付账款	2 000	应付账款	20 000
应收利息	2 500	预收账款	25 200
原材料	10 500	应交税费	5 550
生产成本	10 000	长期借款	50 000
库存商品	20 000	实收资本	100 000
长期股权投资	3 000	资本公积	40 000
固定资产原值	450 000	盈余公积	50 000
无形资产	8 000	利润分配	30 000

3. 要求：根据上述资料编制20××年12月31日的资产负债表。

（二）业务二

1. 目的：练习利润表的编制。
2. 资料：佳骋纺织有限公司20××年12月31日各账户发生额如下：

损益类账户发生额　　　　　　　　　　　　　　　　　单位：元

损益类账户名称	本月发生额	本年累计发生额
主营业务收入	45 840	571 976
其他业务收入	320	320
投资收益	8 000	8 000
营业外收入		880
主营业务成本	24 800	293 483.20
其他业务成本	240	240
营业外支出		640
管理费用	5 073.60	53 272.80
财务费用	204.88	2 442.48
销售费用	11 696.00	140 352
所得税费用	4 008.02	29 946.02

3. 根据资料，编制出20××年12月的利润表。

第 10 章　会计核算形式

【本章导读】

将以电子计算机为主的现代信息技术应用于会计工作，实现会计电算化后，对传统以账簿体系为核心的会计核算形式产生了深刻影响。主要表现为账簿体系虚拟化、记账过程虚拟化、对账环节不复存在、账务处理流程一体化。手工会计的账务处理流程，简单地说就是：凭证—账簿—报表，会计人员的工作重点是在填制凭证以后的阶段。要形成会计报表，必须经过填制凭证、过账、结账、试算平衡、对账等诸多程序。在电算化系统中，整个账务处理流程分为输入、处理、输出三个环节，首先将分散于手工会计各个核算岗位的会计数据统一收集后集中输入计算机，此后的各种数据处理工作都由计算机按照会计软件的要求自动完成，不受人工干预。从输入会计凭证到输出会计报表，一气呵成，一切中间环节都在计算机内自动处理，而需要的任何中间资料都可以通过系统提供的查询功能得到，真正实现了数出一门（都从凭证上来），数据共享（同时产生所需账表）。整个账务处理流程具有高度的连续性、严密性，呈现出一体化趋势，极大地提高了财务报告的时效性。这样，在手工会计中非常费时、费力和烦琐的工作，变成了电算化系统中一个简单的指令或动作。过去需要众多人员从事的填制凭证、记账、编表等工作，现在只需要少量的录入人员进行操作就可以了。因此，手工会计条件下不同会计核算形式的划分已没有必要，可以采用一种统一的会计核算形式，这就为实现电算化系统中会计核算形式的通用化提供了前提。

会计电算化对会计核算形式的影响是深刻的，我们必须突破传统观念的束缚，从会计核算工作所要达到的目标出发，重新构造会计模式，设计出适合计算机处理的、效率更高、数据处理流程更加合理的会计核算形式，以充分发挥现代信息技术的优势，进一步满足会计核算与管理的需求。

【本章学习目标】

了解会计核算形式的概念，了解手工形式下会计核算形式的分类，引领读者思考如何实现科学合理的通用化会计软件核算形式是本章的主要目的。

10.1　会计核算形式概述

1. 会计核算形式的定义

会计核算形式又称会计核算组织程序或财务处理程序，是指会计核算中，会计凭证组织、会计账簿组织、记账程序和方法相互结合的方式，本书统一用会计核算形式（简称为核算形式）。会计报表需要经营管理要求的制约。会计报表为报表使用者提供用以进行管理和决策所需的会计信息，管理和决策的要求决定会计报表的种类、项目、格式及编报日期等。会计账簿是日常经济活动管理的详细档案资料，又是编制会计报表的直接依据；经营管理和编制会计报表的要求，决定了会计账簿的种类、格式及其应记录的内容。会计凭证既是记录经济业务的证据，又是登记账簿的根据；经营管理的记账的要求决定会计凭证的种类、格式和记录的内容。将这三者有机地组织起来，形成了恰当的会计核算形式。

2. 会计核算形式的设计要求

为了更好地反映和监督各单位的经济活动，为经济管理提供完整、系统的核算资料，必须相互联系的运用账务处理的专门方法，采用一定的组织程序，规定设置会计凭证、账簿及会计报表的种类和格式；规定各种凭证之间、各种账簿之间、各种报表之间的相互关系；规定各种凭证、账簿及报表之间的相互关系、填制方法和登记程序。会计核算形式是企业会计制度设计的一项重要内容。在会计实务中，由于每个企业的性质和规模不同，交易或者事项也有繁有简，需要设置的凭证、账簿和财务报表的种类、格式和数量不可能完全一致。各种会计核算方式优劣并存，而且其优劣是相对的。因此，各企业单位应当根据自身的具体情况和交易或者事项的特点，扬长避短，设计出适合于自身特点、科学而合理的会计核算形式。科学而合理的会计核算形式一般应符合以下三个方面的要求。

（1）适应企业的具体情况。企业在选择会计核算形式时，一定要充分考虑本单位的经济性质、经营规模、生产特点、业务繁简和管理要求等因素，从而有利于会计机构内部的组织分工协作和建立岗位责任制。

（2）满足会计信息使用者的需要。科学的会计核算形式必须能够正确、完整和及时地反映企业经济活动情况，充分提供高质量的会计信息，使会计信息使用者全面了解企业的财务状况和经营成果等，从而作出正确的决策。

（3）在保证会计信息质量的前提下，力求简化。会计核算形式的选用必须首先保证会计信息质量，在此前提下，应尽量简化核算手续，力求避免不必要的计算和记录程序，节约人力、物力和财力消耗，提高会计核算工作效率，降低会计核算成本。

3. 会计核算形式的作用

（1）可以使会计数据的处理过程有条不紊地进行，确保会计记录正确、完整，会计信息相关、可靠。

（2）可以减少不必要的会计核算环节和手续，节约人力、物力和财力，提高会计工作效率。

（3）对会计核算工作的分工协作、责任划分、充分发挥会计工作的监督职能，也有重要意义。

4. 会计核算形式的分类

从手工记账方面而言，会计核算形式有记账凭证核算形式、汇总记账凭证核算形式、科目汇总表核算形式、日记总账核算形式、多栏式日记账核算形式、普通日记账核算形式。但是，从会计电算化而言，会计软件可以模拟移植上述核算程序中的任意形式，也可多个形式并存，还可以统一成一种程序——全自动会计核算形式。其分类如图10-1所示。

（1）记账凭证核算形式：以记账凭证作为登记总分类账的依据，登记总账的工作量较大,工作效率不高,着重于提高总分类账簿信息质量。

(2) 汇总记账凭证核算形式:根据记账凭证编制汇总记账凭证,然后根据汇总记账凭证登记总分类账。与记账凭证核算形式相比,既能够保持会计要素之间的内在联系,又能够提高会计核算工作效率,但总分类账簿信息功能相对较弱。

(3) 科目汇总表核算形式:根据记账凭证编制科目汇总表,然后根据科目汇总表登记总分类账。与记账凭证核算形式相比,会计核算工作效率较高,但会计要素之间的内在联系弱化,总分类账簿信息功能相对较差。

(4) 日记总账核算形式:与记账凭证核算形式一样,日记总账核算形式也是以记账凭证作为登记总分类账的依据。但是与记账凭证核算形式不同,其总分类账是以日记账的形式出现的,更有利于保持会计信息原貌和提高总分类账簿信息的功能。但是由于日记总账的登记工作量比较大,所以其会计核算效率不及记账凭证核算形式;但是,由于多栏式日记账全部集中在一张账页上,限制了分工合作,所以,其会计核算工作效率又不及汇总转账凭证核算形式。

(5) 多栏式日记账核算形式:根据收款凭证和付款凭证登记多栏式日记账,同时根据转账凭证编制转账凭证汇总表,然后根据多栏式日记账和转账凭证汇总表登记总分类账。由于多栏式日记账具有汇总收款凭证和汇总付款凭证的功能,而转账凭证汇总表又具有汇总转账凭证的功能,所以,与汇总记账凭证核算形式一样,能够提高登记总分类账的工作效率。

(6) 普通日记账核算形式:以普通日记账代替记账凭证作为登记总分类账的依据,可以最大限度地降低编制记账凭证的工作量。

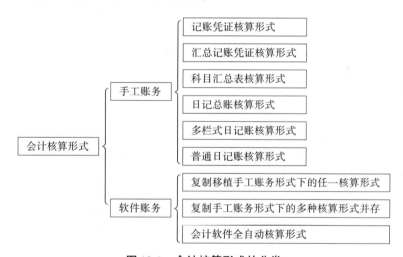

图 10-1　会计核算形式的分类

5. 会计核算形式的统一化趋势:全自动会计核算形式

综上所述可知:所谓会计核算形式,它是以账簿组织为核心,通过一定的核算程序,把会计凭证和账簿组织、财务报表与记账程序和方法有机地结合起来的技术组织方式。填制和审核凭证、登记账簿和编制财务会计报告是会计确认、计量和报告的三个基本的和主要的环节。它们相互联系、密切配合,并以一定的会计核算形式结合起来,构成了企业完整的会计核算体系。

上述各种会计核算形式的共同点可以归纳为四个方面：① 都是根据审核无误的原始凭证填制非汇总记账凭证；② 都是根据原始凭证、非汇总记账凭证登记明细分类账；③ 根据非汇总记账凭证登记日记账；④ 根据总分类账和明细分类账编制会计报表，且无论哪种会计核算组织程序，编制的会计报表都相同。

上述各种会计核算形式的主要区别是登记总分类账的依据和方法不同。

各种会计核算组织程序的账务处理过程，无外乎以下几个环节：建账，记账，过账，对账，结账以及报账。这些概念在本书第 7 章中从传统角度介绍过，本章从现代意义进行比较探讨。

（1）建账。

建账就是确定会计核算组织程序，具体是指新建单位或原有单位根据国家有关法律、法规的规定，在单位建立之初或年度开始时，确定记账凭证、会计账簿、会计报表的种类、格式、内容及相互结合的方式。

账簿作为存放经分类汇总的会计数据的载体，是一个承前启后、不可缺少的桥梁与纽带，手工会计账务处理的中心问题就是账簿问题。手工会计离开账簿，其会计报表的编制便成无本之木、无水之鱼。簿籍只是账簿的外表形式，账簿的内容则是账户记录。账户就是对会计数据进行分类、归集而设置的单元。在会计软件系统中，会计信息的生成仍然离不开账户这样最基本的存储单元，但账户的存储并不一定要借助于账簿来完成。现代信息技术的运用，使账户记录与纸介质呈现出分离的趋势，纸介质不再作为账户分类和汇总数据的唯一载体。实践已经证明，在磁、电、光等介质保存会计数据的可靠性得以保证的前提下，人们需要的各种核算资料尽可通过调用这些介质上的数据库文件并加以显示，完全不必使用纸张作为账户记录的载体。既然账户记录可以完全与纸张分离，那么手工会计中关于账簿的定义也就不存在了。

（2）记账。

记账是手工会计账务处理流程的核心环节。自会计产生以来，就一直与记账、算账、报账时刻相伴、密不可分，从填制凭证、登记账簿到编制报表等会计处理方法和程序，处处映射和打上了"记账"的烙印。所以，在传统观念上，"记账"似乎成了会计的代名词。然而，在会计软件系统中，记账，就是根据审核无误的原始凭证，确定应借应贷账户的名称和金额，编制记账凭证。

（3）过账。

过账是指将经济业务记入记账凭证后，还需将每笔分录转抄到有关的日记账、分类账簿中去的过程。过账时，总分类账户和明细分类账户应平行登记。会计软件中账簿实际是"虚"的。所谓"虚"，是指磁盘上一般并不存在账，更不是一个手工账对应一个磁盘文件。账簿上反映的数据有两类，一类是发生额，另一类是余额。作为记账对象的发生额数据，来自于记账凭证，而作为记账结果的期末（或期初）余额数据，则是在账簿被登记之后形成的。所以，账簿记录只不过是记账凭证上账户记录的分类、汇总罢了。由于计算机具有强大、快速的数据处理功能，它对记账凭证库文件的分类、汇总不过是举手之劳。而对于账户余额，只要保证系统初始化时输入的初始余额数据正确无误，以后各个会计期的期末余额也就唾手可得了。因此，会计软件系统中的"账"是凭证库文件及相关数据（主要是各会计账户的期初余额数据）自动地准确无误地派生出来的。理论上说，保留了凭证库文件及相关数据，也就保证了账簿的存在。可见，在会计软件系统中，"账簿"仅仅是沿袭了传统会计的概念而已，其本质是虚拟化的。

这里所谓的"过账"就是将账前凭证库文件中审核通过的记账凭证做上过账标识或者另外形成一个账后凭证库文件，表明该记账凭证已入账，不允许再对其进行无痕迹修改或作废、删除操作。如果有错误，只能采用类似于手工会计下的红字冲销法，通过输入"更正凭证"予以纠正。所以，在会计软件系统中，过账环节完全可以取消，即平时不登记日记账、明细账及总账，只将记账凭证保存在一起，在需要时再采用瞬间成账的做法：根据科目余额库文件的期初余额数据和记账凭证库文件的科目发生额数据，当即形成所需的"账簿"并予以输出。同时，这种瞬间成账的方式也使会计报表瞬间形成成为可能。至于很多财务软件所提供的记账模块功能，主要是为了满足会计人员的账务处理习惯，即只有先过账才能查询和打印。

（4）对账。

对账是指为保证会计资料正确、真实、可靠，会计人员对账簿记录进行的核对工作。包括账证核对、账实核对、账账核对和账表核对。在手工会计中，分类账分为总分类账（总账）和明细分类账（明细账）。其登记的原则是"平行登记"，即把来源于记账凭证的信息一方面记入有关总账账户，同时还要记入该总账所属的有关明细账账户，并通过定期对账来检查和纠正总账或明细账中可能出现的记录错误。这种通过低效率的多重反映和相互稽核来换取数据处理的正确性与可靠性是手工会计核算形式的一个重要特征。然而，对账是设置账簿的产物。如果没有设置账簿，也就无所谓账证、账账、账表之间的核对了。计算机本身是不会发生遗漏、重复及计算错误的。只要会计软件的程序正确且运行正常，账证、账账一定是相符的；只要报表公式定义正确，账表也一定相符。这样，手工会计下的对账环节不复存在了。事实上，作为手工会计账务处理重要特征的平行登记已没有存在的理由，计算机对来源于会计凭证的原始数据并不需要重复处理，而分类账也没有必要明确地区分为总账和明细账。当然，这并不排除会计软件中设置类似于总账和明细账的数据存储结构，但这样的总账和明细账之间并不存在统驭与被统驭的关系，其目的只是为了加快信息检索的速度。

（5）结账。

结账是指把一定时期内发生的经济业务在全部登记入账的基础上，按规定的方法，结出本期发生额和期末余额，并将余额结转下期或新账的过程。

（6）报账。

报账是在建账、记账、过账、对账和结账的基础上进行试算平衡等工作，最后编制出财务会计报告并申报纳税的过程。

手工会计的账务处理流程，简单地说就是：凭证—账簿—报表，会计人员的工作重点是在填制凭证以后的阶段。要形成会计报表，必须经过填制凭证、过账、结账、试算平衡、对账等诸多程序。在会计软件系统中，整个账务处理流程分为输入、处理、输出三个环节，首先将分散于手工会计各个核算岗位的会计数据统一收集后集中输入计算机，此后的各种数据处理工作都由计算机按照会计软件的要求自动完成，不受人工干预。从输入会计凭证到输出会计报表，一气呵成，一切中间环节都在机内自动处理，而需要的任何中间资料都可以通过系统提供的查询功能得到，真正实现了数出一门（都从凭证上来），数据共享（同时产生所需账表）。整个账务处理流程具有高度的连续性、严密性，呈现出一体化趋势，极大地提高了财务报告的时效性。这样，在手工会计中非常费时、费力和烦琐的工作，变成了会计软件系统中一个简单的指令或动作。过去需要众多人员从事的填制凭证、记账、编表等工作，只需要少量的录入人员进行操作就可以了。

因此，手工会计条件下不同会计核算形式的划分，对于已实现会计电算化的企业而言已没有必要，可以采用一种统一的会计核算形式，这就为实现会计软件系统中会计核算形式的通用化提供了前提。

从会计实务上看，所有企业几乎都选择记账凭证核算组织程序、科目汇总表核算组织程序，鉴于此，本书只介绍记账凭证会计核算形式、科目汇总表会计核算形式和会计软件核算形式。

10.2 记账凭证会计核算形式

记账凭证核算形式的特点是直接根据各种记账凭证逐笔登记总分类账的一种核算形式。记账凭证核算形式是最基本的一种会计核算形式，体现了会计数据处理的一般原理，其他各种核算形式都是在其基础上演变而来的。

1. 记账凭证核算形式的凭证设置

在记账凭证核算形式下，应分别设置收款凭证（还可以进一步分为现金收款凭证和银行存款收款凭证）、付款凭证（也可以进一步分为现金付款凭证和银行存款付款凭证）和转账凭证三种类型的专用记账凭证，以分别反映日常发生的收款业务、付款业务和转账业务等类型的交易或者事项。交易或者事项不多的企业，也可以不再区分收款业务、付款业务和转账业务，只设置一种通用的记账凭证。

2. 记账凭证核算形式的账簿设置

（1）日记账的设置。在记账凭证核算形式下，为了加强货币资金管理，一般应当分别设置三栏式的现金日记账和银行存款日记账，以序时地反映库存现金和银行存款收付业务。

（2）总分类账的设置。为了概括地反映各种类型的交易或者事项，还应当按照每一总分类账户设置三栏式的总分类账，以总括地反映各种类型的交易或者事项。

（3）明细分类账的设置。为了详细地反映各种类型的交易或者事项，还应当在总分类账户之下，设置一定数量的明细分类账户，进行必要的明细分类核算。明细分类账可以依据所记录的交易或者事项的不同，分别采用三栏式、数量金额式或者多栏式的账页格式。

3. 记账凭证会计核算形式的账务处理程序

交易或者事项经过确认、计量和报告等数据处理程序，目的是将分散的会计数据转化为有用的会计信息。这一过程只有连续地通过填制和审核原始凭证、编制记账凭证、复式记账、登记账簿和编制财务报表等程序才能完成。填制和审核原始凭证是对原始会计数据的去伪存真、去粗存精；编制记账凭证是将原始会计数据转化为有内在联系的会计要素；根据记账凭证登记总分类账是将会计数据和会计要素系统化为有用的账簿信息；

根据账簿资料编制财务报表是将账簿信息系统化为综合会计信息。记账凭证核算形式严格遵循了上述会计核算的一般程序,它体现了会计核算的一般原理。在该种核算形式下,记账凭证是整个会计数据处理程序的中心,是登记总分类账的直接依据。

记账凭证核算形式流程可以概括如下:

(1) 根据原始凭证编制汇总原始凭证。

(2) 根据原始凭证或汇总原始凭证编制记账凭证。

(3) 根据收款凭证、付款凭证逐日逐笔登记库存现金和银行存款日记账。

(4) 根据原始凭证、汇总原始凭证或记账凭证登记有关明细分类账。

(5) 根据记账凭证逐笔登记总分类账。

(6) 月末,将各总分类账户余额与各总分类账户所属的现金日记账、银行存款日记账的余额以及各明细分类账户的余额合计数核对相符。

(7) 根据总分类账户和各种明细分类账户有关资料编制财务报表。

记账凭证核算形式的账务处理程序如图 10-2 所示。

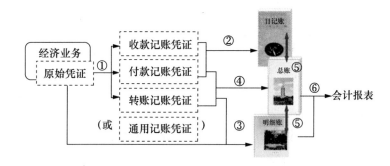

图 10-2　记账凭证会计核算形式

图示说明:

① 根据各种原始凭证和原始凭证汇总表填制收付款凭证、付款凭证和转让凭证;

② 根据收款凭证和付款凭证登记现金日记账和银行存款日记账;

③ 根据原始凭证、原始凭证登记明细分类账;

④ 根据各种记账凭证逐笔登记总分类账;

⑤ 月末,现金、银行存款日记账和明细分类账分别与总分类账相核对;

⑥ 根据总分类账和明细分类账的资料编制财务会计报告。

4. 记账凭证会计核算形式的优缺点及适用范围

优点:直接根据记账凭证登记总账,简单明了,易于理解,总分类账可以较详细地反映经济业务的发生情况。

缺点:登记总分类账的工作量较大。对于经济业务较多,经营规模较大的企业,总分类账的登记工作过于繁重。

适用范围:记账凭证账务处理程序适用于规模较小、经济业务量较少的单位。

10.3 科目汇总表会计核算形式

1. 科目汇总表会计核算形式的特点

科目汇总表会计核算形式的特点是：根据记账凭证定期编制科目汇总表，然后根据科目汇总表登记总分类账。

2. 科目汇总表会计核算形式的凭证设置

（1）记账凭证的设置。在科目汇总表核算形式下，与记账凭证核算形式一样，一般也需要设置收款凭证、付款凭证和转账凭证等三种专用记账凭证或者一种通用记账凭证。为了便于按科目汇总编制科目汇总表，避免漏汇和重汇，记账凭证以单式凭证的格式为宜。

（2）科目汇总表设置。与其他会计核算形式不同，科目汇总表核算形式除了要求设置收款凭证、付款凭证和转账凭证外，还必须设置科目汇总表，以代替记账凭证作为登记总分类账的依据。

3. 科目汇总表核算形式的账簿设置

科目汇总表核算形式下的日记账、总分类账和明细分类账的设置均与记账凭证核算形式相同。

4. 科目汇总表的编制

（1）汇总依据。

科目汇总表是根据一定时期内的全部记账凭证，按照相同的会计科目进行归类后汇总编制的。

（2）汇总时间。

科目汇总表可以每五天或十天汇总一次，每汇总一次编制一张；也可以每十天汇总一次，每月编制一张。

5. 总分类账的登记方法

在科目汇总表核算形式下，总分类账的登记方法，取决于科目汇总表的具体形式。

（1）逐次登记。

如果科目汇总表每十天汇总一次，每汇总一次编制一张，那么总分类账可以直接根据每次汇总的结果逐次进行登记。

（2）一次登记。

如果科目汇总表每十天汇总一次，每月汇总编制一张，那么可以将全月汇总结果一次计入各总分类账。

6. 科目汇总表核算形式流程

（1）根据原始凭证编制汇总原始凭证。
（2）根据原始凭证或者汇总原始凭证编制收款凭证、付款凭证和转账凭证。
（3）根据收款凭证、付款凭证逐日逐笔登记现金日记账和银行存款日记账。
（4）根据原始凭证、汇总原始凭证或者记账凭证登记各明细分类账。
（5）根据一定时期内的所有记账凭证，汇总编制科目汇总表。
（6）根据科目汇总表登记总分类账。

（7）月末，将各总分类账户余额与各总分类账户所属的现金日记账、银行存款日记账的余额以及各明细分类账户的余额核对相符。

（8）根据总分类账和各明细分类账的记录编制财务报表。

科目汇总表核算形式的账务处理程序如图10-3所示。

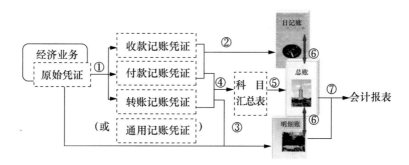

图10-3 科目汇总表核算形式

图示说明：
① 根据各种原始凭证和原始凭证汇总表填制收款凭证、付款凭证和转让凭证；
② 根据收款凭证和付款凭证登记现金日记账和银行存款日记账；
③ 根据原始凭证、原始凭证汇总表和记账凭证登记各种明细分类账；
④ 根据各种日记账汇总编制科目汇总表；
⑤ 根据科目汇总表登记总分类账；
⑥ 月末，现金、银行存款和明细分类分别与总分类账相核对；
⑦ 根据总分类账和明细分类账的资料编辑财务会计报告。

7. 科目汇总表核算形式的优缺点及适用范围

科目汇总表核算形式的优点：①根据科目汇总表登记总分类账，可以简化总分类账的登记工作，减轻了登记总分类账的工作量，并可做到试算平衡，简明易懂，方便易学，因而减少了过账的工作量。②汇总方法简单，明白易懂。③汇总工作可以分散在平时进行，减轻了月末的工作压力。④科目汇总表本身兼有试算平衡的作用，因而要根据科目汇总表记账，可以降低过账错误，保证会计工作质量。

科目汇总表核算形式的缺点：科目汇总表不能反映会计科目之间的对应关系，不便于根据账簿记录了解交易或者事项的来龙去脉，不便于核对账目和进行会计分析。

科目汇总表核算形式的适用范围：综合上述各项优缺点，科目汇总表核算形式一般只能适用于业务量较多的大中型企业单位。

10.4 会计软件核算形式

会计软件是指专门用于会计工作的电子计算机应用软件，包括采用各种计算机语言编制的用于会计工作的计算机程序。按其实现功能分为：核算型会计软件和管理型会计软件。核算型会计软件是指专门用于完成会计核算工作的应用软件。管理型会计软件是对核算型会计软件功能的延伸，它是在全面核算的基础上突出或强化了会计在管理中的监督控制作用的会计软件。

随着我国经济的发展，会计软件应用范围不断扩大。从发展过程来看，我国会计软件的发展大体经历了三个阶段。

（1）缓慢发展阶段（1987年以前）。这个阶段，会计电算化发展比较缓慢，其原因是：会计电算化人员缺乏，计算机硬件比较昂贵，会计电算化没有得到高度重视。该阶段后期，电算化处于各自为战、闭门造车的局面。会计软件一家一户地自己开发，投资大、周期长、见效慢，造成大量的人力、物力和财力的浪费。

（2）稳步发展阶段（1988—1998年）。这一阶段商品化会计核算软件市场从幼年已走向成熟，初步形成了会计软件市场和会计软件产业，为社会提供了丰富的软件产品；很多企事业单位逐步认识到开展会计电算化的重要性，纷纷购买商品化会计软件或自行开发会计软件，建立了会计电算化系统；在会计电算化人才培养方面，全国一些高等院校和研究所专门制定了会计电算化的教学计划，会计专业开设了会计电算化课程。但是该阶段的会计软件只是模拟手工会计记账核算软件。

（3）竞争提高阶段（1998年以后）

随着会计电算化工作的深入开展，会计软件市场逐步成熟，市场竞争激烈，各类会计电算化软件在竞争中进一步拓展功能，模块化的会计账务处理软件相继诞生，少数软件公司逐步转向研发管理型软件。大型会计软件公司开始向ERP转型，我国会计软件进入了ERP阶段，会计软件不仅为企业财务管理服务，而且开始为企业整体战略提供服务。ERP涵盖了整个企业管理的信息系统，实现了企业财务管理与业务管理一体化。

1. 会计软件核算与手工核算的区别

（1）工具不同。手工核算使用的工具是算盘、电子计算器或一些相关的机械设备。会计电算化使用的工具是电子计算机，数据处理过程由电子计算机完成。

（2）信息载体不同。手工核算的所有信息都以纸张为载体，占用空间大，保管不易，查找困难。会计电算化除必要的会计凭证、账簿、报表之外，均可用光盘、磁盘、磁带等材料作为信息载体，占用空间小，查找方便，保管容易。

（3）记账规范不同。手工核算规定日记账、总账要用订本式账册，明细账可用订本式或活页式账册；账簿记录的错误要用划线法或红字冲销法、补充登记法更正；账页中的空行、空页用红线划销等。会计电算化打印输出的账页是折叠或卷带状的，与手工的账簿明显不同。会计电算化不可能完全采用手工系统改错的方法，比如电算化环境下不存在划线更正法。为了保证审计的追踪线索不致中断，会计电算化规定：凡是已经记账的凭证数据不能更改，只能采用红字冲销法和补充登记法更正，以便留下改动痕迹。

（4）会计工作组织体制不同。在手工系统下，会计部门一般分为若干会计工作，如工资、材料、固定资产、成本等岗位，进行专门的业务核算，设专人负责记账、编制报表工作。在会计电算化中，会计工作岗位的划分已经发生了，如设置了数据录入、审核、维护等岗位。

（5）人员构成不同。手工核算下的人员均是会计专业人员，会计电算化中的人员将由会计专业人员、计算机软件、硬件及操作人员组成。

（6）账务处理程序不同。

手工核算的账务处理程序有多种，但是都避免不了重复转抄与重复计算的根本弱点，伴之而来的是人员与环节的增多和差错的增多。

会计软件的账务处理程序有两种方案。按目前的经济与开发水平，多数软件采取第一方案，即基本上按手工核算的方式进行移植，但过程却发生了变化，且允许同时采用多种核算形式。第二方案为理想化的全自动会计核算形式，即：会计凭证磁性化（或条形码），在规格化的会计凭证上用磁性墨水书写（或打上条形码），由阅读机识别后将数据输送到计算机；由用户定义数据存储形式和加工方法，由计算机对数据进行加工处理；由用户语音输出形式与结果，由输出设备（显示器、打印机）进行查询与打印。无论是方案一还是方案二，其数据处理流程都是一样的，因此，我们称之为会计软件核算形式。

手工核算与会计软件核算账务处理程序的区别主要体现在以下几个方面：①数据处理的起点不同。在手工核算方式下，会计业务的处理起点为原始凭证，而账务处理模块的原始数据来源于记账凭证。②数据处理方式不同。在手工核算方式下，会计数据是通过将记账凭证由不同会计人员分别登记到不同的账簿中，完成数据处理；在电算化方式下系统进行数据处理时记账只是一个数据处理的过程，不需要人工登记，数据的运算与归集由计算机自动完成。这样，不会发生计算、汇总和抄写等人工错误，结果必然是账证相符、账账相符没有必要再进行相关的核对，大大减轻了会计人员的记账工作量。③数据存储方式不同。在手工核算方式下，会计数据存储在凭证、日记账、明细账等纸张中；在会计软件核算系统中，数据存储在数据库文件中，在需要时，通过打印机输出。但根据财政部门要求，会计电算化方式下，企业仍需要定期把有关账表打印出来，日记账原则上要求天天打印，明细账、总账至少每年打印一次。④对账方式不同。在手工核算方式下，按照复式记账的原则，总账、日记账、明细账必须采用平行登记的方法，根据记账凭证、原始凭证登记明细账、日记账，同时用记账凭证或汇总记账凭证登记总账，会计人员定期将明细账、日记账与总账中的数据进行核对，以免发生记账上的错误。而在计算机环境下，使用会计软件记账，所有账簿由系统根据记账凭证自动登记和计算，不会发生抄写、计算等人工错误，必然是账证相符、账账相符、账表相符。没有必要再进行总账、日记账、明细账、报表的核对。⑤资料查询方式不同。由于各种需要，企业管理人员或会计人员经常需要查询一些数据。手工记账环境下，需要一本本翻阅账簿，不仅工作量大，而且准确性难以保证。计算机环境下，会计数据保存在计算机中，根据会计软件的查询功能，只要设置了相应的查询条件，可以很快查到所需要的数据。

2. 会计软件核算组织程序的特点

会计软件核算组织程序的特点主要体现在：①极大地提高会计数据的运算速度、准确程度和工作效率，使会计数据处理实现无纸化、自动化。②满足会计信息提供的及时性、准确性、清晰性。会计人员可随时获取准确、详细的会计信息。③极大地减轻了会计人员的工作量，使其把主要精力从烦琐的手工劳动转向会计管理。

3. 会计软件核算流程

会计软件核算组织程序下，只需按照程序要求输入原始凭证的数据，系统会自动根据输入数据处理生成不同核算组织程序下各种格式的电子凭证、账簿和报表。计算机账务系统随时可以根据实际需要打印输出书面凭证、账簿和报表，如图10-4所示。

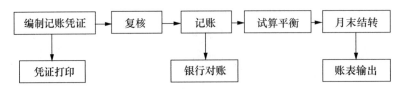

图 10-4　会计软件全自动核算形式

（1）编制记账凭证。编制记账凭证可以采用以下几种方式：①手工编制完成记账凭证后录入计算机。②根据原始凭证直接在计算机上编制记账凭证。采用这种方式应当在记账前打印出会计凭证并由经办人签章。③由账务处理模块以外的其他业务系统生成会计凭证数据。采用这种方式应当在记账前打印出会计凭证并由经办人签章。

（2）凭证审核。数据输入后，需要由有审核权限的会计人员审核已输入计算机的记账凭证。审核内容与手工核算方式下审核内容基本相同。

（3）记账。会计软件核算流程中记账的特点是：①记账是一个功能按键，由系统自动完成相关账簿登记。②同时登记总账、明细账和日记账。③各种会计账簿的数据都来源于记账凭证数据，记账只是"数据搬家"，不产生新的会计核算数据。

（4）结账和编制会计报表。手工会计核算流程中，结账和编制会计报表是两个工作环节，工作量大而且复杂。会计软件核算流程中，通过一次性预先定义账户结转关系和账户报表数据对应关系，结账和编制会计报表是作为一个步骤由系统自动同时完成。

4. 会计软件核算形式的优缺点及适用范围

优点：高效率、高质量、实用方便，处理信息量巨大。

缺点：会计软件的质量还存在着诸多问题，如信息安全性防范问题等。这些不足将会随着电算化及其网络技术的逐步发展得以克服。

适用范围：适用于任何已实现电算化操作系统，配备会计电算化专业人员、电子计算机软件、硬件及操作人员的企业。

【复习思考题】

1. 什么是会计核算形式？
2. 各种核算形式的区别是什么？
3. 合理选择会计核算形式有哪些要求？
4. 记账凭证核算形式的特点、账务处理程序、优缺点及适用范围是什么？
5. 汇总记账凭证核算形式的特点、账务处理程序、优缺点及适用范围是什么？
6. 科目汇总表核算形式的特点、账务处理程序、优缺点及适用范围是什么？
7. 会计核算形式的发展趋势如何？
8. 会计电算化后，各种账务处理程序是否可以统一？如何做到统一？

参 考 文 献

[1] 郭道杨. 会计史教程：第1卷 [M]. 北京：中国财政经济出版社，1999.
[2] 陈国辉，迟旭升. 基础会计 [M]. 大连：东北财经大学出版社，2012.
[3] 陈文铭. 基础会计习题与案例 [M]. 大连：东北财经大学出版社，2012.
[4] 马建威. 会计学原理 [M]. 大连：东北财经大学出版社，2012.
[5] 陈晓芳. 会计学原理 [M]. 大连：东北财经大学出版社，2013.
[6] 单昭祥. 新编基础会计学 [M]. 大连：东北财经大学出版社，2013.
[7] 余薇，罗焰. 会计学基础 [M]. 上海：上海财经大学出版，2012.
[8] 财政部令第76号. 2014-07-23 财政部关于修改《企业会计准则》的决定.
[9] 财会便〔2014〕56号 2014-12-01 关于征求《会计档案管理办法（征求意见稿）》意见的通知.
[10] 财会便〔2014〕47号 2014-10-23 关于组织开展《会计基础工作规范》修订问卷调查工作的通知.
[11] 财政部. 2006-10-17 会计科目和主要账务处理.
[12] 财会〔2006〕18号 2006-10-30 财政部关于印发《企业会计准则——应用指南》的通知.
[13] 中华人民共和国主席令第24号. 1999-10-31 中华人民共和国会计法.